MÉMOIRES
DE
CANLER

ANCIEN CHEF

DU SERVICE DE SURETÉ

PARIS

COLLECTION HETZEL

— J. HETZEL — LIBRAIRIE CLAYE —

18 RUE JACOB

MÉMOIRES DE CANLER

SECONDE ÉDITION

Paris. — Imprimerie A. Wittersheim, rue Montmorency, 8.

AVANT-PROPOS

POURQUOI JE PUBLIE MES MÉMOIRES

Trois choses peuvent pousser un homme à écrire ses mémoires :

1º Le besoin de célébrité, de renommée, d'immortalité, en quelque sorte, c'est-à-dire l'orgueil ;

2º Le désir d'exploiter la curiosité par des récits romanesques ou bizarres ;

3º L'envie de vulgariser les faits et les idées dont la connaissance lui a été acquise par une longue expérience pratique ; l'espoir de sauver du déshonneur quelques individus faibles de caractère, en leur montrant le vice tel qu'il est, c'est-à-dire laid, bas, ignoble, repoussant ; la persuasion, enfin, de remplir un devoir envers la société, en exposant des événements où il s'est trouvé acteur ou témoin, afin d'en tirer des enseignements utiles et propres à inspirer aux jeunes intelligences une noble répugnance à l'égard de tout ce qui est vil, méprisable et honteux.

C'est, j'ose le dire, cette pensée qui m'a encouragé et soutenu.

Avec le secours de mes notes et surtout d'une mémoire assez heureusement organisée, puisqu'elle me permet de me rappeler non-seulement les faits, mais encore les noms et les dates d'une manière irréfutable, je me suis mis à l'œuvre dans cette seule intention d'être utile, de prémunir les honnêtes gens contre les ruses des malfaiteurs, et de prouver à ceux-ci que leurs machinations sont dévoilées tôt ou tard.

J'espère aussi que les exemples que je cite détourneront de la mauvaise voie certaines intelligences faibles ou portées à mal faire.

A ce propos, je crois devoir faire observer que, pour initier le lecteur aux difficultés que présente souvent la découverte des criminels, je me suis trouvé dans la nécessité de reproduire, dans quelques affaires d'assassinat seulement, certaines parties des débats qui se sont déroulés en cour d'assises et qui se lient d'une manière indispensable aux choses inédites que je raconte. D'ailleurs, l'espace de temps qui s'est écoulé depuis ces jugements m'a semblé un motif suffisant pour ne pas reculer devant une relation très-sommaire de faits oubliés pour la plupart.

Il me reste à déclarer qu'en ce qui concerne ma part d'action et de conseil, je me suis imposé la loi de n'être qu'un narrateur scrupuleux, et que je ne redoute aucun démenti; de même, pour toutes les circonstances qui ne me sont pas personnelles, je me suis renfermé sévèrement dans le rôle d'un observateur désintéressé qui raconte simplement ce qu'il a vu, ce qu'il a su, ce qu'il a entendu, sans avoir d'autres prétentions que celle de faire connaître quelques particularités qui pourront donner à réfléchir et à ceux qui sont enclins au mal et à ceux qui le redoutent. J'espère qu'en faveur de ma bonne intention, le lecteur accueillera avec indulgence le récit de mes souvenirs; j'espère aussi qu'il excusera les négligences de style d'un ancien enfant de troupe, qui sait trop combien son instruction a été négligée pour avoir jamais la prétention de se poser en homme de lettres.

MÉMOIRES DE CANLER

ANCIEN CHEF DU SERVICE DE SURETÉ

I

MON ENFANCE ET MA JEUNESSE

Avant de commencer le récit de mes souvenirs, je crois devoir jeter un coup d'œil rétrospectif sur les vingt-trois premières années de ma vie et raconter en quelques pages ce que j'ai été et ce qui m'est arrivé jusqu'à mon admission à la préfecture de police.

Je suis enfant de troupe.

Mon père, après avoir fait les campagnes de la République jusqu'en 1796, passa sergent dans une compagnie de vétérans à Saint-Omer, où je suis né, le 4 avril 1797.

En 1799, mon père reçut l'ordre de rejoindre à Namur (alors département de Sambre-et-Meuse) la 4ᵉ compagnie de la 6ᵉ demi-brigade de vétérans.

En 1801, la direction de la prison militaire de cette ville devint vacante; le commandant de la place, qui avait servi dans le même régiment que mon père, le fit nommer directeur provisoire de cette prison, qu'il ne quitta qu'en 1805.

Je me trouvai donc, à l'âge de quatre ans, dans une prison où la séquestration la plus complète et la discipline la plus rigoureuse sont la punition infligée aux soldats qui ont manqué à leurs devoirs ou failli aux lois de l'honneur. Le souvenir de cette époque m'a fait reconnaître combien les impressions du jeune âge influent sur les idées qui se développent plus tard chez l'homme. Élevé dans les principes de la plus rigoureuse probité, j'éprouvai naturellement une terreur salutaire pour tout ce qui pouvait exposer à des punitions; aussi, quand il m'arrive de me rappeler mon enfance et de considérer le rôle que j'ai joué dans mon âge mûr, je ne puis m'empêcher d'être frappé du rapport qui existe entre l'instruction morale de mes premières années et la carrière que j'ai embrassée plus tard.

J'étais depuis six ans à Namur, lorsque l'Empereur vint visiter cette ville et passer la garnison en revue. Mon père lui remit une pétition sollicitant pour moi, en ma qualité d'enfant de troupe, la place d'un des tambours, récemment décédé. Cette demande reçut un accueil favorable, et le 1er messidor an XIII (18 juin 1805), je fus nommé tambour ; j'avais alors huit ans et deux mois.

Peu de temps après, nous quittâmes Namur pour aller tenir garnison à Vanloo, où je me liai étroitement avec les enfants de troupe du 3e hussards. Comme eux, je pris l'habitude d'accompagner les hommes de ce régiment lorsqu'ils allaient se baigner dans la Meuse. Un jour du mois d'août 1806, je partis de la caserne avec plusieurs cavaliers pour nous rendre à la rivière. J'étais à peine dans l'eau que le trompette Xavier, qui savait combien j'étais imprudent, me recommanda de ne pas m'engager trop au large. Le conseil était bon, mais loin de m'y conformer, je voulus faire le vaillant et j'avançai dans la rivière, lorsque je fus tout à coup emporté par un courant dont la violence me fit un moment disparaître ; heureusement, un hussard nommé Bonheur put me saisir aux cheveux et me ramener sur berge. Mon père voulut offrir à mon sauveur une récompense que celui-ci refusa obstinément. Dès lors, Bonheur devint le commensal de la maison et y fut traité comme un frère.

Un mois s'était à peine écoulé depuis cet événement, lorsque mon hussard, s'étant livré à quelques libations, manqua l'appel et fut puni de deux jours de salle de police. Le lendemain, sa compagnie devant aller se baigner, on le fit sortir de prison; mais, avant de se rendre à la rivière, il alla à la cantine et y prit quelques verres de genièvre. Bonheur était loin d'être ce qu'on appelle un ivrogne, aussi le peu de liquide qu'il avait absorbé suffit-il pour le griser. A peine fut-il au bord du fleuve qu'il s'élança en avant sans écouter les recommandations de ses camarades. Arrivé à l'endroit du courant où il m'avait sauvé la vie, il disparut, et toutes les recherches faites pour le retrouver furent sans succès.

La ville de Vanloo est traversée par un ruisseau d'environ deux mètres de large. Ses eaux vaseuses lui ont fait donner le nom de Schwartzbac (ruisseau noir); hors la ville, il est bordé d'un côté par la route, et de l'autre par de charmants jardins d'agrément qui ne manquent pas d'un certain aspect pittoresque. Les nombreuses racines d'arbres qui plongent dans ses eaux y forment un grand nombre d'excavations où se plaisent les écrevisses et les lamproies, fort abondantes dans ce ruisseau. Souvent j'allais avec des enfants de troupe à la pêche de ces crustacés et de ces poissons. Un jour que j'étais parvenu à prendre une lamproie monstreuse avec l'aide d'un de mes camarades nommé Eglie, une discussion s'éleva entre nous au sujet du partage de notre pêche; mon camarade m'appliqua un soufflet que je lui rendis aussitôt, puis nous tombâmes l'un sur l'autre à bras raccourcis...

Nous nous serions indubitablement pris aux cheveux si cela eût été possible; mais l'Empereur, comme on le sait, avait remplacé depuis longtemps, dans l'armée, les cadenettes et la poudre par les cheveux tondus. Tout à coup Eglie me dit: — Écoute, nous ne pouvons pas nous arranger comme des pékins! Nous sommes soldats, nous avons des sabres et en garde!...

Ces paroles n'étaient pas prononcées que déjà les sabres étaient croisés. Mon adversaire, voulant me donner un coup de manchette, fit glisser fortement sa lame contre la mienne; la pression fut si forte que la poignée de mon briquet m'échappa de la main. Alors Églie se fendit; ne pouvant me servir de mon sabre, je parai avec l'avant-bras gauche. La blessure ne fut pas légère et la cicatrice est encore visible. Mon vainqueur s'empressa de bander la plaie avec son mouchoir, puis nous rentrâmes compère et compagnon à la caserne, Églie tout fier de m'avoir blessé, et moi plus fier encore, s'il est possible, de l'avoir été.

Nous quittâmes Vanloo au mois de septembre 1807, et, après avoir tenu garnison à Mézières, nous nous rendîmes à Anvers, où nous fûmes casernés à la citadelle. Là, par suite d'une nouvelle organisation, je cessai d'être tambour, n'ayant pas l'âge fixé par les nouveaux règlements.

Peu après notre arrivée dans cette ville, ma mère, ma sœur et moi nous fûmes atteints de la maladie anversoise, c'est-à-dire la dyssenterie combinée avec une fièvre tierce. A Namur, nous avions gagné beaucoup d'argent; mais, depuis notre départ de la prison, le malheur semblait nous poursuivre, car ni l'ordre ni l'économie de ma mère n'avaient pu empêcher notre position d'empirer de jour en jour. Après une année de maladie, nous nous trouvâmes dans une situation désespérée, et, pour ne pas demeurer plus longtemps à la charge de mes parents, j'allai, le 6 décembre 1811, à la mairie signer mon engagement pour le 28e de ligne, dont le dépôt était à Saint-Omer. Le 7, muni de ma feuille de route, je me rendais chez le payeur pour toucher mon indemnité de 15 centimes par lieue. En chemin, je traversai la place Verte. Un régiment, le 26e léger, je crois, formait le carré autour des grilles pour empêcher les curieux de pénétrer à l'intérieur; mais grâce à mon uniforme je parvins aisément à m'approcher et à voir ce dont il s'agissait. Au milieu de la place était un immense brasier, alimenté incessamment par des pièces de bazin, de nankin, de dentelles, de soieries, que des hommes prenaient dans des fourgons qu'on amenait à chaque instant. Cet auto-da-fé de marchandises anglaises, saisies d'après le système du blocus continental, dura huit jours. On en brûlait pour plus d'un million par jour; les cendres étaient soigneusement recueillies et jetées ensuite dans l'Escaut.

Je fus très-ému par la destruction de tant de richesses dont la plus modique partie aurait arraché ma mère et ma sœur à la position malheureuse où elles se trouvaient. Je me hâtai de m'éloigner, et, après avoir reçu ma modeste indemnité de route, je rentrai à la maison le cœur gros, mais le visage riant. Le lendemain, je partis pour Saint-Omer, et comme j'avais été tambour aux vétérans, je fus admis au 28e en cette qualité.

En 1813, je quittai les baguettes pour le fusil. Je venais d'être nommé caporal, lorsque ma compagnie reçut l'ordre de se rendre à Anvers, où nous arrivâmes le 15 octobre.

Le duc de Plaisance, alors gouverneur de cette place, détacha, au mois de janvier 1814, une colonne des troupes de la garnison, avec ordre de pousser une reconnaissance aussi près que possible de Breda, située à dix lieues nord-est. La colonne alla jusqu'aux portes de cette ville, où elle rencontra une division ennemie de force quintuple qui la fit battre en retraite. A vingt minutes d'Anvers, avant d'arriver à la porte Rouge, il existe une rivière peu large, mais très-profonde, appelée la Scheyn (lisez *Chèque*), qui coupe la route à angle droit et qu'on traverse sur un petit pont en pierre, où quelques hommes peuvent à peine passer de front. Lorsque la colonne d'expédition arriva auprès de ce pont, la difficulté pour le traverser fut encore augmentée par l'obscurité de la nuit; le désordre se mit dans les rangs. Alors les uns se jetèrent à la nage, et, entraînés par le courant, se noyèrent; les autres, en se précipitant en masse sur l'étroit passage qui s'offrait à eux, se trouvèrent à moitié étouffés et rejetés sur les parapets, d'où ils tombèrent dans la rivière pour n'en plus sortir. Ce malheureux événement produisit la plus pénible impression sur l'esprit de la garnison et répandit l'épouvante et la consternation parmi les habitants. Presque aussitôt la ville fut bloquée. Le duc de Plaisance fut rappelé et remplacé par le général Carnot. A peine ce dernier fut-il installé, que le siége fut poussé vigoureusement par les alliés, qui, cependant, n'obtinrent aucun résultat. Les savantes combinaisons du général déjouaient toujours les projets de l'ennemi.

Entre autres qualités, Carnot, que les soldats avaient surnommé l'*Infatigable,* possédait cette activité incroyable qui, en 1673, au siége de Maëstricht, avait fait dire à Louis XIV en parlant de Villars :

« Dès qu'on tire le canon en quelque endroit, il semble que
» ce petit garçon sorte de terre pour s'y trouver. »

Opposant une énergique volonté aux souffrances de la fatigue, Carnot, suivi de deux lanciers, était sur pied jour et nuit, faisant des rondes, visitant les postes, établissant des batteries, indiquant à chacun la position qu'il devait conserver et la conduite qu'il devait tenir en cas d'attaque, enfin ne s'en rapportant qu'à lui pour les soins de surveillance que réclamait une aussi grave position.

Les alliés, voulant frapper un coup décisif, placèrent une batterie derrière le faubourg de Willebrord dit Bellegrade, afin de bombarder et d'incendier les vaisseaux qui se trouvaient dans les bassins intérieurs de la ville, et qui formaient alors l'une des plus belles et des plus fortes escadres que la France possédât.

Devant cette menace, le conseil de guerre de la place fut d'avis que ce faubourg fût immédiatement abandonné et démoli, ainsi que l'église; mais Carnot déclara qu'il ne consentirait jamais à une destruction qui réduirait les malheureux habitants de ce quartier à la plus affreuse détresse; et, d'ailleurs, il trouverait moyen de défendre la ville que l'Empereur avait confiée à sa garde sans avoir recours à de pareilles extrémités.

On sait que Carnot tint parole.

Après un siége inutile, l'ennemi se retira et Anvers fut sauvée.

Les Anversois n'ont pas oublié la conduite généreuse de Carnot à leur égard, et chaque fois qu'ils parlent de lui, c'est toujours avec respect et reconnaissance.

Aussi, quelques années après l'époque que je viens de rappeler, le conseil municipal d'Anvers décida que la grande rue de Willebrord prendrait le nom de Carnot, et l'on posa solennellement sur la première maison de ce faubourg une plaque en marbre qui portait gravée en lettres d'or l'inscription suivante :

« Au général Carnot, la ville d'Anvers reconnaissante. Ce
» faubourg, ainsi que l'église de Willebrord, ont été préservés
» d'une destruction complète par le général Carnot, gouverneur
» d'Anvers. »

Louis XVIII étant monté sur le trône, la place d'Anvers fut évacuée et remise aux Anglais le 3 mai 1814. Ma compagnie retourna à Saint-Omer, où nous arrivâmes le 10 mai. Mon régiment, comme tant d'autres, avait conservé pour Napoléon le plus vif enthousiasme. Dans les chambrées, on exprimait hautement l'espoir qu'un jour on reverrait ce dieu des soldats, cet Empereur qu'on regardait comme le seul souverain possible ; et si nos chefs, moins expansifs que nous, sous-officiers et soldats, ne laissaient pas transpirer leurs sentiments, les cœurs étaient d'accord et les désirs unanimes.

Un matin, retentit dans toute la France comme un coup de tonnerre la nouvelle :

« *Napoléon est débarqué à Cannes!!!* »

L'annonce de cet événement ne fit que redoubler notre enthousiasme, et chacun, jurant de se joindre à lui à la première occasion, se procura une cocarde tricolore pour remplacer la cocarde blanche de nos shakos. En attendant ce jour tant désiré, les cocardes furent précieusement cachées au fond de nos sacs, sous la doublure.

Mon bataillon reçut l'ordre de partir pour aller, comme disait M. de Saint-Hilaire, notre colonel, combattre l'usurpateur. Arrivés à Béthune, nous reçûmes contre-ordre, et l'on nous fit retourner à Saint-Omer, où, à six heures du soir, nous apprîmes l'entrée triomphale de Napoléon à Paris. Toutes les fenêtres des chambrées furent spontanément illuminées comme par enchantement, et alors commença une véritable fête, célébrée aux cris de *vive l'Empereur!*

Mon régiment fut formé en deux bataillons de guerre, puis nous partîmes pour Valenciennes, où nous arrivâmes le 13 juin. Mais, en passant à Orchies, le colonel Saint-Hilaire nous quitta subitement pour rejoindre le roi Louis XVIII à Gand. Il fut remplacé par le colonel Saint-Michel.

Le 14, nous bivaquâmes dans une forêt, et le 15, au point du jour, on nous donna connaissance de la proclamation que l'Empereur adressait à son armée avant d'entrer en campagne. Après cette lecture, qui était pour nous le signal de marcher en avant, nous nous dirigeâmes sur Thuin, en Belgique.

Notre corps d'armée devait quitter cette ville le lendemain matin pour se trouver de bonne heure à Fleurus ; mais nous ne partîmes qu'à midi, et, par un concours de circonstances, de marches et de contremarches restées inexplicables, nous n'arrivâmes à notre destination que plusieurs heures après l'engagement de la bataille.

Mon régiment fut placé derrière un petit bois, non loin de la route de Bruxelles, pour arrêter la cavalerie ennemie qu'on supposait devoir déboucher de ce côté ; on nous fit former le carré sur six rangs.

Nous restâmes dans cette position jusqu'à neuf heures du soir ; alors nous reçûmes l'ordre de nous porter sur la gauche de la route de Bruxelles, en avant des Quatre-Bras.

Je ne rappellerai pas tous les actes d'héroïsme accomplis par l'armée française, et, sans parler ici de ces hommes qui broyaient leurs croix entre leurs dents, qui déchiquetaient leurs drapeaux par petits morceaux qu'ils avalaient pour que ces emblèmes ne pussent tomber au pouvoir de l'ennemi, je ne puis m'empêcher de raconter une des particularités de cette journée mémorable.

En prenant possession de notre nouveau bivac, nous aperçûmes au bord de la route un jeune soldat, ou plutôt un tronçon d'homme, car l'infortuné avait eu les deux jambes emportées par un boulet ! Sa blessure n'avait pas encore été pansée, on avait seulement cherché à arrêter l'hémorrhagie en bandant les plaies avec une chemise. Ce malheureux portait en outre les traces récentes de blessures au visage et à la poitrine. Il devait être d'une force extraordinaire pour avoir survécu à ses blessures et à la perte de sang qui en était résultée. En nous voyant défiler devant lui, il se souleva sur les mains par un mouvement nerveux et s'écria d'une voix énergique :

« Vive l'Empereur ! J'ai perdu mes deux jambes, mais je m'en f.... ! La victoire est à nous ! Vive l'Empereur ! »

La physionomie, les accents de ce brave, qui, sans doute, est mort ignoré de tous, sont restés gravés dans ma mémoire, et, en traçant ces lignes, je ne puis encore maîtriser mon émotion au souvenir de ce sentiment de patriotisme si courageusement exprimé.

La division à laquelle j'appartenais était composée de mon régiment, et des 54e, 55e et 105e de ligne, sous les ordres des généraux Bourgeois, commandant la première brigade, et Allix, la division. Arrivés à notre destination, nous mîmes sacs à terre et les armes en faisceaux ; puis quelques hommes par escouades partirent à la maraude.

J'avais pris quatre hommes avec moi et nous nous étions dirigés à l'aventure, laissant nos fusils à la garde de nos camarades.

Il est un vieux proverbe qui dit qu'il est bien difficile de peigner un diable qui n'a pas de cheveux ; ma foi, je crois qu'il était pour le moins aussi difficile de trouver quelque chose à manger, car chaque maison, chaque grange que nous visitions avait été visitée par d'autres. Enfin, j'avisai, au milieu d'un bois, une espèce de grange tombant en ruines ; nous nous dirigeâmes de ce côté, et j'entrai dans l'édifice délabré par une brèche que le temps avait faite dans un des angles. La nuit était des plus obscures, et il me fallut quelques minutes pour distinguer les objets qui m'entouraient. Enfin, à l'angle opposé, j'aperçus quelque chose de blanc ; ce n'était certes pas le moment de croire aux fantômes ou aux apparitions, je me dirigeai vers cet objet, et je reconnus, à ma grande satisfaction, que c'était un sac de farine ! Nous résolûmes de l'emporter. Pour alléger le fardeau, on emplit de farine ses poches, son mouchoir, son schako, puis le restant fut laissé dans le sac, que chacun de nous prit à tour de rôle sur ses épaules.

Par ces changements continuels de position, ces chargements et déchargements successifs, le maudit sac nous avait barbouillés de telle sorte qu'en arrivant au camp nous eûmes toutes les peines du monde à nous faire reconnaître, et qu'officiers et soldats nous reçurent par de joyeux éclats de rire. Nous ressemblions non pas seulement à des meuniers, mais encore à ces dignes imitateurs de Debureau, habitués de nos bals masqués.

Le 17, à une heure de l'après-midi, un coup de canon partit de la hauteur où la chaussée de Bruxelles fait le coude, c'était le signal d'aller en avant; nous poursuivîmes l'ennemi l'épée dans les reins jusqu'à sept heures du soir. Alors nous prîmes position près du village de Sainte-Alliance et des hauteurs de Rossomme, puis chacun commença ses dispositions pour son dîner, et quelques-uns partirent à la maraude. Cette fois, nous ne rapportâmes que du bois et un petit mouton vivant; mais, comme selon toute apparence la journée du lendemain devait être rude, nous conservâmes notre mouton pour le prochain déjeuner, et nous passâmes la nuit auprès du feu. Ce n'était, certes, point du luxe, car pendant toute la nuit la pluie ne cessa de tomber. Enfin, au point du jour, chaque compagnie démonta ses fusils pour les graisser, changer les amorces et faire sécher les capotes, puis, ces préparatifs terminés, nous songeâmes à notre déjeuner. La marmite fut mise au feu; un de nos caporaux, quelque peu garçon boucher, tua, écorcha et mit en morceaux notre pauvre petit mouton, qu'on fit cuire avec une certaine quantité de la farine par moi découverte le 16. Après une heure de cuisson, le capitaine et le sous-lieutenant de la compagnie vinrent prendre leur part de notre repas, qui, je me hâte de le dire, avait un goût détestable, car, au lieu de sel dont nous manquions absolument, notre cuisinier avait imaginé de fourrer une poignée de poudre dans la marmite.

Le soleil étant monté à l'horizon, on prit les armes et l'on se mit en bataille. L'Empereur passa alors devant le front de tous les corps, et, par un mouvement spontané qui ressemblait en quelque sorte à une commotion électrique, casques, shakos, bonnets à poil furent agités au bout des sabres ou des baïonnettes, aux cris frénétiques de *vive l'Empereur!!!*

Vers midi, nous allâmes prendre position sur le plateau de la Sainte-Alliance, où avait été établie une batterie de quatre-vingts canons, puis on nous fit descendre dans le ravin qui porte le même nom, et où nous étions à l'abri d'une batterie formidable que les Anglais avaient établie pendant la nuit en face de la nôtre, et qui faisait un feu continuel.

Bientôt ce fut un duo effroyable exécuté par les deux batteries composées de près de deux cents canons; les boulets, les bombes, les obus, passaient en sifflant au-dessus de nos têtes. Après une demi-heure d'attente, le maréchal Ney donna l'ordre d'attaquer et d'emporter d'assaut la batterie anglaise; trois coups de baguettes sur la caisse d'un tambour suffirent pour que le corps fût prêt à marcher : on nous forma en colonne serrée par bataillon; je remarquai que l'adjudant-major Hubaut, chargé de former les divisions, vieux soldat ayant fait toutes les campagnes de l'Empire, était préoccupé et d'une pâleur extrême. Enfin, les colonnes étant formées, le général Drouet d'Erlon se mit au milieu de son corps d'armée, et d'une voix forte et accentuée prononça ces seules paroles :

« C'est aujourd'hui qu'il faut vaincre ou mourir ! »

Le cri de *vive l'Empereur!* sortit de toutes les bouches pour répondre à cette courte allocution, et, l'arme au bras, au bruit des tambours battant la charge, les colonnes s'ébranlèrent et se dirigèrent vers les canons anglais sans tirer un seul coup de fusil. Alors les batteries ennemies, qui jusque-là n'avaient envoyé que des boulets et des obus, furent braquées sur nos colonnes qu'elles décimèrent par la mitraille. A peine avions-nous fait cent pas que le commandant de notre deuxième bataillon, M. Marins, était blessé mortellement; le capitaine de ma compagnie, M. Duzer, était frappé de deux balles; l'adjudant-major Hubaut et le porte-drapeau Crosse étaient tués.

Et au milieu de tout cela, la voix calme et grave de nos chefs faisant exécuter ce seul commandement : *Serrez les rangs!*

A la deuxième décharge de la batterie anglaise, le tambour de grenadiers Lecointre eut le bras droit emporté par un biscayen, mais cet homme courageux continua de marcher à notre tête en battant la charge de la main gauche, jusqu'à ce que la perte de son sang lui fît perdre connaissance. (En 1828, je le revis à Paris, où il était entré aux Invalides.)

La troisième décharge réduisit le front de notre bataillon au front de compagnie ; le cri terrible de *serrez les rangs* se fit entendre de nouveau. Ce cri, loin de porter l'épouvante ou le désespoir dans nos cœurs, produisit un effet tout contraire, il exalta notre courage et nous inspira non-seulement l'idée de vaincre, mais encore celle de venger nos malheureux frères d'armes expirant sous nos yeux.

Après une course de vingt minutes, nous arrivâmes près de l'ouvrage en terre où se trouvaient placés les canons anglais, et nous commençâmes à le gravir. La pluie qui était tombée toute la nuit avait délayé les terres, d'ailleurs naturellement grasses, de sorte que, dans le cours de mon ascension, le sous-pied de ma guêtre droite se cassa et mon talon sortit de mon soulier. Je me baissai alors vivement pour remettre ce dernier ; mais, au même moment, je sentis qu'une violente secousse me rejetait mon schako en arrière, il serait très-probablement tombé, sans les jugulaires qui l'accrochèrent à mon menton. C'était une balle que je venais de recevoir, et qui, du n° 28 de ma plaque, avait fait un zéro et était sortie par derrière en me rasant la tête.

Toujours l'arme au bras, nous montâmes ainsi jusqu'aux canons qui venaient de vomir contre nous des flots de mitraille. A peine atteignons-nous le sommet du plateau que nous y sommes reçus par les dragons de la reine, qui fondent sur nous en poussant des cris sauvages. La première division, qui n'a pas eu le temps de former le carré, ne peut soutenir cette charge et se trouve enfoncée ; alors commence un vrai carnage ; chacun se voit séparé de ses camarades et se bat pour son propre compte. Le sabre, la baïonnette s'ouvrent un passage dans les chairs palpitantes, car on est trop rapproché les uns des autres pour faire usage des armes à feu.

Mais la position n'était pas tenable pour des fantassins combattant isolément et entourés par des cavaliers; je me trouvai donc bientôt isolé, prisonnier et désarmé. Tout à coup, le commandement : Au trot! se fait entendre : ce sont les lanciers et les cuirassiers français qui arrivent à notre secours; les dragons anglais, pour repousser cette charge, sont obligés de m'abandonner. Alors je profite de cet instant de liberté pour me jeter dans un champ de blé qui se trouvait sur le côté. Les cavaliers français attaquent les dragons anglais avec furie, sabrent et jouent de la lance à tort et à travers, de telle sorte que ceux-ci finissent par battre en retraite en laissant bon nombre des leurs sur le champ de bataille, ce qui me permet de le traverser pour tâcher de rejoindre mon corps, lorsqu'en faisant un détour sur la gauche, je me trouve près d'un officier de dragons anglais qui avait été tué dans la mêlée. Un coup de sabre lui avait fendu la tête, et la cervelle avait jailli hors du crâne.

A la poche de son gousset pendait une superbe chaîne en or; quelle que fût la précipitation de ma fuite, je m'arrêtai un instant pour m'emparer de cette chaîne et d'une belle montre aussi en or. Les Anglais m'avaient dépouillé de mon sac et de mes armes, j'appliquai la loi du talion ; puis, quelques pas plus loin, je trouvai une gibecière sous le couvercle de laquelle était gravé sur une plaque en cuivre : « Labigne, sous-lieutenant au 55e de ligne. »

Je passai rapidement l'inspection de ma seconde trouvaille, qui se composait d'une écritoire et de linge, dont je sentis toute la valeur, ne possédant, pour le moment, que ce que j'avais sur le corps. Peu après, je rencontrai, accompagné de quelques officiers, mon colonel, qui courait comme un fou à droite et à gauche, de toute la vitesse de son cheval, en criant : A moi, 28e! à moi! et ces cris, où était empreinte la marque du plus profond désespoir, disaient hautement que le désastre de son régiment l'attaquait dans son propre honneur. J'allais me joindre à lui, lorsque des cris lamentables se firent entendre à ma droite ; je me dirigeai de ce côté et j'aperçus, étendu par terre, un jeune soldat du 105e de ligne.

Ce malheureux, qui avait eu le tibia droit fracturé par une balle, souffrait horriblement de sa blessure qui n'avait été ni pansée, ni même bandée.

— « Camarade, me criait-il, je vous en prie en grâce, ne m'abandonnez pas là! je ne puis me traîner jusqu'à l'ambulance, et si la cavalerie vient à repasser par ici, je serai infailliblement foulé aux pieds des chevaux. » Et en disant ces mots, il étendait vers moi des mains suppliantes; je ne pus résister à cet appel et me précipitai vers lui.

Me mettant aussitôt à genoux, je tirai une chemise de la gibecière que je venais de trouver, je bandai sa blessure, puis je le pris sur mon dos et je le portai ainsi, avec beaucoup de peine et de fatigue, à travers le champ de bataille jusqu'à la première ambulance, où je parvins à le faire placer, non sans difficulté. J'allai ensuite me réunir à quelques-uns de mes camarades, et, errant un peu à l'aventure, nous fûmes rencontrés par un général qui nous héla et nous demanda où nous allions : sur notre réponse que nous cherchions à rejoindre notre corps. — C'est inutile, nous dit-il, votre régiment est en pleine débandade. Venez avec moi, je vais vous mettre en position.

Il nous plaça sur la route, avec consigne de ne laisser passer que les blessés et de faire rebrousser chemin à tous soldats en état de porter les armes. Trois lanciers étaient déjà là avec la même mission; en moins d'une heure nous avions arrêté plus de quatre cents fuyards. (J'avais pris le fusil d'un blessé à qui il était devenu inutile.)

Nous ne quittâmes cette position que lorsque l'armée entière battit en retraite en se dirigeant vers Charleroi, avec les caissons, les bagages et les voitures chargés de malheureux ayant bras ou jambes cassés, et pour la plupart n'ayant pas encore été pansés.

Qu'on juge de la désolation que devait présenter cette scène, rendue encore plus pénible par la confusion qu'y ajoutaient les ténèbres de la nuit.

A cause de l'encombrement désastreux qu'offrait la route, nous nous mîmes en marche isolément, chacun cherchant à se frayer un passage de côté et d'autre à travers champs.

A cinq heures du matin, j'arrivai à Charleroi, que je ne fis que traverser ; de là je me dirigeai vers Beaumont, où je trouvai un nombre considérable de soldats de toutes armes, venus comme moi dans l'espoir de rejoindre leurs corps et de marcher de nouveau à l'ennemi.

J'avais grandement besoin de repos, car, depuis quatorze heures que j'avais quitté le champ de bataille, je ne m'étais pas arrêté un instant. Cependant, après avoir pris quelque nourriture, je me hâtai de quitter Beaumont et me dirigeai sur Avesnes où j'arrivai à neuf heures du soir ; les portes étaient fermées, le pont-levis était levé. Force me fut de coucher à la belle étoile ; mais lorsqu'on a dix-huit ans, qu'on a passé trois jours sans sommeil et qu'on a fait une traite de trente lieues, on n'y regarde pas de si près.

Je ne fis qu'un somme jusqu'à cinq heures du matin ; alors les portes de la ville s'ouvrirent ; un adjudant, envoyé par le commandant, vint nous annoncer que, la garnison étant plus qu'au complet, nous ne pouvions entrer dans la place, et que d'ailleurs l'armée se reformant à Laon, nous aurions là probablement toutes facilités de rejoindre nos corps respectifs.

Parmi les soldats qui étaient arrivés en même temps que moi, je retrouvai trois camarades du régiment : Millet, sergent de grenadiers, décoré ; il avait eu le bras gauche emporté par un boulet; Vernon, autre sergent, et Forestier, caporal, blessés aussi au bras gauche ; nous nous mîmes en route pour Laon, où mes trois compagnons de route se firent recevoir à l'hôpital. Quant à moi, j'allai rejoindre ceux de mes camarades qui étaient arrivés avant moi, et à la tête desquels se trouvaient le colonel et le commandant Senac. Lorsque nous étions entrés en campagne, le régiment comptait quatorze cents hommes, deux cents à peine se trouvaient à Laon. Dans cette campagne de quatre jours, l'Empereur avait livré les deux grandes batailles de Fleurus et de Waterloo.

Le 23 ou le 24 juin, le maréchal Soult, major général de l'armée, passa en revue les troupes qui se trouvaient à Laon. En arrivant devant moi, mon colonel le fit arrêter et lui dit en me désignant :

— Maréchal, voici le plus jeune soldat de mon régiment; c'est un enfant de troupe âgé de dix-huit ans, il a fait sa première campagne à seize ans. Après s'être conduit très-bravement à Waterloo, il a emporté du champ de bataille sur son dos un soldat français dangereusement blessé.

Je fus tout stupéfait de cette apostrophe, car j'ignorais que cette action eût été remarquée par mon colonel.

— Eh bien ! lui répondit le maréchal, vous le porterez pour la croix !

Et il s'éloigna.

Mais les circonstances étaient trop graves alors pour ne pas faire ajourner l'exécution de promesses de ce genre, et les événements qui suivirent, en changeant la face de la France, vinrent mettre à néant les espérances bien légitimes que d'autres soldats avaient pu concevoir, ainsi que moi.

Le jour même de cette revue, je vendis à un horloger de la ville, pour la somme de 120 francs, la montre qui me venait de l'officier anglais et qui valait plus de 500 francs. Si alors je fus satisfait du prix que j'en obtins, mon acheteur en fut sans doute plus content que moi.

Nous partîmes de Laon pour Soissons, mais avant de traverser cette dernière ville pour aller camper hors de la porte de Reims, dans une plaine qui se trouve près de la route de Compiègne, on nous fit descendre dans les fossés qui étaient à sec, et là, après nous avoir fait former le carré, le colonel nous donna lecture de l'abdication de Napoléon en faveur de son fils le roi de Rome.

Cette communication nous atterra. Vainement le colonel, voulant stimuler notre enthousiasme, cria-t-il *vive Napoléon II!* Le régiment, ou pour mieux dire, le détachement cria aussi *vive Napoléon II!* Mais la tristesse était sur tous les visages, et l'on semblait se dire du regard : Qu'allons-nous devenir sans notre Empereur ?.....

Trois jours après, nous quittâmes Soissons pour nous rendre

à Compiègne; mais déjà les Anglais nous avaient devancés dans cette ville. Notre infanterie se jeta vivement dans la forêt qui borde la route et l'artillerie resta au milieu de la chaussée pour répondre aux canons ennemis; nous nous avançâmes en tirailleurs à l'abri des arbres de la lisière du bois et nous attaquâmes les Anglais à coups de fusil. Après une heure de combat, ou plutôt d'escarmouches, on sonna le rappel, nous nous reformâmes en colonne par division pour nous rendre à Villers-Coterets, puis à Senlis, où nous arrivâmes à dix heures du soir; mais là, comme à Compiègne, l'ennemi nous avait encore devancés. Alors commença une marche pénible, exécutée à travers champs, avec l'assistance d'un guide.....

Nous marchions depuis trente heures. La fatigue, la chaleur, le besoin exténuaient les hommes, le sommeil les accablait, on dormait en marchant, on aurait volontiers dormi en se battant; à deux heures du matin, on fit une courte halte; puis, après avoir pris un peu de repos, nous repartîmes à travers les terres labourées, et, à neuf heures du soir, nous arrivâmes à Bondy, où nous passâmes la nuit sous les murs du parc. Depuis quarante-neuf heures que nous étions en marche, nous ne nous étions arrêtés que deux heures. A cinq heures du matin, nous nous remîmes en route pour aller camper à la barrière de Montreuil; huit jours après, nous passions la Loire à Gien pour nous rendre à Bergerac, où nous séjournâmes jusqu'au licenciement, qui eut lieu le 29 septembre 1815. Les hommes de chaque corps furent dirigés sur leurs départements respectifs pour y former la légion départementale.

Nous n'étions que trois appartenant au Pas-de-Calais : Villemard, musicien, Pénot, soldat, et moi; nous fîmes le voyage ensemble, et, après avoir déposé nos armes à Tours, nous nous dirigeâmes vers Paris.

Pour nous rendre de Versailles dans la capitale, nous traversâmes le bois de Boulogne, où bivaquaient alors les Anglais; ceux-ci, en nous voyant tous trois sans armes, nous poursuivirent de leurs sarcasmes, et cela, sans qu'aucun officier intervînt pour leur imposer silence.

Nous continuâmes notre route jusqu'à Arras, où je fus incorporé dans la légion du Pas-de-Calais, et ne tardai pas à être nommé sergent.

Au mois d'août 1816, nous quittâmes Arras pour nous rendre à Saint-Omer; de là nous nous dirigeâmes, le 24 décembre, sur Paris, où nous arrivâmes à la caserne Popincourt, le 3 janvier 1817, et, le 24 décembre de la même année, j'épousais à la mairie du huitième arrondissement mademoiselle Denisot, dont le père était marchand coquetier.

Au moment où j'écris ces lignes, je compte quarante-quatre ans de ménage.

Ma lune de miel fut de courte durée, car, cinq jours après mon mariage, le régiment quittait Paris pour aller à Rennes, où nous arrivâmes le 11 janvier 1818.

On sait combien la superstition est grande en Bretagne et quel empire les légendes exercent sur l'esprit des masses. En voici une que je rapporte, car, outre son originalité, elle tend à prouver que la langue bretonne est celle que l'on parlait dans le paradis terrestre :

« Un jour qu'il faisait horriblement chaud, Adam et Ève étaient assis sous un pommier. La femme, qui était excessivement gourmande et altérée, prit une pomme; mais, au moment d'y mettre la dent, son mari, qui était non moins gourmand et non moins altéré, lui en demanda un morceau, en disant en breton : *A'tam!* d'où lui vint le nom d'Adam.

» Puis comme il n'y a rien qui donne soif comme une mauvaise action, nos premiers parents, après avoir commis leur crime, furent plus altérés que jamais; alors la femme alla chercher de l'eau et en donna à son époux, en lui disant également en breton : *Ev!* c'est-à-dire : Bois! et depuis lors le nom lui est resté. »

Voilà, j'espère, une définition incontestable, car nos premiers parents seuls pourraient se permettre de la contredire avec quelque autorité.

Nous fîmes en Bretagne un séjour de trois mois environ; puis, en avril, nous nous rendîmes au Havre, où, le 31 décembre 1818, j'obtins mon congé définitif.

Me voici de retour à Paris, mais pour y vivre il faut avoir de l'ouvrage, un emploi ou des rentes. Malheureusement je n'avais ni l'un ni l'autre, et, à vrai dire, je ne savais pas trop à quoi je pouvais être bon ; cependant je me décidai à apprendre un état. Aussitôt dit, aussitôt fait : j'entre en qualité d'apprenti dans la maison du sieur Thomas, fabricant de papiers peints, rue d'Aligre, 10. Broyant des couleurs du matin au soir, faisant des courses, portant des paquets et ne rentrant chez moi que le soir, avec une joue rouge et l'autre verte, je me serais facilement résigné à mon sort, si je n'avais eu continuellement à supporter les gros mots et les injures de mon brutal patron. Dégoûté du métier, je l'abandonnai.

Quelque temps après ma sortie de fabrique, je remarquai, en passant rue Saint-Sébastien, un grand rassemblement devant une maison ; je m'approchai et j'appris qu'un locataire de cette maison avait trouvé dans sa chambre, au troisième étage, un voleur qui était en train de le dévaliser ; que, lorsqu'il avait voulu s'emparer du malfaiteur, celui-ci l'avait menacé d'un couteau formidable, qu'alors le locataire s'était esquivé pour aller chercher la garde, en ayant toutefois la présence d'esprit d'enfermer le voleur à double tour.

— Je crois bien, ajoute mon narrateur, que tout cela sera inutile, et que, quand la force armée arrivera, le gaillard aura pris la fuite par la cheminée !

— Mais alors, m'écriai-je, il n'y a pas de temps à perdre, il faut l'arrêter, et au plus vite !

Et, sans attendre de réponse, je me précipite dans la maison j'entraîne le concierge à ma suite, nous franchissons les trois étages, et, me faisant désigner la chambre, je m'approche, j'écoute attentivement, tout est silencieux, j'enfonce la porte en sapin qui cède facilement sous mes efforts, mais la cage est vide et l'oiseau déniché. Je cours à la cheminée, où j'aperçois mon homme qui s'aidait des pieds et des mains pour en atteindre l'extrémité. En un coup de main, j'arrache les matelas du lit, je saisis dans la paillasse quelques poignées de paille que je jette dans la cheminée, j'y mets le feu ; à peine s'allume-t-elle que j'entends une voix enrouée qui me crie : « Arrêtez! de grâce! ne faites plus de feu! je vais descendre, j'étouffe par la fumée! » Et aussitôt nous entendons l'individu effectuer sa descente; mais, pensant qu'il pourrait vouloir se servir de son couteau, je me place dans la cheminée, et dès que ses jambes sont à ma portée, je les saisis, et les tirant violemment, je le fais tomber comme une masse sur laquelle je me jette aussitôt. Je lui enlevai prestement l'arme offensive. Alors le concierge m'aida à le maintenir jusqu'à l'arrivée de la garde qui le conduisit chez le commissaire de police. La cour d'assises le condamna à sept ans de travaux forcés.

Cette affaire me donna l'idée de me consacrer à la poursuite des malfaiteurs, et, à cet effet, j'adressai au préfet de police une demande pour obtenir un emploi d'inspecteur qui me fut accordé peu de temps après l'assassinat du duc de Berry.

II

MON ENTRÉE A LA POLICE

Le 25 avril 1820, jour de mon entrée à la préfecture, je fus placé sous les ordres de M. Dabasse, officier de paix.

Le personnel de la préfecture de police, avant l'assassinat du duc de Berry, était composé de

MM. Anglès, ministre d'État, préfet de police,
    Fortis, secrétaire général,
    Foudras, inspecteur général,
    Delaporte, adjoint à ce dernier,

de 24 officiers de paix et 104 inspecteurs de police; plus, de 5 inspecteurs sédentaires et garçons de bureau, dont deux, détachés au bureau de l'inspecteur général, étaient les nommés Mantoux et Bailly. Les appointements de ces deux derniers étaient de 1,200 francs. Le premier est mort, il y a peu de temps, laissant une fortune de huit cent mille francs : il était parvenu à obtenir un brevet d'imprimeur-lithographe, puis à être chargé de l'impression des listes électorales du département de la Seine ; en outre, il avait soumissionné et obtenu la régie du droit des pauvres.

Quant au second, qui existe encore, il épousa la fille d'un employé de la préfecture de la Seine, où il parvint à entrer lui-même en cette qualité. Il est modestement retraité depuis bien des années.

Après le crime du 13 février, l'organisation du service actif reçut quelques modifications. Au lieu de deux officiers de paix et de huit inspecteurs chargés de la surveillance de trois arrondissements, il n'en resta plus qu'un avec six inspecteurs. C'était, comme on le voit, une réduction assez importante ; mais les employés qu'on retira de la surveillance des quartiers furent portés dans l'attribution de la politique, et ce que les voleurs gagnèrent en impunité, les libéraux le perdirent en liberté. En effet, les officiers de paix et les inspecteurs qui changèrent d'attributions passèrent sous les ordres de M. Garnier, commissaire de police du quartier du Mail, nommé à cette occasion inspecteur général adjoint, chargé de la politique, et ayant ses bureaux à la préfecture même.

Les 48 commissaires de police de Paris avaient alors 6,000 francs d'appointements fixes ; aucun inspecteur n'était spécialement attaché à leur bureau, si ce n'est un employé réunissant le titre d'inspecteur et celui de secrétaire, et recevant pour ces diverses fonctions la modeste somme de 1,400 francs.

Les officiers de paix avaient 3,000 francs et les simples inspecteurs 1,200 francs.

En 1821, une amélioration fut apportée dans le traitement de certains employés ; les officiers de paix virent le leur s'élever à 3,600 francs ; celui des inspecteurs secrétaires fut porté à 1,800 francs, mais ils perdirent la qualité d'inspecteurs et conservèrent seulement celle de secrétaires qui leur est restée jusqu'à ce jour.

A peine étais-je en fonctions, que je m'aperçus que plusieurs de mes collègues étaient loin d'être attachés au gouvernement de la Restauration. Presque tous étaient anciens soldats de l'Empire, ayant échangé leurs épaulettes ou leurs galons contre la carte d'inspecteur de police. La vie qu'ils menaient alors n'était pour eux qu'une transition indispensable entre leur passé et leur avenir, et plus d'un nourrissait, à part soi, l'espoir d'endosser encore l'uniforme et de porter l'épaulette d'or au retour de l'empereur, car ce retour était la chimère de chacun.

De tous les agents de police, celui qui se faisait le plus remarquer par son libéralisme était un nommé Lenfant. Ancien soldat de l'Empire, décoré de la main même de Napoléon, ex-lieutenant aux lanciers rouges, il avait fait presque toutes les campagnes, assisté à toutes les batailles et visité toutes les capitales avec le drapeau tricolore. 1815 l'avait réduit à la demi-solde, et c'est en attendant des jours meilleurs qu'il s'était mis dans la police.

Après lui, venait Rousselle, qui avait servi longtemps dans la garde impériale et avait rapporté de la grande armée l'habitude de *grogner* continuellement. Dieu sait si mes deux grognards s'en donnaient ! Le roi, les princes, la charte, la chambre, tout y passait.

J'avais donc, dès les premiers jours, acquis la conviction que mes agents royalistes étaient tout bonnement de bons et solides bonapartistes. Eux-mêmes ne tardèrent pas à m'en fournir la preuve. A cette époque où le personnel était peu nombreux, chaque jour, à midi, les officiers de paix et les inspecteurs se rendaient individuellement à la salle de permanence afin de recevoir les ordres du préfet. D'un autre côté, le cinq de chaque mois, tous les employés touchaient leurs appointements à la caisse de la préfecture. La première fois que j'émargeai la feuille de solde, Lenfant vint à moi au moment où je mettais mon modeste traitement dans mon gousset, il me prit par le bras et m'entraînant dans l'embrasure d'une fenêtre, il me dit :

Canler, voulez-vous être des nôtres? Nous sommes quelques

bons garçons qui, le jour de la paye nous réunissons pour déjeuner : la dépense n'est pas énorme, car le plus haut qu'elle ait atteint c'est 3 fr. 50 c. ; d'un autre côté, je crois qu'on peut bien se permettre un petit *extra* une fois par mois. Si cela vous va, dites oui ; sinon, bonsoir, car je suis déjà en retard.

Pour toute réponse, je passai mon bras sous le sien et lui dis : Marchons.

— A la bonne heure! exclama-t-il, voilà qui est vraiment charmant de votre part. Rousselle prétendait que j'avais tort de vous en parler, que cela ne vous conviendrait peut-être pas; je savais bien, moi, que vous ne diriez pas non.

Et nous partîmes.

En sortant de la préfecture, nous prîmes le quai, le pont Neuf, le quai de l'Ecole, la rue du Coq et la rue St-Honoré, mais celle-ci nous ramenait sur nos pas, et j'en fus tellement étonné que je ne pus m'empêcher de le faire remarquer à mon conducteur.

— Où allons-nous ? lui dis-je.

— Nous allons rue des Prouvaires, chez Lecourt, restaurateur, où nous serons parfaitement bien. Je dois vous engager à ne pas être étonné de trouver à table une douzaine d'employés de différentes attributions; peut-être ne les connaissez-vous pas tous, mais vous ferez bientôt connaissance avec eux ; ce sont de bons camarades.

— Mais, dites-moi donc, Lenfant, pour aller de la préfecture à la rue des Prouvaires, je ne vois pas qu'il y ait nécessité de passer par le Louvre.

— Vous ne comprenez pas ?

— Pas le moins du monde.

— Eh bien, en voici la raison : chacun de nous doit aller prendre son service en quittant la préfecture ; or, si nous partions tous par le même chemin, nous risquerions d'être *filés* et de voir arriver au beau milieu de notre déjeuner l'un de nos chefs qui viendrait nous offrir ses félicitations.

— Vous avez raison, je n'avais pas tout d'abord pensé à cela.

— Et puis, vous comprenez combien il serait vexant pour

nous d'être confondus avec ces brigands de libéraux qui, sous prétexte de se réunir pour dîner, tiennent de très-jolis petits conciliabules contre le gouvernement de Sa Majesté très-chrétienne Louis XVIII.

Mais j'avais trop entendu parler mon interlocuteur pour croire un seul mot de ce qu'il venait de me dire ; aussi le regardai-je d'une manière qui lui prouvait que nous étions d'accord, et nous partîmes d'un éclat de rire. Puis enfin, tout en devisant de la sorte, nous arrivâmes chez Lecourt, où nous montâmes dans une salle située au premier étage. Le couvert était dressé, et une douzaine d'agents, groupés çà et là, causaient ensemble.

A notre entrée, Rousselle vint au devant de nous en nous disant :

— Ma foi, mes amis, il ne manquait plus que vous, et puisque nous sommes au complet nous allons commencer tout de suite.

J'étais en face de Rousselle, à ma gauche était Gayetti et à ma droite mon parrain Lenfant. Pendant le repas, il ne fut pas dit un seul mot qui eût rapport à la politique, et je finissais, ma foi, par croire que je m'étais trompé sur leurs intentions et leurs opinions ; mais, vers la fin du déjeuner, Rousselle commença l'attaque en me disant :

— Dites-moi donc, Canler, n'avez-vous pas servi sous l'Empire ?

Je m'apprêtais à lui répondre, lorsque Gayetti me coupa la parole.

— Certainement, dit-il, c'est un enfant de troupe, et quoiqu'il soit bien jeune, il a fait trois campagnes.

— Mais, reprit le premier, jusqu'à quel moment avez-vous servi ?

Ce fut encore mon voisin de gauche qui répondit pour moi.

— Jusqu'à quel moment ? Notre ami n'est ni plus ni moins qu'un de ces affreux brigands de la Loire, comme on les a baptisés si poétiquement.

A ces mots, tous se levèrent d'un mouvement spontané et

saisirent leurs verres ; alors Lenfant, portant cette fois la parole, dit :

— Mes amis, le nouveau compagnon que nous recevons aujourd'hui dans notre petite société a fait suffisamment ses preuves, ainsi que l'a annoncé notre ami Gayetti ; c'est un enfant de troupe qui a suivi pas à pas la fortune de Napoléon et qui est resté fidèle à son devoir jusqu'au licenciement complet de l'armée de la Loire. Buvons donc à sa santé, et qu'il soit le bienvenu parmi nous !

Et les verres furent vidés.

Prenant alors la parole, je remerciai en peu de mots mes aimables confrères ; puis la conversation prit enfin son véritable cours, c'est-à-dire se rabattit exclusivement sur la politique.

Chacun apporta son mot, présenta son plan de réforme et déblatéra à son aise contre les excès des royalistes. D'ailleurs, ce n'était pas à tort que ces derniers étaient blâmés, car les reproches les plus sérieux qui leur furent adressés, les griefs les plus importants qui s'élevèrent contre eux, reposaient tous sur les malheureux événements qui s'étaient passés dans le midi, dès le commencement de la Restauration, et qu'on avait si justement qualifiés du nom de *terreur blanche*.

La conversation continua ainsi, vive, animée, pendant un certain temps ; puis à trois heures, Lenfant, qui était le plus instruit, le plus capable de la société, et qui en outre remplissait en quelque sorte dans ces petites réunions les fonctions de président, annonça qu'il était temps de songer à la retraite, en ajoutant :

— Nous avons tous accepté un mandat, notre honneur est engagé à sa parfaite exécution ; que le gouvernement nous soit antipathique, cela se comprend, mais que nous manquions à notre devoir, ce ne serait le fait ni d'hommes de cœur, ni de loyaux citoyens : seulement, mes amis, avant de nous séparer pour un mois, je réclame un moment de silence.

Trois bouteilles venaient d'être vidées dans nos verres, Lenfant se leva, saisit le sien, puis le portant à hauteur de l'œil, dit à mi-voix :

— A la santé et au retour de l'Empereur !

Nous imitâmes son geste, nous répétâmes ses paroles, et après avoir vidé nos verres, nous nous séparâmes et chacun alla où son devoir l'appelait.

Tel fut le premier déjeuner que je fis avec mes nouveaux camarades, déjeuner que nous renouvelâmes tous les mois, même après la mort de l'Empereur.

En 1822, nos réunions cessèrent brusquement; quelques-uns de ces pauvres diables, ayant manifesté trop librement leurs opinions politiques, furent révoqués lors de l'arrivée de M. Delavau à la préfecture de police, et les autres se trouvèrent tellement disséminés dans tous les services, qu'il n'y eut plus possibilité de nous réunir comme par le passé.

D'ailleurs, à cette époque, la délation était devenue à l'ordre du jour parmi les employés ; entre amis, entre parents même, on s'épiait, on s'observait, et il n'était pas rare de voir deux intimes se vendre mutuellement, dans l'espoir de voir leur trahison profiter à leur avancement.

III

LA CONGRÉGATION A LA PRÉFECTURE DE POLICE

Le roi Louis XVIII, doué d'un jugement supérieur, avait su, dans les soucis de l'exil, apprécier combien était grande la transformation qui s'était opérée dans la société française depuis 89; aussi, en montant sur le trône, avait-il fermement l'intention de tenir compte des idées nouvelles, enfantées par toutes les phases qu'avait traversées la France; malheureusement, la haute raison qui le dirigeait n'était pas comprise par tout son entourage. Beaucoup d'émigrés étaient rentrés avec la prétention de reconquérir leurs anciens priviléges au moyen de l'absolutisme d'une royauté de droit divin, et l'esprit qui les inspirait avait pris corps dans la société de Jésus. Cette célèbre compagnie exploita en eux les haines du passé, et, pour battre en brèche les sages intentions du roi, organisa la redoutable faction de *la congrégation*, qui ne tarda pas à former un gouvernement occulte en relation avec toutes les cours de l'Europe.

Lors du congrès d'Aix-la-Chapelle, la congrégation envoya dans cette ville un de ses membres les plus dévoués, le marquis de M***; le préfet de police y expédia l'officier de paix Burger et deux agents pour surveiller l'ambassadeur français et circonvenir les domestiques des hauts personnages faisant partie du congrès. Un des agents était frère de l'officier de paix, et l'autre, nommé Louis, son beau-frère; ils faillirent mettre à nu l'intrigue dont ils étaient les instruments, car ils furent un jour surpris en flagrant délit de tentative d'espionnage; mais Burger eut assez d'adresse pour les tirer de ce mauvais pas, sans compromettre le secret de leur mission.

Quant au marquis, il fut bientôt en relations avec les ministres des puissances étrangères; homme très-affable, mais aussi d'une tenacité inflexible dans ses projets, il possédait ce don de persuasion si pernicieux aux intérêts contraires dans les affaires diplomatiques, et il avait pour mission de faire contre-partie au duc de Richelieu, chargé par le roi d'obtenir l'évacuation immédiate de la France par les armées alliées.

Le marquis manœuvra de telle sorte que, gagnant les ministres à son opinion, il leur prouva que, dès que les troupes étrangères seraient retirées, la France retomberait sous le joug des bonapartistes, qui n'attendaient que cette circonstance pour se soulever; mais le duc de Richelieu, honoré de la bienveillance toute particulière de l'Empereur de Russie, ne se tint pas pour battu, et s'adressa directement à Alexandre, alors tout-puissant sur les alliés. Il lui représenta l'état réel de la France, et obtint de ce souverain l'évacuation du territoire français par les troupes étrangères.

Le gouvernement occulte fomentait conspiration sur conspiration pour effrayer le roi et l'amener à penser que le système représentatif était trop faible pour réprimer les passions révolutionnaires ; il espérait par ce moyen décider Louis XVIII à anéantir la Charte et à rétablir le régime absolu.

A cette époque, le cabinet noir, dont on a tant parlé et dont l'existence a été tant niée par les intéressés, fonctionnait sans relâche. Un sieur Lenoir, d'une adresse et d'une dextérité peu communes, était chargé de décacheter la correspondance, les dépêches des ambassadeurs et des ministres, ainsi que les lettres adressées aux personnages suspects de libéralisme. Après en avoir pris la copie, il rétablissait la pièce dans son état primitif, sans laisser la moindre trace de l'effraction commise et sans qu'on pût supposer que le cachet eût été rompu. Pour les lettres des simples particuliers, on les enlevait à la poste ; mais pour les correspondances des ministres français et des ambassadeurs accrédités près la cour des Tuileries, il fallait plus de précautions et il était plus difficile de les intercepter. Cependant on en trouva le moyen.

Un agent de police, ancien valet de pied du comte Daru, sachant, sous une enveloppe commune et une figure bonasse, cacher l'homme le plus adroit, le plus fin, le plus rusé, le plus astucieux que j'aie connu de ma vie, avait mission de corrompre à prix d'or la fidélité des domestiques chargés, par les hauts personnages, du transport des dépêches.

Une fois ce premier succès obtenu, l'agent assignait au serviteur infidèle un rendez-vous où celui-ci apportait la pièce qui lui avait été confiée. Notre rusé compère allait aussitôt remettre le pli au cabinet en question. Lenoir, avec une adresse extraordinaire, enlevait immédiatement les cachets. Un scribe habile prenait copie de la dépêche qui était prestement remise dans son enveloppe sur laquelle les cachets étaient réappliqués avec une précision qui défiait les yeux les plus clairvoyants.

Deux choses étaient à remarquer en cela : 1° l'habileté avec laquelle le secret de la lettre était violé ; 2° la célérité qu'on apportait dans les diverses opérations que cette violation nécessitait.

Le travail terminé, l'agent reportait la pièce au rendez-vous où il l'avait reçue, et le domestique infidèle, après avoir ainsi vendu le secret de son maître, faisait parvenir le message à qui de droit.

Le parti libéral, qui était très-nombreux, convaincu que l'article du Code pénal sur la violation du secret des lettres n'était qu'un vain mot pour certaines autorités, se décida à s'abstenir de traiter de politique dans sa correspondance.

Le règne des jésuites fut un moment entravé sous le ministère Decazes; mais il reparut plus puissant que jamais à partir de l'avénement de MM. de Villèle, de Corbière et Peyronnet. Ces nouveaux ministres confièrent la direction de la police générale à M. Franchet, chef de bureau à la poste aux lettres; et M. Delavau, conseiller à la Cour royale, fut nommé préfet de police. Celui-ci avait présidé les assises qui condamnèrent à la peine de mort Gravier et Bouton, dans l'affaire du pétard des Tuileries.

Le nouveau préfet, en prenant les rênes de la police, révoqua ou mit à la retraite presque tous les hauts fonctionnaires de son administration qui n'étaient pas affiliés à la congrégation d'une manière ou d'une autre, et ceux-ci furent remplacés par des hommes bien pensants, c'est-à-dire entièrement dévoués à la congrégation.

Un des marguilliers de l'église de Saint-Sulpice, grand et passionné joueur à la loterie, M. B***, fut installé comme chef du personnel; ce choix était caractéristique. Le comte de Pins, ancien maire d'une petite ville de Gascogne, devint chef du cabinet du préfet. Un simple employé de la poste aux lettres, du nom de Bonneau, obtint la direction des prisons. Un sieur Gauthier, camarade d'enfance de M. Delavau, fut appelé de la Bretagne pour occuper la place de chef de la troisième division, et un jeune homme d'une vingtaine d'années, nommé Duplessis, entra au cabinet du préfet en qualité de secrétaire particulier. Tous ces nouveaux élus, indépendamment de leurs fonctions, dirigeaient chacun une police occulte, composée de nombreux agents. Malgré ce luxe d'agents, le nouveau préfet organisa secrètement une police en dehors de la préfecture. Un député fanatique, M. S***, parent du préfet, en accepta gratuitement la direction, avec le concours actif d'un de ses amis intimes, le chevalier de X***, aussi désintéressé et aussi fanatique que lui-même. Les agents de cette police furent divisés en sept sections, dont chacune avait un chef et un local pour ses réunions ; mais tous étaient placés sous les ordres du chevalier de X***, dont le bureau central était situé rue du Dragon. Les six autres étaient rues Poupée, de l'Hirondelle, des Rosiers, de la Barillerie, Grenelle-Saint-Germain et place Baudoyer. On peut comprendre comment, avec de tels rouages, la préfecture ne tarda pas à devenir un foyer d'intrigues, de cabales, de haines, de passions, où s'élaboraient les provocations et les vengeances de la congrégation contre les prétendus ennemis de l'autel et du trône.

Toutes les pensées de l'administration étant concentrées sur la politique, il en résulta que la police proprement dite fut reléguée au dernier plan et totalement négligée. Les fonds alloués pour le service municipal et celui de sûreté furent en grande partie employés aux dépenses nécessitées par le nombreux personnel des agents de la politique.

M. Delavau avait amené à sa suite une foule d'individus tous recommandés par les royalistes ultra ou par des jésuites. Comme il fallait des places pour tous ces hommes bien pensants, voici le système que l'on employa pour leur en procurer :

On établit près des chefs de bureau, des commissaires de police et des officiers de paix, de nouveaux employés, avec mission de surveiller attentivement leurs chefs, d'espionner toutes leurs actions et d'en rendre compte au préfet, enfin de recueillir avec soin les moindres faits, les plus légères apparences ayant trait à la politique ou à la religion et d'en faire leur rapport. Je me bornerai à en citer un exemple.

A cette époque, M. Auvernay était commissaire de police du quartier du Temple; il avait pour secrétaire M. Clouet, ancien adjudant sous l'Empire, lequel, à raison de cette qualité même, fut immédiatement révoqué et remplacé par un sieur X***, mulâtre, sur qui le préfet de police croyait pouvoir compter. Mais huit jours ne s'étaient pas écoulés depuis l'installation du nouveau secrétaire, que celui déposa, entre les mains du commissaire de police, sa démission motivée sur ce qu'il lui était impossible de remplir les obligations qu'on voulait lui imposer : ce brave et digne homme préférait perdre sa place plutôt que d'espionner son chef! On accepta sa démission, et M. Auvernay, dont on venait d'éveiller la méfiance, fut appelé à faire valoir ses droits à la retraite.

Voilà quel fut l'esprit qui dirigea la police de 1821 à 1828, et, à l'appui de ces observations, j'ajouterai quelques exemples qui les rendront encore plus frappantes.

En 1824, j'étais inspecteur chargé de la police du marché du Temple et des brocanteurs. J'avais, pendant le cours de l'année, mis sous la main de la justice un nombre considérable de voleurs que j'avais pris en flagrant délit, et M. Gronfier père, alors commissaire du quartier du Temple, qui, à chaque arrestation, avait été appelé à en dresser procès-verbal, fit à la fin de l'année un rapport au préfet et lui demanda pour moi une gratification en récompense des bons et nombreux services que j'avais rendus à l'administration et à la société. Le 26 décembre, l'ex-marguillier B*** me fit appeler à son cabinet. Le chef du personnel était un petit homme maigre, pâle, au teint bilieux, aux joues caves et au regard sournois. Sa parole, un peu lente, affectait un air doux et paternel. Il était d'une politesse obséquieuse avec tout le monde; un habit noir, un gilet, une culotte courte et des bas de soie, le tout de même couleur que l'habit, et le tout un peu râpé, des souliers garnis de larges boucles en argent, tel était le costume de l'homme de confiance de M. Delavau. Le garçon de bureau m'annonça. M. B*** se leva, vint au devant de moi avec empressement, me fit asseoir auprès de lui et me dit :

— Mon bon ami, M. Gronfier a fait une demande à M. le préfet afin qu'il vous accorde une gratification en récompense de vos bons services. D'après la nature de mes fonctions, je suis appelé, mon enfant, à faire cette proposition au préfet; mais, avant de la faire, j'ai voulu vous voir pour vous dire que j'ai pris sur vous les renseignements les plus exacts à la police centrale, et que j'ai appris avec peine, avec douleur, que vous ne remplissez aucunement vos devoirs religieux, que vous n'allez jamais à l'église, et enfin que vous professez des opinions subversives. Vous comprenez bien qu'on ne peut pas récompenser ses ennemis ! Cependant, mon cher ami, pour vous prouver le cas que je fais de la recommandation de M. Gronfier, qui est un bon et loyal royaliste, je demanderai pour vous une gratification de 150 francs, mais à la condition que vous m'apporterez avant la fin du mois un billet de confession et qu'à l'avenir vous remplirez convenablement vos devoirs de religion.

M. B***, ayant terminé cette petite exhortation, croisa dévotement ses mains sur sa poitrine et leva les yeux au ciel d'un air béat, attendant vraisemblablement une adhésion de ma part.

Mais, rouge d'indignation, je venais de me lever, et gardant avec peine mon sang-froid, je lui répondis :

— Monsieur, je suis né enfant de troupe ; j'ai été élevé dans les camps et les casernes, et non dans un séminaire ; je crois en Dieu ; je suis honnête homme et je fais mon devoir consciencieusement, et, pour ce qui est de ma gratification, vous ferez ce que bon vous semblera, car je ne m'abaisserai jamais à jouer le rôle d'hypocrite !

Et je le quittai.

Malgré ma réponse un peu verte et ma brusque sortie, je ne sais quelles considérations vinrent plaider en ma faveur, car quelques jours après je fus appelé à la caisse, où l'on me remit 150 francs à titre d'indemnité.

Parmi les inspecteurs de police, il existait un nommé S***, qui, chargé d'une nombreuse famille, pouvait à peine subsister avec les modiques ressources que lui procurait son emploi. L'ordre, l'économie sont beaucoup dans un ménage ; mais, comme dit l'adage, la roue du moulin ne tourne pas sans eau, et l'argent est, quoi qu'on en dise, le ressort le plus actif de la société.

A cette époque, l'hypocrisie était louée, vantée, fêtée et surtout récompensée ; la richesse, les emplois, les honneurs étaient alors le partage du clergé ou de ses protégés, et c'est surtout à ce moment que l'on pouvait :

<blockquote>Couler des jours heureux à l'ombre des autels...</blockquote>

S*** savait tout cela ; aussi, ce fut de ce côté qu'il dirigea ses batteries : une fois son plan bien arrêté, il alla tous les matins à la messe, se plaçant de manière à ce que le prêtre ne pût pas faire autrement que de le voir en allant officier et en retournant à la sacristie.

Puis, comme cela ne suffisait pas, il s'informa des jours où cet ecclésiastique confessait, et on le vit alors se rendre régulièrement une fois par semaine au tribunal de la pénitence et le dimanche matin s'asseoir à la sainte table.

Mais si S*** voulait jouer cette comédie, il voulait du moins qu'elle lui rapportât quelque chose ; en conséquence, après avoir fait ce manége pendant un certain temps, il résolut de faire servir le pasteur à ses intérêts, sans que cependant ce dernier en fût aucunement sollicité.

Un jour qu'il était commandé pour un service spécial, S*** alla directement à l'église, se confessa et s'arrangea de manière à être en retard d'une demi-heure pour se rendre à son poste. L'officier de paix, sous les ordres duquel il se trouvait placé, fit son rapport, et une mise à pied (retenue) enseigna à notre inspecteur à faire plus exactement son service.

C'était tout justement ce que S*** demandait ; le lendemain, il courut à l'église expliquer à son confesseur et la position nécessiteuse dans laquelle il se trouvait et la punition qu'on lui avait infligée par suite du retard dans lequel sa confession l'avait jeté.

Le prêtre offrit immédiatement son crédit à l'inspecteur de police, et proposa d'écrire à la préfecture en faveur de son pénitent, pour faire lever la punition dont il était frappé.

S*** indiqua M. B***.

Quelques jours après, le chef du personnel faisait appeler le rusé compère dans son cabinet. Que se passa-t-il alors entre eux ? Je l'ignore ; mais bientôt il fut prouvé aux yeux de tous que S*** était l'heureux protégé de M. B***.

Une ordonnance de police créa des inspecteurs pour les places de stationnement de fiacres; les cochers reçurent un uniforme, furent soumis à des règles fixes et payèrent un droit invariable par voiture, afin de subvenir aux appointements des inspecteurs nouvellement créés. On conçoit facilement que les emplois furent plus ou moins lucratifs en raison de l'importance du service.

Il y en eut de 600 à 3,000 francs.

S*** alla trouver M. B***, et celui-ci, voulant récompenser une piété si sincère et si éclairée, fit donner à son protégé une place de 3,000 francs.

Mais si l'esprit de la congrégation a dominé l'administration de M. Delavau au point de lui faire considérer comme licites, en politique, les manœuvres les plus machiavéliques, pourvu qu'elles fussent profitables au système dont ses patrons désiraient le triomphe, je dois, d'un autre côté, dire, à la louange du préfet congréganiste, que, pendant les six années qu'il a dirigé la police de Paris, aucun des employés ou fonctionnaires placés sous ses ordres n'a jamais pu commettre un acte de concussion, de prévarication, d'attentat aux bonnes mœurs ou de liaisons répréhensibles, sans qu'aussitôt sa révocation fût prononcée, et, à l'appui de mon assertion, je citerai les faits suivants :

Un chef de service se faisait donner une haute paye journalière d'une vingtaine de francs par maison de prostitution dont il avait fait accorder l'ouverture.

Un officier de paix avait reçu d'un propriétaire une somme de 500 francs pour faire supprimer une maison de tolérance.

Un autre officier de paix avait reçu une somme d'argent d'un mari pour l'aider à arriver à une rupture avec sa femme.

Un chef de bureau avait pour maîtresse une fille publique.

Un commissaire de police avait été surpris la nuit avec une fille dite pierreuse, dans un endroit écarté, sur la voie publique.

Un officier de paix avait reçu de l'argent pour fermer les yeux sur certains marchands qui se trouvaient en contravention.

Un autre officier de paix trafiquait sur les billets du théâtre où il faisait le service.

Tous ces individus et bien d'autres furent révoqués, quoique appartenant au parti dominant et protégés par de puissants personnages.

Cette juste sévérité pour des actes coupables n'a malheureusement pas été mise en pratique par tous les successeurs de M. Delavau ; l'indulgence impardonnable de quelques-uns a assuré l'impunité à bien des fonctionnaires ou employés qui, entrés dans l'administration, les uns sans un sou vaillant, les autres avec des dettes, sont arrivés, après six ou sept ans passés dans leur emploi, à posséder des fortunes de 400 et même 600,000 francs.

IV

LES AGENTS PROVOCATEURS

Il y a quelque temps, j'étais assis dans le jardin des Tuileries, et mes souvenirs se reportaient vers l'époque où j'avais vu ce palais pour la première fois. Tout à coup, je fus distrait de mes réflexions par une voix enfantine qui paraissait très-courroucée ; c'était celle d'une petite fille de huit ou neuf ans, fraîche, pimpante, frisée, ayant la peau blanche, des cheveux soyeux et cendrés, et de grands yeux bleus. La charmante créature faisait à son petit frère, bambin de trois ans, une mercuriale des plus sévères. Puis, après avoir jeté un coup d'œil autour d'elle et voyant qu'elle n'est pas remarquée, elle brisa le joujou que le malheureux enfant avait à la main et se mit à le frapper de toutes ses forces. Aux cris du petit garçon, la bonne, qui était en train de causer *philosophie* avec un tambour d'un de nos régiments de ligne, accourut ; mais, à son arrivée, la petite fille lui dit de l'accent le plus naturel : C'est très-désagréable, çà ! tu n'es jamais là et il faut toujours que je garde mon petit frère qui casse tout ce qu'il a ! Je le dirai à maman, moi !

Je fus indigné de cette perfide méchanceté et de cette hypocrisie dans un âge aussi tendre. C'était à mes yeux un déplorable présage pour l'âge mûr. Le cours de mes réflexions m'amena à me représenter les conséquences qu'acceptent ces natures perverses quand elles appliquent leurs mauvais instincts, leur duplicité aux questions politiques. Mes pensées se trouvèrent naturellement reportées à l'époque de la Restauration, où j'eus occasion de voir de près les machinations enfantées par une aveugle réaction, ayant pour aide la cupidité et la bassesse de satellites toujours prêts, dans tous les temps, à servir toutes les rancunes.

A Dieu ne plaise que je prétende que tous les personnages d'alors aient été animés du même esprit; mais les caractères honorables et élevés, éprouvés par l'adversité et dignes du respect général, ne furent malheureusement pas en majorité; et comme il est notoire qu'à forces égales même, les honnêtes gens ont toujours le dessous avec les mauvaises passions, il en résulta que la domination fut le partage des *ultras*, qui prétendaient être plus royalistes que le roi, et regardaient la France comme un pays conquis ou comme un territoire dont les habitants n'étaient que d'anciens vassaux rebelles et vaincus.

Sous l'influence de cet esprit réactionnaire, la police fut plus que jamais détournée de son but naturel, et fut presque uniquement consacrée à satisfaire les ressentiments ou à servir les calculs de la coterie qui perdit les Bourbons.

La provocation, cette arme perfide et ignoble qui engendre de légitimes colères en faisant des victimes, fut érigée en système permanent, soit pour créer un semblant de légitimité à des lois restrictives qu'il s'agissait d'extorquer à la bonne foi du monarque, soit pour s'enquérir ou se venger des opinions individuelles ou de celles des masses.

On envoya dans le midi deux agents de police : le premier, ancien militaire de l'Empire, le deuxième, ex-forgeron ; ils avaient pour mission de vendre ostensiblement, celui-là des images, celui-ci des bustes en plâtre des membres de la famille royale ; ils possédaient en outre au fond de leur balle de colporteur des gravures et de petites statuettes en plomb représentant l'Empereur, et offertes en cachette aux amateurs.

Quelque imprudent se laissait-il prendre à cette espèce de contrebande politique, les deux agents, qui étaient munis de bons passe-ports et de lettres de recommandations toutes spéciales, afin que les autorités locales leur prêtassent aide et protection, dénonçaient immédiatement le délinquant. Visite domiciliaire avait lieu et amenait inévitablement la saisie de l'objet prohibé et l'arrestation du détenteur qui passait bien vite devant les tribunaux.

A Paris, la provocation se faisait de différentes manières.

De braves ouvriers, attirés dans les cabarets par des hommes qui se disaient leurs frères, qui portaient le même habillement et parlaient le même langage qu'eux, se trouvaient excités, le verre à la main, à émettre une idée contraire aux actes du gouvernement; puis peu à peu la confiance s'établissait; on s'était d'abord plaint timidement, on finissait par élever la voix, on blâmait ceux qui étaient au pouvoir, on s'en prenait enfin *au roi* lui-même; de là, on était naturellement conduit à manifester le désir d'un changement radical, et, à l'instigation d'agents astucieux, on se décidait à mettre la dernière main à un complot illusoire, qui ne devait jamais voir le jour. Alors, sous l'influence de l'ivresse, on signait un pacte élaboré au milieu des bouteilles; puis une fois que l'acte était signé, il était déposé à la préfecture par l'agent provocateur qui disparaissait, et un beau matin les malheureuses dupes de cette fourberie se réveillaient dans les cachots.

C'est ainsi qu'on s'y prit même avec un ancien officier supérieur nommé Millard, qui professait des opinions bonapartistes très-exaltées et ne s'en cachait nullement. Après la chute de l'Empire, il avait fait partie des Français qui se réfugièrent au champ d'asile du Texas. Il était ensuite revenu à Paris, où il ne tarda pas à se lier avec deux soi-disant capitaines, qui se donnaient les noms de Duverneuil et Sinard et qui n'étaient autres que Vauv et Chiyn, agents de police. Ceux-ci, pour attirer Millard dans leur piége, se firent passer pour bonapartistes effrénés et excitèrent le mécontentement du colonel contre le gouvernement. Un soir, entre la poire et le fromage, ils l'amenèrent à apposer sa signature sur un prétendu pacte dont voici la copie textuelle :

« Nous jurons, Jean-Baptiste Millard, baron de Sully, lieu-
» tenant-colonel du 9ᵉ hussards, Nicolas-Auguste Duverneuil et
» Jacques-Jean Sinard, tous deux capitaines de cavalerie, de
» mourir pour la vraie liberté sans royauté, à moins que ce
» ne soit pour Napoléon second.
» Fait à Paris, le 20 mars 1820.
« *Signé* : Millard, Duverneuil, Sinard. »

Les deux agents allèrent en toute hâte remettre cet écrit à la préfecture de police ; Millard fut arrêté et condamné à dix ans de bannissement.

V

DEUX PÉTARDS AUX TUILERIES

Dernier descendant d'une race qui menaçait de s'éteindre, le duc de Berry avait eu, en mourant, la consolation d'apprendre que la duchesse sa femme était enceinte. Cette grossesse, les journaux l'avaient annoncée, et les royalistes n'avaient pas manqué de faire remarquer que la main qui avait dirigé l'assassin dans le crime du 13 février avait cru priver le trône d'un héritier, le roi d'un successeur direct ; mais que le ciel, déjouant ces projets, s'était plu à féconder l'illustre duchesse pour donner aux Bourbons de la branche aînée un nouveau rejeton. Cependant cet espoir ne faisait pas la joie de tout le monde, et trois individus, Gravier, ancien officier de l'Empire, Bouton et L***, résolurent d'empêcher la grossesse d'arriver à terme. Pour cela ils imaginèrent de fabriquer deux pétards formidables, dans l'intention de les placer sous le guichet des Tuileries, non loin de l'appartement de la princesse. Ces pétards, auquel on ne devait mettre le feu que la nuit, devaient provoquer l'avortement de la duchesse par la peur que lui causerait la détonation.

Une fois le projet arrêté, on se mit à l'œuvre ; Bouton et Gravier s'étaient chargés d'acheter la poudre et de fabriquer l'instrument nécessaire à la perpétration du crime.

Mais ces deux hommes ne tardèrent pas à éprouver des craintes, des scrupules et même des remords ; l'action qu'ils avaient préméditée leur apparut dans toute son horreur, le crime qu'il devaient commettre les effraya, et bientôt l'affaire traîna en longueur ; peut-être même aurait-elle été entièrement abandonnée si, parmi les trois conjurés, il n'y avait pas eu un Judas, qui déjà avait vendu le sang de ses complices.

L*** était depuis quelque temps en relation directe avec l'officier de paix Rivoire, près duquel il se rendait tous les jours à la préfecture, dans la salle même où se réunissaient tous les officiers de paix et les inspecteurs pour recevoir leurs ordres de service. L*** était parfaitement connu de tous les agents, chacun savait pourquoi il venait, mais jusqu'alors il avait eu l'adressse de ne pas faire connaître ceux qu'il trahissait, en promettant de les livrer au moment où ils commettraient leur forfait.

Chaque jour, Bouton et Gravier recevaient la visite de leur faux frère et chaque jour celui-ci les pressait de mettre la dernière main à la confection des deux pétards. Lorsqu'ils furent terminés, L*** et Gravier, dans la nuit du 29 avril se rendirent aux abords des Tuileries et firent partir le premier pétard, sans que le résultat eût aucune suite fâcheuse. Bouton et Gravier avaient été tellement émus par cette criminelle tentative qu'ils étaient décidés à ne pas donner suite à leurs coupables projets, mais L*** leur ayant reproché leur lâcheté et leur couardise, ses deux dupes se laissèrent endoctriner par ce fourbe et il fut décidé qu'ils mettraient le feu au second pétard dans la nuit du 6 mai.

A l'heure fixée, L*** accompagna Gravier jusqu'au guichet des Tuileries, côté de la rue de Rivoli ; mais arrivé là, il le laissa aller seul et se retira à l'écart; l'officier de paix Rivoire, ainsi qu'il avait été convenu à l'avance avec L***, se trouvait posté en embuscade à proximité avec les agents David, Gannat, Mazières et Lambquin. Au moment où Gravier se baissait pour déposer le pétard, Rivoire et ses agents se précipitèrent sur lui et le saisirent.

Bouton fut arrêté peu de jours après.

A la suite de cette double arrestation, on vit L... revenir à la préfecture pendant plusieurs jours, comme si, dans ces murs qu'il côtoyait, deux hommes ne s'y trouvaient pas, par son fait, sous une inculpation qui pouvait entraîner la peine capitale!

Dans leurs interrogatoires, Gravier et Bouton avaient parlé de leur complice; la police, qui voulait soustraire celui-ci à la justice, le fit partir pour la Hollande où il alla dépenser l'argent que sa provocation lui avait valu. Quant à Gravier et Bouton, ils furent condamnés à la peine de mort; mais la duchesse de Berry écrivit au roi, son oncle, la lettre suivante:

« Mon cher oncle,

» Comme je ne puis voir le roi aujourd'hui, je lui écris pour lui demander la grâce de deux malheureux qui ont été condamnés à mort, hier, pour tentative contre ma personne.

» Je serais au désespoir qu'il pût y avoir des Français qui mourussent pour moi. L'ange que je pleure demandait en mourant la grâce de son meurtrier, il sera l'arbitre de ma vie; me permettrez-vous, mon oncle, de l'imiter et de supplier Votre Majesté d'accorder la grâce de la vie à ces deux infortunés?

» L'auguste exemple du roi nous a habitués à la clémence; daignera-t-il permettre que les premiers instants de l'existence de mon Henri, de mon cher fils, du vôtre, du fils de France, soient marqués par le pardon?

» Excusez, mon cher oncle, la liberté que j'ose prendre de vous ouvrir mon cœur; dans toutes les occasions, votre indulgente bonté m'y a encouragée.

» Je supplie le roi d'excuser ma hardiesse et de croire au respect aussi profond que les sentiments avec lesquels je suis de Votre Majesté,

la très-humble, très-obéissante et très-soumise nièce,

» Caroline. »

Après la réception de cette lettre, le roi commua la peine de mort prononcée contre Gravier et Bouton en celle des travaux forcés à perpétuité.

Les chansons de Béranger, qui avaient été mises à l'index, et qui néanmoins se chantaient partout, causaient un vif mécontentement à messieurs les congréganistes. Il fut donc prescrit aux agents de police d'employer tous les moyens pour faire saisir ces chansons chez les libraires. L'agent D..., pour obtenir la bienveillance de ses chefs dans cette circonstance, se rendit chez le sieur Terry, libraire au Palais-Royal; il s'y annonça comme expéditeur pour les États-Unis, en ajoutant qu'il avait en ce moment un bâtiment en partance pour Philadelphie, chargé de plusieurs pacotilles, qu'il ne lui manquait plus que des exemplaires par milliers des chansons de Béranger pour compléter sa cargaison, et que si M. Terry pouvait les lui fournir, il les lui payerait largement. Le libraire, qui n'en possédait pas, lui répondit que la chose lui était impossible, mais l'agent le supplia tellement, que M. Terry lui promit de s'en procurer chez un de ses confrères; l'heure fut convenue pour la livraison à une fausse adresse indiquée par D..., qui chargea trois de ses collègues de surveiller le libraire, et au moment où ce commerçant, nanti de ses exemplaires, se rendait au prétendu domicile de D..., il était arrêté dans la rue par trois agents. L'infortuné Terry, traduit en police correctionnelle, s'entendit condamner à six mois de prison et à une forte amende.

Comme on le voit, les provocations étaient à l'ordre du jour. Toutefois, ce qui doit au premier abord paraître non-seulement surprenant, mais incompréhensible, c'est le grand nombre de fabricants, de commerçants, dupes de ces infâmes provocations; car, pour les faire tomber dans leurs filets, les agents ne déployaient que fort peu d'imagination ; c'était toujours le même moyen mis en œuvre : la commande de bustes de Napoléon, d'emblèmes tricolores, en un mot, d'objets séditieux destinés, selon leur dire, aux États-Unis ou à quelques petites républiques d'Amérique. Les avertissements cependant ne manquaient pas ; chaque jour, les journaux rendaient compte de nombreuses condamnations prononcées pour la vente ou la fabrication d'objets prohibés, mais l'appât du bénéfice enfantait tous les jours de nouveaux délits.

Ce système ne pouvait qu'exciter les mauvaises passions de certains agents ; car pour se faire remarquer de ses chefs, il n'y avait qu'un seul moyen : découvrir quelque conspiration, quelque complot; ou si, après bien des recherches, on ne découvrait rien, créer adroitement quelque infâme machination, inculper dans un prétendu complot un honnête père de famille qui de sa vie n'avait pensé à conspirer, imaginer des complices, choisir pour ce rôle d'autres innocents, et enfin livrer le tout à la police.

C'est à ce dernier moyen que s'arrêta entre autres un certain B..., l'un des officiers de paix de M. Delavau. Cet homme était doué d'une énergie remarquable ; aussi astucieux qu'entreprenant, il savait tirer parti de toutes choses. Dévoré d'une ambition démesurée, il cherchait toutes les occasions de se faire valoir. Un matin, il fit venir dans son bureau un de ses agents, nommé D..., tailleur de son état, ancien garde royal et décoré de la Légion d'honneur. « Mon ami, lui dit-il, lorsqu'ils furent seuls, on prétend à la préfecture que nous ne savons plus rien faire ; il est vrai que depuis longtemps aucune opération quelque peu importante n'a été faite par nous, aussi est-il urgent que nous nous réhabilitions aux yeux de tous, en prouvant que nous savons travailler mieux que personne. J'ai pensé à vous, je connais votre adresse, votre intelligence, et je suis persuadé qu'en vous confiant une affaire, vous saurez la conduire à bonne fin. »

(Ici, D... grimaça un sourire et exécuta un petit balancement qu'à la rigueur on pouvait prendre pour un salut.)

« Demain matin, continua l'officier de paix, vous irez chez quelque gros marchand de la rue Saint-Denis, vous aurez soin de vous adresser à un négociant bien connu par son libéralisme, et vous lui commanderez quelques douzaines de paires de bretelles tricolores; cela pourra très-bien passer pour une charmante petite conspiration, car au lieu de prendre livraison des bretelles, nous les ferons tout simplement saisir. »

Muni de ces instructions, D... s'en alla flâner rue Saint-Denis, le nez au vent, les mains dans ses poches, cherchant parmi tous ces noms qui s'étalaient au-dessus des boutiques quel était celui qu'il devait choisir.

Le lendemain matin, il se présentait chez M. Burth, fabricant de bretelles, rue St-Denis, n° 319, qu'on lui avait signalé comme étant un libéral.

— Monsieur, lui dit-il, je suis en rapport direct avec plusieurs républiques de l'Amérique qui me demandent toutes, en ce moment, des bretelles tricolores.

— Monsieur, interrompit le marchand, je regrette sincèrement de ne pouvoir vous satisfaire; je ne vends pas de bretelles tricolores et je ne puis ni ne dois en aucune façon me charger d'une pareille commission. J'ai ici des bretelles de toutes sortes et de toutes dimensions; si vous pouvez vous en contenter, je serai heureux de traiter avec vous.

D... refusa et revint l'oreille basse, raconter à son officier de paix le mauvais succès de ses démarches.

— Mon cher, dit celui-ci, avec impatience, j'en suis bien fâché pour vous ! Je vous confie une affaire superbe et vous me la *brûlez* (manquez) ! Tant pis ! arrangez-vous comme vous l'entendrez, mais j'ai parlé de cette affaire aujourd'hui même, et il faudra bon gré mal gré qu'elle réussisse.

D... baissa la tête et promit de faire que la combinaison arrivât à bonne fin. A cet effet, il retourna chez Burth.

— Monsieur, lui dit-il, j'ai réfléchi, et puisqu'il vous est impossible de vous charger de ma commande, j'éprouverai probablement ailleurs les mêmes difficultés; je vais donc m'y prendre différemment et voir s'il y a un moyen de m'arranger des bretelles que vous avez en magasin.

Puis il choisit et acheta quelques douzaines de bretelles entièrement blanches, mais portant visiblement la marque du fabricant. Après quoi, étant allé acheter du ruban bleu et rouge, il rentra chez lui et passa la nuit à garnir ces bretelles qui, ayant un bord rouge et un autre bleu, devinrent ainsi tricolores.

Le lendemain matin, il se présenta au bureau de M. B... avec les bretelles; un mandat fut décerné, on fit une perquisition au domicile et dans les magasins de M. Burth. Cette perquisition n'amena, comme on le pense bien, aucune découverte; mais le fabricant n'en fut pas moins arrêté, et peu de jours après relâché, faute de preuves suffisantes.

A quelque temps de là, M. Burth allait au Théâtre-Français, lorsque, arrivé au contrôle, il vit avec surprise l'homme aux bretelles qui causait avec un des employés: D..., de son côté l'apercevant, s'esquiva tout de suite.

Le fabricant, qui nourrissait une secrète rancune contre l'individu qui s'était joué de lui et avait manqué de lui mettre une très-vilaine affaire sur les bras, s'informa auprès du contrôleur quel était cet homme, et apprit que c'était l'agent de police D...

Le lendemain, une plainte était déposée au parquet, et le procureur du roi commençait une enquête, qui n'aboutit pas, car autrement il eût fallu poursuivre au criminel un agent secret de la police.

Pour satisfaire l'opinion publique qui s'était émue de cette manœuvre, dont les journaux, en faisant connaître les moindres détails, avaient mis à jour toute l'infamie, on simula une réparation administrative, en prononçant officiellement la révocation de l'agent D...; puis, au bout d'un certain temps, on le réintégra dans ses fonctions, et M. Burth fut encore une fois joué, car tandis qu'il se félicitait d'avoir fait chasser son indigne provocateur, l'ex-tailleur ne perdait même pas une seule journée de ses appointements.

L'agent de police T*** s'était abouché avec un nommé S***, ancien militaire, qui demeurait rue Saint-Lazare, 120 ; ces deux individus, ainsi qu'un troisième portant l'uniforme d'officier des Invalides, se réunissaient chaque jour au Champ de Mars, où T***, après quelques moments d'entretien, remettait à S*** une pièce de 5 francs. Alors ce dernier se dirigeait vers la barrière Monceaux, et, allant de cabaret en cabaret, ne rentrait chez lui qu'après avoir fortement ébréché son prêt journalier. Deux agents, ignorant complétement ce dont il s'agissait, avaient reçu l'ordre de suivre l'habitant de la rue Saint-Lazare, afin de pouvoir rendre compte de ses actions, et ne le quittaient que lorsqu'il rentrait à son domicile. Ces manœuvres durèrent une quinzaine de jours ; alors T*** déclara que S*** était décidé à tuer le roi, et qu'il était temps de l'arrêter. Voilà à quoi tendaient ces réunions journalières au Champ de Mars. Le lendemain de ce rapport, l'agent provocateur, le faux officier d'Invalides et S*** arrivèrent comme de coutume à leur rendez-vous ; mais cette fois, au lieu d'y séjourner, ils se dirigèrent vers Plaisance, entrèrent chez un marchand de vins dont la maison avait été choisie à l'avance par T***, et montèrent dans un cabinet ayant une pièce contiguë de laquelle on pouvait entendre tout ce qui se disait dans l'autre. Les agents qui depuis quinze jours suivaient S*** allèrent se placer dans une pièce située au-dessus de ce cabinet ; mais, curieux comme tous hommes de police, ils écoutèrent à la porte, et bientôt ils entendirent T*** dire à sa dupe :

— Le moment approche, il ne faut plus attendre ; nous allons vous louer sur la route de Neuilly une petite maison isolée ; un bon cheval sera à votre disposition pour que vous puissiez prendre la fuite après le coup.

En ce moment, un commissaire et des agents arrivèrent dans le cabinet contigu pour entendre la conversation de S***, et celui-ci, non-seulement surexcité par les discours de ses deux interlocuteurs, mais encore par les nombreuses libations qu'on lui avait fait faire, se répandit en menaces violentes contre le roi et déclara formellement être bien décidé à attenter à sa vie, *à délivrer la France de son tyran.*

Ces paroles et d'autres furent soigneusement recueillies et écrites par le commissaire de police, et lorsque T***, jugeant qu'on en avait assez entendu, leva la séance, les trois conjurés sortirent de chez le marchand de vins; mais, deux minutes après, tous trois étaient arrêtés par des agents et emmenés chacun d'un côté différent.

L'agent T*** et le faux officier d'Invalides furent, bien entendu, relâchés; quant à S***, il fut conduit à Brest avec sa femme et embarqué pour le Sénégal.

Chaque jour de nombreux placards injurieux pour le roi, et contenant des menaces contre sa personne, étaient affichés dans les faubourgs Saint-Antoine et du Temple, deux centres populeux; la police s'en était émue, mais elle avait affaire à forte partie; les coupables n'avaient pu être découverts. Aussi, de guerre lasse, l'administration avait fini par promettre une récompense à celui des agents qui arrêterait ou découvrirait l'auteur de ces affiches. Moyen extrême employé généralement quand une affaire est désespérée. Aussitôt la récompense promise, un agent secret fit savoir, par un rapport, qu'il avait enfin mis la main sur l'auteur de ces pamphlets, et que si le soir, à neuf heures, on voulait envoyer deux agents ostensibles chez tel marchand de vin du faubourg du Temple, ceux-ci y trouveraient deux individus, l'un grand et vêtu d'une redingote blanchâtre, l'autre petit et couvert d'une redingote bleue; qu'enfin, en suivant ce dernier, ils s'assureraient que c'était bien lui qui affichait les placards en question.

Exacts au rendez-vous, les agents se mirent en observation à l'heure dite : l'homme à la redingote bleue était seul à une table du marchand de vins; mais quand le grand au vêtement blanchâtre arriva et se joignit à lui, les agents le reconnurent parfaitement pour être un agent secret.

Un quart d'heure se passa en conversation, puis le grand remit à son accolyte, mais non pas assez adroitement pour qu'on ne s'en aperçût, un paquet d'affiches, et tous deux se séparèrent en se disant : Au revoir.

Le petit fut suivi et arrêté au moment où il apposait son quatrième placard. C'était un nommé L***, mécanicien, demeurant rue Fontaine-au-Roi, vivant avec peine du produit de son travail, et, de plus, l'unique soutien de sa vieille mère septuagénaire.

Pendant les débats, ce malheureux, qui ne pouvait nier le délit dont il s'était rendu coupable, chercha, mais inutilement, à se défendre, en alléguant qu'il avait été poussé à afficher ces libelles injurieux par un grand jeune homme qu'il ne connaissait que sous le nom d'Adolphe, lequel lui avait remis ces pamphlets, chez un marchand de vin du faubourg du Temple, pour les placarder. Le tribunal ne pouvait admettre de telles raisons, et le malheureux paya de sa liberté les provocations et les menées de l'agent secret, car les agents ostensibles s'étaient bien gardés de parler de lui, croyant qu'il était autorisé à commettre cette provocation.

L'agent de police A***, ancien militaire, fit un jour la rencontre du sieur B***, ouvrier menuisier, l'un de ses anciens camarades de régiment, et, comme il est d'usage en pareil cas, une halte chez un marchand de vins permit à une vieille amitié de s'épancher fraternellement. A*** se garda bien de faire confidence des fonctions secrètes qu'il remplissait et se posa comme un modeste employé faisant la place pour une maison de commerce. Au contraire, B***, le menuisier, avoua franchement que son travail pouvait à grand'peine subvenir aux besoins de sa famille et il en donna pour cause principale la marche du gouvernement qui paralysait les affaires. Le fourbe et astucieux agent pensa aussitôt qu'il pourrait plus tard tirer profit des sentiments politiques de son ancien camarade. Ils se quittèrent enchantés l'un de l'autre et se promettant de se revoir bientôt. L'agent, pour ne pas brusquer l'affaire qu'il méditait et ne pas éveiller les soupçons de la proie qu'il convoitait, ne se présenta au domicile du menuisier que quinze jours après la première entrevue. On alla vider une bouteille, et A*** amena adroitement la conversation sur la politique et fit chorus avec son ami pour blâmer l'état de choses, sans cependant pousser trop loin les récriminations. Les visites de l'agent devinrent plus fréquentes et la confiance ne tarda pas à paraître complète entre les deux camarades. C'est alors que A*** proposa à B*** de lui faire connaître un homme qui, disait-il, occupait une certaine position dans le monde et qui était l'un des principaux membres d'une société secrète. La proposition fut acceptée, et bientôt A*** présenta l'agent C***, son collègue, comme étant le personnage annoncé. Une intimité sympathique sembla s'établir entre ces trois individus et les réunions se multiplièrent ; enfin, un certain soir, C*** dit au menuisier qu'il était chargé par son comité de faire construire une machine infernale et lui proposa d'exécuter ce travail, en l'assurant qu'il serait récompensé généreusement. B*** manifesta d'abord de la répugnance pour entreprendre une telle besogne, mais les instances et les raisonnements du complice de C*** ne tardèrent pas à lever les scrupules de ce pauvre diable, qui, pour dernière objection, déclara qu'il n'avait pas d'argent pour acheter les matériaux nécessaires à la fabrication de l'instrument régicide.

— Qu'à cela ne tienne, reprit C***, on vous fournira tout ce dont vous aurez besoin.

Le menuisier se mit à l'œuvre. L'un ou l'autre des deux agents venait, chaque jour, lui rendre visite et l'encourager à activer son travail. Enfin, lorsque l'instrument de mort fut presque achevé, un commissaire de police, accompagné d'agents, se présenta un matin au domicile du menuisier, procéda à son arrestation et à la saisie de la machine. Le malheureux, conduit en prison, se donna la mort la nuit même dans son cachot.

Ces quelques exemples suffiront, je pense, pour donner une idée des moyens exécrables mis en œuvre à certaines époques par de méprisables agents pour faire du zèle, afin d'en tirer bénéfice.

L'opinion publique ne saurait trop flétrir les provocations quelles qu'elles soient, et la justice ne saurait être assez sévère pour en punir les auteurs ; mais hélas ! en politique, il est souvent bien difficile, pour ne pas dire impossible, de découvrir la *vérité vraie !*

VI

CONSPIRATION DU 19 AOUT 1820

Le crime de Louvel avait été habilement exploité par le parti *ultra* et la congrégation. La liberté de la presse était pour ainsi dire suspendue, la censure pesait avec une sévérité sans précédent sur tous les journaux d'une couleur tant soit peu libérale. Un pareil état de choses était des plus critiques. On avait pensé faire de l'intimidation, on n'avait réussi qu'à donner plus de force à l'opposition. Le mécontentement était partout et principalement dans l'armée. Malgré les promotions aristocratiques, le corps des officiers était encore, à cette époque, composé, pour la plus grande partie, d'officiers de l'empire que les ultras détestaient sincèrement, mais qu'on avait bien été obligé de conserver, faute de mieux. Les vieilles têtes, les moustaches grises qui avaient suivi l'Empereur dans la plupart de ses batailles, et qui, après avoir échappé à tant de dangers, ne demandaient qu'à sacrifier leur vie pour leur idole, tous les rudes grognards, dis-je, trouvant à blâmer les actes du gouvernement, se communiquaient leurs souvenirs, leurs regrets, leurs désirs; une conspiration fut résolue; ce fut la seule conspiration militaire qui eut lieu à Paris sous la Restauration; mais on va voir, par son organisation savante, qu'elle possédait des chances de succès.

Des officiers des légions du Nord, de la Meurthe, des Côtes du Nord, de la légion de la Seine, alors à Cambrai, des colonels, des chefs de bataillons et autres officiers supérieurs en demi-solde, étaient affiliés au complot, dont le but était de s'emparer des officiers qui n'étaient pas de leur opinion et qui auraient pu leur faire opposition, puis de prendre possession des Tuileries, de l'hôtel de ville, de Vincennes, et de proclamer Napoléon II.

Cette affaire avait été conduite de longue main, des émissaires avaient été envoyés dans les départements pour disposer les esprits, et faire des prosélytes parmi les anciens soldats de l'empire. Enfin les ramifications s'en étendaient jusqu'à la cour de Vienne, où le roi de Rome devait être enlevé pour venir prendre possession du trône de son père.

Un chef avait été désigné dans chaque régiment pour transmettre les instructions du comité aux officiers qui faisaient partie des conjurés. Le capitaine Dequevauvilliers présidait à la légion du Nord ; Nantil à celle de la Meurthe ; Delamotte à celle de la Seine; Laverderie et Trogof avaient leur commandement, tandis qu'en dehors de l'armée des chefs avaient été également choisis, et parmi ces derniers je nommerai seulement M. Saussaye, ancien colonel, alors à la demi-solde et qui avait ouvert, rue Cadet, un bazar qui facilitait, sans donner l'éveil, la réunion dans ses appartements des principaux conspirateurs, qui venaient là s'entendre sur la mise à exécution de leur projet.

Mais cette circonstance fut connue, car un jour, Gayetti, Baillet et moi, nous fûmes chargés de surveiller tout particulièrement cet établissement, afin de nous assurer quelles étaient les personnes aux allures militaires qui venaient rendre visite au colonel Saussaye. A cet effet, placés à l'extérieur du bazar, nous remarquions avec soin ceux qui y entraient ; puis, lorsque par sa tournure un individu nous paraissait appartenir ou avoir appartenu à l'armée, l'un de nous le suivait à l'intérieur pour s'assurer si c'était un curieux ou s'il venait voir le colonel, et, dans ce dernier cas, Baillet le suivait à sa sortie et ne le quittait que lorsqu'il s'était procuré son nom et son adresse.

Cette surveillance dura plus de quinze jours; le grand nombre de visiteurs qui se rendaient *incognito* chez l'ancien colonel nous donna bientôt la conviction qu'il s'agissait d'un complot dont le gouvernement tenait tous les fils.

Le matin, vers 9 ou 10 heures, je me rendais chez mon officier de paix, M. Dabasse, que je trouvais constamment couché et qui me faisait lire à haute voix le rapport de la veille. Dans les derniers jours, je m'aperçus que chaque fois que je parlais du capitaine X***, M. Dabasse me coupait la parole, et il finit même par me dire :

« C'est bon, c'est bon ! passez ! celui-là, nous le connaissons ! » nous savons parfaitement ce qu'il fait. »

Dès lors, il devint évident pour moi que X*** était le traître qui avait fait connaître le complot, et qu'en ce moment il jouait le rôle d'agent provocateur.

J'appréciai alors dans son sens exact la remarque que j'avais faite mentalement sur le capitaine X***, qui, chaque fois qu'il venait au bazar, nous regardait tout particulièrement et d'une façon qui pour moi semblait vouloir dire : « Je sais que vous êtes là, je sais pourquoi vous y venez, mais je m'en moque, je n'ai rien à craindre, au contraire. »

Du reste, à la préfecture, on commençait à se dire à l'oreille qu'une conspiration militaire était sur le point d'éclater et que des agents secrets étaient en relation directe avec l'un des chefs du complot.

Enfin, le 19 août, à 9 heures, des mandats d'amener furent mis à exécution contre quelques-uns des officiers incriminés dans cette affaire, et la légion de la Meurthe, casernée à la Nouvelle-France, faubourg Poissonnière, reçut un ordre de départ immédiat.

Cette nuit-là, toute la police fut sur pied ; on craignait que cet ordre de départ ne brusquât les choses et ne fît éclater la mine. En conséquence, les agents allèrent se poster aux abords de la caserne, afin de surveiller toute espèce de mouvement et d'arrêter immédiatement les délinquants, mais ce soin fut inutile. Plusieurs des principaux conjurés, voyant que la partie était perdue, prirent la fuite, les autres se tinrent prudemment tranquilles, dans l'espérance de prendre plus tard leur revanche ; d'ailleurs, quoi qu'ils eussent fait, les mesures de prudence avaient été trop bien prises pour laisser au complot la moindre chance de réussite.

Quant au capitaine X***, il disparut aussi, mais ce fut à l'aide d'un passe-port que l'autorité lui avait fourni en y ajoutant un portefeuille bien garni.

VII

UN BARIL DE POUDRE DANS LE CHATEAU DES TUILERIES

L'assassinat du duc de Berry avait vivement affecté tous les honnêtes gens, à quelque opinion qu'ils appartinssent ; mais, comme les passions politiques sont rarement guidées par un esprit d'équité, la réprobation qu'inspirait un pareil forfait avait servi de textes aux récriminations des partis. Les royalistes accusaient de ce crime les libéraux, qui, de leur côté, renvoyaient cette accusation aux jésuites. M. Martinville, dans le journal *le Drapeau blanc*, avait hautement attaqué le ministre Decazes, favori de Louis XVIII, en l'accusant d'une sorte de complicité dans l'attentat de Louvel. En outre, M. Clausel de Coussergues avait prononcé à la tribune de la Chambre des députés ces mots significatifs qui faisaient allusion à la prétendue complicité morale du ministre : « *Le pied lui a glissé dans le sang!*

Le roi remplaça le ministre Decazes par un cabinet semi-libéral (Siméon, ancien ministre du roi Jérôme en Westphalie); mais celui-ci fit trop ou trop peu pour concilier tous les esprits, et tandis que les libéraux prétendaient qu'il entravait la marche du progrès, il s'aliénait les ultras par des concessions insignifiantes. Ces derniers mirent alors tout en œuvre pour obtenir du roi le changement du ministère Siméon et son remplacement par des hommes bien connus pour leur royalisme et leur dévouement aux jésuites ; mais toutes les intrigues ourdies pour circonvenir le souverain n'aboutissant à aucun résultat, les meneurs résolurent de tenter un grand coup pour vaincre ce qu'ils appelaient l'obstination du roi, et, comme pour réussir en politique l'exaltation ne recule devant aucun moyen, ils imaginèrent un expédient infernal. On choisit pour le mettre à exécution un nommé N***, homme sans considération, sans honneur, ayant perdu toute sa fortune au jeu, appartenant corps et âme à la compagnie de Jésus. Des pétards firent explosion, l'un près du café de la Régence, l'un à la place du Carrousel, et un troisième au Trésor.

Le lendemain 29 janvier 1821, un petit baril contenant trois ou quatre livres de poudre fut placé sur le troisième palier de repos de l'escalier intérieur desservant l'appartement de madame la duchesse d'Angoulême. Le baril se trouvait dissimulé au moyen d'un panier à sécher le linge et possédait une mèche soufrée à laquelle N*** mit le feu vers quatre heures trois quarts du soir, puis il descendit lestement l'escalier et sortit plus précipitamment encore des Tuileries. Quelques secondes après, l'explosion eut lieu, et avec une telle violence que les vitres de l'appartement de la duchesse d'Angoulême et celles du cabinet du roi volèrent en éclats, et la détonation fut si forte qu'on l'entendit des Champs-Élysées.

M. le procureur général Bellard, le procureur du roi Jacquinot de Pampelune, le substitut Bourguignon et le préfet de police Anglès, se rendirent au château pour commencer une enquête et recueillir les premiers renseignements, avec le concours de commissaires de police, d'officiers de paix et d'inspecteurs.

Comme on le pense bien, les nobles instigateurs de cet affreux attentat ne furent pas les derniers à se rendre auprès des magistrats chargés de diriger l'enquête, et toutes leurs manœuvres tendirent à faire tomber l'odieux de la chose et la preuve de la culpabilité sur *les ennemis du trône et de l'autel, sur les libéraux.*

Je m'étais rendu aux Tuileries avec l'officier de paix Dabasse et je suivis cette affaire dans ses détails.

On arrêta et on conduisit à la préfecture de police, malgré leurs dénégations les plus formelles, malgré leurs pleurs et leurs supplications, deux malheureux petits Savoyards, qui, la veille, avaient ramoné une cheminée voisine de l'appartement du roi, et qui, à peine âgés chacun d'une dizaine d'années, furent interrogés sur tous les points, de toutes les manières, sans qu'ils répondissent jamais autre chose que ces mots : Nous ne savions rien, nous n'avons pas vu de baril, nous ne savons pas ce que vous voulez nous dire.

En les incarcérant à la préfecture, on les avait mis chacun dans des chambres à part, avec les agents Froment et Delpêche, chargés de les *moutonner*, c'est-à-dire de les faire parler et d'obtenir d'eux l'aveu de la participation qu'on leur supposait dans ce crime.

On prétendait que ces pauvres enfants, soudoyés par quelque ennemi acharné des Bourbons et gagnés par la promesse de quelque argent, avaient consenti à transporter le petit baril dans l'intérieur du château, sans comprendre l'importance du fait. L'agent Froment qui, disons-le, n'était rien moins que patient, et se trouvait enfermé avec le plus âgé, s'ennuya de cette existence, et demanda une permission de quelques heures ; on obtempéra à sa demande et on le fit sortir sous prétexte de l'envoyer devant le juge d'instruction. Froment avait promis de revenir avant la fin de la journée, mais on l'attendit vainement. On craignit alors qu'ayant arraché le secret des petits ramoneurs, il ne fût allé avertir les auteurs du complot, afin d'en obtenir une récompense pécuniaire proportionnée à la grandeur du danger qui existait pour eux dans les révélations qu'il aurait pu faire. M. Anglès lança aussitôt un mandat contre Froment qu'on ne trouva que le troisième jour, et qui, réintégré dans sa cellule, y resta une semaine entière. A ce moment, les jeunes Savoyards furent relâchés ainsi que leur *mouton*; la justice avait mis la main sur le vrai coupable ; N*** était arrêté.

Cette arrestation ne laissait pas que de contrarier singulièrement certaines personnes, qui auraient pu être compromises si cet homme avait parlé; mais un événement bien extraordinaire vint les tirer d'embarras. L'officier de paix et les deux agents qui avaient arrêté le coupable le conduisaient devant le juge d'instruction, lorsqu'en passant dans le couloir qui précède le cabinet du juge, N*** se coupa la gorge avec un rasoir en présence de ses trois gardiens.

A la suite de cet étrange suicide, des bruits plus ou moins ridicules, plus ou moins absurdes, mais plus ou moins vrais, furent répandus et circulèrent de bouche en bouche dans la capitale. Tout le monde fut incriminé, excepté peut-être les vrais coupables ; mais, dans ce cas comme dans bien d'autres, ils devaient passer inaperçus, leur position et leur puissance leur assurant l'impunité quand même.

VIII

MATHÉO ET LA DANSEUSE

Vers la fin de 1820, M. Dabasse, mon officier de paix, me fit appeler et me dit :

— Dans la maison située rue le Peletier, vis-à-vis la salle que l'on construit en ce moment pour le théâtre royal de l'Opéra, demeure une dame avec ses deux filles, fort jolies personnes d'une vingtaine d'années. Tous les soirs, un homme va les voir et passe la soirée avec elles. M. Anglès, préfet de police, désire savoir quel est cet individu ; mais si celui-ci s'aperçoit qu'il est suivi et qu'on exerce sur lui une surveillance quelconque, c'en est fait de votre place. A bon entendeur, salut !

J'étais, je l'avouerai, fort embarrassé : suivre un homme que l'on ne connaît aucunement, et le suivre sans qu'il s'en doute le moins du monde ; savoir qui il est, ce qu'il fait, où il demeure, la chose me paraissait fort difficile, et surtout la nuit. Mais comme j'ai pour principe que rien n'est impossible ici-bas, et que je n'avais d'autres ressources que les émoluments de mon emploi, je me mis courageusement à l'œuvre.

En quittant M. Dabasse, je me rendis rue le Peletier, afin de connaître les approches de la place. La maison était belle, grande, d'une apparence aristocratique. J'entrai chez le concierge qui exerçait la profession de cordonnier.

— Monsieur, lui dis-je après l'avoir salué avec civilité, je désirerais causer avec vous en particulier ; pourriez-vous m'accorder quelques minutes d'attention ?

Le cerbère releva ses lunettes, me regarda un instant ; puis, après cet examen qui, pour avoir été rapide, n'en avait pas moins été complet, il me répondit avec l'accent des gens du Nord : — Eh bien ! sortons !

On le voit, ce haut fonctionnaire n'était rien moins que complaisant ; mais je connaissais la meilleure manière de l'apprivoiser, et aussitôt qu'il fut dans l'allée, je lui dis : — Mon Dieu, monsieur, ce que j'ai à vous communiquer est tellement important qu'il me serait impossible de parler avec vous dans cet endroit où il passe continuellement du monde ; si vous vouliez me faire le plaisir d'accepter un verre de vin dans le cabinet du marchand d'à côté, je crois que nous serions beaucoup plus convenablement qu'ici.

— Alors, passez devant : je suis à vous dans un instant ; et il rentra dans sa loge pour y déposer le tablier de cuir traditionnel.

Lorsque nous fûmes assis face à face et qu'une bouteille de bordeaux eut été débouchée, avec une seconde en perspective, j'entamai ainsi la conversation :

— J'ai cru m'apercevoir que vous étiez du Nord, car vous avez l'accent flamand. — Effectivement, je suis de Saint-Omer, c'est-à-dire du faubourg du Haut-Pont.

(Dans ce faubourg, on parle flamand, tandis que le français est le langage des habitants de la ville.)

— Tiens, lui répondis-je, cela est surprenant, nous sommes du même pays ! Et, comme preuve, je lui nommai une foule de personnes de Saint-Omer, qu'il connaissait très-bien, et, tout en causant, je le fis boire coup sur coup. Je dois humblement avouer que j'eus peu de chose à faire pour lui donner goût au vin : le brave homme ne demandait qu'à vider son verre. Lorsque nous eûmes ingurgité trois bouteilles (j'aurais presque pu dire : lorsqu'il eut), je crus m'apercevoir que sa langue s'épaississait sensiblement et que c'était le moment favorable pour amener la conversation sur la dame aux deux demoiselles. Alors, feignant de lui faire une confidence, je lui dis : — Mon maître, M. le marquis de Grandmaison, jeune, archimillionnaire, dont j'ai l'honneur d'être le valet de chambre, ou plutôt le confident, rencontra, il y a environ un mois, sur le boulevard, une dame accompagnée de deux demoiselles qui demeurent au troisième étage de votre maison. Inflammable comme tous les jeunes gens, il devint éperdument amoureux de la plus jeune. Immédiatement il la suivit pour savoir où elle demeurait, et c'est ainsi qu'il sut que la mère était votre locataire. D'abord, la raison, prenant le dessus, lui conseilla d'abandonner cette aventure ; mais, l'amour reprenant enfin ses droits, il a résolu de savoir quelle est celle qui, en captivant son cœur, lui a enlevé tout le repos dont il jouissait auparavant. J'ai donc pris le parti de venir près de vous, afin de savoir quelles sont ces dames. Soyez persuadé que si vous vous décidez à servir les amours de mon maître, vous serez magnifiquement récompensé, car il est encore plus généreux qu'amoureux.

Le brave homme donna admirablement dans le panneau, et, prenant un air bonasse, il me répondit :

— Ma foi, je ne demande pas mieux que d'être agréable à monsieur votre maître, et, pour vous le prouver, je vais vous dire tout ce que je sais, cela ne sera pas long. La maman, qui se fait appeler madame de Saint-Amour, se dit veuve d'un officier supérieur ; mais, à vous dire vrai, je n'en crois pas un mot. Je me figure que la mère et les filles sont tout bonnement des intrigantes ; elles n'ont aucune espèce de relations dans la maison, et ne reçoivent qu'un monsieur qui, je crois bien, est leur providence ; tous les soirs il vient à dix heures, et ne se retire qu'à une heure du matin.

— Mais quel est ce monsieur ?

— Oh ! pour cela, je l'ignore ; je ne sais ni son nom, ni sa qualité ; ce que je sais parfaitement, c'est que ce monsieur commence à me lasser. Cela dure depuis qu'elles sont ici, c'est-à-dire depuis six mois, et vous ne croiriez pas que, bien que je sois forcé de veiller pour lui une heure plus tard tous les soirs, je n'ai pas encore vu la couleur de sa monnaie.

— Diable ! M. le marquis sera enchanté de connaître toutes ces particularités et saura vous en tenir bon compte. Mais de laquelle des filles croyez-vous que ce monsieur soit l'amant ?

M'ayant entendu dire que mon prétendu maître idolâtrait la plus jeune, le vieux cerbère me répondit avec un aplomb imperturbable :

— De la plus grande ! j'en suis sûr, j'en mettrais ma main au feu !

— C'est égal, ajoutai-je, il sera bon de savoir quel est cet individu.

— Certainement, mais comment voulez-vous vous y prendre ?

— Ma foi, je ne vois qu'un seul moyen : cette nuit je me mettrai en faction sur les marches de l'Opéra, et j'attendrai que notre homme sorte ; quand il descendra l'escalier, vous sortirez de votre loge, vous le reconduirez jusqu'à la porte de la rue, où vous me le désignerez en ôtant votre casquette ; le reste est mon affaire. Puis regardant à ma montre : il est tard, ajoutai-je, je vous quitte, merci, à ce soir ; je cours communiquer à M. le marquis ces bonnes nouvelles.

Au premier coup de minuit, j'étais installé sur les marches de l'Opéra, attendant à sa sortie le mystérieux visiteur pour le suivre jusqu'à son domicile. A une heure un quart, je vis le concierge paraître à la porte avec un monsieur très-bien mis, et faire le signal convenu. Mon inconnu se dirigea vers le boulevard, où il tourna à gauche et prit la direction de la porte Saint-Denis. Il gelait à pierre fendre, aussi se mit-il à courir de toutes ses forces. Je le suivis, mais à peine eut-il entendu le bruit que faisaient mes bottes en frappant le sol, qu'il s'arrêta court pour voir si on le suivait. Nous étions presque en face de la rue du Sentier, je n'hésitai pas un instant, et, continuant ma course, je traversai la chaussée pour me jeter dans cette rue, où je me blottis dans une porte cochère ; puis l'entendant repartir, je retirai mes bottes, les pris à ma main et me mis à le suivre de nouveau. Il me conduisit ainsi jusqu'à la porte Saint-Martin, frappa à la maison qui touche le théâtre et disparut en fermant la porte derrière lui.

Je savais où il couchait, mais il me fallait encore son nom. C'était la chose la plus difficile, car si à pareille heure je demandais des renseignements au concierge, celui-ci, surpris, ne manquerait pas de le dire le lendemain à son locataire. Les moments étaient précieux, le temps pressait, et renfilant mes bottes, je pris un moyen aventureux : cassant la glace d'un ruisseau, j'y trempai mon portefeuille, puis, à mon tour, je frappai à la porte par laquelle mon individu était entré. On ouvrit, et pour comble de bonheur le concierge était encore levé.

— Monsieur, dis-je en lui présentant mon portefeuille tout mouillé, je viens de trouver ceci dans le ruisseau en face de votre maison ; il m'a semblé avoir vu entrer un monsieur il n'y a qu'un instant et peut-être ce portefeuille est-il à lui.

En disant ces mots, je fouillai dans les poches de ma prétendue trouvaille comme pour y chercher quelque indice sur son propriétaire, et je demandai en même temps le nom de la personne qui venait de rentrer.

Le portier m'apprit que c'était M. Mathéo, riche financier, qui, à la vérité, ne demeurait pas dans la maison, mais qui y venait fort souvent passer la nuit chez une actrice du théâtre de la Porte-Saint-Martin, mademoiselle B***, qu'il entretenait richement, et dont tout Paris s'empressait d'aller admirer les formes gracieuses dans *la Chaste Suzanne*.

Je savais tout ce que je voulais savoir, et, saisissant une adresse que j'avais préparée à tout hasard :

— Monsieur, lui dis-je, je suis bien fâché de vous avoir dérangé mal à propos ; mais je viens d'apercevoir une lettre à l'adresse du propriétaire de ce portefeuille, M. David, boulevard Poissonnière, 27, et demain matin je me ferai un plaisir de lui porter contenant et contenu ; encore une fois, monsieur, pardon !...

Je rendis compte de mes démarches à mon officier de paix ; il me félicita et transmit au préfet mon rapport textuel.

Deux jours après, M. Anglès me faisait complimenter par M. Foudras, inspecteur général.

Voilà la première affaire que je fis à la police, et il m'en souviendra toujours, car j'y gagnai des engelures qui, chaque année encore, me font horriblement souffrir.

Peu de temps après mon excursion nocturne, Mathéo, caissier du Trésor, prenait la fuite, laissant dans sa caisse un déficit de 1,800,000 francs. A la suite de cette disparition, j'assistai à une perquisition que la police avait cru nécessaire d'opérer au domicile de mademoiselle B***, dans l'espérance d'y trouver quelques indices qui pussent la mettre sur les traces du fugitif; malheureusement nous n'y trouvâmes pas ce que nous cherchions.

Vingt ans plus tard, la police française envoyait les agents Balestrino et Flechmann chercher à Carlsruhe, où il était détenu pour une affaire de billets de commerce, l'ex-caissier Mathéo, et le faisait transférer au bagne pour y subir sa condamnation à quinze ans de travaux forcés.

IX

UN FLAGRANT DÉLIT

En juin 1821, M. Foudras, inspecteur général, me fit appeler, dans son cabinet et me parla en ces termes :

M. le préfet est intimement lié avec madame la comtesse de B***, qui appartient à l'une des plus nobles familles d'un royaume voisin; sa fille unique est mariée à M. le comte de D***, son compatriote. Or, depuis quelque temps, madame la comtesse de D*** sort seule et à pied de son hôtel, rue Saint-Lazare, tous les jeudis vers midi, et ne rentre jamais avant trois ou quatre heures du soir. Où va-t-elle ? on l'ignore ; mais sa mère s'inquiète singulièrement de ces absences prolongées, car, depuis la même époque, la jeune comtesse a fait connaissance d'un réfugié napolitain, jeune homme du plus grand nom et de la plus agréable figure. Madame la comtesse de B***, dans sa sollicitude maternelle, craint que sa fille n'entretienne des relations avec ce jeune Italien, relations qui tôt ou tard finiraient par être connues du mari, homme jaloux et violent, qui se porterait peut-être à quelque déplorable extrémité.

Voilà donc, quant à présent, ce que vous aurez à faire : vous surveillerez la jeune comtesse, le jeudi, lorsqu'elle sortira; vous aurez soin de vous assurer où elle se rend, et vous ferez en sorte de savoir si elle va rejoindre ce jeune réfugié. Mais rappelez-vous bien que la mission dont M. le préfet vous charge nécessite la plus grande circonspection ; observez avec soin et n'allez pas plus loin; surtout soyez prudent.

Je quittai M. Foudras pour me rendre rue Saint-Lazare, afin d'explorer les abords de la place et de dresser autant que possible mes batteries. Nous étions au mercredi; j'avais donc le temps nécessaire pour prendre mes mesures. Le premier point était de connaître à l'avance la jeune comtesse, afin de me graver ses traits dans la mémoire pour la suivre le lendemain.

Feignant d'avoir affaire chez le comte, je me présentai au concierge de l'hôtel, qui me répondit que son locataire occupait l'appartement du second étage, au fond de la cour. Je me dirigeai vers le corps de bâtiment indiqué, et, franchissant le seuil du péristyle, je montai l'escalier et le redescendis un moment après, comme si j'avais pénétré chez le personnage. Je savais à quoi m'en tenir sur les fenêtres de l'appartement, mais il me restait à y faire apparaître la jeune comtesse. Arrivé dans la rue, je réfléchissais à la ruse que je pourrais employer, quand j'avisai un de ces petits Italiens porteurs d'un singe qu'ils font danser pour obtenir une aumône des passants ou des locataires des maisons dans les cours desquelles ils pénètrent fort souvent. L'idée me vint tout de suite que je pourrais arriver à mon but grâce à ce petit mendiant. Je l'abordai, et, lui mettant deux francs dans la main, je lui donnai l'ordre d'entrer dans la cour que je venais de quitter, et là, de pincer et d'agacer son singe de manière à le faire crier le plus fort possible afin d'attirer l'attention des locataires. Le jeune Italien, ravi de ma générosité, s'empressa de m'obéir. Je le suivis à distance, et pénétrai de nouveau dans la cour au moment où l'animal, furieux des tracasseries de son maître, poussait des cris si aigus que toutes les fenêtres étaient alors garnies des locataires étonnés d'entendre un tel vacarme. Ce que j'avais prévu arriva : la jeune comtesse parut avec son mari à l'une de ses fenêtres, et je pus l'examiner tout à mon aise. Je savais dès lors à qui j'avais affaire.

Le lendemain, à dix heures, j'étais placé de manière à voir parfaitement quiconque entrait ou sortait de l'hôtel. A midi moins quelques minutes, je vis la jeune comtesse sortir de chez elle, fraîche et parée comme l'est toute femme qui va voir celui qu'elle aime ; mais là aussi commença la partie la plus difficile de ma mission. Une femme, lorsqu'elle a un nom, une position, une réputation à conserver, n'est pas sans quelque inquiétude quand elle commet une faute ; sa conscience, quelque égarée qu'elle soit, se révolte et éprouve un tressaillement douloureux à la pensée qu'on peut la découvrir.

Je dus donc prendre les plus grandes précautions pour ne point éveiller les soupçons de la comtesse, et, la suivant néanmoins comme son ombre, je la vis prendre la rue de Clichy et gagner la barrière où le jeune Italien l'attendait dans un fiacre aux stores baissés.

La voiture partit d'abord au trot, mais bientôt les chevaux prirent le pas et suivirent lentement le chemin de ronde jusqu'à la barrière du Trône. Là, le véhicule rétrograda et suivit pour revenir le même chemin qu'il avait parcouru. Un peu avant la barrière des Martyrs, la comtesse descendit et regagna son domicile, tandis que le Napolitain se faisait reconduire chez lui, rue des Martyrs.

Trois jeudis de suite je les surveillai, et trois fois les mêmes circonstances se reproduisirent. Il n'y avait plus à douter ; en conséquence je rendis compte de mes surveillances à M. Foudras, qui communiqua mon rapport au préfet.

Quelques jours après, l'inspecteur général me fit appeler de nouveau dans son cabinet et me dit que la mère de la comtesse, instruite de ce qui se passait, désirait que je surprisse les amants de manière qu'ils ne pussent pas nier leur intimité, et que, le cas échéant, je montasse moi-même dans le fiacre en donnant l'ordre au cocher de nous conduire au cabinet du préfet.

Seulement, ajouta M. Foudras, vous comprenez la difficulté et la délicatesse d'une pareille mission ; n'agissez qu'à coup sûr, et en toutes choses soyez extrêmement prudent : une fausse manœuvre non-seulement gâterait l'affaire, mais encore vous ferait perdre à tout jamais ma confiance. Réfléchissez mûrement.

Et en effet, je réfléchis. Jamais jusqu'alors on ne m'avait confié de tâche aussi scabreuse, aussi difficile à remplir.

Le jeudi suivant, j'allai attendre la jeune femme et la suivis pendant les deux heures que dura son excursion en fiacre. Vingt fois, dans cette promenade forcée que j'avais faite le long des murs des barrières, je m'étais approché de cette caisse roulante où se passait un mystère que je devinais, mais que je ne pouvais surprendre, et vingt fois je m'étais précipitamment éloigné, craignant de commettre quelque maladresse.

Je me voyais donc obligé de prendre une détermination qui me donnât les moyens d'accomplir ma délicate mission, et je me creusai inutilement la tête sans rien trouver. La nuit, dit-on, porte conseil ; jamais je ne reconnus cette vérité d'une manière aussi irrécusable qu'en cette circonstance. Je m'étais couché désespéré, je me levai tranquille et sain d'esprit ; je tenais, sinon la réussite de mon entreprise, du moins la possibilité d'arriver à bonne fin. Le jeudi suivant, je m'habillai avec soin, et au lieu d'aller rue Saint-Lazare, à l'hôtel de la comtesse, je me rendis directement à la barrière de Clichy. Il était midi moins un quart, un seul fiacre stationnait sur la place. Je m'approchai du cocher et lui frappant sur l'épaule : Mon brave, lui dis-je, il y a un louis à gagner ! Et en disant ces mots, je faisais miroiter entre mes doigts une belle pièce d'or tout fraîchement frappée.

Le digne cocher tourna vers moi sa trogne avinée et me regarda un instant d'un air hébété.

— Et que faut-il faire pour cela, mon bourgeois? se décidat-il à répondre.

— La chose du monde la plus simple. Vous allez rester sur place; moi je vais me poster près de la grille; vous refuserez les demandes qui vous seront faites pour charger, mon intention étant que vous puissiez être à la disposition d'un monsieur qui ne doit pas tarder à arriver, je vous ferai signe; vous lui offrirez votre voiture, il y montera et vous laissera stationner jusqu'à ce qu'une dame vienne le joindre; alors il vous donnera l'ordre de suivre au pas le chemin de ronde.

Voici à quel moment et comment vous pourrez gagner votre louis : vous vous arrangerez de manière à voir, sans être remarqué, ce qui se passera dans l'intérieur de votre voiture; vous n'avez rien à craindre, ce sont deux amoureux plus occupés d'eux que de vous, et à un certain moment vous m'avertirez par un geste; je suivrai votre voiture pas à pas.

— Pardieu, bourgeois, vous pouvez être certain que votre pièce est gagnée.

A midi un quart, l'Italien arriva; bientôt la jeune comtesse parut au rendez-vous, et le couple amoureux partit,

. . . . . plus ou moins cahoté,
Sur les nobles coussins d'un char numéroté.

Entre la barrière du Combat et celle de la Chopinette, le cocher se retourna et me fit un geste énergique pour m'annoncer que le moment était propice.

Je me précipitai sur la portière que j'ouvris brusquement, et je trouvai mes deux amants en conversation criminelle, comme disent nos voisins d'outre-Manche.

Ils restèrent tous deux stupéfaits et ne bougèrent pas plus que s'ils eussent été pétrifiés ; mais comme après tout, en sortant de ce moment de surprise, le jeune Italien pouvait chercher à faire résistance, je me tournai vers des agents qui n'existaient que dans mon imagination, mais qui pour mes deux tourtereaux pouvait être parfaitement cachés derrière la voiture :

— Messieurs, dis-je à haute voix, remontez dans votre fiacre et suivez-nous à la préfecture de police.

Puis je m'élançai moi-même dans le fiacre. Le cocher, qui avait compris, fouetta ses haridelles, et bientôt je pus les conduire au cabinet de M. Foudras, qui lui-même les conduisit chez le préfet.

Je m'attendais à des récriminations de la part du Napolitain, à des pleurs de la part de la femme ; mais ni l'un ni l'autre ne bougèrent tant qu'ils furent en fiacre, et, rejetés chacun dans leur coin, la tête et les yeux baissés, ils ne donnèrent en quelque sorte aucun signe de vie.

Le lendemain, le jeune Italien eut un passe-port avec ordre de quitter la France dans les vingt-quatre heures, et la jeune comtesse, comme le corbeau de la Fontaine, le cœur...

. . . . . honteux, confus,
Jura, mais un peu tard, qu'on ne l'y prendrait plus.

X

ÉVASION DE SAINTE-PÉLAGIE ET LA MAISON DE SANTÉ

A la suite des troubles occasionnés au mois de juin 1820 par la loi du double vote, le chef d'escadron Duvergier, dont le bonapartisme était bien connu, et qui, en 1815, avait organisé les corps francs et les fédérés du Calvados, fut arrêté sous la double inculpation, 1º d'avoir été à la tête d'un attroupement de plus de vingt personnes armées ; 2º d'avoir résisté à la force publique et d'avoir excité les citoyens à la haine des uns contre les autres et à la guerre civile.

Ces deux chefs d'accusation lui valurent une condamnation à cinq annés de prison.

Duvergier était détenu à Sainte-Pélagie, mais des amis dévoués dressaient pour lui un plan d'évasion, et leurs mesures furent si intelligemment prises, que sa fuite fut instantanée. Une fois hors des verrous, le plus difficile était d'échapper aux recherches de la police et de gagner l'étranger.

Aussitôt l'évasion connue, la police s'était mise en campagne, et, ne sachant de quel côté diriger ses investigations, elle avait circonscrit et surveillé activement tous les amis, toutes les connaissances du chef d'escadron. Ceux-ci imaginèrent un moyen des plus simples et qui, par sa simplicité même, échappa à la perspicacité de ceux qui étaient chargés de rechercher le fugitif. Ils allèrent trouver un sieur X***, médecin, tenant une maison de santé et bien connu par son dévouement aux Bourbons et son exaltation politique.

— Monsieur, lui dirent-ils, nous venons vous confier, sous la garde de votre honneur, une affaire excessivement délicate. Le chef d'escadron Duvergier, notre ami, condamné, comme vous le savez, pour les troubles du mois de juin, est parvenu à s'échapper de prison ; malheureusement pour lui, aussitôt après son évasion, il est tombé dangereusement malade, et, dans ce moment, il est dans un état à ne pouvoir pas quitter Paris avant quelque temps. Le faire soigner à domicile, ce serait l'exposer à être découvert; aussi avons-nous pensé à votre loyauté bien connue, et, quoique étant d'une opinion différente de la vôtre, nous venons vous dire : Laisserez-vous un galant homme mourir faute de soins, ou, nous promettant de nous garder le secret, voulez-vous le recevoir dans votre maison et le rappeler à la santé ?

M. X*** promit de garder le silence le plus absolu sur cette affaire, d'accueillir et de soigner le malade par esprit de charité.

Les amis de Duvergier partirent en riant du succès qu'avait

obtenu leur supercherie, et, comme ils l'avaient pensé, voici ce qui arriva : le médecin ne fut pas plus tôt débarrassé de ses visiteurs qu'il courut à la préfecture avertir la police que le jour même le chef d'escadron Duvergier, gravement malade, serait amené à sa maison de santé par ceux qui avaient favorisé son évasion. Le préfet, certain de le prendre dans cette espèce de souricière, donna mission à l'officier de paix D*** de prendre les mesures nécessaires pour arrêter le fugitif et ceux qui l'accompagneraient.

Delpèche, Gayetti et moi, fûmes placés en observation dans un terrain situé près d'une masure faisant face à l'établissement du médecin.

Le choix qu'on avait fait de nous pour une telle affaire était loin de nous plaire, car tous trois, réprouvant les moyens déloyaux qu'enfantent les passions politiques, nous eûmes instinctivement la même pensée. Dès que nous fûmes seuls, nous prîmes la résolution de faire tout ce qui nous serait possible pour ne pas réussir dans notre mission ; à cet effet, nous nous plaçâmes de telle sorte que Duvergier, en arrivant, ne pouvait pas faire autrement que de nous apercevoir, et tout naturellement devait alors rebrousser chemin.

Mais la peine que nous prîmes pour nous faire reconnaître fut tout à fait inutile, car le prisonnier évadé ne parut point. Nous étions à notre poste depuis quatre jours, lorsque l'officier de paix D*** vint nous donner l'ordre de lever la surveillance le soir à dix heures, si nous n'avions rien de nouveau. Nous reçûmes cet ordre avec d'autant plus de plaisir qu'on était au mois de janvier, que le temps était très-rigoureux, et que, campés dans une espèce de chantier de construction, livrés à toutes les intempéries de la saison, nous nous morfondions d'impatience et de froid.

Quant au chef d'escadron Duvergier, grâce à la ruse que ses amis avaient employée, il sortit tranquillement de France pendant qu'on attendait avec impatience qu'il vînt se livrer lui-même à la police.

XI

AVÈNEMENT DE CHARLES X. — LES FUSILLADES DE LA RUE SAINT-DENIS

Charles X, en montant sur le trône, avait rendu une ordonnance qui rapportait celle du 15 août 1824, par laquelle son prédécesseur avait remis en vigueur les lois sur la censure, et, le 30 septembre de la même année, le nouveau roi allait au Champ de Mars passer une revue de la garde nationale et de la garnison de Paris. Lorsqu'il arriva sur l'esplanade des Invalides, la foule compacte qui l'attendait se porta en masse vers sa personne; des lanciers, qui faisaient partie de son escorte, repoussèrent du bois de leurs lances ceux qui s'avançaient trop près du roi. Charles X, s'en étant aperçu, fit signe aux lanciers de laisser approcher la foule, en leur disant : *Point de hallebardes !* Ces paroles furent suivies des cris mille fois répétés de *Vive le roi !*

Le lendemain, la presse et le public faisaient le plus grand éloge du souverain ; tout le monde comptait que ce règne apporterait une ère de sage liberté; malheureusement il n'en fut point ainsi : les intentions bienveillantes du roi furent considérées comme dangereuses par la congrégation qui alors était encore dans sa toute-puissance. Tous les ultras se liguèrent pour détourner le monarque des velléités de libéralisme qu'il avait manifestées; ils firent jouer tant de ressorts qu'ils parvinrent à circonvenir Charles X, d'un caractère trop débonnaire et trop faible pour pouvoir résister à son entourage. Aussi, le gouvernement marcha-t-il d'échec en échec : malgré la loi électorale de 1820, malgré les menées des députés ministériels, malgré les machinations bien autrement puissantes de la congrégation, ou peut-être même à cause de tout cela, l'opposition gagna chaque jour de nouveaux adeptes, et trois années s'étaient à peine écoulées qu'un acte plus éclatant, plus décisif, vint annoncer que l'époque d'une catastrophe approchait.

Le 17 novembre 1827, des élections générales avaient lieu; le soir, on se disait tout bas que le ministère de M. de Villèle touchait à sa fin, que cette fois le parti libéral obtiendrait une immense majorité. Le 18 au matin, on commença à recevoir partiellement les nouvelles du résultat des élections; les listes arrivèrent, incomplètes à la vérité; mais comme tout faisait présager un succès formidable, les habitants des quartiers Saint-Martin et Saint-Denis s'empressèrent, à la chute du jour, de garnir leurs croisées de lumières; des flots de clarté célébrèrent le triomphe qui paraissait assuré.

Le 19, les journaux de la capitale annoncèrent aux provinces que, la veille, les rues de Paris avaient été spontanément illuminées, et que le soir les illuminations recommenceraient.

Il est à remarquer que, lorsque Paris s'est mis en train d'illuminer, jamais il ne s'est contenté d'une soirée, et que, dans cette circonstance, on se plut à justifier l'adage : il n'est pas de bonne fête sans lendemain.

La préfecture de police, informée que les habitants de la capitale, et notamment des quartiers limitrophes des halles, devaient, pendant la soirée, célébrer par une illumination générale le succès des élections, avait envoyé des agents sur tous les points de la capitale, principalement dans les quartiers Saint-Denis et Saint-Martin. Quant à moi, on m'envoya en observation dans la rue Saint-Denis, et, mêlé à la foule qui circulait avec peine, je pus saisir à droite et à gauche bien des lambeaux de conversation, mais pas une seule, je l'avouerai, n'était à la louange du gouvernement.

Tout Paris semblait s'être porté dans ces deux rues; ceux qui avaient vu la veille voulaient revoir; ceux qui n'avaient pas vu voulaient voir pour la première et dernière fois; enfin, les bourgeois venaient sur la chaussée pour juger de l'effet que produisaient leurs fenêtres illuminées. Ce qu'il y avait de plus curieux à voir, c'était la rue Guérin-Boisseau et autres ruelles de ce genre, où les deux rangs de maisons, présentant peu d'écartement, paraissaient ne s'être séparées que pour donner passage à un fleuve de feu. Pendant ce temps, les enfants se promenaient par bandes, demandant des lampions et brûlant, avec les pétards et les fusées dont ils étaient porteurs, la figure et les vêtements des passants.

Vers huit heures du soir, je me trouvais non loin du passage du Grand-Cerf, lorsque je vis apparaître dans la rue Saint-Denis, et venant du côté de la place du Châtelet, une troupe d'hommes en guenilles, commandés par un individu armé d'un bâton; ils se mirent à crier à tue-tête : *Des lampions ! des lampions !* Il y en avait partout, que pouvaient-ils désirer de plus? Ils continuèrent leur route, et bientôt l'homme au bâton leur désigna une maison dont plusieurs fenêtres n'étaient pas illuminées. A ce signal s'élevèrent des cris forcenés de *Mort aux villélistes! mort aux jésuites! mort aux bigots!* avec l'accompagnement obligé *des lampions!* qui, cette fois, était répété en fausset par les gamins.

Le gamin de Paris est essentiellement imitateur : il avait entendu crier, il cria; puis, comme à un autre signal de leur chef les mêmes hommes se trouvèrent les mains pleines de pierres et se mirent en devoir de casser les carreaux de cette maison, le gamin fut bientôt armé des mêmes projectiles et il aida efficacement ses professeurs; au bout de quelques secondes, un grand nombre de vitres furent cassées. Les habitants, craignant une invasion de la populace, s'empressèrent d'illuminer les fenêtres, au milieu des huées et des sifflets des spectateurs.

L'homme au bâton et sa troupe remontèrent encore la rue, mais toutes les croisées étaient garnies de lumières, et celles qui en manquaient, ou dont les lampions s'étaient éteints, étaient immédiatement éclairées; cela ne faisait pas l'affaire de cette bande de braillards.

Ils redescendirent vers la Seine; arrivés près du passage du Grand-Cerf, ils s'arrêtèrent devant une maison en construction, et l'homme au bâton s'écria : *Aux barricades!* A ces mots, tous ses acolytes se jetèrent sur le bâtiment, enlevèrent matériaux, échafaudages, et en un instant, aidés d'une vingtaine de commis de boutique, ils eurent bientôt édifié une barricade formidable qui fut suivie d'une seconde. L'élan était donné, et le public circulait tant bien que mal au milieu de ce tumulte, riant des différentes scènes qui se produisaient à chaque pas. Je m'approchai alors de l'homme au bâton que je reconnus avec surprise pour être un ancien forçat attaché comme auxiliaire à la brigade de sûreté commandée par Coco Lacour; un autre de la bande était un forçat en rupture de ban, que j'avais moi-même arrêté quelque temps auparavant en flagrant délit de vol au Temple. Cette troupe n'était formée que d'individus on ne peut plus mal famés, tenant sur la voie publique, et sous la protection de la brigade de sûreté, des jeux de hasard.

Pendant que tout ceci se passait, j'avais rencontré plusieurs commissaires de police, entre autres MM. Roche, Boniface, Galton et Foubert; et, chose étrange, bien que la préfecture fût à deux pas et qu'un piquet de gendarmerie stationnât sur la place du Châtelet, aucun de ces messieurs n'avait cherché à faire arrêter ces misérables provocateurs! Ce ne fut qu'à dix heures du soir, lorsque la barricade était entièrement terminée et occupée, qu'un détachement de troupe de ligne, commandé par M. B***, capitaine d'état-major de la place, se montra rue Saint-Denis, à la hauteur de la rue Grenétat; à son approche, les agents provocateurs et leurs dupes s'empressèrent de prendre la fuite; malgré cette retraite précipitée, le commandant n'en crut pas moins devoir ordonner à ses soldats de faire feu; plusieurs des fuyards et des imprudents furent tués ou blessés.

Plus loin, des charges de cavalerie furent exécutées le sabre à la main par la gendarmerie; l'infanterie de la même arme s'avança également en faisant le coup de feu.

Je fis à M. Barré, mon officier de paix, un rapport détaillé de ce que j'avais vu et des individus que j'avais remarqués; je le lui remis pour qu'il en rendît compte à qui de droit.

Dans la soirée du 20, les mêmes scènes recommencèrent et cette fois le feu, commandé par le colonel F***, fut non seulement dirigé sur les barricades, mais encore sur les fenêtres des maisons environnantes; aussi quelques-unes des victimes furent-elles atteintes dans leur domicile.

Cette seconde fusillade mit fin à cette échauffourée regrettable.

Le lendemain 21, comme j'étais fort étonné de ne point avoir entendu parler de mon rapport, je profitai de la visite que je faisais à M. Barré, chaque jour, à deux heures de l'après-midi, pour lui en demander des nouvelles.

— Votre rapport? me dit-il, il y a longtemps qu'il est déchiré, et même je vous conseille dans votre intérêt de ne jamais ouvrir la bouche à qui que ce soit de ce que vous avez vu.

La prétendue insurrection de la rue Saint-Denis était tout simplement une provocation de la police. La congrégation, qui sentait le pouvoir lui échapper, avait espéré, par une collision entre le peuple et l'armée, amener le roi à prendre des mesures de rigueur et à dissoudre la chambre nouvelle. Les individus qui avaient parcouru les rues en appelant *leurs frères* aux armes étaient des agents occultes que j'avais parfaitement reconnus; seulement, on avait retiré à tous ces émissaires leurs cartes d'agents, afin que, s'ils étaient arrêtés, ils ne pussent pas compromettre la police.

On a vu comment tout cela avait fini : par du sang! Dans la nuit du 20 novembre, à deux heures du matin, des cadavres furent relevés sur la chaussée Saint-Denis et dans le passage du Grand-Cerf; on les mit dans des fiacres qui les transportèrent à la Morgue. Parmi eux se trouvait l'homme au bâton, l'ex-forçat B***, qui avait eu l'épine dorsale brisée par une balle, en cherchant sans doute à s'esquiver après avoir accompli son exécrable mission. Agent provocateur, ayant fait un criminel trafic de la vie des citoyens, il devait tomber lui-même pendant le combat, parmi les victimes de sa propre provocation, et cela sans avoir eu le temps de recevoir le prix du sang qu'il avait fait répandre.

La justice de Dieu avait pris la place de la justice humaine!

XII

M. DE BELLEYME, PRÉFET DE POLICE

Les élections de 1827 eurent pour résultat l'avénement d'un ministère royaliste constitutionnel (Martignac), qui, le 6 janvier 1828, appela M. de Belleyme, procureur du roi et ancien juge d'instruction, à remplacer, en qualité de préfet de police, M. Delavau, dont l'administration avait été loin d'être dirigée vers le but dont la police ne doit jamais s'écarter, c'est-à-dire la sécurité publique et l'intérêt général. Le premier acte de M. de Belleyme fut d'éliminer les principaux chefs de service qui étaient inféodés à la congrégation.

Tout le monde connaît la sage et trop courte administration de ce préfet, qui, le premier depuis longtemps, s'occupa sérieusement de ses devoirs, chercha à réformer les abus, modifia certains services, donna de l'extension à d'autres et perfectionna singulièrement les rouages de cette utile machine que l'on appelle la police.

Platon la définit : « la vie, le règlement et la loi par excel- » lence qui maintient la cité. »

Aristote la nomme aussi : « le bon ordre, le gouvernement » de la ville, le soutien de la vie du peuple, le premier et le » plus grand de tous les biens. »

M. de Belleyme disait, avec grande raison, que la police était encore une magistrature.

Et en effet, cette institution, quand elle n'est pas détournée de son vrai but, bien loin de mériter le mépris dont elle est souvent l'objet, doit obtenir la reconnaissance de tous les honnêtes gens, car sa véritable mission est de veiller à la sécurité des personnes et des propriétés, d'assurer la victoire du bien sur le mal, en livrant les criminels à la justice. Que deviendrait la société sans cette garantie? Où en serions nous si, dans ce monde, chacun était obligé de se défendre par lui-même contre les piéges qui peuvent être tendus à sa bourse, à son honneur ou à sa vie? Que deviendrions nous si chacun avait à déjouer les ruses de ces gens pour lesquels le bien d'autrui est un continuel appât et le vol une étude incessante? On ne peut donc que déplorer amèrement les époques où la police dévie de la route qui lui est naturellement tracée pour se faire l'instrument d'un parti, au lieu de rester la protectrice de tous.

La police centrale prit le nom de police municipale, et fut organisée sur un nouveau pied. Avant M. de Belleyme, aucun des agents désignés généralement sous le nom d'inspecteurs de police ne portait de signe extérieur qui pût le faire reconnaître. Le nouveau préfet pensa avec raison que son administration acquerrait plus de force pour l'exécution des lois et des ordonnances de police en employant des agents dont le caractère fût ostensible ; il espéra aussi que par ce moyen le service gagnerait considérablement sous le rapport de l'exactitude et de la bonne conduite de ces mêmes agents, qu'enfin on pourrait peut-être arriver à détruire dans le public cette épithète flétrissante de *mouchards*, dont on avait l'habitude de gratifier tous les agents de police indistinctement. Par suite de ces justes réflexions, cent inspecteurs furent immédiatement habillés, équipés, et prirent le nom de *sergents de ville*.

Parmi les utiles réformes effectuées par M. de Belleyme, je crois devoir faire remarquer la suppression de l'impôt immoral que l'on prélevait avant lui sur les filles publiques. Chacune de ces malheureuses payait à la préfecture un droit fixe de trois francs par mois, et elles achetaient ainsi, par cette somme prélevée sur le prix de la prostitution, une protection dont elles mésusaient facilement, parce que la police s'occupait trop de recevoir son argent et ne s'occupait pas assez de les surveiller ; aussi en résultait-il que le domicile de ces créatures servait souvent de refuge aux voleurs, forçats libérés, repris de justice et autres individus non moins dangereux.

En abolissant cette contribution, M. de Belleyme revisa entièrement les règlements et les ordonnances de la police des mœurs ; les filles publiques furent soumises à des règles sévères, dont la moindre infraction entraînait des corrections administratives qui permirent enfin de reléguer dans ses bouges cette écume de la société.

Puisque je parle des réformes qui eurent lieu sous cette administration, je rappellerai aussi que ce fut à cette époque que les omnibus furent créés et les chiffonniers organisés et médaillés.

XIII

M. MANGIN, PRÉFET DE POLICE

A l'avénement du ministère Polignac, M. de Belleyme donna sa démission, et fut remplacé par M. Mangin le 13 août 1829.

Ancien membre du barreau, M. Mangin, en qualité de procureur général près la cour royale de Poitiers, avait en 1822, dans le procès de la conspiration bonapartiste de Saumur, demandé et obtenu les têtes du général Berton, du chirurgien Caffé, de Sénéchault, de Sangé, propriétaires, et de Jaglin, ancien militaire ; il avait en outre formulé cette fameuse menace de mettre en accusation tous les députés de la gauche.

La capitale reçut la nouvelle de la nomination de M. Mangin aux fonctions de préfet de police avec une froideur que celui-ci sut, par son administration tracassière, changer en haine.

Les sergents de ville furent réduits des deux tiers, et reprirent avec leur costume bourgeois leur ancienne qualité d'inspecteurs de police ; l'autre tiers fut maintenu par le préfet, qui craignait qu'une mesure trop radicale ne lui aliénât complètement les esprits.

En effet, le commerce s'était admirablement bien trouvé de cette innovation ; ces fonctionnaires publics, vêtus d'un uniforme, présentaient plus de sécurité aux négociants, qui étaient alors certains de s'adresser à des agents de la force publique, tandis que quelquefois d'adroits filous, usurpant le titre d'inspecteurs de police, se présentaient dans une maison où l'un de leurs complices avait été pris en flagrant délit, et, au moyen de cette imposture, facilitaient sa fuite.

A peine M. Mangin fut-il à la préfecture, qu'il créa les *petites rondes*.

On appelait ainsi les tournées que les agents faisaient tous les soirs ; à cinq heures, ils se réunissaient à la préfecture, et de là partaient quatre par quatre, se dispersant dans les diverses parties de la ville, avec mission de constater le plus de contraventions possibles.

Ceci demande explication.

Les commissaires de police avaient l'ordre de donner un reçu à chaque agent qui se présenterait pour dresser un procès-verbal de contravention ; or tous ces reçus étaient remis par les inspecteurs à leurs officiers de paix, qui les déposaient au cabinet du préfet. Le lendemain, les commissaires de police envoyaient également au cabinet leurs procès-verbaux qui étaient collationnés avec les bulletins des agents, et alors malheur à celui des commissaires qui n'avait pas verbalisé sur la déclaration d'un inspecteur, quelque injuste et quelque absurde qu'elle pût être.

D'un autre côté, M. de Belleyme avait créé des commissaires de seconde classe. Ces commissaires étaient tout simplement des officiers de paix qui, sans changer de fonctions et sans recevoir aucune augmentation d'appointements, avaient obtenu la prérogative de dresser les procès-verbaux sans recourir aux commissaires de police des quartiers.

M. Mangin supprima ces commissaires, qui reprirent le titre d'officiers de paix, et bientôt on les vit, ainsi que leurs inspecteurs, parcourir les rues et accabler de contraventions les malheureux boutiquiers dont la devanture, ou pour mieux dire l'étalage, dépassait la saillie fixée par les ordonnances de police.

Il y eut plus ; on vit les employés de la préfecture aller de rue en rue, un pied de roi à la main, vérifier les étalages et faire des procès-verbaux aux détaillants qui par malheur avaient placé une casserole, un chou, une misère, en saillie de quelques centimètres de plus que la largeur voulue. Tous les jours, de pacifiques négociants, de paisibles boutiquiers, faisaient queue chez le commissaire de leur quartier, réclamant justice à grands cris contre la tyrannie d'un régime qui leur faisait perdre en contraventions le fruit de leur commerce, de leurs travaux. Le commissaire, auquel ces plaintes étaient adressées, répondait :

— Messieurs, vos raisons peuvent être très-bonnes, mais ce n'est pas à moi qu'il faut vous adresser ; que voulez-vous que j'y fasse ? Que la contravention dont vous vous plaignez soit juste ou qu'elle soit injuste, cela est exactement la même chose pour moi, car je suis obligé d'en dresser procès-verbal, et si je ne le faisais pas, on viendrait demain me demander de la part du préfet comment et pourquoi j'ai manqué à mon devoir. Prenez-vous en à qui vous pourrez ; quant à moi, je n'y puis rien.

Tel était malheureusement le système suivi par l'administration de M. Mangin, système qui contribua jusqu'à un certain point à faire accueillir par la population parisienne les journées de juillet comme un commencement d'ère de justice et de réparation.

XIV

ÉPISODE DE L'ENTERREMENT DU GÉNÉRAL LAMARQUE

Le ministre Casimir Perier était mort du choléra, et, à l'occasion de ses funérailles, le gouvernement de Louis-Philippe avait déployé une pompe inaccoutumée. Les gardes nationaux avaient été convoqués ; toute la garnison avait dû prendre les armes, et, autant par curiosité que par sympathie, une foule considérable de citoyens, se joignant au convoi, avait encore contribué à rendre cette cérémonie plus imposante.

Peu de temps après, le général Lamarque, chef de l'opposition à la chambre des députés, suivait le ministre dans la tombe. Chéri de son parti, estimé même de ses ennemis, le général était un des orateurs les plus éloquents de son époque. Désigné par l'Empereur comme un des quatre premiers maréchaux à nommer, il pouvait citer comme une des plus belles pages de sa vie militaire la prise, à la tête de 1,200 hommes, de l'île de Caprée, réputée imprenable, vu sa position sur le sommet d'un rocher escarpé, en face de Naples, et défendue par 3,000 hommes commandés par Hudson Lowe, le geôlier de Sainte-Hélène.

Les républicains, alors fort nombreux, et le parti bonapartiste décidèrent que le convoi du général dépasserait celui du ministre, non en magnificence, mais par le concours de peuple qui y assisterait. En conséquence, les gardes nationaux s'y rendirent en uniforme, armés seulement de leur sabre ; les corporations d'ouvriers, bannière en tête, suivirent le corbillard, et plus de 30,000 personnes conduisirent à sa dernière demeure l'illustre général. Le char funèbre, ainsi escorté, arriva à la hauteur de la porte Saint-Martin ; là, quelques-uns des hommes qui portaient un drapeau rouge se mirent à proférer des cris séditieux ; le sergent de ville Delignon, ancien soldat de l'empire, aidé d'un de ses camarades, voulut les arrêter, mais les deux agents de la force publique se virent tout à coup entourés, entraînés, maltraités de la manière la plus grave, et ce ne fut qu'à grand' peine qu'on parvint à les arracher des mains de ces forcenés. Delignon, grièvement blessé, ne put reprendre son service et fut mis à la retraite.

De pareilles scènes se renouvelèrent plusieurs fois sur le parcours du convoi, et tout faisait présager que de l'exaspération des esprits naîtrait une collision entre le peuple, la troupe et la police, chargées de maintenir le bon ordre ; bientôt la lutte devint imminente.

J'étais sur la place de la Bastille lorsque le convoi passa, et quelques instants après on se battait au pont d'Austerlitz. Je me dirigeai alors de ce côté, mais à peine avais-je fait cinquante pas le long du canal qu'un escadron du 6e dragons, caserné rue du Petit-Musc, et venant en ce moment de la place de l'Arsenal, débouchait sur le boulevard et tournait à droite pour se rendre vers le théâtre de la lutte. Quelques minutes après, le chef de cet escadron, M. Chollet, arrivait à son tour pour se mettre à la tête de ses cavaliers ; mais au lieu de tourner à droite, il se dirigea du côté de la Bastille. Il avait fait quelques pas, que déjà il était entouré d'une vingtaine d'individus qui criaient comme des énergumènes : A l'eau ! à l'eau ! et s'apprêtaient à exécuter leur menace. Le commandant Chollet était un homme d'environ quarante-cinq ans, grand, bien fait, ayant une figure régulière, la lèvre supérieure ombragée d'une épaisse moustache, de grands yeux vifs et brillants, il pouvait passer pour un fort bel homme. En entendant ces clameurs menaçantes, je m'approchai et me mêlai au groupe, dans l'intention de faire ce qu'il me serait possible pour sauver cet officier :

— Comment, à l'eau ? m'écriai-je, mais du tout ! ce n'est pas ainsi qu'il faut s'y prendre. Quand il aura fait le plongeon, nous n'en serons pas plus avancés, tandis qu'en le faisant prisonnier, il nous servira d'ôtage.

Dans le rassemblement se trouvait un homme d'une trentaine d'années, que je sus plus tard être Américain et se nommer Fulton ; comprenant que ma pensée était d'arracher le commandant à un danger imminent, il se mit à crier : « Oui, faisons-le prisonnier ! »

Quelques autres individus accueillirent également la proposition.

M. Chollet, qui avait également saisi mon intention, leva son sabre en l'air en disant : « Mes amis, je suis un soldat d'Eylau et de Wagram.... »

Mais à ces mots, une détonation se fit entendre, le commandant s'affaissa sur son cheval, d'où nous nous empressâmes de le descendre; le sang sortait à flot d'une blessure qu'il venait de recevoir.

Un gamin d'une douzaine d'années, vêtu d'une veste couleur auvergnate, s'était, bon gré mal gré, faufilé au premier rang.

Tout le monde connaît cette race du gamin de Paris, qui dans nos rassemblements a toujours poussé le premier cri séditieux, dans nos émeutes a porté le premier pavé à la première barricade, et qui presque toujours a tiré le premier coup de feu.

Le mauvais garnement avait à la main un pistolet d'arçon presque aussi long que son bras, et, au moment où le commandant Chollet commençait à adresser aux individus qui l'entouraient quelques paroles qui vraisemblablement auraient désarmé leur colère, l'infernal gamin avait pressé la détente de son pistolet et avait disparu aussitôt, avant même qu'on se fût aperçu du déplorable résultat de son action. La balle, qui était entrée au-dessous de la dernière côte du côté droit, était allée se loger au côté gauche entre cuir et chair, au-dessous du bras, et avait ainsi traversé le corps. Tout cela se passait à cent cinquante pas à peine de la place de la Bastille, où se trouvait alors un régiment de troupe légère. J'allai trouver M. Condom, chirurgien-major de ce régiment, je lui expliquai ce qui venait d'arriver, et, après en avoir référé à son colonel, il s'empressa de me suivre pour prodiguer ses soins au malheureux commandant. Aussitôt qu'il eut examiné sa blessure, il pratiqua une incision pour extraire la balle, lava la plaie, la pansa et se retira. Je l'accompagnai en lui demandant quelle était son opinion sur la blessure de M. Chollet.

— Il est perdu, me dit-il, le coup est mortel et il ne tardera pas à succomber.

Je retournai alors près de mon pauvre blessé, qui me serra les mains avec effusion et demanda à être transporté chez lui, rue Saint-Paul, n° 22.

Le poste de la Bastille était de l'autre côté de la place, à l'entrée du faubourg, en face le restaurateur Chamarante ; je courus avec l'Américain Fulton chercher un brancard qui me fut délivré par M. Monnier, commissaire de police du quartier; puis, le propriétaire de la maison dans laquelle le commandant avait été transporté nous ayant prêté un matelas, nous y plaçâmes notre blessé, et quand nous l'eûmes entouré d'une couverture pour qu'il ne fût pas reconnu, Fulton et moi, nous emparant des bretelles du brancard, nous le portâmes le plus doucement possible à son domicile. En arrivant rue de la Cerisaie, nous trouvâmes une barricade formée de tonneaux de porteurs d'eau et gardée par une dizaine d'individus armés de de fusils. Un de ceux-ci, en nous voyant approcher, vint au devant de nous et me demanda : Est-ce un des nôtres? Sur ma réponse affirmative, il retourna auprès de ses compagnons, les fusils furent mis dans un coin et en un instant un large passage était ouvert au milieu de la barricade, qui tout aussitôt se referma derrière nous. Nous traversâmes la rue du Petit-Musc; trois dragons nous accostèrent, et, ayant reconnu leur commandant, voulurent l'accompagner; mais je m'y opposai formellement en leur faisant comprendre que, sans escorte, il y avait chance pour nous d'arriver jusqu'au domicile de M. Chollet sans être inquiétés.

Jusqu'à la rue Saint-Paul, aucune rencontre fâcheuse ne vint entraver notre marche ; des jeunes gens qui me parurent être des étudiants nous accompagnèrent et nous aidèrent à monter le blessé dans sa chambre située à l'entresol.

Le lendemain, à dix heures du soir, je me rendis à la rue Saint-Paul, je montai à l'entresol ; la porte du petit appartement qu'occupait le commandant était à demi ouverte, j'entrai, et sur le lit je ne trouvai plus qu'un cadavre ! Depuis plusieurs heures déjà, l'infortuné Chollet avait rendu le dernier soupir.

J'avais fait un rapport sur les diverses circonstances qui avaient déterminé un si triste résultat, et faute d'indications suffisantes, la police avait dû se résigner à attendre du temps et du hasard la découverte de l'assassin du commandant.

Dix ans après cet événement, je fus appelé dans le cabinet de M. Zangiacomi, juge d'instruction, qui me demanda si je pourrais reconnaître l'individu qui avait tiré sur M. Chollet.

— Mon Dieu, lui dis-je, je ne puis rien promettre ; je n'ai vu ce gamin que pendant un instant, et sa coupable action a été si imprévue et si rapide, que c'est bien certainement lui que j'ai le moins remarqué.

Il fit alors entrer un jeune homme d'une vingtaine d'années, boiteux, et auquel je ne trouvai aucune ressemblance avec l'auteur de l'assassinat ; d'ailleurs, les dix années écoulées avaient dû produire de trop grands changements dans l'individu recherché pour que je pusse, rien qu'à sa vue, affirmer son identité.

J'ai toujours ignoré pour quelles raisons la justice avait pu supposer que ce boiteux était l'assassin resté jusque-là introuvable.

XV

ORIGINE DE LA POLICE DE SURETÉ

Je crois devoir donner ici quelques détails sur l'origine de ce qu'on appelle la police de sûreté. Cette police est une création qui ne remonte qu'à 1817, et, à ce propos, n'est-il pas étonnant qu'un si grand nombre d'années se soit écoulé sans que l'autorité ait pensé à cette combinaison si simple, de réunir en un seul corps une certaine quantité d'individus, uniquement occupés de poursuivre le crime, de déjouer les ruses des voleurs et d'arrêter les criminels ?

Cette police, de date encore si récente, doit être entièrement indépendante de la police politique, et sa spécialité doit en quelque sorte la rendre immuable au milieu des bouleversements des révolutions, par cela même qu'elle ne doit veiller qu'à la sécurité des habitants et des propriétés.

Dirigée dans cet esprit, personne n'en peut contester l'utilité, ni en révoquer en doute la nécessité, et cependant, il faut le reconnaître, un vernis affreux fut longtemps jeté sur les agents de cette police ; une répulsion naturelle était le seul sentiment qu'ils inspiraient aux habitants qu'ils avaient mission de protéger.

Quelques mots sur l'origine de cette police, sur les premiers hommes qui l'ont composée, sur le premier chef qui l'a dirigée, donneront la raison de ces sentiments.

En 1810, Vidocq était à la prison de Bicêtre, attendant avec d'autres galériens le départ de la chaîne qui devait le reconduire au bagne d'où il s'était échappé. Chez cet homme, qui était doué d'une imagination vive et d'un esprit ardent, la pensée d'une captivité, d'une séquestration dans un bagne, devait être bien douloureuse, et lui, qui déjà plusieurs fois, avait servi de *cuisinier* (dénonciateur) à la police, trouva dans la bassesse de son cœur un moyen, non de conquérir sa liberté, mais d'adoucir sa position : il fit offrir à M. Henry, chef de la deuxième division, de servir l'administration dans les prisons en qualité de *mouton*, c'est-à-dire d'exploiter la confiance de ses camarades pour obtenir d'eux l'aveu de leurs crimes, et en même temps il lui adressa un rapport sur plusieurs forçats évadés ou en rupture de ban, qui se trouvaient détenus à Bicêtre sous de faux noms ; enfin, il donna des renseignements tellement précis sur d'audacieux voleurs qui depuis longtemps exploitaient la capitale, que ceux-ci furent arrêtés.

A cette époque, la police de sûreté n'existait pas, ou pour mieux dire, existait dans des conditions qui la rendaient presque nulle, faute d'éléments d'homogénéité : les officiers de paix, entièrement indépendants les uns des autres, exerçaient à leur manière la surveillance municipale et de sûreté dans leur arrondissement respectif, et tel voleur qui se trouvait traqué dans un quartier pouvait impunément exercer sa coupable industrie dans un autre.

Les rapports de Vidocq furent examinés, vérifiés, et, les renseignements qu'ils renfermaient ayant été trouvés exacts,

M. Henry pensa qu'un tel homme serait précieux comme *mouton*, et Vidocq fut employé de cette manière à Bicêtre et à la Force ; il reçut à ce titre des gratifications qui variaient suivant l'importance des prises qu'il faisait opérer. M. Henry se décida ensuite à le faire mettre en liberté, mais à la condition qu'il continuerait à servir de dénonciateur et qu'il fournirait chaque mois à la préfecture un nombre de malfaiteurs dont le minimum fut fixé, sous peine pour lui d'être reconduit au bagne de Brest ; on lui alloua cent francs d'appointements fixes par mois et une prime pour chaque arrestation qu'il procurait[1].

L'une des premières qu'il fit opérer fut celle d'un mégissier chez lequel il avait reçu asile en sortant de prison, et qu'il accusa, à tort ou à raison, de fabriquer de la fausse monnaie. Le mégissier, arrêté avec un médecin de ses amis, passa en jugement, et tous deux portèrent leur tête sur l'échafaud, en récompense de l'hospitalité qui avait été accordée au pensionné de la préfecture de police.

La perfidie de Vidocq lui avait trop bien réussi pour qu'il restât oisif ; la crainte d'un côté, la cupidité de l'autre, lui donnèrent une activité incroyable, et naturellement, pour ne pas rester au-dessous du chiffre fixé pour sa tolérance à Paris, il prit la résolution d'avoir recours à la provocation, et se servit de cet ignoble moyen avec la plus criminelle adresse jusqu'au retour des Bourbons ; alors le forçat policier jugea qu'il lui serait plus lucratif de se mettre à la dévotion du parti politique qui triomphait.

Le 30 mars 1814, les alliés entrèrent à Paris, et, sous leur puissante protection, des Français appartenant à l'ancienne noblesse, et à la tête desquels se trouvait le marquis de Maubreuil, résolurent de faire abattre de la colonne de la place Vendôme la statue du grand capitaine ; mais pour cela il fallait des bras, et celui qui fut chargé de les procurer ne pouvait les

---

[1] Tous ces détails m'ont été confirmés par M. Puteaux, qui était alors chef du premier bureau de la deuxième division.

trouver que chez ses pareils, c'est-à-dire dans les rebuts de la société.

Le lendemain 31, vers trois heures de l'après midi, le forçat Vidocq, armé d'un énorme merlin, monta sur la colonne, et là, après avoir frappé de toutes ses forces sur les tenons assujettissant la statue de Napoléon, il lui attacha une corde autour du cou, puis en lança l'extrémité à ses acolytes rassemblés au pied de la colonne. Cette horde de bandits se pendit à la corde et, la tirant avec accompagnement de hourras, finit, non sans peine, par faire tomber la statue du grand homme, aux applaudissements de M. de Maubreuil et des gentilshommes ses associés, qui faisaient distribuer de l'or aux ignobles instruments de leur fanatique vengeance [1].

Depuis cet exploit, Vidocq ne regarda plus la police de sûreté que comme accessoire, et se livra presque exclusivement à la politique.

Vers 1816, un agent de police nommé Scheltein fomentait des complots dans les cabarets, entre autres chez un marchand de vins faisant le coin de la rue de la Calandre et de la Barillerie et portant pour enseigne : *Au sacrifice d'Abraham.* Scheltein avait rencontré Pleignier, Tolleron, Carbonneau et autres, tous attachés au souvenir de l'Empereur, par conséquent n'aimant pas les Bourbons. Ce misérable les avait encouragés, en leur disant que l'état de choses ne pouvait durer plus longtemps et que le renversement de la monarchie de 1814 était inévitable.

Vidocq et un certain Ricloky, son acolyte, fréquentaient habituellement le cabaret en question. Scheltein les fit passer pour d'anciens officiers de l'Empire, et avec leur coopération, il ne tarda pas à former un complot dans lequel Pleignier, Tolleron et Carbonneau, après avoir joué les rôles les plus com-

---

[1] Parmi les témoins de cette scène, je citerai MM. Yvrier, officier de paix, Gayetti et Bias, inspecteurs, qui depuis cette époque ne purent jamais entendre prononcer le nom de Vidocq, ou l'apercevoir, sans éprouver un mouvement d'indignation.

promettants, furent arrêtés, et par suite des nombreuses pièces de conviction, telles que proclamations et emblèmes, qui furent trouvés chez eux, ces trois malheureux portèrent leurs têtes sur l'échafaud, victimes de leur imprudence et des infâmes menées de Scheltein, Vidocq et Ricloky.

En 1817, la fermentation politique de 1815 et 1816 s'étant un peu calmée dans les esprits, on donna à Vidocq une dizaine d'agents de sa sorte pour faire la chasse aux malfaiteurs, et ce n'est qu'à partir de cette époque qu'il fut réellement chef de la brigade de sûreté. En 1821, elle fut portée au nombre de vingt-huit hommes par le préfet, M. Delavau, qui mit à la disposition de l'ancien échappé de Brest des fonds secrets dont il n'avait point à rendre compte ou à peu près.

Or, qu'étaient-ce que ces vingt-huit hommes appelés à assurer la tranquillité publique et le respect de la propriété? Qu'était-ce que leur chef, qui, plus que tout autre, devait posséder au dernier point l'horreur du vol et la plus complète répulsion pour tout ce qui pouvait porter atteinte, en quoi que ce soit, aux biens ou à la vie de ses concitoyens?

Le chef, nous le connaissons, nous l'avons vu à l'œuvre, et ses agents étaient d'anciens repris de justice, d'anciens forçats, ayant presque tous subi des peines infamantes pour des faits semblables à ceux qu'ils étaient maintenant appelés à réprimer.

Que devait-on attendre de tels hommes? Quelle estime pouvait-on avoir pour un service ainsi composé? Devait-on s'étonner de voir l'opinion publique assimiler au rang des malfaiteurs ceux qui les arrêtaient, et ce dicton que Vidocq, dans son intérêt, s'était plu à accréditer : « Pour pouvoir découvrir les voleurs, il faut l'avoir été soi-même, » était d'autant plus vrai, du moins en apparence, que Vidocq s'attachait à choisir de préférence pour auxiliaires les praticiens qui lui paraissaient les plus hardis et les plus effrontés.

Un personnel de cette espèce a mis souvent en défaut le propre savoir-faire du chef qui se piquait de ne douter de rien et de pouvoir déjouer toutes les ruses.

Un seul exemple peut faire présumer du reste. Un inconnu,

disant se nommer Jacquin, vient au bureau de Vidocq pour s'offrir comme indicateur.

— Que sais-tu faire? lui dit l'homme de police.

— Dame! bien des choses! répond l'industriel, je sais d'abord acheter très-avantageusement. Essayez-moi.

— Ah! Eh bien! prends ces deux pièces de cinq francs, va au marché, et rapporte-moi deux bonnes volailles. Je veux voir comment tu choisiras.

Le nouveau venu promit qu'il serait bientôt de retour.

Au temps fixé, notre homme revient et remet à Vidocq deux poulardes irréprochables, et même aussi les dix francs qu'il avait reçus pour les acheter.

— Fort bien! dit le maître, mais voyons comment tu as opéré?

— Voici, dit Jacquin : j'ai emprunté la veste blanche, le bonnet et la hotte d'un marmiton de mes amis. Ma hotte était garnie de paille, je l'ai chargée de pierres que j'ai couvertes, j'ai acheté pour six sous de légumes que j'ai placés en dessus; j'ai fait plus loin la cour, en galant cuisinier, à une marchande de poulets, j'ai fait prix avec elle pour mes deux volailles, puis je l'ai payée.

Ma hotte était lourde, je l'avais sur le dos. Pour y mettre deux volailles, on ne se décharge pas. J'ai donc prié la petite mère de poser elle-même sa marchandise dans mon pardessus d'osier. On s'aide entre cuisinier et vendeuse de chapons. Je lui faisais face, comme il convient de faire au beau sexe, et je m'étais baissé. Pendant qu'elle plaçait mes deux poulets, elle avait les deux bras occupés au-dessus de ma tête, et mes mains travaillaient dans sa grande poche de devant. — C'est tout de même une drôle d'habitude qu'elles ont comme cela d'encaisser la recette sur leur abdomen. J'ai fouillé là délicatement et j'y ai repris, sans la chatouiller, mes deux pièces de cinq *balles* avec une trentaine de francs en monnaie que voici.

— Travailles-tu souvent comme cela? dit Vidocq.

— On fait ce qu'on peut, dit l'autre.

— Modeste et pas maladroit! C'est bien, je te donnerai de

l'emploi à compter de demain. Va-t-en, et ne te laisse pas pincer d'ici-là. — A propos ! combien as-tu fait de prison ?

— De la prison ? Ah ! mais non, je ne peux pas dire que je sors d'en prendre. Je n'en ai jamais pris. Autre chose, je ne dis pas.

Vidocq l'avait congédié.

Pendant que Jacquin lui indiquait comment il avait joué le tour à la marchande, il ne s'était pas fait faute de démonstrations et de mouvements. Il s'était baissé, il avait fléchi un genou pour l'intelligence de la scène ; il avait, sans manquer de déférence, touché plusieurs fois son examinateur, qui posait en homme considérable ; mais il avait mis les gestes à profit, car il avait habilement enlevé à Vidocq une fort belle montre d'or et de volumineux accessoires sans que celui-ci s'en aperçût.

Jacquin, en tant qu'il eût donné son vrai nom, ce qui n'est pas probable, ne s'avisa point de reparaître.

Vidocq, dont la vanité et la colère étaient surexcitées au delà de toute expression, mit tout en œuvre pour découvrir l'adroit voleur, mais on ne retrouva jamais ni la montre ni Jacquin, et bien des années après le fait, aucun agent ou indicateur n'aurait osé prononcer devant Vidocq le nom de Jacquin.

En 1827, Vidocq cessa d'être chef de la brigade de sûreté et se retira possesseur d'une fortune qui n'avait pas pour origine les économies qu'il avait pu faire sur ses appointements. Prévoyant bien que tôt ou tard l'administration répugnerait à le conserver, Vidocq avait, vers 1826, fondé à Saint-Mandé une fabrique de papier, et une fois révoqué, il prit personnellement la direction de son établissement ; mais, avec une étiquette comme la sienne, il lui était difficile de s'assurer d'honorables relations commerciales. Aussi, ne pouvant parvenir à prospérer dans son industrie, il abandonna la fabrication du papier et parut vivre dans l'inaction jusqu'au commencement de 1832, époque où les troubles politiques désolaient la capitale. Il trouva alors moyen de faire surgir à la pensée du préfet que ses services pouvaient encore être nécessaires, et il obtin' l'autorisation de faire, d'une manière occulte, de la police de sûreté. A cet effet, il créa rue Pavée une espèce de bureau, et s'adjoignit pour auxiliaires quelques individus tarés et bien dignes d'un tel patron. Une fois installé, l'ancien forçat n'eût plus qu'une idée fixe : celle de reconquérir la place de chef de la brigade de sûreté, mais pour cela il lui fallait un coup d'éclat. Il jeta les yeux sur l'un de ses nouveaux acolytes nommé L***, et lui fit entrevoir la perspective de devenir son *alter ego* s'ils parvenaient ensemble à machiner une affaire dont ils paraîtraient avoir débrouillé victorieusement tous les fils. Ils s'arrêtèrent à la combinaison suivante :

L*** avait été cuisinier chez un sieur Schmidt, restaurateur à la barrière de Fontainebleau; il en connaissait tout l'intérieur et toutes les habitudes. Vidocq décida donc qu'on y ferait commettre un vol. L*** s'aboucha avec plusieurs repris de justice, les nommés Séguin, Lenoir, Desplantes, Cloquemin et Salomon, et, sous le prétexte qu'il ne pouvait lui-même paraître dans la maison où il était connu, il leur donna toutes les indications nécessaires pour perpétrer un vol dans la chambre à coucher de son ancien patron, qui y renfermait, disait-il, son argenterie, ses billets de banque, et qui s'absentait de chez lui tous les matins pour aller à la halle faire ses provisions. Le 2 mars 1832, lorsque tout fut bien convenu pour opérer la soustraction, L*** vint en rendre compte à Vidocq ; celui-ci se rendit aussitôt près du maire de Gentilly, et lui déclara qu'il venait d'être informé que le lendemain, à sept heures du matin, des malfaiteurs viendraient commettre un vol à l'aide d'effraction dans la chambre du restaurateur Schmidt, et qu'en prenant des mesures il serait facile d'arrêter les coupables en flagrant délit. Le maire s'empressa de faire placer à l'avance des gendarmes dans une pièce attenante à la chambre à coucher de Schmidt ; à l'heure indiquée par Vidocq, les voleurs dénommés plus haut se présentèrent au restaurant, montèrent au premier étage dans la salle publique où donnait la porte de la chambre en question, et se firent servir du vin. Lorsque le garçon de salle fut descendu, Séguin ouvrit à l'aide d'effraction la porte de la chambre et s'empara de l'argenterie ; mais à ce moment les gendarmes apparurent et arrêtèrent les délinquants, qui furent conduits à la préfecture.

En présence d'une telle capture, qui paraissait être due à l'habile vigilance de Vidocq, et accuser en même temps l'infériorité relative de son successeur en exercice, l'autorité, aveuglée, crut devoir peu après réintégrer Vidocq dans ses anciennes fonctions de chef de la brigade de sûreté.

L'affaire des cinq voleurs suivit son cours; ils comparurent successivement devant un juge d'instruction, auquel l'un d'eux finit par déclarer que le vol n'avait été commis qu'à l'instigation du nommé L***, qui leur avait fourni tous les indices nécessaires pour arriver à sa perpétration. Cette assertion ayant été confirmée par les autres complices, le juge d'instruction lança un mandat d'amener contre l'individu signalé. Mais cela ne faisait pas le compte de Vidocq, qui craignait que son agent ne fût forcé de faire des aveux; aussi se garda-t-il bien de mettre L*** en état d'arrestation. Il fit effrontément un rapport annonçant que le nommé L*** était introuvable. Quatre mois s'étaient écoulés depuis la date du mandat, lorsque le juge d'instruction reçut secrètement avis que L*** n'avait point disparu de la capitale, et que Vidocq l'avait incorporé dans sa brigade sous le nom d'Auguste, substitué à son véritable nom. Un nouvel ordre du juge vint alors forcer le chef de la brigade de sûreté à livrer malgré lui son agent.

Le 30 septembre suivant, la cour d'assises condamnait les cinq voleurs aux travaux forcés. L***, convaincu d'avoir excité au vol ses coaccusés, en leur donnant toutes les indications pour le commettre, fut condamné à deux ans de prison.

Vidocq était persuadé que la société entière approuvait sans réplique l'argument qu'il a émis dans ses mémoires, et que je rappellerai ici :

« .... D'ailleurs, dit-il, en matière de vol, je ne pense pas
» qu'il y ait de provocation possible. Un homme est honnête
» ou il ne l'est pas : s'il est honnête, aucune considération ne
» sera assez puissante pour la déterminer à commettre un

» crime; s'il ne l'est pas, il ne lui manque que l'occasion, et
» n'est-il pas évident qu'elle s'offrira tôt ou tard. »

Quelle morale ! quelle logique ! quel stoïcien que cet homme! et comme il prouve bien que si lui, Vidocq, a été au bagne, ce n'est ni l'effet des mauvaises fréquentations, ni le résultat de circonstances fortuites, de nécessités impérieuses, mais bien parce que son âme était gangrenée !

Depuis la rentrée de Vidocq à la police, la justice voyait avec peine que les accusés traduits à sa barre récriminaient contre le témoignage des agents de la brigade de sûreté ; ces récriminations produisaient le plus mauvais effet sur le nombreux public qui assistait à l'audience. En effet, la déposition des agents appelés comme témoins était souvent interrompue par les accusés, qui reprochaient à ceux-là d'être leurs anciens compagnons de bagne ou même d'avoir été complices ou provocateurs dans le vol pour lequel ils étaient appelés en témoignage. Ces débats étaient pénibles pour les magistrats chargés d'appliquer la loi et un sujet de scandale pour le jury et l'auditoire.

Malgré ces résultats et les réclamations qui en étaient la conséquence, cet état de choses n'en continuait pas moins, lorsqu'une circonstance étrangère à ces considérations vint mettre un terme à ce système de police généralement réprouvé.

La révolution de 1830 avait consacré la liberté de la presse, aussi les journaux en usaient largement, à ce point qu'en 1832 certain petit journal, qui faisait paraître des caricatures, mettait souvent en parallèle la figure de Vidocq avec celle d'un haut personnage.

Offensé de ces indignes comparaisons, dont la position officielle de l'ex-forçat était le prétexte, le ministre de l'intérieur donna ordre au préfet de police de dissoudre la brigade de sûreté et de la recomposer sur une base entièrement nouvelle, de telle sorte qu'on n'eût plus rien à reprocher aux agents qui en feraient désormais partie.

Un arrêté préfectoral en date du 15 novembre 1832 dissolvait la brigade de sûreté, et un deuxième arrêté, de même date, prescrivait la recomposition de ce service sur une autre base ; l'article 3 portait qu'aucune personne ayant subi une condamnation, même la plus minime, ne pourrait faire partie de ce service qui, au 1er janvier suivant, devait avoir ses bureaux à la préfecture de police.

Jusqu'alors, la brigade, ou pour dire comme certains journaux de l'époque, la bande de Vidocq avait pour quartier général une noire, vieille, basse et sale maison de la petite rue Sainte-Anne; cette maison ressemblait plutôt à un bouge, asile de voleurs, qu'à des bureaux de police. Aussi, pour éviter tout ce qui pouvait rappeler le souvenir du forçat policier, le préfet voulut qu'en attendant l'époque à laquelle le nouveau service entrerait en possession de ses bureaux à la préfecture, on louât, pour lui servir momentanément d'asile, une maison sise rue de Jérusalem, 5. M. Allard fut nommé chef de ce service et moi inspecteur principal ; on me chargea de recruter des agents parmi les sergents de ville ainsi que parmi des personnes étrangères à l'administration.

Cette mesure était salutaire ; mais en même temps il y avait un fâcheux résultat à craindre ; les agents de Vidocq, se trouvant tout à coup dépourvus de moyens d'existence, pouvaient revenir à leur premier genre de vie, c'est-à-dire au vol, et il fallait à tout prix empêcher ces hommes à demi-convertis de retourner au crime : il fut donc décidé qu'on les conserverait à titre d'indicateurs, qu'ils auraient une chambre en ville pour se réunir, et qu'en sus d'une haute paie de cinquante francs par mois, on leur donnerait une prime par chaque arrestation qu'ils feraient opérer.

Quatorze seulement acceptèrent cet arrangement.

Dans cette nouvelle organisation, la police de sûreté conservait le même nombre d'employés que la brigade de Vidocq, savoir : 1 chef, 1 inspecteur principal, 4 brigadiers, 21 inspecteurs, dont un faisant les fonctions de garçon de bureau, et 1 commis aux écritures. Total 31.

XVI

LACENAIRE. — FRANÇOIS. — AVRIL

Le 14 décembre 1834, un crime horrible jetait l'épouvante et l'effroi parmi les habitants d'un des quartiers les plus populeux de la capitale. Une vieille femme, la veuve Chardon, demeurant avec son fils, rue Saint-Martin, passage du Cheval-Rouge, était trouvée assassinée dans son domicile, et la même main qui avait frappé la mère avait aussi frappé le fils. Leur logement était composé de deux chambres ayant chacune une fenêtre, l'une donnant sur la rue Saint-Martin au-dessus de l'entrée du passage, l'autre sur le passage. Dans la première pièce, le fils Chardon était étendu au milieu d'une mare de sang; une hache ensanglantée, abandonnée non loin de lui, et la manière dont la tête était fracturée, indiquaient assez comment le crime avait été commis. Dans la seconde pièce, on trouvait le cadavre de la mère, mais étendu sur le lit; il était recouvert d'oreillers, de draps et couvertures, comme si le meurtrier eût voulu s'en épargner la vue. Partout, du reste, les meubles fracturés, les serrures forcées, le linge bouleversé, attestaient hautement que le vol avait été le premier mobile de l'assassinat, et que l'un et l'autre avaient été consommés.

Le fils Chardon, généralement surnommé *la tante*, était bien connu pour ses goûts *antiphysiques*, et ce fut naturellement sur les êtres abjects dont il faisait partie que l'accusation publique tomba tout d'abord. Parmi ces hommes immondes, plusieurs furent arrêtés, puis relâchés faute de preuves. D'autres furent simplement surveillés, sans que cette surveillance produisît de meilleurs résultats. La police en était là de ses recherches, lorsqu'une tentative tout aussi coupable que le crime dont je viens de parler vint de nouveau jeter l'émoi dans la population et fixer l'attention de l'autorité.

Le 29 décembre, un individu paraissant décidé à quitter Paris sous quelques heures, se rendait rue du Faubourg-Poissonnière, 50, et chargeait MM. Maigre-Morstadt et Mallet, banquiers, du recouvrement de deux traites, dont l'une payable fin courant au domicile du sieur Mahossier, rue Montorgueil, n° 66.

Le 31 décembre, le sieur Genevey, âgé de dix-huit ans, garçon de recette de cette maison de banque, se rendait, vers trois heures et demie de l'après-midi, au domicile indiqué sur l'effet à toucher, et trouvait au quatrième étage, sur le derrière, une porte où le nom de Mahossier était écrit en grosses lettres, à la craie blanche. Il frappa; deux hommes paraissaient l'attendre dans une pièce ayant pour tous meubles deux bottes de paille et un panier recouvert d'une planche. A peine fut-il entré, que la porte se ferma derrière le garçon de recette. Un des inconnus chercha à s'emparer de son portefeuille renfermant 10,000 francs en billets de banque, et de sa sacoche contenant 1,100 francs en espèces, et lui porta en même temps à l'épaule droite un violent coup d'un instrument aigu et triangulaire qui pénétra presque dans la poitrine, tandis que l'autre inconnu cherchait à étouffer les cris de la victime en lui comprimant fortement la bouche avec les mains. Mais Genevey était robuste; il leur résista malgré sa blessure et se mit à crier avec tant de force que les deux assassins, effrayés, craignant d'être ainsi trahis et arrêtés en flagrant délit, prirent la fuite, sortirent de la maison en refermant la porte de l'allée et se mirent à courir dans la rue pour simuler la poursuite d'un malfaiteur, en criant eux-mêmes : *Au voleur !*

Tels étaient les renseignements qui avaient été transmis à la préfecture et d'après lesquels, le chef de la sûreté s'étant rendu sur les lieux, les agents de ce service commencèrent des informations qui restèrent sans succès. Ce ne fut que dix jours après le crime, le 9 janvier 1835, que l'on se décida à me charger de la recherche des deux assassins que chacun déclarait introuvables.

Je résolus, pour ma première démarche, d'aller voir le sieur Gousseaux, fruitier et principal locataire de la maison de la rue

Montorgueil, n° 66, et, comme première lumière à projeter sur cette affaire, je lui demandai le signalement exact des assassins.

Mahossier était venu à différentes reprises chez le principal locataire, et celui-ci me le dépeignit sans difficulté. Quant à son compagnon, il n'avait été aperçu qu'une seule fois, et encore fort imparfaitement; aussi ne put-on me fournir aucune indication utile. Muni du signalement du premier, j'examinai attentivement le nom de Mahossier qui, ainsi que je l'ai dit plus haut, était écrit à la craie blanche sur la porte de la chambre où le crime avait été commis, et j'allai visiter les garnis où les malfaiteurs ont l'habitude de loger. Je parcourus inutilement les maisons sises rue de la Montagne-Sainte-Geneviève, rue de Lourcine, rue Jean-de-Lépine, 12, rue des Vertus, 4, etc.; mais en arrivant rue du Faubourg-du-Temple, n° 107, je remarquai sur le livre de police du sieur Pageot le nom de *Mahossier*, et immédiatement au-dessous celui de Ficellier, portés tous deux entrés et sortis le même jour. J'interrogeai l'hôte et sa femme; j'appris que les deux individus en question n'avaient occupé qu'un seul lit, et bientôt j'acquis la certitude que c'était bien eux que j'avais mission d'arrêter. L'hôtesse, en réponse à ma demande, me dépeignit Ficellier, et à chaque parole qu'elle prononçait, à chaque nouveau trait qu'elle ajoutait pour donner de la ressemblance à son portrait, mon étonnement allait croissant. Je restai immédiatement convaincu que ce signalement-là se rapportait exactement à celui d'un certain François, arrêté depuis quelques jours pour escroquerie de trois pièces de vin. Plein de cette idée, je retournai à la préfecture. François était encore au dépôt, j'allai le trouver dans sa cellule, et, prenant mon portefeuille dans ma poche, je l'ouvris en faisant mine d'y chercher un nom que j'avais oublié : — Ah! lui dis-je en l'abordant, depuis hier je me casse la tête pour savoir quel motif a pu vous déterminer à aller loger chez Pageot sous le nom de Ficellier; je le comprends d'autant moins que vous m'avez dit que vous n'étiez pour rien dans l'escroquerie que l'on vous reproche.

— Pardi! me répondit-il, quoique je ne sois pas coupable, je savais que vous aviez un mandat contre moi; et, d'ailleurs, connaissant ce vieux dicton : « Si on m'accusait d'avoir volé les tours Notre-Dame, je prendrais la fuite, » vous comprenez que je n'étais pas si *niole* (bête) de donner mon *centre* (nom) pour me faire *nettoyer par vos rousses* (arrêter par vos agents).

Il n'y avait donc plus de doute, c'était bien François qui, sous le nom de Ficellier, avait logé rue du Faubourg-du-Temple, en compagnie de Mahossier, et, partant de là, ce devait être lui qui avait joué le rôle de complice dans l'affaire de la rue Montorgueil.

Je fis un rapport dans lequel je désignai François comme étant un des auteurs du crime commis le 31 décembre.

Le lendemain, je retournai au faubourg du Temple. Pageot était absent ; j'en profitai pour causer avec sa femme qui était bien moins réservée que lui sur le compte des voleurs. Elle m'avoua que l'individu qui, dernièrement, avait logé chez elle sous le nom de Mahossier, y avait précédemment demeuré sous celui de Baton. C'était donc Baton et non Mahossier qu'il fallait rechercher, et, sûr de tenir déjà sous les verrous un des auteurs du crime, je me voyais à la veille de m'emparer du second.

Il existait à cette époque rue de Bondy, presque en face du Château-d'Eau, un établissement connu sous le nom d'*Estaminet des Quatre-Billards*, et qui, vrai réceptacle de la plus infime société de Paris, n'était hanté presque exclusivement que par les malfaiteurs. J'allai m'informer auprès du maître de l'estaminet, et j'appris de lui que Baton venait tous les soirs jouer au billard, mais qu'il n'avait pas encore paru. Je reconnus d'un coup d'œil qu'il m'était impossible de rester là à l'attendre ; car la tourbe de vauriens qui peuplait cet antre, me connaissant parfaitement, ainsi que mes deux agents, commençait à prendre l'éveil et ne nous quittait plus des yeux ; quelques-uns même avaient déjà pris la fuite. Je me retirai après avoir dit au limonadier que j'attendrais dans un cabinet du marchand de vins Bertrand, situé au coin du faubourg du Temple et du boulevard, jusqu'à ce qu'il m'eût fait prévenir que Baton était arrivé ; mais, réfléchissant que cet homme pouvait très-bien me trahir et que rien ne me répondait qu'il ne chercherait pas à faire fuir le coupable, je plaçai en surveillance, derrière le corps de garde qui existait alors au coin du boulevard, un de mes agents qui pouvait voir de là toutes les personnes qui entraient ou sortaient de l'estaminet, sans être lui-même aperçu.

Vers neuf heures du soir, l'agent vint nous retrouver chez Bertrand :

— Baton vient d'entrer au café, me dit-il.

— Vous en êtes sûr?

— Parfaitement sûr. J'ai vu, il y a un instant, deux jeunes gens s'arrêter devant l'établissement; puis ils se sont rapprochés de moi en causant, et l'un a dit à l'autre en le quittant : Bonsoir Baton! Puis celui-ci est entré aux *Quatre-Billards*.

— Alors, messieurs, en route!

Et, suivi de mes deux inspecteurs, je me dirigeai vers l'estaminet. A peine étais-je dans l'intérieur, que le limonadier, ne me laissant pas le temps de lui parler, me dit :

— Vous arrivez à propos, j'allais vous envoyer chercher. Voilà Baton qui cause près du dernier billard avec ce grand jeune homme coiffé d'un chapeau pointu.

Baton était arrêté aussitôt et prenait avec nous le chemin de la préfecture de police. Pendant le trajet, des réflexions contradictoires vinrent assaillir mon esprit. D'après la révélation de la femme Pageot, il n'y avait pas à douter que l'individu que j'avais entre les mains ne fût celui qui avait logé dans le garni du faubourg du Temple sous le nom de Mahossier, et, partant de là, l'assassin du garçon de recette Genevey; mais je ne trouvais aucune ressemblance entre cet homme et les signalements donnés par la victime et le principal locataire de la rue Montorgueil. Baton, confronté avec ces deux personnes, ne fut reconnu ni par l'une ni par l'autre. Du reste, le principal locataire, le sieur Gousseaux, n'avait pas non plus reconnu François, que j'avais mis en sa présence. Il fallait donc mettre ma capture en liberté; mais comme on venait d'apprendre par un détenu de la Force, le nommé Leblond, dit la *Tante Rasoir*, que Baton était intimement lié avec un nommé Gaillard, son ancien camarade de *collége* (de prison) à Poissy, j'allai à la rencontre de Baton au moment où il sortit du dépôt, et, feignant de me rendre chez moi, je l'accompagnai jusqu'à la place de la Bastille. Chemin faisant, la conversation, après avoir épuisé plusieurs sujets, tomba comme par hasard sur Gaillard ; puis, comme par hasard aussi, je l'amenai à m'en donner le signalement qui se trouva parfaitement identique avec celui de Mahossier, donné tant par Genevey que par Gousseaux. Plus de doute pour moi : l'assassin de Genevey n'était autre que Gaillard qui, cachant son identité sous le nom de Mahossier, était allé habiter dans le garni où déjà, une fois, il avait trouvé asile contre les poursuites de la police, en s'abritant sous le nom de son camarade Baton.

Une seule chose restait donc à faire : découvrir Gaillard et le placer sous la main de la justice. Je commençai par faire rechercher son nom aux hôtels meublés et maisons garnies ; mais alors se présenta une autre difficulté. Depuis un an, une vingtaine de Gaillard avaient demeuré dans les divers garnis, et pour découvrir celui que je cherchais, je ne connaissais même pas ses prénoms. Je me trouvai donc réduit à aller prendre moi-même dans toutes ces maisons des renseignements sur les Gaillard qui y avaient logé. Le deuxième jour, j'arrivai rue Marivaux-des-Lombards, n° 15 ; je me fis représenter le livre de police, et bientôt j'y trouvai inscrit un Gaillard dont je pris l'état civil. Je demandai alors à l'hôtesse si cet individu recevait des visites et quelle sorte de personnes il fréquentait.

— Ma foi, monsieur, me répondit-elle, je n'ai jamais vu venir personne, à l'exception d'une femme coiffée d'un mouchoir, qui venait même assez souvent ; mais j'ignore son nom et où elle peut être.

— Et en partant ne vous a-t-il rien laissé ? N'a-t-il pas oublié quelque effet, du linge, des papiers ?

— Pardon, j'ai retrouvé sur une planche de sa chambre un paquet de chansons républicaines.

— Les auriez-vous conservées ?

— Oui, monsieur... les voici.

J'espérais que sur ces chansons je trouverais en marge quelque annotation pouvant jeter un peu de lumière au milieu de mes recherches; bien me prit de cette heureuse idée, car, parmi ces papiers, je trouvai une lettre contenant des injures adressées au préfet de police. En parcourant cette lettre, je fus frappé de la similitude existant entre les caractères que j'avais sous les yeux et ceux formant le nom de Mahossier sur la porte de la chambre de la rue Montorgueil.

Par suite d'un rapport sur ma découverte, une confrontation eut lieu, et on reconnut positivement que la main qui avait tracé à la craie le nom de Mahossier avait également écrit le libelle injurieux que j'avais saisi. Dès lors, les poursuites contre Gaillard reçurent une sanction officielle, et le nom de Mahossier fut délaissé comme un mannequin destiné à servir d'appeau à la police afin de détourner ses recherches; et c'est à ce moment que la délation fit faire une tentative infructueuse pour découvrir l'assassin.

Un nommé Avril, subissant à la Force un emprisonnement d'un an, fit savoir à la police de sûreté que, si on voulait le mettre en liberté pendant huit jours, il se faisait fort de procurer l'arrestation de Gaillard, qu'il connaissait particulièrement, toutefois s'il n'avait pas quitté Paris. Ses services furent acceptés, et, pendant quelques jours, Avril me conduisit, ainsi que deux agents, dans divers garnis où il supposait que Gaillard aurait pu loger en prenant un faux nom. Ces recherches n'ayant amené aucun résultat, Avril nous fit entrer chez nombre de marchands de vins de la capitale, et surtout des barrières, où il espérait trouver celui que nous cherchions sans succès. Mais le coupable ne devait pas encore tomber entre nos mains, et Avril fut réintégré à la Force.

Le 9 janvier, j'avais signalé, ainsi que je l'ai dit, François, comme complice de Mahossier, ou plutôt de Gaillard, attendu qu'il était allé demeurer avec celui-ci, sous le nom de Ficellier, dans l'établissement du sieur Pageot. Par suite de ce rapport, le chef du service me chargea d'extraire François de la prison de Sainte-Pélagie et de l'amener à son bureau, afin d'obtenir de lui, s'il était possible, quelques renseignements sur la tentative de la rue Montorgueil. Je montai dans un fiacre et j'allai chercher le prisonnier. Chemin faisant, on causa de choses et d'autres, puis tout à coup François me dit :

— Monsieur Canler, je connais non-seulement les assassins de la mère Chardon et de son fils, mais encore toutes les circonstances de cette affaire ; j'en suis d'autant plus certain que je les tiens de la bouche même de l'un d'eux qui me les a racontées ; voici à quelle occasion :

« Le 1er janvier, je traversais la place Royale ; il pouvait être une heure de l'après-midi, lorsque je me trouvai nez à nez avec Gaillard et un individu que je ne connaissais pas, mais que plus tard je sus se nommer H***, fabricant de portefeuilles, demeurant rue de la Parcheminerie, n° 3. Nous nous souhaitâmes réciproquement la bonne année ; pendant un instant on parla de la pluie et du beau temps ; puis, Gaillard m'ayant engagé à déjeuner, nous nous dirigeâmes tous trois vers un marchand de vins des environs, et, quelques minutes après, nous étions chaudement installés dans un cabinet. On déjeuna, on déjeuna même longuement, car à une heure du matin nous étions encore, Gaillard et moi, assis vis-à-vis l'un de l'autre chez le *manezingue* (marchand de vins). H*** était parti de bonne heure ; les bouteilles s'étaient succédé sans interruption ; les têtes étaient échauffées et le quart d'heure des confidences arriva bientôt. Écoute, me dit Gaillard, c'est moi et H*** qui avons *suriné* (assassiné) la mère Chardon et son fils, et voilà comment les choses se sont passées : j'allai en compagnie de H*** au passage du Cheval-Rouge, et, le laissant en *planque* (en observation), je montai chez Chardon que je connaissais depuis longtemps. Je le trouvai dans la pièce d'entrée, et immédiatement, sans lui donner le temps de se reconnaître, je sautai sur lui *et son compte fut aussitôt réglé*. Quant à sa mère, elle était dans la seconde pièce, et je l'eus bientôt expédiée également. Cette double besogne accomplie, je fis *le barbot* (la fouille), je m'emparai de quelques malheureuses pièces de 20 et 40 francs, puis je descendis ; mais quand j'arrivai en bas, je trouvai H*** plus pâle qu'un mort, roulant des yeux hagards et pouvant à peine se soutenir: — Tu n'es qu'un poltron et qu'un lâche! lui dis-je; avec toi on va tout droit à la *butte* (guillotine)! Le fait est qu'avec son air effrayé et tremblant, il était bien capable de me faire *servir marron* (arrêter en flagrant délit). Voilà, continua François, en quels termes Gaillard m'a raconté l'affaire du passage du Cheval-Rouge. »

Mon premier soin, en arrivant à la préfecture, fut de donner connaissance de la déclaration que François m'avait faite, déclaration qu'il renouvela près du chef de service, et plus tard en présence de M. Jourdain, juge d'instruction. D'après cette révélation, Gaillard, qui n'était d'abord inculpé que dans la tentative d'assassinat de la rue Montorgueil, se trouvait principal accusé du double meurtre du passage du Cheval-Rouge.

Bientôt, un renseignement en apparence futile nous amena à découvrir que Gaillard n'était pas encore le véritable nom de l'assassin. Avril, le détenu de la Force, que j'avais fait inutilement promener pendant huit jours dans les rues de la capitale, fit savoir que Gaillard avait une tante rentière, assez âgée et demeurant rue Bar-du-Bec, dans la maison d'un emballeur. Nous nous rendîmes, le chef du service et moi, à l'adresse indiquée, et après être montés au second étage, nous sonnâmes à une porte au milieu de laquelle s'ouvrait un guichet grillé. Au premier coup de sonnette, personne ne répond; je sonne une seconde fois, alors le guichet s'ouvre et une voix un peu cassée nous demande :

— Que désirez-vous?
— Parler à madame Gaillard.
— C'est moi.
— Nous voudrions, madame, vous entretenir au sujet de votre neveu Gaillard.

— D'abord, messieurs, mon neveu se nomme Lacenaire et non pas Gaillard; ensuite, c'est un mauvais sujet par qui j'ai grand'peur d'être assassinée; aussi est-ce pour lui que j'ai fait pratiquer ce guichet dans ma porte, afin de voir les personnes qui viennent sonner chez moi, et, s'il se présentait lui-même, j'aurais bien soin de ne lui point ouvrir.

Ainsi, d'après ce renseignement, ce caméléon humain qui s'était d'abord appelé Mahossier, puis Baton, ensuite Gaillard, prenait un nouveau nom et se nommait Lacenaire, sans que toutefois ce dût être le dernier ; car, quelques jours après, le procureur du roi de Beaune avisait la préfecture de police que Lacenaire avait été arrêté dans cette ville sous le nom de Lévy Jacob, au moment où il cherchait à passer une fausse lettre de change.

Comprend-on après cela qu'un homme qui changeait si fréquemment de nom et qui paraissait si soigneux de cacher son identité, ait été se loger chez Pageot, sous le nom de Mahossier qui lui avait servi à *piper sa victime ?*

Lacenaire fut immédiatement dirigé sur Paris. A son arrivée, nous allâmes, M. Allard et moi, le voir dans sa cellule où il était couché les fers aux pieds, sur le matelas d'un petit lit de camp. Nous lui parlâmes du crime de la rue Montorgueil, il nous avoua être un des auteurs de ce crime, mais sans effronterie comme sans remords. Il parla de cette affaire comme un négociant pourrait parler d'une opération malheureuse. Nous lui demandâmes alors quels étaient ses complices, mais il nous répondit avec véhémence : Messieurs, nous autres scélérats, nous avons un amour-propre qui consiste à ne jamais dénoncer nos complices, à moins qu'ils ne nous aient eux-mêmes trahis ; ainsi n'attendez pas que je nomme qui que ce soit.

— Je n'ai aucunement besoin que vous parliez, lui répliquai-je, car nous connaissons votre complice : c'est François.,. (Lacenaire nia en souriant), et je vous dirai en outre que c'est vous qui avez tué Chardon et sa mère.

Alors je lui racontai ce que François m'avait lui-même révélé..

— Ah ! nous dit-il, lorsque j'eus fini, ah ! François a dit cela ! Eh bien, c'est bon, quand je serai à la Force, je m'informerai, puis après, nous verrons...

— Non-seulement François a *mangé* (dénoncé) sur vous, mais pendant huit jours je me suis promené avec Avril dans les rues de Paris, allant de garnis en garnis, et de marchands de vins en marchands de vins pour tâcher de vous découvrir, Avril remplissant, d'après la demande qu'il en avait adressée, le rôle d'indicateur.

— Ah! lui aussi, reprit Lacenaire, vraiment, lui aussi? Eh bien, messieurs, je verrai et j'aurai l'honneur de vous revoir plus tard.

Effectivement, quelque temps après cet entretien, on vint nous prévenir, le chef de service et moi, que Lacenaire désirait nous parler.

Après avoir été transféré à la Force, il en avait été extrait sur l'ordre du juge d'instruction, et il se trouvait alors à la souricière, grande pièce souterraine où l'on dépose les prévenus en attendant leur interrogatoire.

La femme du gardien, la mère André, nous introduisit. Lacenaire était seul ; il nous salua et nous dit :

— Messieurs, lorsque vous êtes venus me voir au dépôt de la préfecture de police, vous m'avez fait connaître ce que François avait dit sur mon compte et ce qu'Avril avait fait pour procurer mon arrestation. Je vous ai répondu que je m'informerais ; aujourd'hui, je me suis informé. Je vous ai dit aussi que les scélérats comme moi ne dénonçaient jamais que ceux qui les avaient trahis : eh bien ! tout ce que vous a dit François relativement à l'assassinat Chardon est vrai, sauf toutefois que j'ai incriminé dans ce meurtre ce pauvre H***, qui y est complétement étranger, car c'est un honnête homme. Je vais vous faire connaître toutes les particularités de ce double crime et mes complices dans cette affaire, ainsi que dans celle de la rue Montorgueil. Du reste, pour cette dernière, M. Canler ne s'était pas trompé, et c'est bien François qui était avec moi en cette circonstance. Je sais bien que, pour la rue Montorgueil, je serai condamné aux travaux forcés à perpétuité, tandis que pour la première, je porterai ma tête sur l'échafaud, mais que voulez-vous, c'est le seul moyen qui me reste pour me venger d'Avril et de François, qui m'ont si lâchement trahi.

Et alors, avec une indignation puisée dans sa rancune, Lacenaire nous raconta les détails de ces deux assassinats, détails que je ne rapporterai pas ici, car les débats les ont suffisamment fait connaître, mais qui établirent incontestablement la culpabilité de François et d'Avril.

Après son jugement, et contrairement aux habitudes suivies quand il s'agit des condamnés à mort, Lacenaire, à cause de ses révélations, était resté à la Conciergerie, où il écrivait ses mémoires. On l'avait placé seul dans une cellule située au bout de la grande galerie à gauche ; mais aussi on avait cru devoir prendre des précautions extraordinaires pour empêcher que, dans un moment de désespoir, et afin d'échapper à la honte de l'échafaud, il cherchât à se donner la mort par strangulation ou en s'ouvrant les artères ; un homme de garde ne le quittait ni jour ni nuit. Chaque fois que j'avais occasion d'aller à la Conciergerie, je ne manquais jamais de le visiter, et lorsque j'entrais dans sa cellule, il se levait aussitôt, venait au devant de moi d'un air gracieux, me saluait, le sourire sur les lèvres, m'offrait un siége et me demandait du ton le plus naturel comment je me portais ; puis la conversation roulait presque toujours sur des choses étrangères à sa situation. Mais un jour que je le trouvai très-occupé de ses mémoires, je m'avisai de l'apostropher à ce sujet en lui disant :

— Ah ! ah ! nous travaillons pour la postérité ? voilà qui sera bien curieux.

— N'est-ce pas ! les mémoires d'un assassin ! ce ne sera pas ordinaire. Je crois que le public les lira avec empressement à cause de la nouveauté...

— Et à cause du personnage, ajoutai-je.

En entendant ces mots, il inclina sa tête en souriant ; une légère rougeur couvrit les pommettes de ses joues, et je vis comme un rayon de satisfaction personnelle et de contentement intérieur illuminer tous ses traits. Étrange satisfaction, incroyable contentement, misérable orgueil qui était forcé de chercher son principe, sa cause, sa raison d'être dans la triste célébrité que ses crimes lui avaient si fatalement méritée !

Que de sérieuses et pénibles réflexions ne fis-je pas en écoutant la conversation, souvent pleine de sens et d'esprit, de ce criminel, dont le bourreau allait bientôt faire rouler la tête sur l'échafaud! Les préjugés qu'il nourrissait contre la société n'avaient pas entièrement perverti chez lui tous autres sentiments, et certes, s'il n'avait pas professé une aussi grande aversion contre l'humanité en général, si l'orgueil et l'envie ne l'avaient pas dominé complétement, il était doué de facultés assez remarquables pour faire honorablement son chemin dans le monde.

Un autre jour, je fis tomber la conversation sur l'affaire de de la rue Montorgueil.

— Je crois, lui dis-je, qu'en cette circonstance vous avez totalement manqué à vos habitudes de prudence.

— Comment l'entendez-vous ?

— Si vous aviez réussi à assassiner Genevey, vous auriez pris la fuite en emportant son argent et ses billets de banque ; mais le cadavre serait nécessairement resté dans votre chambre, et la seule différence qui aurait existé entre ce qui est arrivé et ce qui, dans l'autre cas, serait survenu, c'est qu'on aurait trouvé un mort au lieu d'un mourant. Une fois la police prévenue, nous nous serions également mis en recherche, puis j'aurais découvert, comme je l'ai fait, que Mahossier n'était autre que Baton, puis Gaillard, puis enfin Lacenaire, et n'importe comment, vous seriez tombé entre nos mains.

— Détrompez-vous, monsieur : quand je faisais une de ces sortes d'affaires, j'avais toujours soin d'en prévoir les résultats et d'en arrêter les suites. On a trouvé de la paille dans la chambre de la rue Montorgueil. Eh bien ! si Genevey avait succombé, je l'aurais coupé par morceaux, puis à l'aide de cette paille que j'avais apporté exprès et d'une toile, je l'aurais emballé dans une malle. Cette besogne terminée, j'aurais été louer, à quelques lieues de Paris, une petite maison avec un jardin, et là, l'eau en ébullition pendant vingt-quatre heures aurait entièrement décomposé le corps, le feu aurait ensuite complété l'œuvre de destruction en réduisant le tout en cendres que j'aurais aussi fait disparaître, soit en les jetant dans un trou creusé dans le jardin, soit en les mêlant aux terres. Vous voyez bien qu'alors j'aurais pu défier toutes les polices du monde et vous-même de découvrir le moindre indice du crime. D'ailleurs, chacun aurait connu la disparition du garçon de banque sans en soupçonner la cause, et vous le premier, vous auriez pensé avec bien d'autres que ce garçon s'était enfui pour s'approprier la somme dont il était porteur. Du reste, monsieur Canler, depuis que vous m'avez raconté les recherches que vous aviez faites pour me découvrir, j'ai fait de graves réflexions qui m'ont tout naturellement amené à reconnaître que j'avais eu le plus grand tort de prendre un second dans cette affaire comme dans celle du passage du Cheval-Rouge. J'aurais parfaitement fait ma besogne seul, je l'aurais certes mieux faite, car je n'aurais pas manqué Genevey qui ne doit la vie qu'à la poltronnerie de François, qui s'est enfui aux premiers cris de ce jeune homme. J'aurais alors eu une douzaine de mille francs, qui, me permettant de vivre pendant trois ou quatre ans sans avoir besoin de recourir à de pareils moyens, m'auraient donné la facilité de déjouer toutes les recherches. D'un autre côté, si je n'avais pas eu François pour complice, il n'aurait pas pu vous faire de révélations, en allant avec vous, de Sainte-Pélagie à la préfecture. Si Avril n'avait pas participé avec moi au meurtre de la mère et du fils Chardon, je n'aurais pas besoin, pour me venger des démarches qu'il a faites avec vous, de me déclarer l'auteur du double assassinat du passage du Cheval-Rouge, et de porter ma tête sur l'échafaud, afin d'entraîner dans ma perte celui qui m'a trahi. Je suis obligé, ajouta-t-il en riant, d'avouer que, dans ces deux circonstances, je me suis conduit comme un véritable conscrit! Et c'est d'autant plus sot de ma part que déjà je m'étais bien trouvé d'agir seul : je n'aurais pas dû l'oublier.

— Comment cela?

— Oh! ce sont des affaires passées et qui sont tombées dans l'oubli.

— Vous le croyez, peut-être!

— J'en suis certain. Mais comme j'ai été seul en jeu dans ces circonstances, je puis bien vous les raconter, car elles ne compromettent personne et vous prouveront que lorsqu'on a son libre arbitre on est toujours plus à l'aise soit pour agir, soit pour s'arrêter à temps.

Lorsque j'étais à Lyon, j'allais un soir aux Brotteaux faire une orgie avec quelques camarades, que je quittai vers deux heures du matin. Je revenais seul à mon domicile, lorsqu'en passant sur le pont Morand, je rencontrai un monsieur fort bien mis et sur le gilet duquel brillait une grosse chaîne. Sa démarche était un peu trébuchante ; je m'approchai de lui, nous étions seuls sur le pont, et, n'entendant aucun bruit, d'une main je le saisis à la gorge, et de l'autre je lui enlevai prestement sa chaîne et sa montre, ainsi que son portefeuille, placé dans la poche de côté de sa redingote, et qui, par parenthèse, contenait cinq billets de banque de mille francs ; puis, profitant de la suffocation que je lui avais fait éprouver, je le pris aussitôt à bras le corps et le précipitai dans le Rhône où il disparut. Je n'ai jamais su quel était cet homme dont je ne m'occupai plus, car j'avais opéré seul et je n'avais par conséquent rien à redouter.

Une autre fois, peu de temps après ma sortie de la prison de Poissy, je vins habiter Paris, et, comme je possédais une petite somme d'argent, j'allai au Palais-Royal tenter la fortune dans une maison de jeu. En quelques minutes je fus à sec. A côté de moi se trouvait un jeune homme que la chance favorisait d'une manière toute particulière, car chaque fois qu'il plaçait soit sur la rouge, soit sur la noire, il gagnait ; aussi à dix heures du soir se retirait-il avec une dizaine de billets de banque de mille francs. En le voyant partir, il me vint subitement l'idée de le suivre, de le tuer et de m'emparer ensuite de ses billets de banque ; mais je réfléchis bientôt que l'heure peu avancée de la nuit ne me permettrait pas de mettre mon projet à exécution avec succès. Je me dis mentalement : partie remise n'est pas perdue. Le lendemain et jours suivants, j'étais, dès neuf heures du soir, installé au tapis vert, en attendant un nouveau favori de la fortune, qui, se retirant après minuit, me donnât chance de réussite. J'en étais à ma huitième soirée d'attente lorsque vers minuit je vis arriver un monsieur qui se plaça en face de moi. Il déposa un billet de cinq cents francs sur la rouge, il gagna et continua de gagner, si bien qu'à une heure du matin il plaçait dans son portefeuille trente billets de mille francs, puis se retirait sans mot dire. Je le suivis. Arrivé rue Blanche, dans un endroit assez obscur, je m'approchai de l'heureux joueur, et, levant un poignard sur lui, je le menaçai de l'en frapper s'il proférait une seule parole. Ce pauvre diable ne dit mot, car il était plus mort que vif; j'allais m'emparer sans difficulté de l'objet de ma convoitise, lorsque nous entendîmes les pas cadencés d'une patrouille qui se dirigeait vers nous. Le courage lui revint aussitôt et il se mit à crier de toutes ses forces au secours ! à l'assassin ! Je n'eus que le temps de prendre la fuite au plus vite pour ne pas tomber entre les mains de la garde. J'étais seul et je m'échappai, heureusement ; si j'avais eu un complice, il m'aurait préoccupé, par conséquent gêné dans ma course, et peut-être alors l'un de nous deux eût-il payé de sa liberté un moment de maladresse. L'insuccès de cette affaire me donna à réfléchir, et je renonçai à ce moyen que j'avais d'abord cru infaillible, mais qui présentait trop de dangers dans son exécution.

J'avais écouté, sans l'interrompre, cet être si froidement criminel; les réflexions s'étaient succédé dans mon esprit, et, résumant le fond de ma pensée, je lui dis :

— Mais savez-vous, Lacenaire, qu'il est heureux pour l'humanité qu'il se trouve dans la société peu d'hommes comme vous ?

— Vous voulez dire, me répondit-il, que cette société à laquelle j'avais déclaré la guerre, et que j'ai si longtemps poursuivie d'une haine implacable, sera fort heureuse de voir rouler ma tête? Je le sais ! Elle m'a vaincu, il est bien juste que je subisse la loi du talion.

Un autre jour, je l'engageais à faire des révélations relatives aux crimes qu'il avait pu commettre avec des complices, ou à ceux dont les détails seraient parvenus à sa connaissance.

— Vous rendriez, lui dis-je, un grand service à la société, qui certes vous en serait reconnaissante.

— Et pourquoi voulez-vous que je cherche à mériter la reconnaissance de la société ? N'ai-je pas été son cruel ennemi ? Ne lui ai-je pas fait une guerrre acharnée ? Ne l'ai-je pas poursuivie par tous les moyens qui étaient en mon pouvoir ? Non, non ! Si jamais je faisais des révélations, ce serait pour être utile à la police, qui s'est montrée pleine de bons soins pour moi, ce dont je lui suis infiniment obligé ; et encore, pourquoi le ferais-je ? Cela changerait-il quelque chose à ma position, Non ; et d'ailleurs, je préfère emporter dans ma tombe l'estime des malheureux que la misère, la souffrance ou l'ingratitude de la société ont jetés dans la voie que j'ai moi-même parcourue.

Je répliquai que les motifs qu'il donnait pour excuser les crimes ne pouvaient être acceptés, qu'il était de la dernière évidence que les vices engendraient seuls les coupables, qui demandaient alors au crime plutôt qu'au travail les moyens, ou de se procurer un bien-être dont ils sont indignes, ou de satisfaire leurs passions.

— Je ne veux pas discuter avec vous, me répondit-il ; mais du reste, n'espérez rien tirer de moi. Je vous ai fait connaître mon opinion au sujet de la délation, je ne m'en départirai jamais.

Lacenaire et Avril étaient condamnés à mort ; quelques jours encore, et leur tête allait tomber. Par un de ces mouvements de l'âme impossible à définir, ces deux hommes, qui s'étaient assez haïs pour se perdre l'un par l'autre, se réconlièrent sincèrement, et, pour célébrer cette réconciliation, on les fit dîner ensemble. Entre autres mets, on leur servit un poulet rôti, et, comme il en découpait les cuisses, Avril, voyant le sang jaillir sur son couteau, s'écria : Tiens ! il n'est pas assez cuit, vois donc, Lacenaire, voilà du sang.

— Eh bien ! répondit Lacenaire, est-ce que le sang te ferait peur par hasard ?

Et ils se mirent à plaisanter sur le sang qu'ils avaient répandu et sur le leur qui allait bientôt couler. Atroces plaisanteries qui prouvaient la froide cruauté de ces deux misérables !

Le 9 janvier 1836, ils furent transférés à la prison de Bicêtre ; ils en devinèrent parfaitement les motifs et se dirent : Ah ! ah ! il paraît que ça va bientôt finir. En effet, le soir même je montai en fiacre avec le chef du service et mon secrétaire. Nous avions mission d'annoncer aux condamnés que le jour de l'exécution était fixé au lendemain, mais que, s'ils avaient quelques révélations à faire, on leur accorderait un sursis. C'était pousser l'homme dans ses derniers retranchements, et faire luire à ses yeux le mirage d'une prolongation indéterminée d'une vie dont le terme était fixé.

Avril fut amené au greffe. Le chef du service lui annonça quel était le but de notre visite, et Avril, avec sa nonchalance ordinaire, se borna à répondre : Je n'ai rien à dire. Lacenaire fut amené à son tour ; il entra, comme toujours, le sourire sur les lèvres en nous disant :

— Ah ! bonsoir, messieurs, comment vous portez-vous ?

— Lacenaire, lui dit M. Allard, je suis chargé par M. le procureur général et M. le préfet de police de vous demander si vous n'avez point quelques révélations à faire.

Mais, en disant ces mots, le chef du service était devenu d'une pâleur extrême, et sa bouche balbutiait plutôt qu'elle ne prononçait ces paroles, qui, dans cette circonstance, équivalaient presque à un arrêt de mort.

— Ah ! ce n'est que cela ? interrompit Lacenaire qui avait remarqué son trouble, rassurez-vous, monsieur ! vous venez m'annoncer que c'est pour demain, n'est-ce pas ? Eh bien, autant demain qu'après, puisqu'il faut toujours en venir là. Cela fait que j'en serai plus tôt débarrassé.

Puis, après avoir échangé avec nous quelques paroles insignifiantes, il nous dit au moment de nous quitter : — Ah ! ça, messieurs, j'espère bien que j'aurai l'honneur de vous voir demain matin à la barrière Saint-Jacques ? Nous lui fîmes un signe de tête et il fut reconduit à sa cellule. Quelques minutes après, en traversant la cour pour rejoindre notre voiture, une voix bien connue vint frapper nos oreilles : c'était celle de Lacenaire qui, occupant un cabanon situé sur la cour et contigu à celui d'Avril, causait avec son complice d'une cellule à l'autre.

— Dis donc, Avril, disait Lacenaire, j'ai oublié de dire quelque chose à M. Allard, si je le faisais demander?

A ces mots, nous nous arrêtâmes pour entendre leur conversation.

— Eh bien, reprit l'autre, fais-le appeler; il ne peut être loin.

— Ah! bah! ce n'est pas la peine, autant que ce soit fini tout de suite.

Puis un instant après, s'adressant encore à son complice, il lui cria d'une voix forte :

— Avril! la terre sera bien froide demain!

— C'est vrai! répondit celui-ci.

Et un instant de silence suivit ces mots.

— Père Thomas! reprit Avril en s'adressant au gardien chargé de le veiller pendant la nuit, je vous donne bien du mal, n'est-ce pas, mon vieux?

— Ah! que veux-tu, mon garçon, c'est mon état, à moi!

Le conversation n'alla pas plus loin, car Lacenaire, s'adressant de nouveau à son complice, lui cria : Bonsoir, Avril, bonne nuit!

— Bonsoir, Lacenaire! répondit l'autre.

Puis tout rentra dans le silence, et nous nous retirâmes fort émus d'avoir entendu un pareil dialogue de la part de deux hommes qui, dix heures plus tard, devaient mourir de la main du bourreau.

Le lendemain, la voiture qui les conduisait n'arriva au lieu de l'exécution qu'à huit heures trois quarts, par suite du mauvais état des chemins. Voici en quels termes la *Gazette des Tribunaux* rendit compte de cette double expiation :

« A neuf heures moins un quart, le funèbre cortége est arrivé au pied de l'échafaud qui avait été dressé à une heure après minuit à la lueur des torches. Lacenaire descend brusquement de la voiture, la pâleur de son visage est effrayante, son regard est vague et incertain, il balbutie et semble chercher des paroles que sa langue se refuse à articuler; Avril descend après lui d'un pas leste et décidé, et jette un regard tranquille sur le public ; toujours résigné, il s'approche de Lacenaire et l'embrasse.— Adieu, mon vieux, lui dit-il, je vais ouvrir la marche ! Il monte d'un pas ferme les degrés de l'échafaud, on l'attache sur la planche fatale, il se retourne encore et dit : Lacenaire, mon vieux, allons, du courage! imite-moi ! C'est sa dernière parole et le couteau fait rouler sa tête sur les planches de l'échafaud. Pendant cet horrible moment, Lacenaire est au pied de l'escalier, M. l'abbé Montès cherche à détourner son attention de l'effroyable spectacle qu'il a devant les yeux…— Ah! bah! répond Lacenaire d'une voix atterrée… En vain cherche-t-il à faire croire à une assurance qu'il n'a pas. — Monsieur Allard est-il là? demande-t-il d'une voix de plus en plus éteinte. — Oui, lui répond M. Canler, sous-chef au service de sûreté…— Ah ! j'en suis… bien aise… Il avait annoncé qu'il parlerait au peuple; mais il n'en a plus la force; ses genoux fléchissent, sa figure est décomposée, il monte les degrés, soutenu par les aides de l'exécuteur et le coup fatal a bientôt mis fin à ses angoisses et à sa vie. »

Dans le récit de la *Gazette des Tribunaux*, tout ce qui concerne Avril est de la plus grande exactitude, mais il n'en est pas de même pour ce qui se rapporte à Lacenaire. J'ai vu et entendu tout ce qui s'est fait, tout ce qui s'est dit au moment de l'exécution, car j'étais un des témoins les plus rapprochés de l'échafaud et des patients, auxquels j'ai parlé ; tout ce sinistre épisode est resté gravé dans ma mémoire d'une manière ineffaçable, et en voici la narration exacte et fidèle :

Lacenaire descendit lestement de la voiture, embrassa Avril, et, m'ayant aperçu à sa droite me salua gracieusement de la tête, puis me dit : Ah! vous voilà! bonjour, monsieur Canler, c'est bien à vous d'être venu! M. Allard est-il là? — Oui, lui répondis-je. Pendant ce colloque, sa physionomie était souriante et ne dénotait aucune préoccupation d'anxiété ; Avril monta hardiment les degrés de l'échafaud ; quand il fut attaché sur la planche fatale, il jeta la tête en arrière et cria d'une voix forte :

Adieu, mon vieux Lacenaire ! du courage ! A quoi Lacenaire répondit d'une voix pleine et énergique : Adieu, adieu ! Le sieur Desmarest, exécuteur des hautes œuvres à Beauvais, beau-frère de celui de Paris, qu'il était venu assister dans cette double exécution, s'approcha alors de Lacenaire, et le prenant par les épaules, le força à se retourner pour qu'il ne pût voir l'instrument de supplice; Lacenaire céda à l'impulsion, mais, se retournant aussitôt, il leva de nouveau la tête pour regarder l'horrible scène qui se passait derrière lui, il contempla le couteau suspendu sur la tête de son complice, y jeta deux fois les regards en signe de défi, en disant : Je n'ai pas peur ! va ! je n'ai pas peur ! et ce ne fut que par la force qu'on le contraignit à se retourner de nouveau. Bientôt, il monta lui-même d'un pas assuré les marches de l'échafaud, et une seconde après il n'existait plus.

Je dois, pour rendre hommage à la vérité, expliquer la contradiction qui existe entre l'article de la *Gazette des Tribunaux* et ma narration.

La façon excentrique dont Lacenaire s'était posé pendant l'instruction et les débats lui avait acquis une déplorable célébrité, par suite de la persistance que la presse apportait chaque jour à attirer sur ce grand criminel la curiosité des lecteurs. Les paroles rapportées, la publication des vers qu'il avait composés, l'annonce de l'impression prochaine de ses mémoires, tout cela pouvait être d'un exemple aussi fâcheux que contagieux pour certains caractères enclins à se croire méconnus dans la société, et poursuivis par la funeste idée d'arriver à se faire une célébrité de quelque nature que ce fût. Aussi cette considération détermina l'autorité à vouloir, avec raison, dans l'intérêt de la morale, que Lacenaire, le grand criminel, le grand assassin, l'homme qui s'était fait un jeu de la vie de ses semblables et qui avait répandu leur sang avec une froide cruauté, que Lacenaire, dis-je, parût avoir faibli dans ses derniers moments, et que le public crût qu'il était mort en lâche.

La *Gazette des Tribunaux* avait chargé un homme de lettres, étranger à sa rédaction, de faire le compte rendu de l'exécution ; mais cette personne, n'ayant pu approcher de l'échafaud, avait prié un employé au journal de prendre à la préfecture des informations qui lui furent données de telle sorte que l'article fut rédigé dans le sens qu'on désirait.

 Tels sont les faits que je n'ai pas cru pouvoir me dispenser de faire connaître, attendu qu'en me décidant à raconter mes souvenirs, je me suis imposé la loi d'être véridique, et que les motifs qui avaient engagé l'autorité à altérer la vérité n'existent plus aujourd'hui. Vingt-cinq ans se sont écoulés depuis cette sinistre affaire, depuis l'époque où la spéculation s'était emparée des faits et gestes de ce grand coupable pour les livrer à l'avide curiosité publique, sans se demander si ce n'était pas dresser un piédestal au crime que de raconter les actes et les paroles d'un scélérat avec le soin minutieux qu'on ne devrait apporter que lorsqu'il s'agit du compte rendu de la réhabilitation d'un innocent, victime d'une fatale erreur.

XVII

UN ENLÈVEMENT

 Un riche propriétaire, habitant l'un des départements voisins de la capitale, vint à Paris déclarer au préfet de police que sa femme, jeune et charmante brune de vingt ans, était partie en compagnie d'un sieur V***, son séducteur, emportant cent cinquante mille francs, tant en valeurs qu'en bijoux.

 Je fus chargé de trouver les deux fugitifs, à la recherche desquels on me lançait sans indications, sans renseignements, me donnant pour toute instruction ce mot de l'Évangile : Cherche, et tu trouveras. Je me rendis tout d'abord à la poste aux chevaux, où j'appris avec la plus grande satisfaction que la veille, un monsieur et une dame avaient demandé des chevaux pour dix heures du soir, que la chaise dans laquelle ils voyageaient leur appartenait, que la caisse de cette chaise était peinte en vert, et qu'enfin les deux voyageurs avaient manifesté l'intention de se rendre en Angleterre. Muni de ces renseignements et des signalements qu'on m'avait donnés, je retournai à la préfecture faire part de ma découverte, et, deux heures après, étendu sur les coussins d'une excellente chaise de poste, je traversais le faubourg Saint-Denis au triple galop de mes chevaux. J'avais pris un passe-port pour l'Angleterre et j'étais porteur d'un mandat d'amener décerné par un juge d'instruction contre les deux voyageurs ; en mesure de ce côté, je m'appliquai, à chaque relais, à suivre la piste des amants ; or, rien n'était plus simple avec le système que j'employais : lorsque j'arrivais à un relais, et pendant le temps qu'on changeait mes chevaux, je m'informais avec soin auprès des postillons et des valets d'écurie du signalement des personnes qui étaient passées depuis la veille, et, appuyant toujours ma demande d'un argument irrésistible, les pièces de cinq francs, je recueillais ainsi de poste en poste des preuves certaines de leur passage. Je ne les avais en quelque sorte pas perdus de vue, et, en forçant un peu la main à mon postillon, j'étais sûr de les rattraper avant leur embarquement. Mais, dans le chef-lieu du département de la Somme, j'appris d'un garçon palefrenier que le matin même un monsieur et une jeune dame, arrivés dans une chaise de poste, étaient partis pour Arras après avoir déjeuné et pris un peu de repos ; et, à peine sortis de la ville d'Amiens, ils avaient dit au postillon de tourner bride et de les conduire sur la route de Metz, désirant, disaient-ils, visiter l'Allemagne.

Il m'était impossible d'aller plus loin, mon passe-port étant visé pour Londres. Je pensai que V***, en choisissant un autre itinéraire, croirait avoir complétement dérouté les recherches, qu'il prendrait son temps, et, se pressant moins, me laisserait la facilité de le rejoindre. En conséquence, me jetant dans ma chaise de poste dont les chevaux venaient d'être changés, je repris le chemin de la capitale, où j'arrivai dans le courant de la nuit. Le lendemain, à dix heures du matin, je partais, mais cette fois avec un passe-port pour l'Allemagne.

A Châlons-sur-Marne, je retrouvai leur trace; on les avait vus, mais ils ne s'étaient pas arrêtés; je les suivis pas à pas, prodiguant les pièces de cinq francs aux postillons qui les avaient conduits et obtenant ainsi de bouche en bouche les renseignements les plus précis. A Metz, je sus qu'ils étaient arrivés la veille au soir, qu'ils y avaient couché et qu'ils en étaient partis le matin à neuf heures; mais j'appris en même temps, qu'au lieu de se diriger sur l'Allemagne, comme ils en avaient manifesté l'intention, mes voyageurs étaient en route pour la Suisse. Le temps pressait, je désirais les arrêter en France; je triplai alors le pourboire du postillon, et les chevaux triplèrent de vitesse. Je regagnai si bien le temps perdu, que bientôt je fus sur les pas des fugitifs. Enfin, je les rejoignis dans un petit village, à quelques pas de la frontière : il était temps! La poste aux chevaux était située dans la première maison du village. Qu'on juge de ma joie lorsque j'aperçus dans la cour de l'hôtellerie la chaise de poste à la caisse verte après laquelle je courais depuis si longtemps. Je me fis conduire chez le maire, seule autorité dont je pusse invoquer l'intervention; je le trouvai une fourche à la main, en train de ranger du foin dans son grenier. Ce magistrat municipal était un gros homme, court, replet, à la face réjouie, et dont le nez légèrement couperosé annonçait un faible assez prononcé pour les joies de Bacchus; du reste, pieds nus dans de gros sabots, vêtu d'une blouse rapiécée et coiffé d'un bonnet de coton bleu. Je lui exposai l'objet de ma visite, et, après lui avoir exhibé les pièces justificatives de ma mission, je le priai de vouloir bien me prêter son concours. Alors se passa une scène un peu bouffonne : ce brave homme, honteux de recevoir dans un tel accoutrement un *Monsieur* qui venait de Paris en chaise de poste, ignorant complétement la modestie hiérarchique de mon titre d'inspecteur principal de police, et croyant peut-être avoir affaire à quelque haut fonctionnaire, se confondait en salutations, en excuses, m'assurant que je me passerais parfaitement de lui, et, en définitive, qu'il ne comprenait pas ce que je réclamais de son ministère. Enfin, après bien des explications, je parvins à lui faire comprendre tant bien que mal que sa présence était nécessaire pour légitimer mon opération; et, le brave homme m'ayant prié de l'attendre un moment, reparut bientôt, emmailloté dans une grande redingote et ceint de l'écharpe officielle, tenant d'une main un rouleau de papier, de l'autre une plume et une écritoire. Nous nous dirigeâmes vers la poste, et, chemin faisant, ayant rencontré un gendarme avec son brigadier, le maire les engagea à se joindre à nous. En arrivant à l'auberge, je trouvai la chaise de poste toujours à la même place; nos deux amoureux étaient à déjeuner. On m'indiqua leur chambre, où je me rendis avec le maire et les deux gendarmes.

— Monsieur V***? demandai-je en entrant.

— C'est moi, monsieur! me répondit le don Juan fugitif.

— Vous êtes voyageur, vous devez avoir quelques papiers, un passe-port, quelque chose qui justifie de votre individualité?

V*** me regarda en fronçant les sourcils, la jeune femme jeta sur moi un regard timide et effrayé; mais il n'y avait pas à éluder la question, et la présence des deux tricornes qui ornaient les deux côtés de la porte donnaient à mes paroles une puissance irrésistible, V*** céda et me présenta un passe-port parfaitement en règle.

— C'est très-bien, lui dis-je après y avoir jeté les yeux; mais, madame?...

— Madame est ma femme, répondit orgueilleusement V***, et elle n'a pas besoin de passe-port pour voyager avec moi.

— Vous en êtes sûr?

— Certainement, monsieur, et je ne comprends pas.....

— Comment! madame D*** n'a pas besoin de passe-port pour voyager avec M. V***?

En s'entendant ainsi nommer, la jeune dame jeta un cri et perdit connaissance; je m'élançai alors vers le ravisseur, et, posant la main sur son épaule, je lui dis :

— Au nom de la loi, monsieur, vous êtes mon prisonnier!

V*** se laissa tomber sur une chaise; il voyait bien que la partie était perdue pour lui. Je fis alors appeler l'hôtesse, et, pendant qu'elle prodiguait ses soins à l'amante éplorée, sous le regard paternel du brigadier de gendarmerie, je descendis dans la cour avec le maire, V*** et son gardien galonné pour faire la visite de la chaise de poste. Pendant que j'entrais dans la voiture par une des portières, V*** s'élançait par l'autre et se jetait précipitamment sur un coussin ; je le repoussai aussitôt en dehors, et je trouvai sous ce coussin une paire de pistolets de poche, vrai joujou de grande dame, mais joujou meurtrier, dont il avait peut-être l'intention de se servir contre moi. Nous trouvâmes dans la caisse les bijoux et la plus grande partie des valeurs ; la différence manquant sur la somme enlevée avait servi à l'achat de la chaise de poste, aux frais de voyage et à quelques autres dépenses. Lorsqu'il fallut dresser procès-verbal de la saisie, ce fut bien une autre histoire : M. le maire, dépouillant toute vergogne, m'avoua très-naïvement qu'il n'avait de sa vie dressé procès-verbal de quoi que ce fût et qu'il ignorait complétement comment il devait s'y prendre. J'en fus quitte pour le lui dicter ; après quoi, remettant V*** entre les mains des deux gendarmes pour qu'il fût conduit à Paris de brigade en brigade, je montai avec madame D*** dans la chaise de poste, puis nous partîmes pour la capitale, où je réintégrai ma jolie prisonnière dans le domicile conjugal. Alors, le mari envoya 250 francs à V*** afin qu'il pût revenir en poste ; et, à l'arrivée du séducteur, M. D***, voulant éviter tout scandale, retira sa plainte et appela V*** en duel ; mais, par un contraste assez fréquent dans les turpitudes du cœur humain, ce Lovelace, qui, près des femmes, affectait des sentiments assez nobles et assez généreux pour s'en faire aimer, refusa l'appel du mari, et, quelques mois après, il fit parvenir à madame D*** une lettre dans laquelle il lui proposait d'empoisonner son mari et se chargeait de lui fournir le poison nécessaire pour accomplir ce crime abominable !

Effrayée d'une telle monstruosité, l'épouse repentante alla en pleurant se jeter dans les bras de son mari et lui remit la lettre qu'elle venait de recevoir. Rassuré sur les sentiments de sa femme, M. D*** pardonna. Quant à la provosition criminelle dont il avait la preuve, il se borna, sans porter plainte, à donner connaissance à la police de la lettre et des circonstances qui l'avaient accompagnée, et, tout en prévenant le mal autant que possible, il empêcha que son nom fût accolé par des débats publics à celui d'un misérable indigne de faire partie de la société.

XVIII

LES VOLEURS PAR CATÉGORIES, LES AUXILIAIRES, LA POLICE DE SURETÉ

Il est malheureusement trop évident qu'il existe dans les bas-fonds de la population de la capitale un monde de misérables qui vivent constamment en dehors des lois, qui n'ont pour règles que leurs instincts pervers, pour moyens d'existence que le vol et l'assassinat ; aussi la prison ou l'échafaud sont leur inévitable fin ! D'affreux repaires servent de théâtre à leurs débauches, à leurs orgies ; ils se livrent dans ces bouges à des excentricités que la plume se refuse à décrire. Ces malheureux parlent un langage à part qui s'apprend dans les prisons, dans les bagnes. Perpétuellement en guerre avec la société, bien que ces êtres dégradés ne jouent pas tous le même rôle, ils tendent toujours au même but : le vol!

Quoique les journaux judiciaires aient fait connaître les moyens mis en œuvre par les malfaiteurs de la capitale pour arriver à la perpétration de certains genres de vol, et que la *Physiologie des voleurs*, publiée en 1837, ait aussi traité ce sujet, mais d'une manière sommaire, je n'en ai pas moins cru, vu l'insuffisance de ces renseignements, devoir consacrer un chapitre au monde des voleurs.

Je vais donc jeter un coup d'œil sur les différents genres de vol, énumérer aussi brièvement que possible les moyens employés par les voleurs, assigner à chacun un rang, un ordre, une catégorie, et cela d'après les caractères mêmes du forfait ou du délit ; établir enfin en termes clairs une sorte de dictionnaire, une manière de *vade mecum* dont l'utilité sera incontestable, puisqu'il réunira le double avantage de grouper tous les genres de vol, et de prévenir les honnêtes gens contre les tentatives des fripons.

Pour compléter le tableau, j'ajouterai quelques mots sur les tapis francs, sur les habitudes de ces sortes de repaires, et sur les garnis dits *à voleurs* ; il est juste, lorsqu'on veut chasser une bête fauve, de savoir où se trouve sa tanière.

Il existe à Paris douze catégories de voleurs ; la première se compose de *la haute pègre*, c'est à dire le nec plus ultra du genre : le vol en bottes vernies et en gants jaunes. Le voleur de la haute pègre est un homme jeune, élégant, distingué ; vous ne le rencontrerez jamais qu'en coupé ou en tilbury. Au théâtre, il lui faut des avant-scènes ou des premières loges, et il dîne au Café anglais. Parlez-lui, sa conversation vous charmera ; il sera tour à tour sentimental ou léger, sérieux ou plaisant, savant ou futile, selon votre caractère, mais toujours agréable, spirituel et distingué. Quel que soit l'endroit où il se trouve, quelle que soit la position des personnes qu'il approche, quelque élevée que soit la société dans laquelle il est, il sait tenir sa place avec dignité, élégance et bon goût. Aussi professe-t-il le plus profond mépris pour tous ces petits voleurs qui, dit-il, manquant complétement d'instruction et de génie, sont obligés, dans leur stupidité, de demander à la force brutale ou à une adresse mercenaire des moyens de réussite que l'esprit seul devrait amplement fournir.

Les voleurs de cette catégorie sont peu nombreux ; je n'en ai jamais connu qu'une vingtaine. Du reste, le voleur de la *haute pègre* demeure dans ses meubles et non à l'hôtel garni, où il serait en quelque sorte sous les yeux de la police. Son appartement est situé rue de la Paix ou rue de Rivoli, et le cerbère de la maison ne manque pas, en parlant de lui, de le désigner comme la crème de ses locataires. Cela se comprend, il est généreux.

Deux ou trois fois par an, tout au plus, le voleur de la *haute pègre travaille*, c'est-à-dire vole; mais ses expéditions sont toujours fructueuses, car il ne marche pas au hasard et il ne s'attaque qu'aux boutiques de joailliers, bijoutiers, changeurs, qu'aux études de notaires, d'avoués, aux appartements de personnes riches. D'une patience à toute épreuve, d'une persévérance qui serait digne d'éloge si elle s'appliquait au bien, il suit une affaire pendant des mois entiers; il couve, étudie, mûrit son plan d'exécution, puis s'attache à la personne qu'il veut dévaliser. Il ne la quitte pas plus que son ombre, épie ses démarches, remarque ses habitudes, et ce n'est que lorsqu'il est sûr d'être seul et de pouvoir commettre son vol avec sécurité et succès qu'il se décide à le tenter.

On comprend facilement qu'avec de telles précautions avant, pendant et après le vol, les Labitte, les Pernet, les Marck, les Lécuyer, les Lesueur, les Liéquens, les Millard, les Lambel, etc., aient pu, avant d'aller expier leurs forfaits au bagne, mener pendant plusieurs années la vie de jeunes gens de famille élégants et fastueux. Un seul a pu échapper au châtiment, c'est Lednoir. Condamné deux fois par contumace à vingt ans de travaux forcés, 1° dans l'affaire Lesage et Soufflard, et 2° dans l'affaire de la bande dite des *habits noirs*, le 16 janvier 1845, il parvint constamment à déjouer les recherches de la police; mais ce fait est exceptionnel.

La deuxième catégorie est formée par les *fourlineurs*, plus connus sous la qualification de *voleurs à la tire* : ce sont les successeurs des anciens *tirelaines*.

Le tireur exerce son industrie aux théâtres, dans les églises, aux concerts, aux bals, sur la voie publique, partout enfin où il y a réunion. Il est mis avec recherche pour inspirer confiance aux personnes qu'il approche ; il ne porte jamais ni canne, ni parapluie, ni gants ; ces objets l'embarrassent pour *travailler* (voler). En revanche, il est toujours pourvu d'une petite et forte paire de ciseaux qu'il appelle *faucheurs*, et qui lui sert à couper les chaînes d'or qu'il ne peut enlever d'une autre manière. Lorsqu'il veut soustraire une montre ou une bourse placée dans la poche d'un gilet, il y plonge avec dextérité les deux premiers doigts de l'une ou de l'autre main, suivant la position où il se trouve et en retire prestement l'objet de sa convoitise ; c'est ce qu'il appelle *voler à la fourchette*. Mais, crainte de surprise, il a presque toujours un complice à sa portée. Si quelquefois il est seul dans une foule, il met ses mains derrière le dos, et, se plaçant ainsi devant une personne qu'il a l'air de ne pas vouloir précéder, il trouve encore de cette façon le moyen d'*exercer*.

Les plus habiles et les plus audacieux fourlineurs se livrent au vol dit *à la rencontre* : mais, pour ce genre de soustraction, il faut être deux. Le premier se promène sur les boulevards, dans la rue de la Paix ou tout autre lieu fréquenté par les gens riches ; le second suit de très-près son camarade qui, lorsqu'il a remarqué un passant porteur d'une chaîne en or pendant à la poche d'un gilet, se dirige de manière à venir se jeter contre cette personne en tournant la tête, pour faire penser qu'il ne l'avait point aperçue, et il profite alors de la commotion produite pour enlever adroitement montre, chaîne ou porte-monnaie. Son compère, qui se trouve près de lui, reçoit à l'instant même l'objet soustrait et disparaît aussitôt. Le voleur se confond en excuses sur sa maladresse, et tout est dit. Mais si la victime s'aperçoit qu'elle est volée et qu'elle accuse le *tireur* d'être l'auteur du larcin, ce dernier proteste de son innocence et demande à être fouillé à l'instant même. Si l'on obtempère à sa demande, comme on ne trouve rien sur lui, il daigne accepter les excuses du plaignant et s'éloigne ensuite avec dignité... pour aller plus loin rejoindre son compère.

Le plus fin, le plus rusé, le plus adroit de tous les *fourlineurs*, était Mimi Preuil, surnommé le roi des tireurs ; la nature l'avait gratifié de doigts d'une longueur démesurée.

Il existe une autre classe de tireurs plus modestes qu'on appelle *tiraillons*. Vêtus très-mesquinement, souvent même en blouse, ils se bornent à fouiller dans les poches des habits et des paletots, et exploitent ordinairement les curieux qu'un événement forfuit rassemble dans les rues ou qui forment cercle autour des chanteurs ou des saltimbanques.

De 1833 à 1852, j'ai connu 140 voleurs de cette catégorie.

A partir de 1828, époque de la création des omnibus, beaucoup de femmes se sont livrées au vol à la tire dans ces véhicules. Voici leur manière de travailler : la tireuse monte dans la voiture à la station, se place à une stalle du milieu, de manière à pouvoir observer toutes les dames qui montent dans l'omnibus. Lorsqu'on paye les places, la tireuse examine avec attention quelle est la dame qui a un porte-monnaie bien garni et dans quelle poche il a été replacé ; puis, lorsque les voyageurs descendent, elle change de stalle, si besoin est, pour se placer à côté de la personne qu'elle veut dévaliser ; et, saisissant un moment opportun, elle glisse subtilement sa main avec tant de légèreté et d'adresse dans la poche de sa voisine, qu'en une seconde le tour est fait. Aussitôt la soustraction commise, la tireuse descend de voiture et s'esquive au plus vite. La plus adroite et la plus hardie de ces voleuses était la dernière des six filles du vieux jûif N***, dont je parlerai plus loin à l'occasion des voleurs israélites. Elle était toujours vêtue avec élégance, portant des diamants aux doigts et aux oreilles, diamants qu'elle avait volés chez les bijoutiers ; elle s'exprimait avec une grande facilité. Enfin si Preuil était le roi des tireurs, elle était la reine des voleuses à la tire.

La troisième catégorie est composée des *charrieurs*, dont le type est devenu si populaire. Pour ces industriels, il existe deux manières d'opérer : la première prend le nom de *vol à l'américaine*. Pour jouer cette comédie dont le dénoûment doit être le dépouillement de la victime, deux compères sont de rigueur : l'un qui fait l'Américain, l'autre que sert de *leveur* ou de *jardinier*, ainsi qu'on l'appelait autrefois. Lorsque ce dernier a aperçu un garçon de caisse, un provincial, un domestique, ou tout autre individu à figure bonasse qu'il soupçonne nanti de quelque somme d'argent, il le *lève*, c'est-à-dire l'accoste sous un prétexte quelconque, lie conversation avec lui, marche quelque temps à ses côtés sans affectation aucune, et bientôt les voilà tous deux qui cheminent ensemble comme de vieilles connaissances. Tout à coup, un individu les accoste : c'est l'Américain, c'est-à-dire le deuxième voleur. Invariablement vêtu de noir de la tête aux pieds, porteur de favoris fabuleux ou d'un épais collier, cravaté haut, l'air guindé, les doigts chargés de bagues, tandis qu'à son gilet se heurtent sans goût, mais en profusion, chaînes et breloques, il s'adresse au *leveur* et, dans un langage presque inintelligible, il demande où se trouve l'un des monuments publics, mais toujours l'un des plus éloignés du quartier où la rencontre a lieu. On le lui explique tant bien que mal ; alors il s'écrie :

— *Aô ! bôcoup Jouin ! !...*

Et ses deux interlocuteurs de lui rire au nez en s'efforçant de lui enseigner le chemin.

— *Si vô vôlez conduire moâ, ce petit pièce pour vô !* et il montre une pièce de vingt francs. On n'a garde de manquer une pareille aubaine, on accepte la proposition, et voilà nos trois individus qui partent pour visiter « le miousée des petites bêtes » ou le lac du bois de Boulogne. La route est longue ; pendant le premier quart d'heure, on examine l'étranger de la tête aux pieds ; mais, comme après tout on ne peut passer sa vie à examiner un homme, on finit par causer. L'Américain parle de son pays, de ses propriétés, de ses vaisseaux, car il se donne comme armateur à New-York ou à Philadelphie ; il a soin de montrer de temps en temps le plus profond mépris pour l'or, et finit par dire qu'il donnerait volontiers une petite pièce comme celle-là, (il montre un napoléon de vingt francs), pour trois grosses pièces comme celle-ci, et il sort de sa poche une pièce de cinq francs en argent. L'offre est tentante, les deux conducteurs se consultent quelques instants, et bientôt, l'affaire étant conclue, on entre dans le cabinet d'un marchand de vin pour pouvoir procéder facilement à l'échange des pièces. Mais alors le compère prend un air de méfiance, demande à faire vérifier l'or de l'Américain pour savoir si on ne le trompe pas. — C'est trop juste, répond celui-ci, voici deux, trois, cinq cents francs (plus ou moins), allez chez un changeur et vérifiez. Le pigeon qu'on doit plumer sort avec le leveur, et bientôt tous deux reviennent enchantés ; l'épreuve a été des plus satisfaisantes, et ils sont maintenant sûrs d'un beau bénéfice.

— Changeons, s'écrient-ils en entrant dans le cabinet du marchand de vin.

— Aô yès ! vô avez été tôcher l'or de moâ, je vôlai faire tôcher l'argent à vô.

— C'est trop juste, reprend le compère, monsieur a parfaitement raison ! Pendant ce colloque, l'Américain a retiré ostensiblement de sa poche un sac à garniture d'acier, fermé à clé et dans lequel se trouvent cinq ou six rouleaux ayant exactement la forme et la tournure de rouleaux de mille francs en pièces de vingt francs ; il ouvre le sac, y prend un rouleau dont il défait l'un des bouts et en retire trois ou quatre pièces de vingt francs qu'il met dans sa poche, puis referme le sac et en ôte la clef.

— Vous allez, reprend le compère, laisser à monsieur votre sac dans lequel, autant que j'ai cru voir, il y a six ou huit mille francs, et nous allons aller ensemble faire vérifier l'argent de mon ami.

L'imbécile, comptant sur le nantissement qu'on lui laisse, lâche ses pièces de cent sous, et les deux fripons sortent.

Pendant qu'ils s'esquivent lestement, le niais attend, s'impatiente et se morfond ; une demi-heure, trois quarts d'heure, une heure se passent, personne ne vient, l'inquiétude le prend ; vingt fois il a soulevé le sac de l'Américain, et vingt fois le poids des rouleaux l'a rassuré ; cependant un moment arrive où il n'y tient plus ; il s'informe auprès du garçon, du patron, si l'on a revu les deux messieurs qui étaient avec lui, mais personne ne sait ce qu'ils sont devenus. Alors une idée lui vient : il force la serrure du sac, s'empare des rouleaux, les développe et trouve... des lingots de plomb artistement fondus. Les quelques pièces d'or que l'Américain avaient retirées de l'un de ces rouleaux étaient les seules qui fussent dans le sac et n'y avaient été mises que pour inspirer confiance.

Quelquefois la vérité ne se fait jour que le lendemain ou le surlendemain : le jobard, admettant la possibilité d'un accident quelconque, donne son adresse au marchand de vin, dans le cas où on viendrait le demander, et n'ouvre le sac que lorsque l'impatience le dévore. D'autres fois, le pigeon, resté seul, s'abandonne à quelques velléités de gain illicite : il a livré quinze cents francs en pièce de cinq francs, mais on lui laisse entre les mains une valeur quadruple, pourquoi ne profiterait-il pas de l'occasion, n'étant connu ni de l'Américain ni de son obligeant interprète ; et ma foi, la tentation étant trop forte, il disparaît. Le résultat n'en est pas moins le même : c'est toujours lui le volé !

La deuxième manière est ce qu'on appelle le *vol au pot* : les éléments sont identiques, avec cette variante toutefois, que les compères sont au nombre de trois. Les préliminaires sont les mêmes : lorsque la connaissance est faite, la conversation engagée, et qu'on se dirige vers l'endroit désigné par l'Américain, celui-ci manifeste l'intention d'aller dans une maison de femmes et propose de payer pour tous ; le *leveur* accepte avec empressement et parvient quand même à vaincre les scrupules, si scrupules il y a, du pauvre diable que l'on veut dévaliser.

On se dirige alors vers une maison de tolérance située hors barrière, et quand on est sur le chemin de ronde dans un endroit écarté, l'Américain s'arrête tout à coup, se frappe le front et s'écrie dans son jargon : « Mais ces femmes que nous allons voir chercheront peut-être à nous voler, cela s'est déjà vu ; moi je vais faire un trou en terre, y déposer mon or avec ce que j'ai de plus précieux ; je reprendrai le tout en repassant, c'est plus prudent. » Le compère approuve l'idée, qu'il déclare fort ingénieuse ; et, tout en se hâtant de déposer dans le trou que l'Américain vient de creuser ce qu'il peut avoir en argent ou en bijoux, il ne manque pas de raconter une histoire inventée à plaisir, dans laquelle il dit avoir été dépouillé de sa montre et de son argent dans une maison de prostitution, sans s'en apercevoir et sans savoir par qui il a été volé. Le pauvre niais qui les accompagne regarde toute cette jonglerie avec ébahissement, puis il ne tarde pas à faire comme eux, car le *leveur* ne cesse de lui répéter : « Vous devez être sans crainte, puisque monsieur dépose dix fois plus que nous deux ; d'ailleurs nous ne nous quitterons pas d'un instant, donc il n'y pas de danger. » Le trou rempli, on recouvre le tout de terre, puis on s'en va. Mais, à peine a-t-on fait quelques cents pas, l'Américain manifeste la crainte que quelqu'un, les ayant vu enfouir leurs bijoux, n'aille les déterrer ; le compère combat cette idée, le pigeon s'alarme ; dix minutes se passent à discuter le pour et le contre, et l'on arrive ainsi aux boulevards extérieurs. Le compère, qui tient à son idée, ne veut pas retourner avant d'être allé dans une maison de femmes. Le badaud, complétement gagné par les inquiétudes de l'Américain, insiste, et, pour tout arranger, il est convenu que le jobard ira seul déterrer le *pot*, pendant que l'Américain et son compère l'attendront chez le marchand de vin devant lequel on est arrêté. Le premier court à toutes jambes vers le dépôt, tandis que les deux fripons disparaissent au plus vite. Qu'est-il arrivé ? C'est qu'un troisième compère, qui n'avait pas encore paru, et qui depuis la rencontre a suivi habilement à distance nos trois individus, a été enlever le dépôt confié à la terre aussitôt que les propriétaires ont eu le dos tourné ; et lorsque le nigaud arrive à l'endroit où sa montre et son argent étaient déposés, il a la triste surprise de voir que les oiseaux sont envolés. Quant à ses deux compagnons de route, il est inutile de dire qu'il ne les retrouve plus.

Cinq *charrieurs*, nommés Ballot, Mallard, Colin, Bohy et Ourback, plus rusés et plus intelligents que leurs camarades, imaginèrent, pour plus de sécurité, d'intervertir les rôles, de manière que le voleur devînt le volé et le volé le voleur. Ce nouveau genre de vol fut appelé le **28**. Voici en quoi il consistait : on jouait aux cartes, et le premier des adversaires qui avait 28 points en mains gagnait. Ceci était fort innocent, mais voici où existait le méfait, et pour rendre mon raisonnement plus sensible, je vais citer un exemple :

Un jour, l'agent dit le Petit-Pompier et deux de ses collègues aperçurent Balot, Mallard et Collin, stationnant place de la Concorde. Ce fait, quoique très-naturel en lui-même, leur donna cependant l'éveil. Ils se mirent en observation, et, quelques minutes s'étaient à peine écoulées, qu'ils virent un homme, grand, robuste, au teint halé et aux mains calleuses, traverser la place. Cet homme, dont les manières embarrassées, l'habit-veste trop petit, un énorme chapeau, dénotaient assez l'origine provinciale, fut bientôt accosté par Mallard, qui, en l'apercevant, avait rapidement jeté à ses camarades ces simples mots : « Voilà notre homme ! » La conversation s'engagea, et quelques instants après ils allaient, compère et compagnon, visiter l'église des Invalides.

En sortant de cette église, ils se trouvèrent en face de Balot, l'Américain de la bande, qui, l'inévitable pièce de vingt francs à la main, les pria dans un baragouin inintelligible de le conduire au restaurant du Grand-Balcon, à la barrière de l'École, leur offrant, s'ils voulaient avoir cette complaisance, de leur donner une pièce de vingt francs en dédommagement de leur peine.

— Bonne affaire ! dit tout bas Mallard au provincial, nommé Jafflé ; nous n'aurons pas perdu notre journée, nous partagerons la récompense.

Et les voilà tous trois en route pour la destination demandée, Colin les suivant à distance en faisant le guet.

On arrive au Grand-Balcon. L'Américain, en galant homme, non-seulement remet les vingt francs promis, qui sont immédiatement partagés, mais encore offre à boire, et l'on monte dans un cabinet où bientôt plusieurs bouteilles de vin sont absorbées. Lorsque le vin eut un peu échauffé la tête du provincial, l'Américain proposa à son complice de faire une partie de 28. « Avec plaisir ! répond celui-ci, » et la partie s'engage pendant que les bouteilles se succèdent.

L'Américain joua, il perdit : bientôt une cinquantaine de francs passent de sa poche dans celle de son complice ; et le premier, jetant les cartes sur la table, déclara avec une teinte de mauvaise humeur qu'il ne voulait plus jouer avec son adversaire parce qu'il avait trop de chance.

— Cependant, ajouta-t-il, si monsieur veut faire une partie, je suis disposé à perdre encore une centaine de francs, mais pas plus.

— Merci, répondit Jafflé, je ne joue jamais.

— Bêta ! reprend tout bas Mallard, vous voyez bien que cet homme-là ne sait pas jouer : jouez donc ; d'ailleurs la veine est bonne, il faut en profiter, et que risquez-vous ? Je me mets de moitié dans votre jeu ; vous ne pouvez pas perdre.

Pressé par son perfide associé, tenté par le démon de la convoitise qui faisait luire à ses yeux éblouis l'or du faux Américain, Jafflé se décida à jouer, gagna tout d'abord quelques pièces de vingt francs, puis ensuite, et en moins d'une demi-heure, perdit non-seulement l'argent qu'il avait gagné, mais encore l'argent de Mallard et trois cents francs qu'il avait dans sa poche. Il se dépita, jura contre la fortune, qui, après lui avoir été favorable, lui devenait contraire.

A ce moment commença la mise en œuvre du moyen particulier inventé par nos voleurs. Tandis que l'Américain engouffrait dans une large poche l'argent qu'il venait d'extorquer à son partner, Mallard attirait celui-ci dans l'embrasure d'une croisée et lui glissait dans la main un rouleau de sous en lui disant : « Proposez à ce monsieur de jouer cent francs ; ces étrangers sont tellement bêtes, que celui-ci ne s'apercevra pas que ce sont des sous, et, comme la chance ne peut manquer de tourner, nous rattraperons tout ce que nous avons perdu.

Jafflé refusa d'abord, mais Mallard fut si pressant, qu'il revint à la table et dit à son heureux adversaire :

— Eh bien ! puisque vous avez tant de chance, nous allons voir si elle va continuer, je joue cent francs.

— Aô ! bôcoup !

— Non, non, c'est à prendre ou à laisser !

— Aô ! je jôais !...

Mais, oh malheur ! l'Américain, ou pour mieux dire, Balot, gagne encore ; puis il met dans sa poche avec un flegme imperturbable le rouleau sans même l'ouvrir, et s'en va à la fenêtre comme pour respirer l'air.

— Sauvons-nous, dit Mallard à l'oreille de sa dupe, sauvons-nous pendant qu'il ne fait pas attention à nous, car s'il s'aperçoit que vous l'avez volé, il est capable de nous faire arrêter et *flanquer* en prison ; au surplus, faites comme vous voudrez, quant à moi je file... Mais déjà le provincial est sur ses pas, ils descendent au plus vite l'escalier, et les voilà tirant précipitamment l'un à droite et l'autre à gauche.

Les agents, qui de loin surveillaient tous ces mouvements, arrêtèrent facilement Collin, Mallard et Balot; mais ce fut bien une autre histoire quand ils voulurent s'emparer de Jafflé pour constater le vol : le joueur malheureux avait pris le chemin des champs et fuyait à toutes jambes. L'agent le Petit-Pompier se mit à sa poursuite en lui criant :

— Arrêtez-vous ! vous avez été volé ! vous n'avez rien à craindre ! arrêtez-vous !

Mais notre homme, le cerveau troublé par le vin et la fièvre du jeu, la conscience bourrelée par la mauvaise foi qu'il reconnaissait avoir apportée à la dernière partie, retournait le sens de cette phrase et fuyait de plus belle. Néanmoins, l'agent, bon coureur, finit par le rejoindre. Alors le malheureux Jafflé se jeta à ses genoux, en le conjurant par tout ce qu'il avait de plus cher de le laisser partir. « Je sais bien que je suis un misérable, disait-il, j'ai une femme, des enfants ; je vous en prie, ne me déshonorez pas, je rembourserai à ce bon monsieur quatre fois ce que je lui ai volé, mais laissez-moi partir !

Ce n'était pas le compte de l'agent qui, tout en cherchant à le dissuader, l'amena à mon cabinet où il recommença à se lamenter et à pleurer. Vainement je cherchais à lui faire comprendre que loin d'être le voleur, il était le volé ; ce pauvre diable était entêté comme un vrai Breton. Aussi, voyant que je n'en pouvais rien tirer, je le fis mettre au dépôt à la pistole. Le lendemain, je me le fis amener de nouveau ; la nuit avait probablement porté conseil, car il était plus calme ; toutefois j'eus toutes les peines du monde à lui faire comprendre que, dans cette affaire, il n'avait été que la victime de deux fripons.

Bien des personnes auront peine à croire qu'il puisse se trouver des gens assez bornés, j'allais presque dire assez stupides, pour se laisser duper par d'aussi grossiers manéges, et pourtant l'expérience, les condamnations que prononcent souvent les tribunaux, prouvent assez que le vol *à l'américaine* s'est pratiqué et se pratique encore avec succès.

Les *charrieurs* avaient pour tapis francs dans la capitale un marchand de vin ayant pour enseigne : *Au lapin blanc*, un autre marchand de vin de la rue Bourbon-Villeneuve, puis dans la banlieue, à la barrière des Trois-Couronnes, un établissement d'ordre plus que secondaire, ayant pour enseigne : *Au Petit salé;* puis, à Charonne, un cabaret borgne, et enfin, à la barrière du Roule, une auberge.

Les *charrieurs*, contrairement à plusieurs classes de voleurs, logent dans leurs meubles; si la police vient à découvrir leur adresse, ils déménagent immédiatement, quelle que soit l'époque du terme, et vont loger dans un quartier éloigné du point où ils demeuraient précédemment.

La ville de Lyon fournit aussi à la capitale son contingent de *charrieurs*, mais ceux-ci s'empressent de regagner leurs pénates aussitôt qu'ils ont fait leur moisson.

La quatrième catégorie est formée des *cambrioleurs*, ou voleurs dans les chambres et appartements, soit à l'aide de fausses clefs, d'effraction, d'escalade, soit à l'aide d'assassinat.

Cette classe est nombreuse, et le chiffre n'en pourrait être fixé que très-approximativement, car non-seulement lorsque ces malfaiteurs se livrent à leurs opérations il est rare qu'ils soient aperçus et pris en flagrant délit, mais encore nombre de voleurs, sortant de prison ou libérés des bagnes, viennent dans la capitale, quoique le séjour leur en soit interdit, pour y exercer de nouveau leur ancien métier. Cependant j'ai basé mon estimation numérique sur la remarque suivante : dans le cours de l'année 1851, j'ai placé sous la main de la justice 128 inculpés de vols qualifiés, et 94 ont été reconnus coupables et condamnés ; or, d'après les déclarations de vols qui m'ont été remises, j'ai calculé qu'il pouvait y avoir, en sus du chiffre énoncé plus haut, une trentaine de *cambrioleurs* qui avaient échappé aux actives recherches de la police ; le chiffre pour 1851 aurait donc ainsi été porté à 158 ou 160.

Les *cambrioleurs* se subdivisent en six fractions distinctes : la première se compose des *carroubleurs* (voleurs avec fausses clés). De même que le voleur de la haute pègre, le *carroubleur* n'entreprend jamais un vol sans l'avoir sérieusement mûri ; empreintes de serrures, connaissance des localités, expérience des habitudes des personnes, telles sont les premières données sur lesquelles il opère. Le plus souvent il guette lui-même le départ de sa victime, et ne met ses desseins à exécution que lorsqu'il est certain de l'absence de celui qu'il veut dévaliser.

La deuxième fraction prend le nom de *carroubleurs à la flan* ou *à l'esbrouffe*. S'introduisant au hasard dans une maison, sans indication, sans renseignement aucun, ils vont frapper à la première porte venue ; si l'on ne répond pas, ils ouvrent la porte à l'aide de fausses clés dont ils sont munis, et s'emparent de tout ce qui leur tombe sous la main.

La troisième subdivision se compose des *voleurs au fric-frac* ; ceux-ci marchent comme les *carroubleurs à la flan*, mais, changeant leur moyen d'exécution, ils font sauter gâches et serrures par une pesée pratiquée avec une espèce de pied de biche en fer qu'ils appellent *cadet, monseigneur* ou *plume*.

La quatrième subdivision comprend *les boucarniers*, ou dévaliseurs de boutiques, la nuit, à l'aide d'effraction. Quelquefois, pour éviter l'effraction, ils se servent du concours du *pégriot*, ou apprenti voleur, qui, au moment de la fermeture d'une boutique, s'y introduit à quatre pattes et se cache dans un coin obscur ou sous un comptoir ; puis, lorsque vers deux ou trois heures du matin, le *boucarnier* donne le signal convenu, le *pégriot* ouvre la porte sans bruit et aide le voleur à enlever tout ce qu'il trouve à sa convenance.

La cinquième se compose des *vanterniens* ; ces voleurs nocturnes s'introduisent par les fenêtres, au moyen de crochets ou d'échelles de corde.

Enfin la sixième et dernière fraction est celle des *escarpes à la cambriole*, qui ne reculent pas devant un assassinat pour assurer le succès de leur entreprise. Ces dangereux malfaiteurs s'introduisent dans un domicile, assassinent les habitants et font ensuite le *barbot*, c'est-à-dire fouillent, dévalisent et s'emparent de tout ce qui a de la valeur.

De 1833 à 1852, beaucoup de ces hommes, aussi coupables qu'intelligents, sont venus s'asseoir sur les bancs de la cour d'assises, et plusieurs ont porté leur tête sur l'échafaud, notamment Lemoine, Poulmann, Jadin, Lacenaire et Avril, puis d'autres encore, qui ont acquis une triste célébrité dans le monde des voleurs : Verner, **Tabouret**, Flachat, Chapon, Dagory, Puteaux, Levielle, Lether, Renaud, Godmus, etc. Pour ceux-ci, les débats n'ont été qu'une occasion de faire remarquer la ruse, la persévérance, l'audace et l'énergie qu'ils savaient apporter dans la perpétration d'un crime.

Les *cambrioleurs* avaient pour tapis francs : 1º l'estaminet des *Quatre-Billards*, rue de Bondy, établissement des plus mal famés et dont le chef était à cette époque un forçat libéré ; 2º la boutique d'un liquoriste à l'entrée du faubourg du Temple, tenue également par un ancien repris de justice ; enfin, une foule de garnis de bas étage, dits *garnis à voleurs*, dont les hôtes étaient presque tous francs pour la *pègre*, par intérêt, par nature ou par insouciance.

Sûr de la protection de son logeur, un voleur pouvait largement combiner, mûrir et arrêter son plan ; personne ne le dérangeait. La police, cette curieuse perpétuelle, venait-elle s'informer d'un malfaiteur dans ce garni, le logeur prévenait son locataire le soir quand il rentrait ; alors celui-ci changeait aussitôt de garni, ou se faisait tout simplement inscrire sous un nouveau nom.

Il existait à Paris une vingtaine de garnis de ce genre, véritables repaires de bandits, d'où chaque jour s'élançait sur la société une troupe de malfaiteurs altérés de meurtres et de rapines. Quant à la banlieue, il en existait un nombre bien plus considérable, et les logeurs non-seulement changeaient volontiers le nom de leurs locataires, si la circonstance le réclamait, mais encore, le plus souvent, ne se donnaient même pas cette peine, et, négligeant complétement de remplir cette formalité, n'inscrivaient point les noms des coucheurs sur leurs livres de police.

La cinquième catégorie se compose des *rouliers* ou *rouletiers*, lesquels, ainsi que le mot l'indique assez, s'attaquent aux camions des entreprises de roulage. Vêtus le plus ordinairement d'une blouse, quelquefois d'une veste, coiffés d'une casquette ou d'un képi, ayant les manières, ou pour mieux dire, le *chic* des camionneurs, ils suivent de loin une charrette, un camion dont le conducteur est seul, et aussitôt que celui-ci descend de son siége, entre dans une maison pour prendre une expédition ou livrer un colis, ils s'approchent de la voiture, enlèvent un paquet, une caisse, une malle, même un colis de 200 et de 300 kilog. au moyen d'une petite charrette à bras qu'ils chargent vivement, et ils s'esquivent lestement, l'un d'eux traînant et son complice poussant derrière. Leur similitude de costume avec les roulagistes empêche tout soupçon de la part des personnes qui peuvent les apercevoir et leur assure l'impunité.

Le *rouletier* ne prémédite jamais une affaire ; le pourrait-il, d'ailleurs ? Pour lui tout est hasardeux. Quelquefois c'est en se promenant dans Paris qu'il cherche sa capture ; d'autres fois, il va aux barrières, observe avec soin les messagers, qui souvent, ayant des droits d'octroi à acquitter et ne portant point sur eux tout leur argent, le déposent dans un panier caché sous la paille. Le *rouletier* suit attentivement du regard tous ses mouvements, s'assure de la position du panier, et l'on peut être certain qu'au premier arrêt du messager, à la première fois qu'il abandonnera pour un instant sa voiture sur la voie publique, le magot disparaîtra.

Toutefois ce genre de vol offre de grandes difficultés, de grands dangers et quelquefois peu de profits; il demande en outre une audace extraordinaire et une effronterie toute particulière. Il n'est guère exercé, à ma connaissance, que par une trentaine d'individus qui, n'agissant presque jamais que séparément et n'ayant aucun besoin de se concerter, n'ont point de tapis francs.

La sixième catégorie est formée des *scionneurs* ou *escarpes* qui, la nuit, à l'aide de violence et quelquefois d'assassinat, volent les personnes qui se trouvent sur la voie publique après minuit. Est-ce sur une place, un quai, une rue, que le *scionneur* doit opérer : il s'embusque au coin d'une rue voisine, ou encore dans l'allée d'une maison n'ayant pas de portier, et dont, pendant la journée, il a étudié avec soin le secret de la porte d'entrée ; de là il s'élance sur sa victime, qui n'est autre que la première personne bien mise qu'il voit passer. Comme ces sortes de malfaiteurs sont toujours deux pour *travailler*, l'un saisit d'une main le passant à la gorge et de l'autre lui comprime fortement la bouche pour l'empêcher d'appeler du secours, tandis que son compagnon, fouillant le patient, s'empare de l'or, des bijoux et quelquefois des vêtements qui sont à sa convenance ; puis les deux *escarpes* disparaissent, laissant sur le pavé leur victime à moitié suffoquée par la strangulation qu'elle a éprouvée.

Sur les bords du canal, les choses se passent plus sérieusement encore : deux *scionneurs* se cachent derrière les arbres, les tas de pierres, de moellons ou de bois débarqués sur le chemin de halage ; un individu proprement mis passe-t-il sur le quai : le premier *escarpe* s'approche de lui, lui demande, ou l'heure qu'il est, ou le chemin qu'il doit suivre, et, pendant le temps d'arrêt que cette question nécessite, le deuxième escarpe jette autour du cou du passant un mouchoir roulé en corde et l'enlève violemment sur ses épaules. La victime, se trouvant ainsi suspendue par le cou, ne tarde pas à perdre connaissance et pendant ce temps le complice l'a dévalisée. L'opération terminée, que le patient donne encore quelques signes de vie ou qu'il soit mort, il n'en est pas moins précipité dans le canal ; et le lendemain, si l'on repêche son cadavre, on s'empresse de croire à un suicide ou à un accident, suite présumable de trop fréquentes libations. Cette manière de voler s'appelle le *charriage à la mécanique*.

Les tapis francs de ces êtres dangereux sont les bouges des barrières et les maisons à voleurs de la banlieue, véritables réceptacles de tout ce qu'il y a de plus infime et de plus crapuleux dans l'espèce humaine. Quant à leurs habitudes, que peut-on attendre de pareils monstres ? Oiseaux de proie, bêtes fauves, ne travaillant que la nuit, ils se cachent avec soin pendant le jour et vivent, pour la plupart, en concubinage avec des filles publiques des barrières.

Fort heureusement, les *scionneurs* n'ont jamais été guère plus d'une soixantaine, et encore tendent-ils à disparaître ; leur audace semble les avoir abandonnés depuis l'arrestation de quatorze d'entre eux, qui furent tous condamnés ; l'un, nommé Fournier, fut exécuté et les treize autres envoyés au bagne.

La septième catégorie se compose des voleurs au *poivrier* (dévaliseurs d'hommes ivres). Bien que présentant avec leurs confrères les *escarpes* plus d'un rapprochement, ils sont loin d'être aussi dangereux, et les ivrognes qui tombent entre leurs mains en sont généralement quittes pour la perte de leur argent, de leurs bijoux et quelquefois de leurs vêtements. Pour la plupart souteneurs de filles publiques des barrières, ces individus, placés au dernier échelon de l'échelle sociale, passent leurs journées à boire dans les ignobles tavernes qui pullulent dans la banlieue, puis, vers onze heures du soir, ils viennent attendre à l'approche des barrières, dans les endroits solitaires et écartés, le malheureux en état d'ivresse. Ils l'accostent, le dépouillent et disparaissent comme ils sont venus, c'est-à-dire sans laisser trace de leur passage. Quelquefois aussi, mais ces faits sont tellement rares qu'on peut à peine les citer, le voleur au *poivrier*, ne trouvant pas d'homme ivre qu'il puisse dévaliser, s'attaque aux personnes attardées dans les quartiers déserts et leur extorque, à l'aide de menaces, l'argent ou les bijoux qu'elles peuvent porter ; mais, je le répète, ces exemples sont sont rares, et presque jamais le *poivrier* ne s'est permis aucune violence. Ce genre de vol compte peu d'adeptes ; je n'ai connu que cinquante ou soixante voleurs de cette catégorie, qui, ainsi que leurs confrères les *escarpes* de nuit, ont leurs tapis francs dans les bouges des barrières et leur logement dans les garnis à voleurs de la banlieue.

Huitième catégorie : le vol à la vrille. Ce genre de vol et ceux des neuvième, dixième et onzième catégories sont presque exclusivement exploités par des Israélites ; c'est, pour ainsi dire, la spécialité des voleurs de cette caste.

Le vol à la *vrille* s'exécute la nuit, en attaquant les devantures de boutiques, les volets d'une étude de notaire, ou toute autre issue d'un riche appartement qu'on veut dévaliser. Le premier outil employé, celui qui donne son nom à ce genre de vol, est une forte vrille ou un vilebrequin avec lequel on perce quatre trous à égale distance et formant le carré. Cette première opération terminée, on introduit dans un des trous une petite scie à couteau bien mince, bien étroite, mais d'une qualité supérieure, qui détache sans bruit et en peu de temps la partie du volet comprise entre les quatre trous primitivement percés. L'ouverture qui en résulte est plus ou moins grande, suivant l'usage qu'on veut en faire ; elle varie de la grandeur nécessaire à passer la main, qui alors doit faire jouer à l'intérieur verrous et espagnolette, à celle même qui est indispensable pour livrer passage à une personne.

Neuvième catégorie : le vol au bonjour. Ainsi que son nom l'indique, le vol au *bonjour* se commet le matin, à l'heure où les bonnes, allant chercher leur lait, laissent leur porte entre-bâillée ou la clef à la serrure. L'adroit voleur profite de cette négligence, enlève vivement l'argenterie et s'esquive encore plus vite ; mais le plus souvent, c'est dans les hôtels garnis que les *bonjouriers* exercent leur industrie. Chaussés de souliers très-légers, ils s'introduisent sans bruit dans la maison, montent l'escalier à pas de loup, et malheur alors à l'imprudent voyageur qui, pour faciliter le service et se livrer plus tranquillement au repos, a laissé dans la serrure la clé de sa porte ; le voleur l'ouvre doucement, pénètre dans la chambre, s'empare lestement de la montre, de la bourse ou des bijoux de l'infortuné dormeur et disparaît aussi adroitement qu'il est entré. Si, contre son attente, le *bonjourier*, en entrant, trouve le locataire levé ou tout au moins éveillé, le larron ne s'émeut pas le moins du monde ; en praticien expert il a toujours à sa disposition un nom, une adresse pour lui servir en semblable circonstance; il s'excuse en disant qu'il s'est trompé d'étage et sort de l'hôtel ou de la maison avant qu'on ait pu donner l'éveil. Si enfin le voleur est pris en flagrant délit, il se jette à genoux, pleure, sanglote (un *bonjourier* doit savoir pleurer à volonté), il raconte inévitablement qu'il appartient à une honorable famille que son arrestation plongerait dans le désespoir; que, réduit à la dernière extrémité par le jeu ou toute autre passion déréglée, il a conçu cette coupable pensée, mais que ce jour-là il l'a mise pour la première fois à exécution ; qu'enfin, si on veut bien se montrer grand et généreux, si on consent à le laisser partir, non-seulement on sauvera du déshonneur sa mère et ses sœurs, mais encore on fera une bonne action, car il jure de redevenir honnête homme !

Il est certain que si l'on ajoute foi à tout ce bavardage, le *bonjourier* dira le soir à ses camarades : « Ah ! ce matin, j'ai eu affaire à un fameux *pentre* (un imbécile) !

Cependant, malgré l'audace et les rouries des *bonjouriers* israélites, les plus adroits, les plus hardis, les Hermann, les Sommers, les Gabert, les Hirch, les David, etc., n'en furent pas moins arrêtés et condamnés plusieurs fois à des peines correctionnelles et souvent à la surveillance. Toutefois, au moyen d'un stratagème assez ingénieux, la plupart savent échapper à l'application de l'article 58 du Code pénal sur les récidivistes. Dans la religion juive, beaucoup d'individus se nomment de leurs noms de familles Jacob, Abraham, Simon, David, Isaac, etc.; d'autres possèdent ces mêmes noms seulement comme prénoms ; il en résulte qu'à sa seconde arrestation, le voleur, qui d'abord s'appelait Simon David, s'appelle maintenant David Simon, et, déjouant ainsi la sévérité des juges, il en est quitte pour la punition assez paternelle qui est toujours infligée à une première faute.

Dixième catégorie : le vol à la carre. Le *voleur à la carre* est toujours mis avec recherche et élégance : l'habit le plus à la mode, le chapeau le plus fin, les gants les plus frais ne sont pas trop beaux pour lui, attendu qu'il doit représenter l'homme riche pour exercer avec succès son industrie qui, d'ailleurs, lui procure largement les moyens de satisfaire aux dépenses d'une semblable toilette. Le théâtre de ses exploits est ordinairement la boutique d'un bijoutier-joaillier. Notre *carreur* s'y présente avec dignité, se fait montrer des pierres précieuses, des diamants, et il est fort rare qu'il ne trouve pas moyen d'en coller quelques-uns dans le creux de sa main, qu'il a garni de glu, ou, profitant d'un moment de distraction du marchand, il avale quelques diamants qu'il saura parfaitement retrouver plus tard; ou bien encore, pendant qu'il feint d'examiner avec la plus scrupuleuse attention la finesse du travail des bijoux, l'eau des diamants ou la beauté des perles, un compère, déguisé en mendiant, se présente à la porte de la boutique, et d'une voix lamentable implore la charité. Le *carreur*, qui est un homme fort charitable, tire de sa poche une pièce de menue monnaie que par maladresse, ou, pour mieux dire, par adresse, il laisse tomber à terre; le faux mendiants se baisse, s'empare de l'aumône et de... deux ou trois diamants ou pierres précieuses que le *carreur* a laissés couler à ses pieds; puis le compère se retire humblement. Si ensuite, remettant en place les objets qu'il a montrés au prétendu acquéreur, le marchand s'aperçoit de la soustraction et se permet la moindre observation, le *carreur* crie haut et fort, il dit et répète qu'il est honnête homme et ne sort du magasin que lorsqu'il a obtenu d'être fouillé de la tête aux pieds devant témoins.

Quelquefois, le compère, revêtu aussi d'une toilette irréprochable, accompagne le *carreur* dans son expédition, et voici quelle est alors la manière de procéder des deux filous. Lorsque les diamants et les bijoux sont exposés sur le comptoir, pendant que le *carreur* les examine et les soumet à l'appréciation de son complice, celui-ci, qui s'est introduit un petit morceau de savon dans la bouche, commence sa comédie en feignant en se trouver mal, puis semble tomber en attaque d'épilepsie; il roule de gros yeux, l'écume sort de sa bouche et les contorsions se succèdent avec toutes les apparences de l'infirmité qu'il simule. Le bijoutier et sa femme s'empressent de lui porter secours ainsi que le *carreur*, qui demande de l'eau, un peu d'éther; on court dans la pièce voisine pour se procurer ces liquides; c'est une perturbation complète dans la boutique et le *carreur* en profite pour faire main basse sur quelques-uns des objets de prix qu'il examinait précédemment. Alors, le soi-disant épileptique, revenant à lui, demande, tout confus, une voiture pour se rendre à son domicile. Nos deux larrons montent dans le véhicule et disparaissent avant que le calme revenu dans la boutique ait permis à l'infortuné bijoutier de s'apercevoir qu'il a été victime d'un vol dit *au batteur de dig-dig*.

Onzième catégorie : le vol à la détourne dans les magasins. Ce genre de vol est plus ordinairement effectué par des femmes qui, pendant l'hiver, sont douillettement enveloppées dans un manteau, ou pendant l'été se drapent dans un large châle qui les enveloppe entièrement. Elles ont sous leurs robes une longue et large poche qui descend jusqu'au-dessous du genou et qui, au besoin, peut contenir deux pièces de soieries. Cette poche, dont l'ouverture est très-grande, se trouve attachée sous la robe autour de la taille par des cordons. Lorsque les voleuses à la *détourne* veulent *travailler* (voler), elles doivent toujours être deux; elles se rendent séparément et sans avoir l'air de se connaître dans un magasin de soieries, de dentelles ou de châles, assez ordinairement le matin, c'est-à-dire au moment où les commis sont occupés aux rayons ou à l'étalage. La première arrivée se fait montrer plusieurs pièces de soieries, de foulards, de dentelles, suivant le magasin; pendant ce temps, sa complice se présente à son tour et demande à voir exactement les mêmes articles afin d'être servie par le même commis. Voilà le comptoir encombré de pièces d'étoffes que ces dames tournent, retournent, déploient, examinent, augmentant ainsi la confusion et le désordre. Bientôt, la première lie conversation avec le commis, lui demande son avis sur la couleur, la qualité, et finit par exprimer le désir de voir des étoffes plus riches, et lorsque l'innocent jeune homme se retourne pour chercher sur son rayon les objets demandés, une ou deux pièces de marchandises disparaissent dans la *valade* (la poche) de la seconde acheteuse. Puis, soit qu'elles achètent quelque objet de peu de valeur pour détourner les soupçons, soit qu'elles s'en aillen en prétendant que les étoffes sont trop chères ou ne leur conviennent pas, elles disparaissent chacune de son côté, emportant ce qu'elles ont pu détourner.

J'ai dit, à propos des quatre derniers genres que je viens de citer, qu'ils étaient presque exclusivement exploités par des israélites ; j'ajouterai, en outre : 1° que généralement ce sont les enfants d'Abraham qui apportent dans la perpétration d'un vol le plus de prudence et en même temps la plus grande persévérance pour arriver à leurs fins ; 2° que, dans certaines familles juives, le vol est devenu une profession héréditaire, un moyen d'existence enseigné par les parents, étudié avec soin par les enfants sous l'œil bienveillant de leur mère, d'après les conseils dictés par l'expérience paternelle. Une de ces familles, les N***, composée du père, de la mère, de six filles et de six gendres, réunit sur ses diverses têtes *deux cent neuf années de condamnations judiciaires.* Tous étaient voleurs à la *carre* ou à la *détourne*, chacun suivant sa spécialité, mais le père cumulait et joignait à cette industrie le commerce non moins lucratif de recéleur.

L'un des gendres, M* B*, ayant été arrêté en flagrant délit de vol d'une pièce de gros de Naples dans le magasin de M. Routier, marchand d'étoffes rue des Bourdonnais, une perquisition fut faite au domicile de ce voleur émérite, rue Geoffroy-l'Asnier. Pendant cette opération, trompant la surveillance des agents, il les enferma dans sa chambre et s'évada. On se mit inutilement à sa recherche, car il avait aussitôt quitté la France avec sa femme. Trois années plus tard, ces époux si bien assortis revenaient dans la capitale et ne tardaient pas à signaler leur présence par de nombreux vols à la *carre* dans les boutiques de bijoutiers ; ils s'étaient alors associés avec un autre couple de la même famille. En peu de temps, ils enlevèrent, notamment à M. Ouizille, pour une valeur de 1,600 fr. de diamants et bijoux ; à M. Delavale, 407 fr. ; à M. Borelli, 5,220 fr, à M. Delagre, 900 fr. ; total : 8,127 fr.

Encouragés par ces succès, les deux beaux-frères se présentèrent chez M. Merette, bijoutier, rue Vivienne, et ne se retirèrent qu'après avoir soustrait plusieurs diamants ; mais ce commerçant, quoique ne s'étant pas aperçu du vol dont il venait d'être victime, avait éprouvé un sentiment de méfiance au moment de la sortie de ses deux clients, qui ne lui avaient rien acheté ; et comme il avait appris les soustractions commises au préjudice de ses confrères, l'idée lui vint de charger aussitôt un de ses commis de suivre les deux individus. Ceux-ci ne tardèrent pas à se séparer ; alors l'employé se décida à ne pas perdre de vue celui qui, dans la boutique, s'était présenté comme acheteur. Il le vit entrer dans une maison de la rue Coquenard et revint en toute hâte en avertir son patron. Celui-ci venait justement de constater la disparition de plusieurs diamants. Aussi s'empressa-t-il de porter plainte, et, une heure après, la police se présentait à l'improviste rue Coquenard, au domicile indiqué ; c'était celui des époux M* B*. Le mari ne vit d'autre moyen de s'échapper qu'en sautant dans la rue par la fenêtre ; mal lui en prit, car il se blessa grièvement en tombant sur le pavé. Les deux époux passèrent en cour d'assises ; M* B* fut condamné à dix ans de réclusion et sa femme à cinq ans de la même peine. Le beau-frère, qui avait quitté son complice après la visite chez le bijoutier, ne put être arrêté ; car, apprenant l'arrestation de M* B* et de sa femme, il s'était hâté de passer à l'étranger.

Une autre famille, celle des G***, comprenait le père, la mère, le fils, sa femme et quatre enfants de ces derniers (trois garçons et une fille), et formait ainsi un personnel de huit individus n'ayant qu'une seule et même volonté. Le père recélait et se livrait avec son fils au vol dit *au bonjour* ; la mère et la bru pratiquaient la *détourne intérieure* dans les magasins, et les enfants, en attendant mieux, volaient *à la tire*. On le voit, chacun exerçait selon ses petits moyens. Un soir, la foule se pressait devant les riches magasins de M. Destouches, rue Saint-Martin, et en admirait les magnifiques étalages d'horlogerie, de bijouterie et d'orfévrerie. Pendant ce temps, les enfants de la famille G*** exploraient avec habileté les poches des curieux entassés et en extrayaient force bourses ou tabatières, tandis que le père et le grand-père faisaient le guet pour sauvegarder leur chère progéniture. Mais des agents, placés dans un coin obscur, observaient tout ce manége, et bientôt nos voleurs de trois générations furent arrêtés, les plus jeunes en flagrant délit de vol *à la tire*, et les parents pour complicité.

La plupart des femmes qui se livrent au vol appartiennent à la race israélite. Les juives lancées dans cette funeste voie y déploient une astuce, un sang-froid, une tenacité extraordinaires, et font preuve d'un certain dévouement pour ceux de leurs coreligionnaires dont elles ont été les complices; quelques-unes ont eu des existences très-accidentées. L'une d'elles, qui est parvenue à lancer sa fille dans une profession qui lui permit de se mettre en vue et en contact avec un monde où l'on parvient à une certaine aisance et à une célébrité relative quand on est jolie et douée d'un peu d'esprit, avait pour amant, quelques années avant la révolution de juillet, un de ses coreligionnaires qui, par la suite, se fit condamner à quinze ans de galères. Plus tard, elle vécut en concubinage avec un célèbre voleur au *bonjour;* mais bientôt, abandonnée par lui, elle chercha des liens plus solides que ceux de l'amour et se maria à un autre voleur au *bonjour* assujetti à la surveillance de la haute police, et à qui le séjour de la capitale était interdit. Pendant une absence de son mari, elle fit la connaissance d'un autre voleur de profession, qui, alors, était activement recherché par la police à l'occasion d'un vol considérable de bijoux. Pour soustraire son nouvel amant aux mains de la justice, elle eut recours à un ancien agent de Vidocq, réclusionnaire libéré, qui, sur la place du Palais, avait été attaché au poteau de l'infamie, et avec lequel elle avait eu précédemment les relations les plus intimes. Sollicitant son ancien adorateur pour le nouveau, elle obtint du premier un vieux passe-port qu'il falsifia en changeant le nom, la date et le signalement, ce qui procura au protégé de cette industrielle le moyen de quitter Paris et de voyager sans crainte pour sa sûreté personnelle. Quelque temps après, ce voleur fut arrêté en province pour un nouveau méfait et ramené dans la capitale. Au moment de son arrestation, on avait saisi à l'hôtel où il demeurait une malle ne contenant que du linge et des habillements ; mais un vieux voleur, un patriarche de l'ordre, n'exerçant plus à cause de son grand âge et de ses infirmités, vint à la préfecture prévenir que la malle avait un double fond s'ouvrant d'après un secret qu'il indiqua, et que, sous ce double fond, se trouvait un faux passe-port à l'usage de l'inculpé ; puis il raconta comment la maîtresse de ce dernier avait obtenu ce passe-port d'un de ses anciens amants. Vérification faite, on trouva le passe-port falsifié et on reconnut que les ratures ou surcharges étaient bien de la main de l'individu désigné par le patriarche dénonciateur, qui n'était autre que le frère du père aux six filles et aux six gendres. A propos de cette famille, je crois devoir citer ici un article de la *Gazette des Tribunaux* :

« Il existe à Paris une famille célèbre par ses longs démêlés avec la justice. Le chef de cette nombreuse lignée fut jadis condamné à vingt années de travaux forcés. N***, vieillard à tête patriarcale, aux cheveux blanchis au bagne, fut longtemps l'ami, le compagnon de ce fameux Guillaume, surnommé le *sanglier de Loribeau*, qui fut condamné à mort à Melun il y a huit ans, comme coupable de six assassinats. Longtemps attaché à la même chaîne que Guillaume, N*** était le confident de ses projets ; ce fut lui qui le livra à la justice, trop tardivement pourtant, car, instruit d'un double crime que méditait Guillaume, il ne mit la police sur ses traces que lorsque le crime eut été commis.

» N*** est père de six filles, toutes jeunes, toutes belles, et qui, presque toutes, se sont successivement brouillées avec la justice ; il paraît qu'elles ont sucé avec le lait un goût prononcé pour les magasins de bijoux et de nouveautés. Aussi, les filles N*** ont-elles bien souvent comparu devant les tribunaux, et plus d'une fois dans la même semaine. La vue d'un vieillard se glissant sans bruit dans la foule qui encombre les salles d'audience des tribunaux correctionnels et surmontant de sa tête blanchie les têtes des curieux groupés devant les magistrats, a trop souvent révélé la présence du vieux N***, assistant incognito au procès d'une de ses filles. De fréquentes condamnations sont intervenues, mais ces demoiselles sont adroites ; elles sont unies entre elles par les liens d'une amitié si vive, qu'elles sont presque toujours parvenues à s'évader en prenant la place les unes des autres. Charlotte, l'aînée des filles N***, a été jusqu'à trois fois sauvée des mains de la justice et enlevée aux prisons par la plus vive, la plus coquette et la plus sémillante de ses sœurs. La première fois que celle-ci prit sa place, ce fut à la prison de Rouen : cabriolet de poste bien attelé et preux chevalier l'attendaient à la porte ; mais l'éveil fut donné trop tôt ; les gendarmes prirent la piste et la rattrapèrent à quinze lieues de là. Elle fut exposée sur la place publique de Rouen en punition de son amour pour les diamants et pierres précieuses, et envoyée, pendant quelque temps, en habit de bure, éplucher du coton dans une maison centrale. Mais la jeune sœur veillait. A l'aide d'une fable fort attendrissante, elle obtint facilement que sa sœur serait transférée dans la prison de Strasbourg, afin de pouvoir assister aux derniers moments d'une vieille tante mourante. A Saint-Germain-en-Laye, le geôlier ne trouva à la place de sa captive, Charlotte, la sœur aînée, qu'une jeune fille qui lui rit au nez et lui apprit en chantant qu'il venait d'ouvrir la porte à sa prisonnière. La sœur évadée est actuellement à New-York.

» Le goût des évasions a tellement gagné la famille, que dernièrement, un neveu, arrêté pour une peccadille du même genre et conduit au palais par des gendarmes, leur a échappé miraculeusement, sans qu'ils aient su par où il avait passé.

» La plus jeune des filles s'est éprise, dans ses voyages, il y y quelques années, d'un beau jeune prisonnier qui subissait cinq années de détention pour vol à Bruxelles. Elle a prié pour lui, a obtenu sa grâce, l'a épousé et est revenue avec lui au sein de sa famille. Celui-ci reprit bientôt ses anciennes habitudes. Un jour qu'il allait être appréhendé (admirez l'instinct d'évasion qui gagne chaque membre de cette famille !), ce voleur, surpris dans un lieu où il était caché, a enfermé sous clef le commissaire et une troupe d'agents et s'est sauvé avec la légèreté d'un oiseau, tandis que par une autre issue sa digne compagne en faisait autant. On n'a plus trouvé que le respectable vieillard, qui a assuré qu'il était venu voir ses enfants et qu'il ignorait pourquoi ils étaient partis précipitamment. »

Si l'instinct du vol est pour ainsi dire infiltré dans le sang de certains Israélites, je ferai remarquer que, quoiqu'il n'y ait qu'un pas du vol à l'assassinat, les voleurs juifs deviennent rarement assassins; et, pour compléter leur portrait, je dois dire que, lorsqu'ils sont enfin arrêtés pour un crime ou un délit quelconque, ils n'avouent jamais, quelles que soient d'ailleurs les preuves accablantes qui puissent exister contre eux. Ils se basent en cela sur ce principe, qu'en avouant ils sont sûrs d'être condamnés, tandis qu'en niant ils courent la chance d'un acquittement. Il en résulte, par conséquent, que le nombre des Israélites qui font des révélations ou dénoncent leurs complices est on ne peut plus restreint.

Un exemple démontrera encore mieux leur caractère ou pour mieux dire l'obstination de ces hommes à nier les faits et leur participation à des vols dont l'évidence est clairement démontrée.

Un vol de la catégorie de ceux dits à *la vrille* avait été commis pendant la nuit du 6 au 7 janvier 1851, au préjudice du sieur Hutin, marchand de nouveautés à Villers-Coterets. Les voleurs, après avoir, à l'aide de vilebrequins, pratiqué aux volets de la devanture du magasin une ouverture assez large pour permettre à une personne d'y passer, l'un d'eux avait pénétré dans l'intérieur et y avait dérobé quatre ballots, l'un de toile, l'autre de châles, le troisième de flanelle à carreaux, le quatrième de blouses, une petite somme d'argent contenue dans le comptoir, une douzaine de couverts d'argent, etc...

Le sieur Hutin ne s'aperçut de la soustraction qu'en descendant le matin à son magasin. Il fit d'abord d'inutiles recherches dans la localité pour découvrir ses voleurs; mais, pensant que la police de Paris serait plus apte à découvrir les malfaiteurs que les autorités du département de l'Aisne, il se décida à porter sa plainte à la préfecture, et, le lendemain 8, il arrivait à Paris et s'empressait de se rendre à mon cabinet pour me raconter sa mésaventure. D'après la manière dont le vol avait été commis, je ne doutai pas un seul instant que les voleurs ne fussent des Israélites ; je demandai donc au sieur Hutin si, dans la journée, on n'avait pas vu rôder des juifs, des colporteurs, en un mot, des individus au langage tudesque. Ne pouvant répondre à mes questions, le volé retourna à Villers-Coterets, et, le lendemain, il revint m'annoncer que, dans la journée qui avait précédé le vol, on avait vu dans un cabaret quatre individus paraissant appartenir à la secte judaïque et dont l'un était vêtu d'une grande redingote noisette, le second d'un paletot et les deux autres de blouses.

— Cela me suffit, lui dis-je, vous pouvez retourner chez vous ; si j'ai quelque chose de nouveau, je m'empresserai de vous le faire savoir.

Mes prévisions se trouvaient justifiées, et je savais de quel côté diriger mes investigations. Ces gaillards-là, me dis-je, n'ont pas dû revenir à pied à Paris, car ce n'est pas lorsqu'on a des balles de marchandises sur les épaules et qu'on est pressé de quitter le théâtre d'un larcin que l'on fait pédestrement un tel voyage. D'un autre côté, il y a peu d'individus aussi soigneux que les juifs pour éviter tout ce qui peut les compromettre, et, bien certainement, ce n'est pas à Villers-Coterets même qu'ils auront pris une voiture, ce ne peut être que sur la route. J'envoyai des agents aux différentes diligences qui suivaient cette voie et l'on sut que le conducteur de la voiture de Crépy à Paris avait pris, à une lieue environ de Villers-Coterets, quatre individus juifs allemands ; deux étaient montés sur l'impériale, afin de surveiller leurs bagages, composés de quatre ballots, et les deux derniers, après avoir aidé leurs camarades à les charger, s'étaient placés dans l'intérieur. Tous quatre étaient descendus avant d'arriver aux barrières ; puis, l'un s'était alors affublé de lunettes, tandis qu'un autre allumait une pipe en forme de tête de nègre.

Ces renseignements recueillis, j'envoyai aussitôt deux agents, aidés de deux autres agents secrets israélites, explorer les rues des Rosiers, des Barrés-Saint-Paul et tout ce quartier où les juifs pullulent. A force de recherches et d'investigations, un de mes agents parvint à savoir d'un portier de la rue des Barrés-Saint-Paul que deux de ses locataires, le père Cerf et son fils, âgé de dix-sept ans, venaient de faire un petit voyage de quarante-huit heures, et que, dans cette courte excursion, ils avaient été accompagnés d'un autre juif nommé Abraham et de son beau-frère, domiciliés dans la même rue. Informé de toutes ces circonstances, je fis arrêter, le lendemain, dès l'aube, ces quatre individus, et opérer à leurs domiciles une perquisition qui n'amena la découverte d'aucun objet provenant du vol de Villers-Coterets. Interrogés sur leur voyage, ils nièrent positivement s'être absentés de la capitale ; confrontés avec le conducteur de la voiture de Crépy, qui ne les reconnut que très-imparfaitement, ils nièrent de nouveau, et lorsque la vivacité des demandes et la brusquerie des interpellations les prenaient à l'improviste, ils affectaient de ne pas comprendre convenablement le français et de le parler encore plus difficilement, afin d'avoir le temps de réfléchir et d'inventer des réponses évasives qui ne pussent pas les compromettre. Aussi, de plus en plus sûrs de leur prochain élargissement, mes quatre coquins se bornèrent-ils bientôt à répondre à mes questions par les dénégations les plus formelles, et, pendant deux mortels jours, j'épuisai tous les tours de mon imagination sans pouvoir obtenir d'eux le moindre aveu.

Désespéré et ne sachant réellement plus comment m'y prendre, je résolus de jouer mon va-tout pour forcer enfin ces astucieux voleurs à confesser leur méfait. Rappelant à ma mémoire toutes les circonstances relatives à ce vol, je construisis, d'après mon raisonnement, le rôle que chacun d'eux avait dû remplir dans cette affaire.

Des trous, me dis-je, ont été percés dans les volets du magasin du sieur Hutin ; or, ce volet était en chêne et doublé de tôle à l'intérieur ; il a donc fallu un bon et fort poignet pour perforer ainsi et le bois et la tôle : sans nul doute, c'est le plus robuste qui a exécuté ce travail. Ceci fait et l'ouverture pratiquée, le plus mince, le plus fluet, le plus jeune, le fils Cerf, en un mot, a dû pénétrer à l'intérieur, car le trou était trop étroit pour donner passage à un individu d'une forte corpulence. Mais, une fois ce dernier dans le magasin, il a fallu quelqu'un pour recevoir les paquets qu'il dérobait et qu'il jetait dans la rue. Ici, tout naturellement, le père est venu se placer, tant pour avoir sa part de la corvée que pour surveiller et au besoin protéger sa digne progéniture. Enfin, le premier, celui qui avait percé les trous, avait dû, cette opération terminée, aller faire le guet à une extrémité de la rue, tandis que le quatrième complice en faisait autant à l'autre.

Une fois ce plan de bataille arrêté, je fis venir devant moi celui que je supposais avoir percé les trous.

— Eh bien! lui dis-je, vous ne voulez donc rien dire?

— Que voulez-vous que je vous dise? Je n'ai rien à vous dire, je suis innocent.

— Ah! vous êtes innocent! j'en suis enchanté pour vous! Seulement il est malheureux que le fils Cerf ait parlé et qu'il m'ait raconté cette affaire dans ses plus petits détails; il m'a fort bien indiqué le rôle que chacun de vous a joué dans cette circonstance.

— Vraiment, répondit-il d'un air goguenard; ma foi, je serais curieux de savoir quel rôle j'ai rempli dans une affaire où je n'étais pas.

— Ah! vous le prenez sur ce ton-là? Eh bien! écoutez, et vous verrez si votre jeune complice m'a bien renseigné.

— Je vous écoute, reprit-il en riant.

— C'est vous, vous qui niez si obstinément, qui avez percé les trous dans le volet; le fils Cerf est entré par l'ouverture; son père est resté dehors pour recevoir les paquets, tandis que vous et votre beau-frère faisiez le guet aux deux extrémités de la rue. Ai-je dit vrai?

A ces mots, mon Israélite pâlit, puis se mit à verser un torrent de larmes, en s'écriant : Le fils Cerf est un petit malheureux qui nous enverra tous aux galères !... Ensuite il me fit des aveux sans réticence.

Je le fis reconduire et j'envoyai chercher le fils Cerf.

— Abraham, lui dis-je, vient de faire des aveux ; il m'a raconté comment les choses s'étaient passées et le rôle que vous y avez joué.

En entendant le récit que je lui fis, le jeune homme tomba d'abord dans la stupéfaction et l'abattement, puis donna cours à ses larmes, et, comme son complice, il avoua le vol avec tous ses détails.

Le père succéda au fils : nouveau récit, nouvelles larmes, nouveaux aveux ; le quatrième complice imita en tout les trois premiers, et j'eus grand soin de les faire mettre séparément au dépôt, afin qu'ils ne pussent pas communiquer entre eux et parvenir à reconnaître que, par ma supposition, j'étais arrivé à les faire se dénoncer l'un l'autre.

On voit que j'avais trouvé juste.

Ils passèrent devant le juge d'instruction, renouvelèrent leurs aveux, et il se trouva que l'un d'eux avait déjà été compromis dans de nombreux vols à *la vrille* et qu'un autre avait été condamné en 1846 aux travaux forcés par la Cour d'assises de la Seine. On les transféra à Laon, où ils entendirent prononcer contre eux la peine de quinze ans de galères.

Les voleurs israélites n'ont pas besoin de tapis franc pour s'entendre et se réunir ; ils adoptent tel ou tel café, et, à l'insu du maître de l'établissement, grâce à leur langage hébraïque, ils peuvent se concerter en toute sécurité.

Douzième catégorie. Celle-ci est la dernière, mais aussi la plus nombreuse de toutes, c'est le fretin de l'espèce, les scories de la fonte, c'est la basse pègre au dernier point, le *pégriot* qui fait, en volant *à la détourne extérieure*, son apprentissage pour de plus grands exploits. C'est le dernier degré de l'échelle, mais presque tous y passent, car c'est la première étape de la route qui mène directement au bagne. La plupart des grands criminels ont commencé ainsi.

Le *pégriot* débute dans cette triste carrière à l'âge de dix à douze ans : alors il vole aux étalages des épiciers, fruitiers ou autres, des poires, des pommes, du pain d'épice, et n'a pour guide et conseil que la gourmandise et sa nature vicieuse. L'âge arrive ; les exemples, les récits des vauriens qu'il fréquente, l'amènent à voler à l'étalage des merciers, des marchands de nouveautés, et généralement à s'emparer de tout ce qui est à portée de sa main. Quelquefois aussi, sa hardiesse augmentant avec l'impunité, lorsqu'il s'aperçoit que le marchand quitte son comptoir pour passer dans une pièce du fond, le *pégriot* s'introduit dans la boutique en rampant, se faufile ainsi jusqu'au tiroir où est placé la recette qu'il enlève sans bruit, et il se retire ensuite de la même manière qu'il est entré. Quand il atteint dix-huit ou vingt ans, il s'associe alors à d'autres voleurs de profession, se forme à leurs conseils, et devient plus tard, suivant son aptitude, *fourline, bonjourier* ou *cambrioleur* !...

Le nombre d'individus appartenant à la *basse pègre* est incalculable, car chaque jour de nouveaux adeptes, de nouveaux prosélytes se joignent aux anciens. Où se recrutent tous ces néophytes du vol? Où le vice va-t-il prendre ces malheureuses et faibles victimes? Parmi ces enfants que l'on voit chaque jour jouer, rôder sur les places publiques, sur les quais, sous les ponts, aux abords des petits théâtres, parmi ces enfants qu'une faiblesse maternelle ou une stupidité paternelle ne savent pas corriger quand ils sont en faute, et qui, sans autre guide que leurs mauvais penchants, sans autre conseil que leurs instincts pervertis avant l'âge, se trouvent ainsi livrés à eux-mêmes ; enfin, parmi ces enfants que des parents, d'une insouciance et d'une indifférence coupables, laissent faire l'école buissonnière, fréquenter de petits vagabonds, de petits désœuvrés par habitude qui leur inculquent facilement des idées de fainéantise et de libertinage.

Indépendamment des différents caractères de vol que je viens d'esquisser, il existe encore plusieurs manières de voler, mais elles sont mises en pratique par un nombre si minime de malfaiteurs que je n'ai pu les classer par catégories, aussi ne vais-je les citer que pour mémoire.

Le vol au pardessus. Le voleur entre dans un estaminet où l'on joue au billard; il accroche le mauvais pardessus qui le couvre à côté d'un vêtement semblable qui lui paraît devoir être de bonne prise, et pendant que le joueur fait sa partie, le fripon s'empare du bon pardessus, le jette sur ses épaules et s'esquive en laissant le sien. Si l'on s'aperçoit de son action, il s'excuse en disant qu'il s'est trompé. Les mêmes moyens sont employés pour les chapeaux et les parapluies.

Le vol à la cire. Un individu entre dans un restaurant où le service est fait en argenterie, se place seul à une table et se fait servir à dîner. A la fin de son repas, il colle sous la table, avec de la cire ou de la poix, une cuillère ou une fourchette, paye sa dépense et se retire nonchalamment. Aussitôt qu'il s'est levé de table, un compère est entré, et va s'installer à la place devenue vacante; il se fait servir à son tour, et, avant de se retirer, s'empare de l'objet collé par son complice.

Le vol à la filée. Pour exécuter ce vol, il faut être trois : l'un entre chez le restaurateur et va se placer à une table au fond de la salle, les deux autres arrivent presque en même temps et se placent ensemble à une table à côté de la sienne, de façon qu'il ne puisse sortir sans les coudoyer. Lorsque le premier a dîné, il paye et se retire; mais, en passant près de ses acolytes, ceux-ci lui glissent adroitement un couvert d'argent qu'il emporte. Si l'on s'aperçoit ensuite de la disparition du couvert, les deux fripons restés à table demandent à être fouillés, on ne trouve rien, et le tour est fait. Depuis l'invention de Ruolz, ces deux genres de vol sont bien moins souvent mis en pratique.

Vol à la location. Deux individus se présentent pour visiter un appartement à louer; après l'avoir bien considéré, tout en faisant leurs excuses au locataire, ils se retirent en manifestant quelque indécision. Le jour même ou le lendemain, au moment où le locataire est absent, ils reviennent de nouveau sous prétexte de vouloir s'assurer des dispositions que présente l'appartement, de la place que devront occuper quelques-uns de leurs meubles, ils demandent au concierge de les conduire dans les différentes pièces du logement, et, pendant que l'un des deux fripons occupe le cerbère en mesurant avec lui l'emplacement nécessaire à un meuble qu'il dit très-grand, le compère en profite pour mettre la main sur un objet de prix qui se trouve dans une pièce voisine, et qu'il avait remarqué lors de leur première visite. Une fois nantis, ces messieurs déclarent qu'il y aurait impossibilité de placer convenablement leurs meubles et s'en vont en remerciant le concierge de sa complaisance.

Vol à la valtreuse. Le voleur est vêtu en commissionnaire, il attend les voyageurs aux abords des débarcadères du chemin de fer et aux alentours des messageries; il s'offre pour porter la malle ou la valise d'un nouveau débarqué, et, pendant le trajet, il trouve le moyen de disparaître avec le chargement qui lui a été confié.

Vol au trimballage. Un individu se disant négociant en province se présente dans un hôtel fréquenté par les commerçants qui viennent faire des acquisitions à Paris; il est accompagné d'un complice habillé en commissionnaire et porteur d'une malle de voyage; une chambre au troisième ou au quatrième étage est choisie par le provincial, et le commissionnaire est congédié. Notre voyageur, qui paraît très-actif, ne tarde pas à sortir et se rend chez un négociant en soierie ou en draperie, y choisit pour deux ou trois mille francs de marchandises. L'affaire est conclue d'une manière avantageuse pour le vendeur à la condition faite par l'acquéreur, que les étoffes vont être transportées tout de suite à son hôtel, dans une petite voiture à bras. Un commis chargé de recevoir en espèces le montant de la facture accompagne le garçon de magasin qui traîne la charette; le provincial part avec eux; ils arrivent à l'hôtel. L'homme de peine se prépare à retirer les marchandises de sa voiture, tandis que l'acheteur monte à sa chambre avec le commis pour le solder; il sonne à sa porte, mais inutilement : « Mon neveu, dit-il alors, est probablement sorti, veuillez attendre un moment sur le palier, je cours chercher la clef chez le concierge. » Il descend prestement et, s'adressant au garçon de magasin qui a déjà un paquet sur l'épaule: « Laissez cela dans la voiture et retournons vite à votre maison, vous rapporterez avec moi à votre commis

qui va nous attendre, le supplément de facture que j'ai oublié.»
Il l'entraîne alors ; après avoir traversé quelques rues, il se
trouve devant une maison qu'il sait avoir deux issues, et, prétextant le besoin d'y entrer, il dit au garçon de l'attendre à la
porte pendant deux minutes, puis notre rusé filou s'esquive par
une sortie opposée. Pendant ce temps, que s'est-il passé à
l'hôtel ?

Le faux commissionnaire que l'on a vu au commencement est
rentré dans la cour, en même temps que le garçon de magasin,
et a trouvé moyen d'entamer la conversation avec lui, de sorte
qu'au moment où le soi-disant négociant a entraîné le garçon,
notre commissionnaire s'est attelé à la voiture et a quitté l'hôtel
au plus vite, avant que le commis, fatigué d'attendre sur le palier, soit descendu pour s'informer auprès du concierge et n'ait
acquis la preuve que son patron a eu affaire à un audacieux voleur secondé par un adroit compère.

En 1851, plusieurs vols de ce genre furent commis successivement. Le principal auteur de ces soustractions était un nommé
Breton, repris de justice, qui fut arrêté, ainsi que ses acolytes,
au moment où il tentait de s'approprier quatre mille francs de
marchandises provenant des magasins du sieur Giraud, négociant, rue Saint-Augustin. Malgré ces arrestations, quinze jours
après je recevais une nouvelle déclaration de vol commis par les
mêmes moyens dans le quartier Saint-Denis, par un individu dont
le signalement se rapportait exactement à celui de Breton. Il me
vint à l'idée que peut-être le rusé coquin s'était évadé ; j'allai
m'informer au bureau des prisons où l'on me fit voir le nom de
Breton porté *présent* à Mazas. Ce n'était donc pas lui que je
devais faire rechercher. Deux jours après cette vérification, un
vol semblable était commis : le signalement du voleur s'appliquait encore à Breton. En présence de cette constante similitude
dans les déclarations faites par les victimes, je ne savais que
penser : il y avait dans tout cela quelque chose qui me paraissait tellement embrouillé que je ne pouvais me l'expliquer. Je
retournai au bureau des prisons où je trouvai toujours inscrit
le nom de Breton ; je ne crus pas devoir cette fois m'en rappor-

ter d'une manière absolue à ce renseignement, et je résolus d'aller à la prison m'assurer si mon adroit voleur y était écroué. Quelle ne fut pas ma surprise lorsque le gardien chargé de m'amener Breton mit en ma présence, non le rusé filou, mais un individu qui m'était entièrement inconnu. Je l'interrogeai, il m'avoua se nommer Joseph P***, et me donna en même temps le mot de l'énigme : ayant été arrêté sous inculpation de vagabondage, il se trouvait au dépôt de la préfecture de police en attendant sa mise en liberté, lorsque Breton et ses complices y avaient été amenés. Après avoir fait connaissance avec eux, il avait, moyennant finances, consenti à donner son livret à Breton qui avait été relaxé sous le nom de Joseph P***, tandis que lui était transféré à Mazas sous le nom de Breton.

Cette révélation mit fin à toute incertitude, et Breton fut bientôt arrêté. Perquisition faite à son nouveau domicile, à Batignolles, on y saisit une certaine quantité de pièces d'étoffes, et les vols de ce genre cessèrent aussitôt.

Vol à la broquille. Un individu se présente chez un bijoutier et se fait montrer une épingle ou une bague montée en diamant. Après l'avoir bien examinée, il se garde bien d'en trouver le prix raisonnable, et se retire pour aller tout de suite en faire faire une exactement semblable, mais en faux. Quand le fabricant la lui a livrée, il revient chez le bijoutier, et, au moment où il marchande de nouveau le bijou qu'il semble désirer ardemment, un compère se présente comme acquéreur d'un autre objet, et par son arrivée occasionne au commerçant une distraction dont le premier filou profite pour substituer au bijou la contrefaçon qu'il tenait toute prête et qu'il remet au marchand, comme étant décidément d'un prix trop élevé; puis il quitte la boutique, et son complice, qui n'a rien trouvé à son goût, ne tarde pas à le rejoindre.

Telles sont les diverses sortes de malfaiteurs à qui l'on applique à juste titre l'épithète flétrissante de voleurs. Cependant il est une autre espèce d'individus qui, à mes yeux, devraient être rangés sur la même ligne : je veux parler des escrocs dits *faiseurs*, véritables fléaux du commerce, dont le nombre et la variété ne sauraient être déterminés, attendu les divers stratagèmes qu'ils emploient pour faire des victimes. Leurs ruses coupables ne peuvent souvent être atteintes par la justice, et pourtant ils m'ont toujours paru mériter la plus grande sévérité, tandis que je me suis souvent pris de commisération pour les infortunés qui, après avoir lutté longtemps contre une adversité constante et des privations de toute sorte, cèdent à une mauvaise inspiration du moment et se livrent au vol. N'est-il pas évident en effet que le *faiseur* combine longuement les moyens à l'aide desquels il espère arriver à ses fins déloyales? car il met en jeu, avec une grande adresse, les nombreuses ressources d'un esprit inventif ; il poursuit son idée jusqu'à ce qu'elle se réalise. Or certainement *la culpabilité morale* est bien plus grande alors que chez le malheureux qui commet un vol simple sous l'influence d'une fatale pensée passagère.

Après avoir fait connaître les différentes espèces de voleurs, il est juste de dire quelques mots des auxiliaires qu'ils savent parfois s'attacher, auxiliaires qui très-souvent se trouvent compris dans l'accusation comme complices.

Quelques casuistes ont voulu faire une distinction morale et intellectuelle entre la culpabilité du voleur et celle de son complice ; il est certain que le premier a, en plus, à sa charge, la mise à exécution du forfait ; mais n'est-il pas vrai que celui qui tient l'échelle ou fait le guet est aussi coupable en réalité que celui qui se sert de cette échelle pour pénétrer dans une maison ?

Le voleur de la *haute pègre* et le *caroubleur* ont besoin de renseignements précis pour arriver à la perpétration de leur vol et surtout pour en calculer, en raisonner, en arrêter toutes les particularités, dans la prévision des obstacles qui peuvent se présenter et qu'ils auront à vaincre. Mais ces renseignements sont quelquefois fort difficiles pour ne pas dire impossibles à recueillir soi-même, et il faut tout naturellement aller chercher jusqu'au cœur de la place les instructions qui manquent et qui sont indispensables. Pour cela, ils s'adressent aux domestiques des deux sexes, aux frotteurs, menuisiers, tapissiers, serruriers, peintres, poseurs de sonnettes, et en général à tous ces gens qu'on laisse seuls et libres dans un appartement, afin d'éviter le bruit ou les désagréments qui résultent toujours de leur travail manuel. Ces auxiliaires ne coopèrent jamais d'une manière active aux vols; toutefois ils touchent leur part du produit du larcin, à laquelle ils se sont acquis des droits en indiquant à leurs complices la topographie des lieux, en leur donnant l'empreinte des clefs, enfin en déterminant le moment opportun où le larron pourra s'introduire avec sécurité dans l'appartement, la boutique ou l'étude. L'emploi de ces auxiliaires n'est pas sans quelques dangers, car on peut mal juger un individu, hasarder des ouvertures qui, entendues par un honnête homme, provoquent immédiatement la perte du fripon qui les a faites.

Il existe encore une autre catégorie d'auxiliaires, peu nombreuse du reste, qui se compose de jeunes gens, beaux, bien faits de leur personne, avenants, polis, insinuants même, fréquentant régulièrement les bals de barrières, où vont les cuisinières et les bonnes. D'une mise sinon élégante, du moins recherchée, frisés, pommadés, parfumés, ils adressent leurs hommages aux jeunes femmes de chambre ou autres domestiques, leur font une cour régulière, et, grâce à leur langue dorée, à leurs protestations d'amour et à leurs serments de fidélité, ils ne tardent pas à fasciner les pauvres filles qui tombent dans leurs filets. Une fois ce premier résultat obtenu, ils vont chez leurs conquêtes, en l'absence des maîtres, regardent, observent, remarquent, profitent de la liberté que leur donnent leurs relations avec ces filles pour prendre l'empreinte des clefs avec de la cire molle; puis ils font causer leurs dupes, s'enquièrent avec soin de la position de fortune des maîtres, des rentrées de fonds qui leur sont faites, des bijoux, de l'argenterie ou autres valeurs qu'ils possèdent. Quand ils ont obtenu tous ces renseignements, ils en font part à des complices qui n'ont plus qu'à fabriquer les fausses clefs, s'introduire dans la maison et prendre dans tel ou tel meuble, à tel ou tel endroit, des objets qu'ils savent bien y trouver et qui leur ont été désignés à l'avance.

Pendant ce temps, qu'est devenue la bonne, la femme de chambre ou cuisinière qui, sans le savoir, a ainsi servi à fournir ces indices ? Elle a été *retenue de belle,* comme disent les voleurs, c'est-à-dire que son amant, profitant d'une absence des maîtres, a emmené la pauvrette se promener à la campagne, bien loin de son domicile; et pendant ce temps-là, les complices ont été certains de n'être point dérangés. Qu'on ne croie pas que le coup fait, le *donneur d'affaire* se fâche immédiatement avec sa maîtresse : loin de là ! Pour éloigner tout soupçon, il redouble de prévenances, de soins et d'affabilité; mais quand l'affaire est assoupie, quand un certain laps de temps s'est écoulé depuis le vol, il cherche tout à coup une querelle à celle qu'il paraissait tant aimer, se brouille avec elle et surtout se garde bien de jamais revenir.

En présence de cette multiplicité de malfaiteurs qui désolent la capitale, j'ai toujours pensé que le flagrant délit, le hasard d'une indiscrétion, une imprudence commise postérieurement par le voleur, une révélation faite par ses complices ou des *coqueurs*, n'étaient pas les seuls moyens qui devaient concourir à l'arrestation du coupable. Pour y parvenir, je m'étais appliqué d'une manière toute particulière à classer autant que possible dans ma mémoire le nom et le signalement de chaque voleur ainsi que le genre de méfait auquel il se livrait; j'en tenais en outre moi-même une liste très-détaillée, et lorsqu'un vol était commis et que l'auteur de la soustraction avait été aperçu et signalé, je recherchais dans ma tête ou sur ma liste quel était le *coutumier* auquel appartenait le signalement qui m'avait été donné, et aussitôt je faisais arrêter l'individu que je soupçonnais; je le plaçais alors au milieu de plusieurs agents, de manière que tous ensemble parussent être des prévenus, puis je faisais introduire le plaignant et je l'engageais à me dire s'il reconnaissait son voleur ; presque toujours j'avais visé juste.

D'un autre côté, j'avais l'habitude d'interroger les agents de la voie publique sur les rencontres qu'ils avaient pu faire dans leurs courses, et s'ils avaient aperçu un voleur de profession, je prenais note de la date et du costume qu'il portait. Recevais-je ensuite une déclaration de vol commis ce jour-là et le signalement se rapportait-il au précédent, l'identité était pour ainsi dire acquise ; je n'avais plus qu'à faire arrêter mon voleur, car j'étais certain de ne pas me tromper.

Je crois ici devoir dire un mot sur le système de la révélation qui, comme toute innovation, a eu ses apologistes et ses détracteurs. Il ne date que de la fin de 1832 et appartient à l'initiative de M. le préfet Gisquet ; mais ce n'est qu'en 1836 que ce système amena pour la première fois sur les bancs de la cour d'assises 40 malfaiteurs dont plusieurs avaient fait des révélations à la police. On donna à cette première agglomération de voleurs la qualification de bande, en la désignant par le nom du principal révélateur. Depuis cette époque jusqu'en 1852, c'est-à-dire pendant l'espace de seize années, 46 bandes, dont la moins nombreuse comptait dix membres, se succèdèrent de cette manière devant la cour. Le chiffre total des inculpés fut de 1,116.

Mais c'est à tort que l'on a qualifié du nom de bande la réunion plus ou moins nombreuse de voleurs compris dans une même accusation ; quelques-uns seulement se connaissaient, tandis que les autres ne se connaissaient que très-peu et souvent pas du tout.

En lisant dans les journaux les comptes rendus des débats relatifs à ces prétendues bandes de voleurs, les habitants de la province ne devaient-ils pas penser que la capitale était livrée à la merci de bandes organisées, telles que celles de Cartouche et de Mandrin ? Si un tel état de choses pouvait exister, à quoi servirait donc la police de sûreté ? Heureusement il n'en est rien, et voici la vérité :

On a souvent dit : orgueilleux comme un paon ! on pourrait aussi dire : orgueilleux comme un voleur ! Le voleur est fier de ses mauvaises actions comme le soldat l'est de ses victoires ; il s'enorgueillit de ses hauts faits, et il aime à raconter aux malfaiteurs les combats qu'il a livrés à la société et à la propriété, les victoires qu'il a remportées et les moyens qu'il a employés pour y parvenir. Tout est là ! Il se glorifie des ruses qu'il a inventées, raconte non-seulement ses propres prouesses, mais encore les vols qui lui sont étrangers et dont il ne connaît les détails que par les confidences que ses camarades lui en ont faites ; et comme il ne cache ni sa culpabilité, ni les noms de ses complices, voilà tout à coup vingt, trente individus, plus ou moins, qui se trouvent comme lui-même au courant des crimes commis. Qu'on admette maintenant qu'un de ces confidents par occasion soit incarcéré, et que, pour attirer sur lui la clémence de ses juges et faire adoucir la peine qu'il a justement méritée, il s'empresse de dénoncer ceux dont il connaît les antécédents coupables, tous ces individus ainsi signalés sont arrêtés et passent en jugement. On groupe toutes les affaires hétérogènes ; on fait une bande de trente ou quarante accusés, dont quelquefois cinq ou six à peine se connaissent ; et comme je l'ai dit, on donne à cette bande le nom du principal révélateur, qui se trouve ainsi jouer le rôle de chef devant la justice.

Maintenant que j'ai expliqué ce qu'étaient les voleurs de Paris, il me reste à dire quelques mots de deux autres espèces, non moins rapaces, non moins habiles, non moins dangereuses. La première exploite l'Europe entière, elle se nomme les *romanichels*. Femmes, fils, filles, gendres, brus, oncles et tantes voyagent en tous pays comme marchands forains, sous la conduite du père ou pour mieux dire du patriarche de la famille ; ces voleurs vivent en dehors de la société qu'ils traversent, n'empruntant aux pays qu'ils habitent successivement, ni le langage, ni les mœurs, ni le costume ; n'ayant qu'un seul but, le vol ; qu'un seul conseiller, la ruse la plus active, la prudence la plus soupçonneuse ; qu'une seule loi, la volonté du chef de la famille. D'une simplicité de mœurs toute primitive, les unions se forment entre cousins et cousines, de beau-frère à belle-sœur ; quelquefois de frères à sœurs, suivant l'inclination vraie, le caprice passager ou le désir fougueux d'un instant ; et une fille qui irait chercher un époux, un amant hors de sa famille, qui ferait connaissance d'un voleur étranger, serait à l'instant même chassée impitoyablement du bercail comme une brebis rebelle et galeuse. Chacun doit, selon ses talents et ses capacités, coopérer à la grande occupation de la famille; les hommes volent à la vrille ou à l'aide d'effraction, d'escalade ou de fausses clefs; les femmes préparent ces mêmes vols en s'introduisant dans les maisons sous prétexte d'offrir des marchandises d'occasion, mais en réalité pour prendre des renseignements, connaître les êtres de la maison, et communiquer ensuite leurs observations aux individus chargés de la perpétration du vol; elles pratiquent en outre, chez les curés et les riches fermiers, le vol à la *carre* avec une adresse et une dextérité qui tiennent du prodige; enfin les enfants, filles et garçons, élevés dans la pratique, commencent de bonne heure, sous l'œil et la direction paternels, l'apprentissage de ce funeste état. En somme, les *romanichels* peuvent être assimilés à ces anciennes familles de Bohémiens, parcourant le monde entier, vivant de rapines et d'industrie; mais ils ont sur leurs devanciers l'avantage de simuler une profession qui, sans être réelle, semble du moins pouvoir leur assurer une existence précaire, il est vrai, mais suffisante.

Une circonstance impérieuse se présente-t-elle, la sûreté de la famille nécessite-t-elle qu'ils se séparent momentanément, ou veulent-ils exploiter plusieurs provinces en même temps, ils se donnent rendez-vous à jours fixes sur un champ de foire, et, pour éloigner tout soupçon, ils s'y rendent individuellement comme de pauvres saltimbanques ou comme d'honnêtes marchands forains; mais sous leurs tentes, sous ces frêles abris de toiles, que de complots n'ont pas été tramés contre la propriété d'autrui, que de méfaits n'ont pas été prémédités, que de crimes n'ont pas été concertés, étudiés et mûris!

Je viens de dire que les femmes de cette caste se livraient au vol à la *carre*, mais depuis la mort du trop fameux Travaglioni, le plus fin, le plus adroit, le plus habile *carreur*, ce genre de vol n'existe plus à Paris. Cette qualification n'est plus appliquée qu'aux vols de diamants et bijoux dont il a été question à l'article des voleurs israélites. Voici quelle était la manière de procéder :

Le *carreur* se présentait chez un négociant, un industriel, un boutiquier quelconque, pour acheter avec une prime de trente ou quarante centimes des pièces de monnaie à telle ou telle effigie, de tel ou tel millésime, ou quelquefois des pièces étrangères, et intéressait ainsi la cupidité du commerçant, qui, acceptant presque toujours avec empressement cette offre de bénéfice, déposait sur son comptoir plusieurs sacs d'argent, les déliait et cherchait les pièces demandées ; le *carreur* l'aidait dans cette recherche, et pour inspirer plus de confiance, il retroussait ses manches et ôtait ses gants. Malheur alors au trop confiant vendeur, s'il détournait la tête un moment, car, cette distraction inattendue ne durât-elle qu'une seconde, une certaine quantité de pièces de monnaie allait silencieusement s'engouffrer dans la poche du voleur, et ce mouvement était si rapide que personne ne pouvait s'en apercevoir.

Pour en finir avec les *romanichels*, je n'ajouterai qu'une seule particularité : un des leurs tombe-t-il entre les mains de la justice, l'association tout entière s'emploie à sa délivrance ; les promesses, les démarches et les menaces des hommes, les pleurs et la séduction irrésistible des femmes, tout est mis en œuvre, et il est rare que parmi ces moyens il ne s'en trouve pas quelqu'un qui procure l'évasion au voleur incarcéré.

La deuxième espèce est celle des *endormeurs*, qu'on pourrait appeler également empoisonneurs. Une certaine quantité de pavots et de pomme épineuse (*datura stramonium*), mise dans un litre d'eau que l'ébulition réduit bientôt à un certain degré, produit un narcotique très-violent ; l'endormeur en emporte toujours sur lui dans une petite fiole et s'en sert pour endormir ses victimes.

Parcourant la campagne, fréquentant les auberges où s'arrêtent ordinairement les rouliers, les fermiers ou les marchands de bestiaux, il cherche avec soin un individu qui, revenant d'un marché, d'une foire, d'une opération quelconque, ait la ceinture ou la sacoche de cuir suffisamment garnie. L'a-t-il trouvé, il s'approche de lui, lie facilement conversation, parle moisson au cultivateur, vendanges au vigneron, chevaux au maquignon, et l'invite à vider une bouteille de vin; l'offre est rarement refusée. Au moment où l'individu tourne la tête pour une cause ou pour une autre, l'*endormeur* verse dans son verre une petite dose (deux ou trois gouttes) du narcotique contenu dans sa fiole; dix minutes après, le buveur se met à rire et à chanter comme un fou, puis bientôt il tombe dans un anéantissement complet. L'*endormeur*, qui a eu soin de faire quitter l'auberge à sa victime aussitôt qu'elle a bu le dernier verre de vin, se trouve alors sur la grande route; il comprime fortement le pouls du malheureux pour augmenter encore l'effet léthargique, le prend dans ses bras, le dépose à terre et s'empresse, pendant que personne ne passe, de le dépouiller de l'argent ou des valeurs qu'il possède; puis il s'enfuit en ayant soin, pour dépister les recherches, de retirer la fausse barbe ou la perruque dont il s'était affublé pour commettre ce forfait. Si l'*endormeur* doublait la dose de narcotique, c'est-à-dire versait cinq ou six gouttes dans le verre de sa victime, la mort en résulterait ou le pauvre diable endurerait toute sa vie d'horribles douleurs accompagnées de vertiges au cerveau.

Après avoir parlé des voleurs, après les avoir classés par catégorie et indiqué les divers genres de vols auxquels ils se livrent, je suis naturellement amené à résumer les réflexions qui me sont dictées par l'expérience.

Pendant les longues années qui se sont écoulées de 1820 à 1852, je me suis continuellement trouvé en guerre ouverte avec le monde des voleurs qui pullulent dans la capitale, et, dans ce combat continuel, Dieu sait combien j'ai dû employer de ruses pour défaire pierre à pierre l'édifice de rouerie qu'ils construisaient afin de s'assurer l'impunité.

Le rôle de la police de sûreté est un peu comme le supplice des Danaïdes: lorsque après mille recherches elle est arrivée à mettre la main sur les auteurs d'un vol ou d'un crime, il lui faut recommencer à l'instant de nouvelles investigations nécessitées par de nouveaux méfaits, car la race des criminels ne disparaît jamais entièrement, celui-ci succède à celui-là. Et peut-il en être autrement? D'un côté, les trois quarts des libérés des bagnes ou des maisons centrales viennent, après leur libération, reprendre dans la capitale leurs anciennes et coupables habitudes. Pendant tout le temps de leur détention, quelle a été leur occupation favorite, leur pensée de chaque jour, leur préoccupation continuelle? Celle de trouver par avance des moyens certains pour déjouer la surveillance de la police lorsqu'ils seront libres, et pouvoir reprendre avec impunité leur ancienne industrie. D'un autre côté, la douzième catégorie que j'ai indiquée et qui se compose des *pégriots* est une pépinière produisant de jeunes adeptes, lesquels, en vieillissant, viennent augmenter le nombre des voleurs de chaque catégorie, ou tout au moins combler les vides occasionnés par l'arrestation de quelques-uns de leurs prédécesseurs.

Il est donc vrai de dire que les voleurs sont comme l'hydre de la fable, à qui l'on voyait renaître une tête chaque fois qu'on lui en coupait une. Les arrestations, les jugements, loin de diminuer le nombre des malfaiteurs, semblent au contraire l'augmenter ; l'endurcissement passe à l'état chronique, car, lorsqu'un voleur est libre, il suit assidûment les débats de la cour d'assises ou de la police correctionnelle ; pour lui, c'est un cours de théorie. Tel voleur, tel assassin est au banc des accusés ; l'acte d'accusation énumère les charges et fait connaître les particularités qui ont précédé le crime, éclairé la justice et procuré l'arrestation du malfaiteur ; les dépositions des témoins, les aveux des coupables, viennent encore jeter un nouveau jour sur cette affaire, et les voleurs assistant aux débats parmi les spectateurs, loin d'être épouvantés par la sévérité des lois, s'en vont avec la persuasion que, s'ils s'étaient trouvés en pareilles circonstances, ils n'auraient pas commis les sottises qui ont livré le coupable à la justice, et que désormais ils pourront commettre ces sortes de méfaits avec impunité.

Or, de tout ceci, que résulte-t-il? L'impossibilité de réduire entièrement cette plèbe malfaisante, de guérir radicalement cette lèpre sociale qui s'attaque à tout ce qui possède quelque bien en ce monde, d'anéantir en un mot cette légion de natures perverses en hostilité perpétuelle avec tous les sentiments d'honneur et de probité.

Toutefois il ne faut point, passant d'un excès à un autre, ne pouvant rien détruire, vouloir tout approuver ; il ne faut pas dire comme l'enfant du Coran : Allah l'a voulu ! ou comme Pangloss : Tout est pour le mieux ! S'il est en quelque sorte impossible de purger la société de ces êtres dégradés, il est tout au moins permis d'atténuer les effets de leurs perfides projets, d'arrêter leur avidité sans cesse renaissante, d'en restreindre le nombre à un chiffre comparativement très-inférieur. Que faut-il pour cela? Une bonne police, c'est-à-dire des agents zélés, actifs, intelligents, des agents dévoués à leurs fonctions, car cette lutte entre la police et les voleurs doit être incessante. Mais un point essentiel, indispensable, c'est que le chef de la police de sûreté soit un honnête homme, dont la probité ne laisse rien à désirer ; il faut que ses antécédents, sa conduite de chaque jour, soient à l'abri du plus petit soupçon, qu'il puisse enfin marcher en tout temps et devant tous la tête levée ; il faut en outre que l'expérience l'ait mis à même de connaître de figure et de nom la plus grande partie des malfaiteurs, ainsi que leur genre de vol habituel, car, sans cette dernière qualité, il lui serait impossible d'appliquer promptement et avec justesse au voleur recherché le signalement donné par la victime ou les témoins. Il doit connaître la manière de vivre, de travailler, et les habitudes de ces êtres dangereux ; il doit au besoin savoir parler leur langage (argot), soit pour inspirer confiance aux voleurs qu'il veut amener à lui faire des aveux ou des révélations, soit pour traduire les lettres saisies et écrites en jargon par les malfaiteurs, lettres qui très-souvent fournissent des renseignements précieux ; il doit être adroit, prudent et brave, par la raison qu'étant l'âme, la tête de cette police dont les agents ne sont après tout que les bras plus ou moins actifs, plus ou moins courageux, lorsqu'il faut prendre la conduite d'une affaire, il ne doit pas hésiter à endosser un costume, quel qu'il soit, pour se déguiser et surprendre ainsi l'ennemi, et, lorsqu'un obstacle imprévu vient arrêter ses agents dans leurs opérations, c'est lui qui doit leur indiquer les moyens de le franchir, les prétextes sous lesquels ils doivent se présenter dans les maisons pour y prendre des renseignements sans éveiller de soupçons ; en un mot, toutes ses pensées, toutes ses préoccupations doivent être concentrées sur un seul but : celui de livrer à la justice tous les coupables, non-seulement pour qu'ils n'échappent point à la peine qu'ils ont méritée, mais encore pour les placer dans l'impossibilité de commettre de nouveaux méfaits. Le chef du service de sûreté doit donc être l'esclave de ses devoirs, en restant constamment à son poste, afin qu'il puisse, aussitôt informé qu'un assassinat ou un autre crime a été commis, se transporter immédiatement sur les lieux et diriger les recherches ou opérer l'arrestation des coupables.

Comme conclusion sur les qualités indispensables qui font un bon chef de police de la sûreté, il faut qu'il soit doué du désintéressement le plus complet, qu'il professe l'oubli absolu de tout intérêt personnel. Les fonds qui lui sont alloués chaque année pour les besoins du service doivent être réellement employés à ces mêmes besoins ; c'est avec ces fonds qu'on doit récompenser les inspecteurs qui ont opéré d'importantes captures et ainsi stimuler leur zèle, rémunérer les auxiliaires, payer les *coqueurs* qui viennent dénoncer les projets de vol et encourager la délation au profit de la société ; sans cela la police de sûreté serait, non un corps utile, mais un parasite dévorant les fonds secrets, sans rendre en échange aucun des services qu'on est en droit d'exiger d'elle.

XIX

ASSASSINAT DE LA VEUVE HOUET.

La veuve Houet, âgée de 70 ans, et jouissant d'une fortune de 150,000 francs, demeurait en 1821 rue Saint-Jacques, n° 81; elle était mère de deux enfants, une fille et un garçon. La fille était mariée à un ancien marchand de vins nommé Robert, qui ne vivait pas toujours en bonne intelligence avec sa belle-mère. Quant au garçon, grand et fort, d'un esprit faible et borné, il habitait avec sa mère et travaillait dans un atelier où il gagnait deux francs par jour, en qualité d'homme de peine.

La vieille dame, quoique riche relativement à sa condition, n'avait pour domestique qu'une femme qui venait le matin faire son ménage et ses commissions. Le 13 septembre de cette même année 1821, sa femme de ménage étant venue un peu plus tard que de coutume, elle la réprimanda assez vertement, puis lui donna une longue course à faire. Après son départ, une personne restée alors inconnue vint voir la veuve Houet et l'emmena; où la conduisit-elle? on l'ignora, car elle ne reparut plus.

Se fondant sur la mauvaise intelligence qui régnait entre le gendre et la belle-mère, l'opinion publique accusa le premier de cette disparition, qui lui profita directement, puisqu'elle le faisait héritier de la moitié de la fortune de sa belle-mère. En conséquence Robert fut arrêté, ainsi qu'un de ses amis nommé Bastien, ancien marchand de vins, entrepreneur de menuiserie, demeurant rue du Buisson-Saint-Louis, 22. On fit une enquête, mais comme elle n'apporta aucune preuve à l'appui de l'accusation, une ordonnance de non-lieu fut rendue au bout de quelques mois.

Trois ans plus tard, en 1824, de nouveaux indices étant parvenus à la justice, Robert et Bastien furent de nouveau arrêtés, soumis à une instruction sévère, puis encore une fois relâchés d'après un arrêt de la chambre du conseil.

Près de dix années s'étaient écoulées depuis ce dernier acte de procédure; quelques mois encore, et la prescription décennale allait couvrir le crime de son manteau protecteur et laisser un forfait impuni. La vindicte publique s'était tue depuis longtemps; la disparition de la veuve Houet était oubliée par beaucoup, ignorée par un plus grand nombre, lorsqu'au mois de mars 1833, un nommé C***, ancien repris de justice, espèce d'homme d'affaires, ami et conseiller de Bastien, s'aboucha avec un autre repris de justice, ancien agent de la brigade de Vidocq, conservé au service de sûreté comme indicateur, et lui dit en confidence que si la police voulait lui donner 500 francs, il ferait connaître les auteurs de l'assassinat de la veuve Houet, et fournirait des indications assez certaines pour faire retrouver le corps de la victime.

La proposition fut faite au chef de service de sûreté, et, comme on le pense bien, acceptée. Avis m'en fut donné aussitôt pour que je pusse assister aux révélations de C***, qui ne tarda pas à arriver. Il commença par nous déclarer que Robert avait été l'instigateur du crime et que Bastien ne l'avait commis qu'à la suite des promesses d'argent du premier, promesses qu'il n'avait pas tenues, car, le tribunal civil n'ayant alloué à la fille de la veuve Houet qu'une somme annuelle de 1,500 francs jusqu'au moment de la prescription fixée par la loi pour la succession des personnes disparues, Robert, vu cette minime allocation qu'il n'avait pas prévue, avait d'abord éludé ses promesses, puis les avait en quelque sorte oubliées, ne se rappelant pas que cette main que lui tendait son complice était encore teinte du sang de leur victime.

Tout dernièrement, ajouta C***, Bastien m'a confié que cette fois il espérait voir Robert lui donner ce qu'il lui promettait depuis si longtemps, qu'il venait de lui écrire à Villeneuve-le-Roi, où il s'était retiré avec sa femme, et que sa lettre contenait entre autres menaces ces mots :

« *Souviens-toi du jardin de la rue de Vaugirard*, 81... *Tu sais, à quinze pieds du mur du fond, à quatorze pieds du mur de côté*... *les morts peuvent quelquefois revenir.* »

— Bastien, dit C***, conserve dans son portefeuille un plan du jardin de la rue de Vaugirard ; l'endroit où la veuve Houet a été enterrée est marqué par un point noir. Je possède depuis fort longtemps la confiance de Bastien, et plus d'une fois il m'a raconté lui-même tous les détails de cet assassinat.

— Mais, lui dit-on, pourriez-vous vous rappeler assez exactement ces détails et les faire connaître ?

— Oh ! pour plus de certitude, je vais vous répéter mot à mot la dernière conversation que Bastien eut avec moi à ce sujet.

Robert, m'a-t-il dit, m'entretenait depuis longtemps de ses démêlés avec sa belle-mère, des griefs qu'il croyait avoir contre elle, et lui reprochait, entre autres choses, d'être une vieille avare qui, bien que possédant de la fortune, laissait ses enfants dans la misère. Bien des fois il m'avait répété qu'après la mort de la mère de sa femme, la moitié de cette fortune devait lui revenir, et la conclusion de ses jérémiades était toujours : *Cette vieille carne ne crèvera donc pas pour nous débarrasser !*

Enfin, au commencement de septembre 1821, il me proposa de l'*estourbir* (l'assassiner), m'offrant, si je voulais l'aider, de partager en partie avec moi l'héritage qui lui reviendrait ; j'acceptai.

Robert alors loua, rue de Vaugirard, 81, une maison isolée avec un jardin dans lequel je creusai un trou profond ; j'achetai une corde, j'eus soin de me munir de chaux ; après quoi, un dimanche matin, je me rendis chez la veuve Houet et je lui annonçai que sa fille et son gendre l'attendaient pour déjeuner dans leur nouvelle maison.

La vieille depuis longtemps me connaissait pour être l'ami de ses enfants, elle n'eut donc aucun soupçon ; d'ailleurs elle était seule, sa femme de ménage était sortie ; et quelques minutes après, tous deux assis dans un fiacre, nous nous dirigions vers la rue de Vaugirard.

Tout en causant dans la voiture, j'avais tiré de ma poche la corde que je lui destinais, en lui disant que je l'avais achetée pour je ne sais quel usage ; nous avions plaisanté sur sa solidité et sa force. Quelques maisons avant le n° 81, nous descendîmes de fiacre ; je congédiai le cocher pour qu'il ne pût savoir où nous nous rendions. En arrivant dans le jardin, je passai ma corde autour du cou de la vieille, et en une seconde elle fut étranglée. Je voulus alors la jeter dans le trou que j'avais préparé, mais comme il était trop étroit, je dus la mettre debout, et le corps, s'affaissant sur lui-même, se trouva ainsi assis sur ses talons. Je recouvris ensuite le cadavre d'une épaisse couche de chaux, puis je nivelai soigneusement le terrain ; cette opération terminée, j'allai manger le déjeuner qui avait été préparé pour servir, au besoin, de pipée à la veuve Houet.

Ce chien de Robert, loin de tenir les promesses qu'il m'avait faites, me traîna de mois en mois, d'années en années, me donnant par-ci par-là quelque sommes insignifiantes, et jusqu'à présent il est resté sourd à mes demandes amicales comme à mes menaces ; mais je viens de lui écrire une lettre qui, j'en suis certain, fera son effet, et avant peu je recevrai de l'argent ; il est temps, car dans quelques mois je ne pourrais plus rien sur lui, la prescription décennale le délivrant de toute crainte et lui donnant le droit de marcher la tête levée.

Et c'est dans cette lettre, messieurs, continua C***, que se trouvent les indications dont je vous ai parlé et qui précisent si exactement l'endroit où l'on pourra trouver le corps de cette malheureuse femme.

Deux mandats d'amener furent décernés contre ces misérables. Le chef du service, assisté de l'inspecteur de police Laporte aîné, se rendit à Villeneuve-le-Roi pour arrêter Robert ; mais celui-ci, à la suite d'une violente altercation qu'il avait eue quelques jours auparavant avec Bastien, qui était venu lui demander de l'argent, en le menaçant de faire des révélations à la justice, s'était empressé de partir pour les eaux de Bourbonne, sous prétexte de rétablir la santé de sa femme, mais en réalité pour échapper aux obsessions de son complice.

Le chef du service et son agent continuèrent donc leur route jusqu'à Bourbonne-les-Bains et en ramenèrent les deux époux.

Le jour même de leur départ, le 3 avril, je fus chargé de m'emparer de Bastien. Accompagné de l'agent le Petit-Pompier et de son camarade Daré, nous allâmes nous mettre en surveillance au bout de la rue du Buisson-Saint-Louis, laquelle donne d'un bout sur le chemin de ronde entre les barrières de Belleville et du Combat, et de l'autre va rejoindre la rue Saint-Maur. A midi, je vis paraître au coin de cette dernière un homme de haute taille et de forte corpulence, âgé d'une cinquantaine d'années, vêtu d'un habit bleu à boutons de métal, en un mot réunissant tous les détails du signalement de Bastien. Aussitôt j'ordonnai à mes agents de se tenir cois jusqu'à ce qu'ils m'eussent vu aux prises avec l'individu, et d'accourir alors à mon secours ; puis, m'en allant à la rencontre de Bastien, je passai auprès de lui sans le regarder, afin de ne pas éveiller son attention, mais à peine l'avais-je dépassé que je me retournai brusquement et, l'entourant fortement de mes bras, je le mis dans l'impossibilité de se servir des siens.

— A moi ! criai-je à mes hommes.

— Au voleur ! hurla Bastien, en m'envoyant force ruades et se démenant avec une sorte de rage ; mais je tenais bon. Mes agents étant arrivés et s'étant emparés chacun d'un bras, je fouillai dans la poche de côté de l'habit de notre homme, j'y pris son portefeuille malgré sa résistance, et nous nous rendîmes chez lui en attendant le commissaire de police que je fis immédiatement prévenir pour procéder à une perquisition.

Nous trouvâmes dans le portefeuille : 1º le plan du jardin de la rue de Vaugirard, nº 81, et l'indication, par un point noir, de l'endroit où le cadavre avait été enfoui ; 2º deux notes relatives à cette affaire ; au dos d'une de ces notes, on voyait une copie du plan avec ces mots :

« Je te fais passer le plan de ton ancien jardin rue de Vau-
» girard, où tu as fait de grands progrès en 1821. »

Enfin, dans ses papiers, on découvrit quelques notes relatives à la succession de la veuve Houet, et une autre écrite de la main même de l'agent d'affaires C***, spécifiant que, d'après une décision judiciaire de 1825, il n'y a pas à poursuivre Robert quant à présent, mais que Bastien ne pourrait plus être inquiété quand bien même il s'avouerait ou serait reconnu coupable.

Bastien et Robert furent internés à la préfecture de police à peu de jours d'intervalle.

Restait encore à constater l'existence des preuves du crime. On craignait qu'en attendant l'enquête judiciaire, les complices des deux coupables, s'ils en avaient, ne parvinssent à soustraire ces preuves aux yeux de la justice, en faisant disparaître le cadavre. Pour y mettre empêchement, on me chargea d'établir une surveillance dans la maison où le crime avait été commis. J'avais pour instruction de faire en sorte que rien ne fût changé à l'état de choses existant; seulement, il s'agissait de ne point faire connaître au propriétaire ou aux locataires de cette maison quel était le but de cette surveillance.

J'avoue humblement qu'en sortant de la préfecture avec les deux agents que j'avais choisis pour cette mission, j'ignorais complétement comment je parviendrais à les installer dans la maison du consentement des locataires, et sans que ceux-ci se doutassent du motif. Le n° 81 de la rue de Vaugirard était alors occupé par un maître paveur, qui avait loué la totalité du bâtiment et du jardin; c'était donc à lui qu'il fallait m'adresser. J'avais bâti mon plan pendant le trajet; nous arrivâmes à neuf heures du soir, et, après nous être fait introduire auprès du maître du logis : — Monsieur, lui dis-je, je suis sous-chef de la police de sûreté, vous n'ignorez sans doute pas que nous sommes appelés tous les jours à entendre les révélations des voleurs, forçats, repris de justice, qui, en nous mettant sur la piste de vols qui doivent être commis, nous donnent la facilité de déjouer les projets des malfaiteurs. J'ai été prévenu que cette nuit, ou à coup sûr une des nuits prochaines, des voleurs doivent, en escaladant les murs de votre jardin, pénétrer chez vous par les fenêtres du rez-de-chaussée pour vous dévaliser, et, qui sait? pour aller plus loin peut-être. J'ai donc amené ces deux messieurs qui sont inspecteurs de police et que vous installerez dans votre jardin afin qu'ils puissent arrêter les voleurs au passage.

Mon auditeur me répondit en balbutiant qu'il ne me connaissait pas et qu'il désirait en référer à son commissaire de police.

Nous voilà tous quatre en route pour nous rendre près de M. Prunier-Quatremère, auquel je fis le même conte et qui saisit cette occasion pour faire à son administré le plus pompeux éloge de la police.

Mes deux hommes furent installés dans le jardin par le maître paveur, qui leur donna du pain, du fromage et du vin. Plusieurs nuits se passèrent, et, comme on le pense bien, les voleurs ne vinrent pas, mais le malheureux locataire, qui était de moins en moins rassuré, fit mettre des grilles en fer à toutes les croisées du rez-de-chaussée.

Un beau matin, la justice, accompagnée de Robert et Bastien sous la garde de nombreux agents, un docteur et des fossoyeurs du Père-Lachaise, arrivèrent rue de Vaugirard, 81, et ces derniers, au grand étonnement du maître paveur, se mirent à s'escrimer de la bêche et de la pioche et à fouiller son jardin ; on lui expliqua alors pourquoi on avait dû établir une surveillance et ce qu'on venait chercher.

Les fouilles, commencées à l'endroit désigné par le plan, n'amenèrent aucun résultat, lorsque l'inspecteur Laporte, remarquant l'obstination avec laquelle Robert était resté à la même place depuis le commencement de l'opération, lui dit brusquement :

— Changez donc de place ! Est-ce que la vieille vous tient par les pieds ?

A cette apostrophe inattendue, Robert tressaillit et pâlit ; les terres où il était furent enlevées, et bientôt la pioche du fossoyeur, traversant un corps dur, pénétra dans une cavité.

— Nous y sommes ! s'écria le terrassier.

En effet, un instant après il découvrit un squelette de femme parfaitement conservé, ayant au cou la corde qui avait servi à l'étrangler, et un anneau en or à un doigt de la main gauche.

Les docteurs Marc et Bois de Loury, l'anatomiste Dumoutier et le chimiste Orfila procédèrent à l'examen du squelette et déclarèrent qu'ils croyaient à un assassinat.

Malgré les preuves accablantes qui pesaient sur eux, Robert et Bastien jouirent du bénéfice des circonstances atténuantes et ne furent condamnés qu'aux travaux forcés à perpétuité.

XX

FIESCHI, PEPIN, MOREY ET NINA LASSAVE

Après la révolution de 1830, sept préfets de police se succédèrent en moins de quinze mois, c'est-à-dire du 30 juillet 1830 au 15 octobre 1831, époque à laquelle M. Gisquet prit possession de la préfecture de police. Le nouveau préfet eut à lutter contre les menées des carlistes et des autres partis qui fomentèrent des émeutes dans les rues de Paris. Pendant la période qui s'écoula de 1831 à 1836, M. Gisquet rendit de grands services au gouvernement. Après bien des tiraillements, la tranquillité des rues de la capitale paraissait enfin rétablie pour longtemps; aussi, le 28 juillet 1835, le roi Louis-Philippe, à l'occasion de l'anniversaire des journées de juillet 1830, passait la garde nationale en revue sur les boulevards; la foule se pressait agitée et tumultueuse derrière les gardes nationaux. Cependant tous les fronts n'étaient pas joyeux, tous les cœurs n'étaient pas exempts d'inquiétude, et un esprit observateur eût pu remarquer au milieu de cette foule un homme, un officier de paix, M. Tranchard, qui, depuis la veille, 27, à onze heures du soir, surveillait le boulevard avec huit agents de police et interrogeait du regard toutes les fenêtres.

La police avait été informée qu'on avait construit une machine infernale destinée à tuer le roi, que cette machine devait être placée dans une des maisons du boulevard Saint-Martin près le théâtre de l'Ambigu, et qu'elle devait faire explosion lorsque le roi passerait et envelopper un grand nombre de personnes dans le désastre qu'elle occasionnerait.

Pour empêcher cet attentat, on avait établi sur ce boulevard une surveillance qui n'eut aucun résultat, puisque, comme tout le monde le sait, la machine, placée dans une maison du boulevard du Temple, éclata en faisant un grand nombre de victimes, sans atteindre Louis-Philippe qui restait debout au milieu des morts et des blessés.

Pendant le premier moment de trouble, l'auteur du forfait avait utilisé les instants en cherchant à prendre la fuite par le derrière de la maison, où il fut arrêté. Il refusa de faire connaître son nom, mais le 2 août on apprit à la préfecture qu'il s'appelait Fieschi.

Aussitôt on fit des recherches dans les sommiers judiciaires dans les bureaux de la deuxième division, et là on trouva qu'il existait depuis quelque temps un mandat d'amener décerné par un juge d'instruction contre Fieschi, inculpé d'escroquerie au préjudice du Trésor, et que ce mandat m'avait été remis pour le faire mettre à exécution.

J'étais parti la veille à dix heures du soir, fort tranquillement, de mon bureau, car j'ignorais complétement cette particularité; mais le lendemain à six heures du matin arrivait chez moi un de mes agents :

— Il paraît, me dit-il, que l'individu qui a fait le coup du boulevard du Temple est un nommé Fieschi, contre lequel vous avez depuis longtemps un mandat d'amener ; M. le préfet et M. le procureur général veulent savoir pourquoi vous n'avez pas fait arrêter cet homme.

Je compris parfaitement l'importance de cette question et je calculai à l'instant la responsabilité énorme qui aurait pesé sur moi, si par ma négligence j'avais été la cause indirecte et bien involontaire de ce crime.

A vrai dire, le délit, objet du mandat, n'avait pu fixer plus spécialement mon attention que les cent ou cent cinquante autres mandats ou jugements que je recevais chaque mois de la justice, et qui, en attendant leur exécution, étaient serrés dans un tiroir fermé à clef. Heureusement je m'étais occupé d'une manière sérieuse de la recherche du coupable ; six rapports annexés au mandat constataient les démarches faites, 1° à Croulebarbe, demeure de Fieschi, 2° près de la femme Laurence Petit, sa concubine, qu'il avait abandonnée, 3° près de M. C***, ingénieur, protecteur de l'inculpé.

Le mandat et les rapports furent remis immédiatement au préfet de police, qui en prit connaissance et acquit ainsi la certitude que je n'avais rien négligé.

Peu de jours après, on apprit que les canons de fusil qui avaient servi à confectionner la machine infernale avaient été d'abord placés dans une malle et transportés par le commissionnaire Dubronet dans la chambre de la nouvelle maîtresse de Fieschi, la fille Nina Lassave, dont on ne pouvait parvenir à découvrir la deme . Ce commissionnaire était un garçon Picard, chez lequel la force avait remplacé l'intelligence, et qu'on pouvait justement comparer à ces bêtes de somme qui transportent un fardeau sans savoir ni pour qui ni dans quel endroit. Interrogé sur la course qu'il avait faite, il répondit qu'il avait porté une malle dont il ignorait le contenu, dans une chambre à l'étage supérieur d'une maison du quartier de l'hôtel de ville, mais il ne put ni indiquer la rue, ni désigner la personne chez laquelle il était allé. On confia cet homme aux soins des agents Bouveret et Schacherer qui, placés sous la direction de M. Milliet, commissaire de police, furent chargés de retrouver la maison où la malle avait été déposée.

A cette époque, le quartier de l'hôtel de ville était couvert de petites rues qui n'existent plus aujourd'hui, et qui alors se ressemblaient toutes, car toutes étaient étroites et sales, véritable labyrinthe où l'honnête et inintelligent commissionnaire se perdait, et dont ce dédale inextricable de ruelles achevait de dérouter la faible imagination et les souvenirs confus.

Depuis deux jours, les recherches se faisaient sans succès, les inspecteurs et leur indicateur avaient parcouru vingt fois toutes les rues qui avoisinaient l'hôtel de ville, et devant chaque maison les premiers avaient dit à celui-ci : Est-ce là? et chaque fois l'enfant de la Picardie avait répondu : Non, je ne crois pas, ce ne doit pas être là. Les agents, fatigués et perdant tout espoir de réussite, vinrent rendre compte de leurs démarches infructueuses. J'étais dans le cabinet du chef du service lorsqu'on lui fit ce rapport verbal. — Vous devriez, lui dis-je, me donner cela, vous savez que j'ai la main assez heureuse, et peut-être, si je m'en mêlais, parviendrais-je à trouver.

— Je le souhaite, me répondit-il, allez et faites pour le mieux.

Nous partîmes de la préfecture, les inspecteurs, Dubronet et moi, et nous nous dirigeâmes vers l'hôtel de ville. En arrivant au coin de la rue du Long-Pont, je demandai aux inspecteurs s'ils avaient parcouru cette rue. — Certainement, répondit l'un d'eux, et plusieurs fois encore ! — Et nous passâmes outre. Nous allâmes dans tout le quartier, nous arrêtant devant chaque maison et obtenant toujours la même réponse de notre commissionnaire. Mes inspecteurs commençaient peut-être à se réjouir intérieurement de l'insuccès de mes recherches, lorsque je résolus de continuer mes investigations sans la présence du commissionnaire; mais, avant de le faire conduire au poste le plus voisin, je lui adressai une dernière question :

— Dans la rue où vous avez porté la malle, voyait-on une église ?

— Non, monsieur, je ne me rappelle pas ! me répondit-il.

(A ce moment nous nous trouvions sur le quai, en face la rue du Long-Pont, à l'extrémité opposée de laquelle se dessinait le portail de l'église Saint-Gervais.)

N'obtenant de Dubronet que des réponses négatives, je chargeai mes agents de le consigner au poste du marché Saint-Jean, et leur recommandai de venir promptement me rejoindre.

Pour s'éloigner, ils prirent par la rue du Long-Pont, et à peine avaient-ils fait une centaine de pas, que l'inspecteur Bouveret accourut m'avertir que le commissionnaire venait de reconnaître la maison numéro 11 pour être celle où il avait porté la malle. Les quelques mots que je lui avais dit au sujet de l'église avaient suffi pour préciser et déterminer ses souvenirs.

Je m'empressai de me rendre à la maison désignée, où je trouvai Dubronet et Schacherer qui m'attendaient dans la cour. Le concierge nous dit que depuis quelques jours demeurait au quatrième une jeune fille répondant parfaitement au signalement que je donnais, et que, du reste, il reconnaissait notre commissionnaire pour avoir apporté une malle chez sa locataire. Je montai à l'étage indiqué, je frappai, l'on ne me répondit pas; j'appelai, et le même silence continua; regardant alors par le trou de la serrure, je vis une robe étalée sur le lit qui se trouvait en face de la porte. Je pensai tout aussitôt que Nina Lassave s'était suicidée, et j'allais descendre pour envoyer requérir l'assistance d'un commissaire de police afin de faire ouvrir la porte, lorsque je vis une jeune fille sortir d'un cabinet situé entre le troisième et le quatrième étage. A sa figure, je la reconnus facilement pour être la personne à laquelle j'avais affaire; aussi, m'avançant vers elle : N'êtes-vous pas, lui dis-je, mademoiselle Nina Lassave? — Oui, monsieur, répondit-elle; je vois ce que c'est, vous venez pour m'arrêter. Il est fâcheux pour moi que vous soyez venu aujourd'hui, car j'avais l'intention d'en finir ce soir et *de me périr,* soit avec du poison, soit en me jetant à l'eau. J'entrai dans sa chambre; la malle en question était auprès du lit. J'avais enfin atteint le but de mes recherches! Je laissai Nina Lassave sous la garde de mes deux agents et j'allai tout de suite prévenir M. Joly, chef de la police municipale, de la capture que je venais de faire. Après m'avoir complimenté sur l'importance de la prise que j'avais opérée, il ajouta : « Cette arrestation, voyez-vous, va donner à la justice la clef de toute cette affaire et jeter un jour tout nouveau dans ses investigations. »

En effet, ce ne fut qu'après la confrontation de Nina Lassave avec Fieschi que celui-ci se décida à parler et que Pepin et Morey furent arrêtés.

Je quittai M. Joly et retournai rejoindre mes deux agents.

En attendant le commissaire de police que j'avais envoyé requérir pour procéder à une perquisition dans la chambre et dresser procès-verbal, je causai avec Nina Lassave et lui demandai, entre autres choses, si elle était bien attachée à Fieschi.

— Moi? fit-elle, je n'ai jamais pu le sentir! Je dirai plus, je n'ai jamais éprouvé que de la répugnance pour lui.

— Cependant, vous étiez sa maîtresse?

— Ah! cela, c'est tout une histoire et qui déjà remonte à longtemps. Fieschi était l'amant de ma mère, et pour cette cause je le détestais franchement; mais nous vivions tous ensemble, et il fallait bien en passer par là ou quitter ma mère, et je ne le voulais pas. Souvent Fieschi m'avait entretenue de son amour, et, profitant des sorties de ma mère, il m'avait pressée de me livrer à lui, mais j'avais toujours repoussé ses propositions et j'espérais l'avoir dégoûté par mes refus continuels, lorsqu'un jour, à la suite d'une querelle qu'ils avaient eue ensemble, ma mère s'absenta pour vingt-quatre heures. Je me trouvai seule avec lui. Pour m'inspirer plus de confiance, il ne me parla pas de sa passion de toute la journée. Le soir, sur les neuf heures, j'allai me coucher comme d'habitude : ma chambre était au rez-de-chaussée, la fenêtre donnait sur la cour. Je fermai ma porte à double tour et je me mis au lit. Vers minuit, je fus réveillée en sursaut : quelqu'un frappait à ma croisée. — Qui est là? criai-je sans me lever. — C'est moi, ma petite Nina, répondit Fieschi, ouvre-moi vite, je t'en prie, ouvre-moi! Sur mon refus et la menace d'appeler du secours, il se retira silencieusement. Je crus en être quitte pour la peur, mais grande était mon erreur, car, vers une heure du matin, je fus de nouveau réveillée par le bruit que produisaient en tombant par terre les débris d'un des carreaux de la fenêtre, puis je vis un bras passer par cette ouverture, ouvrir l'espagnolette, et enfin Fieschi sauter dans ma chambre. Tout cela s'était fait si rapidement que je n'avais pas eu le temps de me lever, et, muette de saisissement, je me trouvai à sa discrétion. J'eus beau chercher à me défendre, il fallut céder, et, à partir de cette nuit, malgré mes pleurs et mes supplications, je dus être sa maîtresse ! Il m'aime éperdûment et peut-être aurait-il su me rendre heureuse si j'avais répondu à son amour ; mais, comme je vous l'ai dit, je n'ai jamais eu que de la répugnance et de la haine pour lui : le corps a cédé, mais le cœur s'est toujours révolté.

Morey et Pepin furent arrêtés, et, quelques jours après, ce dernier fut extrait de sa prison sur un ordre du juge d'instruction et confié aux mains de M. Milliet, commissaire de police, et de deux agents pour être conduit chez lui afin de le faire assister à la vidange de la fosse d'aisances, dans laquelle on pensait qu'il avait pu jeter des armes ou des papiers compromettants. L'opération commença vers la fin de la soirée, et certes elle n'était pas des plus agréables. Le commissaire se tenait près des vidangeurs et examinait avec la plus scrupuleuse attention les matières qu'on retirait. Pepin était un peu plus loin, placé entre les deux agents. L'ouverture de la fosse se trouvait dans la cave, sous la boutique. Vers une heure du matin, Pepin remarqua que M. Milliet, uniquement occupé de ses recherches, ne s'inquiétait aucunement de lui ; il vit, en outre, que ses deux gardiens, cédant à la fatigue et aux émanations fétides qui se dégageaient, avaient succombé au sommeil. Alors, réunissant tout son courage, il franchit en trois enjambées les seize marches qui le séparaient de sa boutique. Quand le commissaire et ses agents s'aperçurent de la fuite de leur prisonnier, ce dernier était déjà en lieu de sûreté, car il se cacha, et se cacha si bien, que toutes les recherches de la police furent infructueuses.

Cependant Pepin, comme tant d'autres, trouva un Judas pour le trahir, et le 14 septembre, le chef de la police de sûreté fut chargé par le préfet d'accompagner un délateur, un ami de Pepin, qui connaissait sa retraite et lui avait promis de lui porter un passe-port pour fuir à l'étranger. J'étais de l'expédition avec une dizaine d'agents.

Le chef de la police de sûreté, le brigadier Fraudin et le délateur montèrent en voiture et partirent tous trois en éclaireurs ; les autres agents et moi, nous nous rendîmes au pont d'Austerlitz, en face la rue Lacuée, où des coucous loués à l'avance nous attendaient et nous transportèrent à Tournan, lieu fixé pour le rendez-vous. Nous y arrivâmes vers quatre heures de l'après-midi. Pendant ce temps, nos éclaireurs avaient été jusqu'au village de Saint-Germain-les-Couilly; ils s'étaient aventurés un peu sur la route de la ferme de Belleyme, où Pepin se tenait caché; puis N***, le délateur, avait déclaré que le moment n'était pas propice, et qu'il faudrait revenir dans quelques jours; tous trois nous avaient rejoints. Pour se donner une tournure et ne pas éveiller les soupçons, la plupart des agents avaient trouvé moyen de se munir de carniers et de fusils de chasse; mais cette tenue prédisposait encore aux conjectures, car les habitants de la petite ville ne savaient que penser de tous ces chasseurs ne chassant rien en apparence, puisqu'en réalité ils n'étaient venus que pour une chasse à l'homme. En conséquence, je proposai de renvoyer à Rosoy une partie des agents pour y coucher.

La chose étant convenue, j'appelai un de nos brigadiers que je savais être sinon poltron, du moins peu courageux, et je lui dis :

— Il a été convenu que l'on passerait la nuit en surveillance dans les champs (à ces mots je vis un léger frisson courir par tous ses membres). Mais, continuai-je, comme on ne pourrait qu'éveiller des soupçons en restant tous ici, six suffiront pour la surveillance, et vous allez, avec les autres agents, retourner à Rosoy, vous y coucherez et vous nous y attendrez.

Notre poltron, enchanté de ne pas passer la nuit à la belle étoile, reprit à huit heures du soir la route de Rosoy et fit ses deux lieues, non-seulement sans murmurer, mais encore satisfait de cette faveur. Le lendemain, nous les prîmes en passant et nous rentrâmes à Paris.

Mais on ne devait pas en rester là, et, à bien prendre, ce qui avait été différé n'était pas perdu, car le 18 du même mois, nous reçûmes l'ordre de nous rendre à Meaux et de n'y arriver qu'à dix heures du soir. A cet effet, nous allâmes louer à la porte Saint-Denis deux coucous qui allèrent nous attendre rue de

Paradis-Poissonnière et nous nous mîmes en route. Le dénonciateur, cette fois, n'était pas avec nous. L'affaire était d'une haute importance pour la police. La première expédition ayant manqué, le préfet s'était réservé la conduite de celle-ci et avait gardé le délateur près de lui dans sa calèche. Un peu avant d'arriver à Claye, ils nous rattrapèrent et nous devancèrent sur la route; quant à nous, nous allions bien plus modestement que le fringant attelage du préfet, et, arrivées à Claye, les malheureuses haridelles, exténuées des efforts qu'elles avaient dû faire pour nous amener jusque-là, tombèrent, hors d'état de nous conduire plus loin, et nous dûmes prendre des chevaux de poste pour finir notre route. A dix heures du soir, nous faisions notre entrée dans l'ancienne capitale de la Brie, puis, descendant à l'hôtel de la *Herse d'or*, où le préfet était déjà, nous y soupions, et à minuit nous nous remettions en marche pour la ferme de Belleyme, située à environ dix kilomètres de Meaux. Les gendarmes de cette ville, qui avaient été requis par le préfet de police, nous accompagnaient.

Pepin avait été placé dans cette ferme par le meunier Collet, de Lagny, sous le prétexte que sa santé faible et chancelante demandait au grand air et à la tranquilité de la campagne une convalescence paisible et efficace; plusieurs fois il avait reçu dans cette retraite la visite de N***, son dénonciateur.

Dans sa dernière visite, N*** avait promis à Pepin de lui apporter un passe-port afin qu'il pût passer à l'étranger. Au lieu d'un passe-port, il lui apportait la mort.

A une heure du matin, nous traversions Coupray, village à six kilomètres de Meaux, et là nous prenions un guide, le sieur Vavasseur, pour nous conduire au refuge de Pepin; mais bientôt nous nous arrêtions au pied de la côte où est situé le village de Saint-Germain-les-Couilly, pour y laisser nos voitures et continuer notre chemin à pied sous la conduite de notre guide.

Pendant la courte halte que nous avions faite, le préfet s'était entretenu quelques instants en particulier avec le chef de la police de sûreté, qui vint ensuite me communiquer ce dont il avait été question entre eux.

— Croiriez-vous, me dit-il que M. le préfet veut absolument que j'aille à la ferme de Belleyme voir Pepin, en me présentant comme envoyé par N***, pour lui annoncer que le passe-port qu'il attend n'est pas prêt, mais que ce ne sera qu'un retard de quelques jours. Je vais peut-être me trouver là dans un coupe-gorge, car vous pensez bien qu'il n'est pas seul, et que s'il ne me reconnaît pas, ses complices le feront pour lui.

— Vous avez une chose fort simple à faire, lui répondis-je, retournez près du préfet, dites-lui que vous n'avez pas l'habitude de ces sortes d'expéditions et qu'en pareilles circonstances, c'est toujours moi qui opère; de cette façon, on me chargera sans doute de la mission et j'irai à la ferme à votre place.

— Oh! non! je ne puis faire une pareille proposition. J'en subirai toutes les conséquences; mais, ajouta-t-il en me remettant son portefeuille, dites bien à ma femme et à mes enfants, si je ne reviens pas, que c'est pour eux que je me suis sacrifié.

Heureusement pour lui, notre guide se trompa de route et nous égara si bien, qu'après avoir marché pendant toute la nuit, nous nous trouvâmes le matin au point du jour au bord d'un chemin où nous dûmes nous arrêter pour nous orienter; notre guide ne s'y reconnaissait plus.

Bientôt, à travers les brouillards du matin, M. le préfet, qui connaissait le plan de la ferme par ce que lui en avait dit N***, aperçut à notre droite une habitation assez importante, entourée de murs, et pensa que ce pourrait bien être la ferme que nous cherchions. Il fit appeler notre guide, qui, s'étant consulté avec N***, finit enfin par se reconnaître. Aussitôt, les gendarmes à cheval s'élancèrent pour cerner les murs de clôture, et une demi-douzaine d'agents durent les soutenir, afin que personne ne pût escalader cette enceinte sans être arrêté. En même temps, le préfet, le chef de la sûreté, moi et le reste des agents, nous nous dirigeâmes vers la grande porte d'entrée où nous frappâmes à coups redoublés.

Après dix minutes d'attente, la porte massive roula sur ses gonds rouillés. Le préfet interrogea lui-même le fermier

Rousseau, qui répondit à toutes les questions qu'on lui adressa : « Je ne connais pas ce monsieur Pepin, je ne sais pas ce que vous voulez me dire. » Pendant ce temps, nous nous étions dispersés dans les différents corps de logis, afin de les fouiller tous simultanément. Comme j'étais en train d'interroger du regard les coins et recoins d'une grande pièce dans laquelle je venais d'entrer avec le brigadier Fraudin, celui-ci pénétra dans une petite pièce y attenante et s'écria : Tiens! voilà un lit encore chaud! il n'y a pas longtemps que le paroissien en est sorti ! A cette exclamation, je me précipitai dans la pièce où il était ; pendant ce temps, il avait tiré le lit et ouvert un placard assez bien dissimulé qui se trouvait derrière ce lit à hauteur d'appui : Pepin y était debout en chemise, le dos collé contre le mur. Nous le fîmes descendre. En se voyant pris, sa première exclamation fut de nous prier de ne pas lui faire de mal ; mais s'apercevant bien vite que rien dans nos procédés ne justifiait sa crainte, ses idées prirent un autre cours et, nous adressant de nouveau la parole, il nous dit : Vous croyez peut-être que je suis carliste? eh bien, détrompez-vous, je saurai plus tard vous en donner des preuves certaines.

Le préfet arriva ; on fit habiller Pepin et on procéda à une perquisition qui n'amena d'autre résultat que la saisie d'un volume de Saint-Just, placé sur la table de nuit.

L'opération terminée, le préfet, accompagné de N***, regagna sa calèche et se dirigea vers Paris. Quant à nous, nous partîmes avec notre prisonnier. Dans l'un des coucous se trouvaient le chef de la sûreté, Pepin, trois agents et moi ; dans l'autre le restant de nos hommes.

Dans la première voiture, la conversation fut pendant tout le voyage gaie, enjouée, et à nous entendre, rien n'aurait pu faire présumer que parmi les causeurs se trouvait un homme réservé à l'échafaud. A Claye, nous déjeunâmes tous à la même table ; le déjeuner était composé d'une omelette et de côtelettes de mouton. Pépin mangea de bon appétit, tint hautement le dé de la conversation, et, une fois remonté en voiture, ne causa, depuis Claye jusqu'à Paris, que d'agriculture et de dessication de légumes. Il nous parla du prince de Rohan, qui s'occupait également d'agriculture et avec lequel il entretenait des relations suivies. « C'est à cause de mon intimité avec ce personnage, nous dit-il, qu'on me croit légitimiste. »

Je ne ne parlerai pas du procès de Fieschi, Pepin et Morey, tout le monde le connaît et sait quelle en fut la fin ; mais ce qu'on ignora, c'est que N***, l'ami de Pepin, le confident qui devait chercher à lui procurer les moyens de se sauver à l'étranger, reçut, dit-on, 25,000 francs pour prix de sa délation, et qu'il sut si bien faire fructifier cette somme, qu'au moment où j'écris ces lignes, il est à la tête d'un bel établissement et d'une fortune très-considérable.

Pepin a constamment nié sa complicité avec ses deux co-accusés, et sur l'échafaud même, au moment où on le liait sur la planche fatale, tournant sa tête en arrière, il s'écria : Mes amis, je suis innocent, je meurs innocent !

La planche bascula : la tête sous le couteau, Pepin s'écria encore : Je suis innocent !

Ce jour là, sa femme et ses quatre enfants étaient réunis, dès six heures du matin, dans sa chambre à coucher, et, agenouillés devant un crucifix, ils passèrent leur journée à demander à Dieu d'avoir pitié de leurs larmes et de prendre leur père et mari dans sa sainte miséricorde !

XXI

ASSASSINAT CAZES

« Au secours ! au meurtre ! à l'assassin ! » Tels étaient les cris qui retentissaient sur la route de Neuilly, le 9 octobre 1835, vers neuf heures du soir, par un temps obscur et pluvieux. Un jeune homme tombait frappé de quatre coups de poignard, et quoiqu'il eût appelé plusieurs fois à l'aide, bien qu'il eût pu, malgré ses blessures, se traîner jusqu'aux plus proches maisons et frapper aux portes, les habitants, croyant qu'il s'agissait de quelque ivrogne, ne s'émurent aucunement de ces cris. Quelques instants après, un omnibus vint à passer ; le conducteur, entendant des gémissements, fit arrêter la voiture, et trouva ce jeune homme étendu par terre, murmurant ces seules paroles : « Je suis bien malheureux ! je suis blessé à mort ! » Il le releva doucement, le transporta dans sa voiture et le déposa ensuite dans la boutique du marchand de vins Cotinet.

A peine cet infortuné eut-il été placé sur une chaise, qu'il expira sans avoir pu prononcer un seul mot. Sa chemise, ses vêtements, la chaise même étaient inondés du sang qui s'échappait en abondance de ses blessures, dont une à la poitrine, une sur l'épaule droite, une troisième au côté gauche et une quatrième dans le dos.

Aussitôt que la préfecture de police fut informée de ce crime, le chef du service de sûreté se rendit sur les lieux pour commencer une enquête. Il ne trouva sur la victime, pour tout renseignement de son identité, qu'un bulletin des diligences de Rouen portant sans autre désignation le nom de Cazes. Ce bulletin fut immédiatement envoyé à la préfecture avec un rapport ; le chef de la police municipale me le remit en m'enjoignant de faire toutes les démarches nécessaires pour découvrir l'assassin.

Conformément à ces ordres, je me mis à l'œuvre et je ne tardai pas à savoir qu'un individu du nom de Cazes, ouvrier armurier, demeurait rue de Valois-Batave, numéro 5. J'appris ensuite du propriétaire de cette maison que son locataire, garçon fort sage et fort rangé, n'avait pas reparu depuis trois jours, ce qui ne lui était jamais arrivé.

— Au surplus, ajouta-t-il, Cazes occupe une chambre conjointement avec un de ses camarades nommé Dublé, aussi ouvrier armurier ; mais celui-ci ne rentre que le soir à neuf heures, et si vous avez quelques renseignements à lui demander, il pourra probablement vous satisfaire.

— Mais où travaille ce Dublé?

— Je l'ignore.

Je me trouvais donc réduit à attendre jusqu'à neuf heures du soir l'arrivée fort problématique d'un garçon qui pouvait faire en route quelque rencontre et ne rentrer qu'à minuit ou même pas du tout. Cette dernière réflexion ôtant tout frein à mon impatience, j'allai au Palais-Royal au cabinet de lecture de la galerie d'Orléans, je pris les adresses des armuriers-arquebusiers, et me voilà parti, courant de boutique en boutique, d'atelier en atelier, demandant partout si on ne connaissait pas un nommé Dublé, demeurant rue de Valois-Batave, numéro 5.

— Attendez donc, me répond un des employés de l'armurier de la rue du Coq-Saint-Honoré, je le connais, il doit travailler au tir de l'Allée-des-Veuves.

Et, toujours courant, je me dirigeai vers les Champs-Élysées, au tir indiqué, où je trouvai Dublé en train d'arranger une paire de pistolets.

Je crus ne devoir adresser à ce jeune homme aucune question relative à l'assassinat de son camarade dans la crainte de commettre une indiscrétion qui aurait pu entraver le succès de l'affaire; d'ailleurs, j'ignorais complètement ce qui se passait à Neuilly. Aussi dis-je à Dublé que M. le procureur du roi désirait le voir à l'instant pour lui demander quelques renseignements au sujet d'un jeune homme qui, la veille, avait été arrêté porteur d'armes prohibées qu'il prétendait tenir d'un de ses amis nommé Dublé.

L'armurier me suivit sans difficulté, mais, au bout d'un moment, il me demanda quelles étaient les armes saisies sur ce jeune homme.

— Ce sont des pistolets de cavalerie.

— Et vous dites qu'il me connaît?

— Il prétend être fort intime avec vous

— Connaissez-vous son nom?

— Non. Je l'ai bien entendu prononcer, mais je ne me le rappelle pas.

— Ah ! mais comment est-il ?

En réponse à cette demande, je lui bâtis un signalement de ma façon. Tout en causant de la sorte, nous arrivâmes à la préfecture de police; mais, au lieu de le mener au cabinet du procureur du roi, je le fis conduire par deux agents à Neuilly pour y être confronté avec le cadavre, qu'il reconnut. A son retour à Paris, Dublé fut écroué au dépôt ; le lendemain, aux questions qui lui furent adressées, il déclara très-franchement que son camarade était parti pour Rouen ou le Havre, après lui avoir confié qu'il ne faisait ce voyage que pour sauver l'honneur d'un de ses amis, qui l'avait à plusieurs reprises chargé de toucher des traites chez les banquiers, et en dernier lieu chez M. Lebœuf, rue Hauteville.

— J'ignore le nom de cet ami, ajouta Dublé, je sais seulement qu'il doit être employé à la poste ou aux douanes, qu'il a un frère officier, et qu'il demeure en garni, rue des Vieux-Augustins; le numéro m'échappe, mais je reconnaîtrai bien la maison si l'on veut m'y conduire.

Le chef du service, Dublé et moi montâmes en fiacre, et bientôt nous arrivâmes à la maison qui nous fut désignée par l'armurier; le concierge, interpellé, nous déclara que l'individu que nous demandions se nommait X***, qu'il avait effectivement été son locataire, mais qu'il avait quitté l'hôtel sans laisser sa nouvelle adresse. « Du reste, ajouta-t-il, si vous voulez attendre un instant, je vais voir si ma maîtresse la connaît. » Celle-ci demeurait au premier; le cerbère monta l'escalier, nous le suivîmes et nous l'entendîmes dire : « Des messieurs demandaient l'adresse de M. X***, et, comme il me l'avait recommandé, je leur ai dit que je l'ignorais. » Sans en entendre davantage, le chef de service de sûreté s'avança, fit connaître sa qualité et reprocha à la propriétaire du garni de prêter la main aux subtilités d'un malfaiteur pour le faire échapper à la justice. La dame, effrayée, intima au portier l'ordre de nous dire la vérité, et celui-ci, changeant tout aussitôt de ton, nous apprit que X*** était employé à la poste, qu'il vivait avec une femme qui lui faisait mener grand train, et que, déménagé depuis quelques jours seulement, il demeurait avec elle, rue de Tivoli, numéro 20.

A la suite de cette visite, Dublé fut réintégré au dépôt; j'allai voir M. Lebœuf, qui m'apprit que peu de jours auparavant un jeune homme, répondant parfaitement au signalement de Cazes, était venu toucher des mandats : « Je regrette, me dit-il, de les avoir payés, car je reçois à l'instant la nouvelle que ces mandats ont dû être soustraits dans une lettre à la poste. » Cette dernière particularité vint corroborer les présomptions qui existaient contre X***; aussi, en quittant le banquier, me rendis-je immédiatement à l'hôtel général des postes. Je m'adressai à un chef de division, auquel je fis connaître ma qualité et l'objet de ma mission. Après être convenu du prétexte qu'il mettrait en avant, il fit venir X*** dans son cabinet.

— Voilà monsieur, lui dit-il, qui vient vous prier de vouloir bien vous rendre avec lui près du juge d'instruction, qui n'attend que votre témoignage pour mettre en liberté un jeune homme qui prétend être votre ami d'enfance et qui a été arrêté hier pour voies de fait.

La pilule était dorée, X*** l'avala sans hésitation et me suivit; seulement, en chemin, je fus obligé de répondre à des questions en quelque sorte analogues à celles qui, deux jours auparavant, m'avaient été adressées par Dublé, et à confectionner encore un signalement de pure invention. On devine facilement qu'une fois à la préfecture il y demeura.

Une visite faite à son domicile amena, entre autres objets, la saisie d'un poignard dont la pointe était émoussée. Confronté avec le cadavre de Cazes, X*** nia l'assassinat, bien que les médecins déclarassent que le poignard saisi chez l'inculpé était semblable, par sa dimension, à celui qui avait frappé la victime.

Devant la cour d'assises, X*** soutint son système de dénégations et ne fut condamné qu'à sept ans de travaux forcés pour soustraction de lettres chargées, le jury ayant écarté le chef d'accusation d'assassinat.

XXII

LES COQUEURS OU DÉNONCIATEURS

Le *coqueur* ou compère de voleur, être méprisable, mais utile à la police pour prévenir le crime ou saisir les malfaiteurs en flagrant délit, se recrute habituellement : 1° dans les repris de justice auxquels la réclusion a donné à réfléchir ; 2° dans les vagabonds ou gens sans aveu, chez qui la paresse, régnant en souveraine, rejette bien loin toute idée de travail et surtout le labeur assidu du véritable ouvrier ; 3° parmi les êtres ignobles qui, dépouillant toute dignité personnelle, vivent aux dépens de la prostitution des filles publiques ; 4° parmi les bohémiens, qui, sur les places et aux barrières, exercent le métier de banquistes et de saltimbanques.

Le genre de vie que mènent ces individus, l'existence crapuleuse d'un grand nombre d'entre eux, constamment relégués dans les bouges les plus infects et les bas-fonds de la société, les mettent journellement en contact avec les voleurs de profession, les prostituées de bas étage et tous les malfaiteurs dont ils ne diffèrent en général que par la crainte d'un châtiment qu'ils redoutent d'affronter, et par ce manque de hardiesse qui fait qu'un homme criminel par la pensée et le désir n'a pas l'audace d'accomplir ses coupables desseins. Ces *coqueurs*, compères de voleurs, trouvent plus avantageux pour leur tempérament pusillanime de dénoncer à la police les vols ou délits qui ont pu parvenir à leur connaissance, certains d'être récompensés pécuniairement suivant l'importance de la prise qu'ils auront procurée à l'autorité.

Deux sortes de *coqueurs* sont à la dévotion de la police : les *coqueurs* libres et les *coqueurs* détenus. Ceux-ci sont ainsi nommés parce qu'ils rendent des services dans les prisons où ils se trouvent enfermés. Mais je laisse un instant ces derniers pour m'occuper plus particulièrement de la première catégorie.

Le *coqueur* libre est obligé de passer son existence dans les orgies les plus ignobles ; en relations constantes avec les voleurs de professsion, dont il est l'ami, il s'associe à leurs projets. Pour lui tout est bon : vol, escroquerie, incendie, assassinat même ! Qu'est-ce que cela lui fait? pourvu qu'il puisse *manger* (dénoncer) sur quelqu'un et qu'il en tire un bénéfice. Quelques fois il fait mieux : il prend, à l'insu de la police, le rôle d'instigateur et de provocateur : il imagine *une affaire*, en calcule les différentes chances, en établit les bénéfices, en dirige tous les ressorts, et, quand ceux qu'il veut vendre sont d'accord avec lui pour la mise en œuvre de son projet, il court prévenir le service de sûreté, et fait saisir en flagrant délit ses complices, c'est-à-dire ses victimes. Dans tous les cas, s'il ne peut se détacher des malfaiteurs dont il médite la perte, un mot écrit à la hâte au crayon et remis secrètement à un commissionnaire, avertit la police que tel jour, à telle heure, à tel endroit, elle trouvera le moyen d'exercer son office pour le maintien de la sûreté de tous.

Une autre espèce de *coqueurs* libres se recrute dans la partie la plus infime et la plus dégradée du genre humain, je veux parler des souteneurs de filles publiques. Un souteneur sans sa *marmite* (sa maîtresse) est un ouvrier sans ouvrage, un employé sans place, un médecin sans malade ; pour lui tout est là : fortune, bonheur, amour, si ce n'est pas profaner ce dernier mot que de lui donner une acception quelconque en égard au souteneur. Or les contraventions sont nombreuses pour les filles publiques ; la moindre infraction aux règlements de police est punie administrativement d'un emprisonnement plus ou moins long, mais à coup sûr toujours ruineux pour le souteneur qui a les dents au ratelier pendant le temps que sa *marmite* est à Saint-Lazare.

Pour sortir de cette position fâcheuse, un bon souteneur doit avoir constamment dans sa poche l'adresse de quelque adroit voleur, recherché activement, mais sans succès par la police, ou l'indication précise de quelque vol à commettre, enfin quelques renseignements utiles à la sûreté. Alors il va trouver le chef de ce service et lui propose, en échange de la liberté de sa maîtresse, les indications dont il peut disposer. Il est rare qu'on ne s'entende pas, et, après l'arrestation des individus signalés, la Dulcinée est relaxée.

J'ai connu un souteneur nommé Coutellier, celui-là même qui, d'après la déclaration de Lacenaire lors de son jugement, lui avait prêté sa chambre de la rue Sartines pour y assassiner un garçon de banque. Ce Coutellier avait toujours dans plusieurs quartiers cinq ou six *marmites*, qui tous les soirs, lorsqu'il faisait sa tournée, lui remettaient chacune une ou deux pièces de cinq francs. Cet homme était en grande réputation près des filles, et extrêmement recherché par elles, à cause des nombreuses révélations qu'il avait faites et qu'il faisait à chaque occasion à la police. Uniquement occupé de recueillir auprès des repris de justice et des femmes *dites à voleurs* des renseignements sur les malfaiteurs en rupture de ban, les forçats évadés, et en général sur tous ceux qui avaient à craindre de tomber entre les mains de la justice, il ne laissait jamais une de ses *marmites* plus de deux ou trois jours à Saint-Lazare, car à peine la nouvelle de son incarcération lui était-elle parvenue qu'il courait à la préfecture, et obtenait par ses renseignements précis la liberté de la délinquante.

Un autre souteneur, que j'ai été à même de voir fort souvent, se livra aussi pendant longtemps aux mêmes occupations que l'homme aux *six marmites;* mais celui-ci, n'ayant qu'une seule maîtresse, avait fait une spéculation et avait établi une espèce de bureau d'agent d'affaires où, au moyen d'une certaine somme, un souteneur ayant sa *marmite* à Saint-Lazare, venait acheter quelque bonne délation qui pût lui faire obtenir la liberté de la prisonnière. Un jour, un de ces hommes vivant du prix honteux de la prostitution, vit sa maîtresse condamnée à six mois de prison, pour s'être battue sur la voie publique; l'affaire, comme on le voit, était grave, et pour lui c'était une demi-année de revenus entièrement perdus. Il alla trouver l'homme aux renseignements, mais il fallait quelque chose d'important, car la punition était forte : le vendeur proposa l'adresse de deux voleurs fameux, recherchés depuis longtemps par la police, et demanda un prix ; l'acheteur en offrit un autre, tout comme s'il s'agissait de l'achat d'une marchandise. Enfin l'acheteur finit par payer trois cents francs l'adresse en question.

Trois cents francs ! on voit que le métier était bon !

La délation, ou pour parler le langage des voleurs, le *coquage* n'a pas été flétri seulement par des hommes d'honneur, mais encore par des voleurs et des assassins, qui ont rejeté avec indignation la proposition qu'on leur faisait d'alléger leurs peines s'ils voulaient dénoncer leurs camarades. Et, à cette occasion, je rappellerai l'opinion de l'assassin Lacenaire. Il disait que le malfaiteur qui après son arrestation dénonçait ses complices commettait la plus grande des lâchetés, et que le *coqueur* ou compère de voleurs libre qui s'associait avec des camarades pour commettre un vol, afin de les dénoncer ensuite à la police, était cent fois plus méprisable que ceux qu'il faisait appréhender.

Lacenaire, arrêté pour faux et dénoncé ensuite par ses complices pour assassinat, ne devint *coqueur* que pour se venger de ceux qui l'avaient trahi, et encore ne fut-ce qu'après qu'il se fut informé de la vérité et qu'il eut acquis des preuves de la délation de ses associés.

L'origine des *coqueurs* détenus, c'est-à-dire la délation entre prisonniers, remonte à l'antiquité la plus reculée, ou pour mieux dire, elle a toujours existé. En effet quel que soit le pays, quelque époque de l'histoire que l'on consulte, on verra toujours que le criminel a cherché à s'attirer la bienveillance et la faveur de ses juges en rejetant sur ses complices l'énormité du crime, et en faisant son possible pour trouver des preuves contre ses coaccusés. En ce sens, le coquage entre détenus serait une chose assez naturelle, elle aurait pour principe cet instinct égoïste qui existe dans la généralité de l'espèce humaine, de sacrifier son prochain pour se sauver soi-même ; mais là, comme ailleurs, l'abus est arrivé après l'usage ; on avait d'abord vendu ses frères pour faire adoucir les peines qu'on savait avoir encourues, on finit par en faire un métier et un moyen permanent de s'attirer la reconnaissance et les récompenses pécuniaires de la police.

Il existe deux sortes de *coqueurs* détenus : la première, qui prend le nom de *mouton*, est composée d'individus qui, renfermés dans les prisons, cherchent à captiver la confiance de leurs compagnons de détention pour obtenir l'aveu des crimes qu'ils ont commis, et la connaissance des preuves et pièces de conviction qu'on pourrait produire à leur charge. Lorsque deux de ces individus se trouvent dans la même prison, ils ignorent complétement le rôle qu'ils jouent chacun de son côté, et il n'est pas rare de voir ces deux *moutons* multiplier des rapports pour se dénoncer mutuellement, croyant rendre de grands services à la police et en être généreusement récompensés.

Les qualités essentielles du *coqueur* détenu sont, avant tout, l'habileté et la prudence. Il est excessivement difficile et même fort dangereux de jouer un rôle pareil dans une prison, car celui qui est *mouton* court risque d'être assassiné par ses compagnons s'ils viennent à le savoir ; aussi la police parvient-elle rarement à décider les voleurs à *moutonner* leurs camarades.

La deuxième classe, que les voleurs désignent sous le nom de *musique*, est composée de tous les malfaiteurs qui, après leur arrestation, *se mettent à table*, c'est-à-dire font des révélations sur les vols qu'ils ont commis, ainsi que sur leurs complices. Ces *coqueurs*, pendant le cours de l'instruction qui dure quelquefois un an ou deux, sont placés à la Conciergerie, dans une pièce séparée et n'ont aucune relation avec les autres prisonniers, qui, sans cette précaution, leur feraient un mauvais parti pour se venger de leur trahison.

Recevant toutes les semaines, en récompense des services rendus, une ou deux pièces de cinq francs, suivant l'importance des renseignements qu'ils ont donnés à la police, ils attendent tranquillement le jugement de leur affaire, et, après leur condamnation, restent à la Conciergerie ou sont envoyés à Sainte-Pélagie, dans des salles séparées, pour y subir leur peine. Là, ils trouvent encore moyen de rendre des services à la police, qui fait passer devant eux tout individu arrêté qu'elle suppose devoir être un repris de justice, un voleur de profession ou un forçat en rupture de ban, dont elle croit ne pas connaître le véritable nom, et s'il appartient à l'une de ces trois catégories, il est rare qu'il ne soit pas reconnu par l'un des *musiciens*.

L'immense avantage que le *coqueur* obtient par ses services est qu'au bout d'un certain temps la police lui fait obtenir une commutation de peine, et que, lorsqu'il a subi la moitié de celle-ci, elle propose la grâce pleine et entière qui presque toujours est accordée. Malheureusement, la plus grande partie de ces hommes, après leur mise en liberté et malgré tout le désir qu'il ont primitivement manifesté de retourner au bien, retombent dans les mêmes fautes, les uns par paresse, les autres parce qu'ils se laissent entraîner par d'anciens camarades, et enfin quelques-uns parce que leurs mauvais instincts, un moment enchaînés, reparaissent bientôt plus violents que jamais. Replacés sous la main de la justice, ils se voient presque toujours appliquer le maximum de la peine, comme récidivistes. Je pourrais citer vingt exemples de *coqueurs* ainsi condamnés, je me contenterai de nommer Tabouret, Séguin, Fréchard et Jadin; ce dernier finit par porter sa tête sur l'échafaud.

Lacenaire, qui, ainsi que je viens de le dire, n'était devenu *coqueur* que pour se venger des délations de ses complices, a failli être victime de la position qu'il avait prise vis-à-vis de ses deux coaccusés : un jour, François, en revenant de l'instruction, raconta à ses camarades de la Force que le juge l'avait interrogé sur la tentative d'assassinat du garçon de recette Genevey, qu'on lui avait parlé de circonstances que Lacenaire pouvait seul connaître, et il ajouta : *C'est un misérable qui m'a dénoncé!* Aussitôt, un complot fut formé pour assassiner le *coqueur* à la première occasion favorable, et le secret fut si religieusement gardé, que Lacenaire, qui était dans le même bâtiment, n'en eut aucun soupçon. Le lendemain, le complice d'Avril et de François alla à l'instruction, mais à son retour les conjurés l'assaillirent et l'auraient immanquablement tué, si les gardiens n'étaient arrivés à temps pour le sauver des mains de ces furieux. Avorté pour cette fois, le complot n'en subsista pas moins, et plusieurs tentatives eurent lieu ; entre autres, un pavé lui fut lancé d'une fenêtre sous laquelle il passait et ne fit que lui effleurer la tête ; cette tête ainsi sauvée ne devait pas tomber dans une misérable vengeance personnelle, mais sous la hache du bourreau.

Il existe encore une autre classe de *coqueurs,* cent fois plus méprisables que ceux dont la police se sert ; ce sont les individus qui, en vue d'une basse vengeance ou d'un vil intérêt, dénoncent leur père, leurs frères, leurs parents.

Je vais raconter quelques-unes de ces affaires pour donner une idée de la vénalité qui existe dans certaines âmes.

Un jour, je vis entrer dans mon cabinet un monsieur fort bien mis, qui, apercevant mon secrétaire, demanda à m'entretenir un instant en particulier ; j'acquiesçai à sa demande, et, dès que nous fûmes seuls, il me dit : Monsieur, je vais vous donner sous le sceau du secret l'adresse d'un homme qui a été condamné par contumace aux travaux forcés à perpétuité, et qui jusqu'à présent a su se cacher aux yeux de la police.

J'inscrivis le nom et l'adresse qu'il me dicta, et lui demandai à lui-même qui il était.

— Monsieur, me répondit-il, des raisons graves m'ont amené après de sérieuses réflexions à vous faire la révélation qui m'a procuré l'avantage de vous voir aujourd'hui, je désire rester entièrement inconnu, car les motifs qui ont dicté ma conduite en cette circonstance ne sont puisés que dans le désir d'être utile à la société, sans vouloir en tirer bénéfice.

Trouvant très-étrange cette prétention à l'incognito de la part d'un homme qui faisait une telle démarche, je feignis de me rappeler tout à coup que j'avais un ordre d'extraction à donner pour un prisonnier de la Force, et, demandant à mon visiteur la permission de libeller cet ordre, je profitai de ce prétexte pour écrire au brigadier de permanence qu'il eût à faire suivre cet individu à sa sortie, afin de découvrir son nom et son adresse ; puis j'appelai mon garçon de bureau, en lui disant : Vous allez tout de suite porter cet ordre pour qu'on envoie chercher à la Force le prisonnier qu'on doit conduire en perquisition.

La conversation continua avec le dénonciateur ; je lui demandai quelques renseignements sur le contumace, et j'appris que c'était un mécanicien à la tête d'un très-bon établissement; puis mon inconnu me quitta, et deux heures après je savais à qui j'avais eu affaire.

Le lendemain, à cinq heures du matin, le mécanicien fut arrêté, et, dès que j'arrivai à mon cabinet, je me le fis amener pour l'interroger ; mais il ne m'en donna pas le temps, et, en versant d'abondantes larmes, il me raconta son histoire en ces termes :

« Je suis du département de la Somme; en 1816, j'avais alors seize ans, les récoltes manquèrent complétement, le pain fut hors de prix et l'on fit courir le bruit dans les campagnes que certains individus accaparaient les grains pour le compte des Anglais. Nous nous réunîmes en grand nombre pour arrêter les convois de grains que le gouvernement envoyait où il y avait urgence ; nous attaquâmes un de ces convois, plusieurs de mes camarades furent arrêtés, mais je parvins à me sauver, et, par mon travail incessant et des peines sans nombre, j'étais arrivé à me créer l'établissement que je dirige, lorsque le malheur a voulu que je sois arrêté.

— Mais vous aviez donc confié ce secret à quelqu'un ?

— A une seule personne, monsieur ! à mon beau-frère, mais certes ce n'est pas lui qui m'a vendu !

— Que fait votre beau-frère ? comment s'appelle-t-il ?

Le nom et l'adresse qu'il me donna concordaient parfaitement avec ceux recueillis par l'agent chargé de suivre le délateur.

Quant au motif de cette lâche trahison, le voici : les deux beaux-frères étaient établis tous deux dans la même partie;

l'un, le contumace, prospérait grâce à sa bonne conduite ; l'autre, par une raison contraire, se trouvait dans de mauvaises affaires, et, l'envie aidant, il avait dénoncé le mari de sa sœur. Ce dernier, jugé de nouveau, fut acquitté sur les conclusions du procureur général, qui avait été informé de toutes ces circonstances.

Un nommé P*** avait été gravement compromis dans une tentative d'assassinat, mais il s'était si bien caché que toutes les recherches de la police pour le découvrir étaient restées infructueuses. On jugeait cette affaire; le président de la cour d'assises avait recommandé au préfet de police de faire tout son possible pour parvenir à l'arrestation de cet individu, qui par sa présence aux débats pouvait jeter un grand jour dans l'accusation un peu embrouillée par les dénégations de plusieurs des accusés. Les investigations continuaient avec une énergie toute nouvelle, mais sans plus de succès, lorsque la sœur de cet homme vint prévenir la police que son frère était caché chez elle depuis un mois.

— Vous pensez bien, ajouta-t-elle, que je ne puis pas toujours le garder ainsi chez moi, ça coûte....

On convint avec la digne sœur d'aller opérer l'arrestation de son frère pendant la nuit ; à deux heures du matin, je me rendis à son domicile avec plusieurs agents : la maison fut cernée, et P*** fut arrêté au moment où il prenait la fuite en sautant par une fenêtre.

Une autre fois, c'est un jeune homme qui vint me dénoncer son frère aîné, lequel disait-il, volait sur les grandes routes en montant sur l'impériale des diligences pour s'emparer des paquets, malles ou sacs qui s'y trouvaient. Quelques jours après cette déclaration, le dénoncé vint à son tour me dire :

— Monsieur, j'ai appris que mon frère était venu me signaler comme étant un voleur ; c'est un misérable qui veut se débarrasser de moi, parce qu'ayant des relations intimes avec ma femme, ma présence le gêne.

Entre ces deux estimables frères, il fallait prendre un parti et croire l'un des deux. Je fis prendre des renseignements et j'acquis bientôt la certitude que le premier était bien réellement un voleur sur les diligences, mais que le second était l'amant de sa belle-sœur! Plus tard je fis arrêter le mari, à la suite d'un vol d'un sac de 800 francs en pièces de cinq francs, commis sur une diligence, et, pendant tout le temps de sa détention, la femme vécut publiquement avec le frère de son mari!

Un jour, on m'amena un vieillard, forçat libéré, en état de rupture de ban. Ce malheureux, incapable, vu son grand âge, de se livrer à aucun travail manuel, vendait sur la voie publique des fruits dans un panier. En 1796, il avait été condamné à mort pour fabrication de faux écus de six livres; mais sa peine avait été commuée en celle des travaux forcés à perpétuité, et enfin plus tard il avait été gracié. J'eus compassion de ce vieillard, et, le faisant mettre en liberté, je lui obtins la permission de rester à Paris, où il n'avait pour tout parent qu'un petit-fils qui refusa de venir à son secours, et bientôt, pour être affranchi dans l'avenir de toute obligation légale, cet excellent petit-fils vint me dénoncer son grand père comme fabricant de la monnaie de billon. Le vieillard fut arrêté une seconde fois : on saisit dans son galetas toutes les matières et les outils propres à cette fabrication, et, condamné de nouveau, il fut envoyé, vu son grand âge, finir ses jours dans une maison centrale.

Voilà malheureusement comment certaines natures pratiquent le culte de la famille!

Je finirai ces déplorables exemples par le récit de l'épouvantable combinaison froidement préméditée par une nature hypocrite et perverse, chez laquelle tout sentiment filial était complétement absent.

Quatre malfaiteurs furent arrêtés comme étant les auteurs de nombreux vols qualifiés, commis dans les environs de la capitale; l'un de ces malfaiteurs, nommé P***, âgé de vingt-quatre ans, jeune homme instruit, aux manières distinguées, au regard doux, m'avait tout d'abord inspiré quelque intérêt. Après les avoir interrogés, je les envoyai passer la nuit au dépôt de la préfecture de police, mais le lendemain je fis extraire P*** de sa prison pour être amené à mon cabinet; je l'engageai, dans son intérêt, à entrer dans la voie des révélations. Après quelque hésitation, il se décida à me faire connaître tous les vols qu'il avait commis, et m'indiqua la part que chacun de ses complices avait prise à la perpétration de ces méfaits. De tels aveux me donnèrent la mesure de ce que je pouvais espérer de lui, je le fis placer à la Conciergerie dans la salle des *musiciens* pour qu'il continuât son rôle de révélateur. Quelques mois plus tard, tous quatre passèrent en cour d'assises; ses trois complices s'entendirent condamner chacun à dix ans de travaux forcés, tandis que lui, en considération de ses dénonciations, ne fut condamné qu'à huit ans de réclusion. Les trois premiers furent transférés à la prison de la Roquette, en attendant leur départ pour le bagne; quant à P***, mon nouveau *coqueur*, il resta à la Conciergerie. Peu de temps après le prononcé de ce jugement, un de mes *musiciens* était mis en liberté; il vint en sortant de la prison me rendre visite et me confier en même temps que P***, mon jeune *coqueur*, lui avait dit que s'il avait à sa disposition une certaine somme d'argent, il pourrait s'évader de la Conciergerie, qu'il connaissait bien un moyen de se procurer cette somme, mais que pour cela il lui faudrait un ami fidèle et sûr, et que cet ami, il croyait l'avoir trouvé en lui; d'ailleurs, avait-il ajouté, la chose peut se faire sans aucun danger. Le *musicien*, feignant d'être prêt à tout, lui avait demandé de quelle opération il s'agissait; P*** lui avait alors expliqué son projet en ces termes:

— Voilà ce que tu auras à faire : tu iras rue ***, dans la maison de M. X***, banquier, dont la caisse est tenue depuis très-longtemps par mon père, qui a son bureau à l'entresol, la porte à droite ; tous les jours, de quatre à cinq heures, il y est seul à faire ses comptes; tu te présenteras à cette heure, tu sonneras, il ouvrira un guichet pour savoir ce que tu veux, tu lui diras que tu viens de la part de son fils pour lui communiquer quelque chose de très-important, et sans nul doute il te fera entrer dans son bureau, et là, seul avec lui, tu pourras facilement le poignarder, et lorsqu'il sera mort, tu prendras dans une poche intérieure de son gilet les clefs de sa caisse que tu ouvriras, et où tu trouveras de dix à douze mille francs, tu m'en remettras la moitié et tu garderas l'autre pour toi.

Après avoir entendu cette épouvantable révélation, non sans frissonner de la tête aux pieds, je fis passer mon *musicien* dans une pièce voisine et j'envoyai chercher immédiatement le misérable P***, auquel je dis sans préambule et à brûle-pourpoint :

— Vous avez chargé quelqu'un d'assassiner votre père, vous? A cette apostrophe inattendue, il pâlit et voulut nier, mais je fis approcher aussitôt son prétendu complice ; à sa vue, P*** avoua tout ce que son camarade venait de me raconter. Quoique habitué depuis longues années à voir des assassins, à les entendre, à leur parler de leurs crimes, je ne pus, dans cette circonstance, maîtriser un mouvement d'indignation. — Vous êtes un monstre, lui dis-je, qui me faites cent fois plus horreur que tous les assassins qui m'ont passé par les mains et qui ont porté leur tête sur l'échafaud! Puis, m'adressant aux agents : Emmenez-le, que je ne le revoie jamais!

Et tout de suite j'allai rendre compte de cette scène au préfet, qui prit immédiatement ses mesures, pour que ce misérable subît sa peine dans une maison centrale.

XXIII

LE COLONEL LABÉDOYÈRE

S'il est une chose ignoble dans la société, c'est la délation ; les cœurs se glacent à la pensée de ces hommes qui viennent à vous le sourire aux lèvres, les bras ouverts, qui vous serrent la main avec les plus chaleureuses protestations d'amitié et qui vont ensuite vous livrer au bourreau. Mais si l'individu dénoncé est un bienfaiteur qui ait comblé de ses bontés celui qui vient de le vendre, si le misérable secouru jadis par une main généreuse n'a trouvé dans son cœur, au lieu de reconnaissance, que les inspirations de la plus infâme trahison et n'a pas reculé devant le rôle odieux de délateur, oh! alors, je vois les poitrines soulevées par le dégoût qu'inspire cet homme, et les yeux exprimer le mépris et l'indignation qu'il mérite. Aussi, ne puis-je m'empêcher d'éprouver une certaine émotion en citant le fait suivant.

En 1820, il existait parmi les officiers de paix en fonctions un petit homme au corps replet, à l'œil vif, au teint coloré, d'une figure assez agréable, de manières distinguées, ayant un langage des plus choisis et une conversation tellement attachante qu'on aurait pu la prendre pour de l'éloquence, enfin une tenue irréprochable, invariablement composée d'un habit et d'un pantalon noirs ainsi que d'une cravate blanche. Tel était au physique le portrait de M. D***, qui devait sa position aux services exceptionnels qu'il avait rendus à la police dans les circonstances que je vais raconter.

D*** avait été dans sa jeunesse l'obligé de la famille Labédoyère, obligé au premier degré, car il avait été reçu fort jeune et en quelque sorte élevé dans la maison. Plus d'une fois, la mère de M. Labédoyère avait fermé les yeux sur certaines actions que, dans sa bonté d'âme, elle taxait d'enfantillages et d'espiègleries, mais qui auraient pu recevoir une qualification plus sérieuse. Enfin, après une faute des plus répréhensibles, D*** s'enfuit de la maison qui l'avait recueilli et passa en Espagne, d'où il ne revint qu'en 1814, à la suite de l'armée française. Arrivé à Paris, il demanda et obtint son admission à la police en qualité d'inspecteur.

La première restauration eut lieu, puis le retour de l'île d'Elbe, les cent jours, et enfin la rentrée de Louis XVIII. Cette seconde restauration amena de nombreuses listes de proscription, et parmi ceux qui, pendant les cent jours, s'étaient rapprochés de Napoléon, un grand nombre payèrent de leur sang ou de l'exil le crime d'avoir été fidèles à leurs convictions.

Le colonel Labédoyère fut au nombre de ces malheureuses victimes. Profondément attaché à l'empereur, il s'était empressé de se joindre à lui lors de son passage à Grenoble, au retour de l'île d'Elbe. Or, un tel acte ne pouvait que le rendre odieux au parti royaliste; aussi, après les cent jours, Labédoyère se vit-il forcé de prendre la fuite. Pendant quelque temps, il se cacha en province, mais on se lasse de tout, même de la prudence, et, quittant la retraite sûre où il aurait pu attendre de meilleurs jours, ou tout au moins trouver les moyens de passer à l'étranger, il revint à Paris malgré les conseils de ses amis, et y fut arrêté dans une maison du faubourg Poissonnière. Conduit à la Conciergerie et incarcéré avec les nombreuses victimes de cette époque néfaste, Labédoyère se trouva privé de toute communication au dehors; mais des cœurs dévoués, des amis sincères veillaient sur lui et formèrent le projet de le faire évader. L'âme de ce projet était une digne et respectable femme toute dévouée à la famille de cet infortuné, et disposée à acheter de sa vie, s'il le fallait, la délivrance de son cher protégé. Elle avait préparé et arrangé tous les ressorts de cette affaire; un employé de la prison était gagné moyennant la somme de 10,000 francs; un seul point restait encore à résoudre: il fallait trouver le moyen de faire sortir de Paris le colonel aussitôt après son évasion. Jugeant les autres d'après son propre cœur, cette brave femme alla trouver D***; elle lui confia, sous le sceau du secret, les moyens de salut préparés par elle et ses amis pour assurer la fuite de Labédoyère, et lui fit part de l'embarras dans lequel elle se trouvait pour mener à bonne fin cette œuvre de délivrance. Puis, lui rappelant tout ce qu'il devait au colonel et à sa famille, rénumérant les bienfaits qu'on lui avait prodigués, les services qu'on lui avait rendus, elle le conjura de se joindre à elle dans cet acte de dévouement, en l'aidant à faire sortir Labédoyère de la capitale.

D***, feignant l'attendrissement, promit qu'à l'aide de sa carte d'inspecteur de police il préserverait le colonel de toute fâcheuse rencontre et lui faciliterait son passage à la barrière. A la suite de cet entretien, il courut à la préfecture dénoncer non-seulement le projet de fuite, mais encore tous ceux qui devaient y concourir.

Peu de temps après, Labédoyère était fusillé! D***, en récompense de son infâme trahison, fut nommé officier de paix et reçut à titre de gratification une somme de dix mille francs.

Voilà comment cet homme acheta sa position au prix du sang! Mais la Providence ne permit pas qu'il en jouît longtemps; sa mauvaise action donnait la mesure du peu de confiance que l'on pouvait avoir en lui, et, lors de l'avénement du ministère Villèle en 1821, D*** perdit sa place d'officier de paix. Redoutant alors d'être démasqué, il s'expatria. Il alla à Moscou fonder un établissement commercial qui prospéra, grâce à l'aptitude de sa femme; mais du moment où il devint veuf, la fortune cessa de lui être favorable, et vers 1840 il se décida à rentrer en France. Arrivé à Paris, il acheta un hôtel meublé. Peu de temps après, le garçon d'hôtel fut un matin tout étonné de ne pas le voir descendre de sa chambre. Il se figura d'abord que son nouveau maître dormait, puis il alla frapper à sa porte et, n'obtenant pas de réponse, il s'imagina qu'il était sorti de très-bonne heure, sans prévenir de son absence; mais la journée se passa et la nuit vint sans que D*** reparût. Le lendemain, le garçon communiqua sa crainte aux voisins; on alla chercher le commissaire de police, un serrurier ouvrit la porte et l'on trouva D*** pendu dans sa chambre.

Le souvenir perpétuel de son infâme conduite, la honte, le remords, peut-être, avaient fatalement conduit cet homme à choisir le genre de mort qu'autrefois on infligeait aux espions et aux traîtres.

XXIV

ASSASSINAT D'HERMANCE DECREUS

Voici un criminel qui se sépare complétement des types ordinaires, un voleur à l'âme charitable, au cœur bon, humain, aimant à soulager la misère de ses propres deniers, sachant profiter, pour faire le bien, des nombreux hasards de sa triste vie, et, disons-le, pour le faire avec discernement, finissant toutefois par porter sur l'échafaud une tête que la société a maudite, que l'humanité a réprouvée et que la justice a flétrie en lui gravant sur le front le mot : Assassin !

Jadin tenait, en 1833, avec sa concubine, la fille Rosalie C***, un café rue Saint-Germain-l'Auxerrois. Quels que soient les bénéfices attachés à cette industrie, quelles que fussent les chances de succès qu'une clientèle nombreuse pouvait lui offrir, Jadin était loin d'être satisfait de sa position ; aussi joignait-il aux ressources qu'elle lui procurait les bénéfices de la profession beaucoup plus lucrative de voleur.

Serrurier expert, habile ouvrier, il excellait dans la fabrication des fausses clefs. En outre, une rare prudence lui assura longtemps l'impunité. Un jour, cependant, moins heureux que d'habitude, il fut arrêté en flagrant délit de vol à l'aide de fausses clefs, avec les circonstances aggravantes d'escalade et d'effraction dans une maison habitée. Traduit devant la cour d'assises, il s'entendit condamner à dix ans de travaux forcés.

Le jour même de l'arrestation de Jadin, la fille Rosalie demanda au parquet du procureur du roi l'autorisation d'aller voir son amant à la Force. Le sieur B***, commis d'ordre, à qui elle s'adressa sous le nom de femme de Jadin, fut touché de sa douleur, de ses larmes. B*** était jeune, la fille Rosalie était fort jolie ; aussi B*** lui fit accorder la permission qu'elle sollicitait, et, en échange de sa complaisance, il obtint bientôt la récompense qu'il désirait, car des relations intimes et suivies s'établirent entre eux. Malheureusement, B***, avec l'inconséquence des amoureux, ne sut pas séparer sa vie publique de sa vie privée, et bientôt sa nouvelle maîtresse fut au courant des secrets les plus intimes du travail qu'il faisait chaque jour au palais de justice.

Grâce à ces renseignements, que Rosalie reportait fidèlement à Jadin dans sa prison, celui-ci fut instruit qu'il existait à son dossier judiciaire une note de police constatant qu'à une époque antérieure il avait été condamné à dix jours de prison pour voies de fait. Or cette note, qui par elle-même ne présentait aucun caractère sérieux, offrait cependant une particularité remarquable qui pouvait être extrêmement préjudiciable à l'inculpé. Jadin y était qualifié d'*ouvrier serrurier;* cette profession, coïncidant avec le chef d'accusation de fabrication de fausses clefs, pouvait donner une nouvelle force aux preuves et témoignages déjà recueillis. Il devenait donc très-important pour Jadin de faire disparaître ce document ; aussi ce fut vers ce but que tendirent tous ses vœux et toutes les intrigues de sa concubine.

B***, circonscrit par la fille Rosalie dans un cercle incessant de prières, de menaces, de séductions, ne put en sortir qu'en lui remettant la pièce accusatrice, qui fut aussitôt portée à Jadin dans sa prison et détruite par lui. Toutefois, craignant qu'on ne vînt à s'apercevoir de cette soustraction et qu'on l'en rendît responsable, B*** en demanda un duplicata à la préfecture sous le prétexte que la première copie avait été égarée. Le duplicata demandé fut expédié par le sieur Benoît, employé aux sommiers judiciaires, mais le mot accusateur d'*ouvrier serrurier* se trouva retranché sur cette deuxième copie. On ignora toujours si cette omission était un oubli ou une préméditation du sieur Benoît, mais l'opinion publique pencha vers cette dernière hypothèse, car, peu de temps après, il se suicida.

Le procès de Jadin s'instruisit, et la cour d'assises le condamna à dix ans de travaux forcés. Mais la fille Rosalie détertermina son amant à faire des révélations pour obtenir la faveur de ne pas aller au bagne et de faire son temps dans les prisons de Paris, où il aurait moins à souffrir et où elle pourrait facilement aller le voir. Dans cette intention, elle fit connaître elle-même à la police toutes les particularités de la soustraction de la note, ce qui provoqua d'abord la révocation de B***, puis son arrestation. Jadin, de son côté, révéla à la police qu'il était l'auteur du vol de cent vingt-quatre couverts d'argent et de cent dix-huit timbales de même métal, commis la nuit, à l'aide d'escalade et de fausses clefs, dans le pensionnat Muron, rue de la Pépinière, et il désigna comme ayant été ses complices les nommés Richard et Liékens ; puis il ajouta que les précautions à prendre, les dangers à éviter, les empreintes des clefs, enfin toutes les indications nécessaires pour commettre ce vol avaient été données par son beau-frère, le sieur G***, professeur dans cette institution.

Les trois complices furent arrêtés, un nouveau procès s'instruisit. Richard et Liékens, n'ayant pas contre eux de charges suffisantes, furent acquittés ; G*** fut condamné à cinq ans de réclusion et le dénonciateur vit s'ajouter à sa première condamnation douze années de travaux forcés.

Quatre ans plus tard, grâce à ses révélations, aux services qu'il avait rendus à la police et en considération de sa bonne conduite en prison, Jadin obtint des lettres de grâce pleine et entière. Dès qu'il fut mis en liberté, ce malheureux, réellement résolu à quitter la triste voie qu'il avait si longtemps suivie, alla rendre visite au chef de la police de sûreté et le remercia, les larmes aux yeux, de toutes les bontés qu'on avait eues pour lui. Il ajouta qu'il avait la promesse d'être constamment occupé par l'entrepreneur des travaux de serrurerie de la Roquette, et que, sûr de gagner honorablement son pain, il voulait abandonner complétement ses habitudes de paresse, de débauche, fuir ses anciens camarades de perdition, en un mot, il jura que désormais sa conduite serait irréprochable. Et Jadin, employé pendant trois mois à raison de trois francs vingt-cinq centimes par jour dans les ateliers de M. Goutannier, maître serrurier rue de Montmorency, 4, s'y montrait honnête et laborieux ; il commençait même à manifester des sentiments religieux, lorsque malheureusement il rencontra Séguin et Valhin, anciens repris de justice, voleurs émérites avec lesquels il avait *travaillé*. Il fallut causer, dire quelle était sa vie, ses occupations, ses moyens d'existence ; mais ces deux misérables, entendant raconter à leur ancien camarade ses travaux de la veille, ses intentions du lendemain, au lieu de rentrer en eux-mêmes et de rougir de leur existence réprouvée, accueillirent cette confidence par des ricanements atroces, des plaisanteries infâmes. Ils s'efforcèrent de prouver à Jadin que le travail manuel n'était bon que pour les brutes et pour les imbéciles, que ce n'était pas pour trois malheureux francs qu'un homme, un homme capable surtout, devait se ravaler et travailler du matin au soir. Ils firent briller à ses yeux quelques bijoux, tinter à son oreille quelques pièces d'or; ils lui rappelèrent ses anciens succès et les orgies qu'ils avaient faites ensemble. Réveillant tour à tour sa vanité, sa paresse, son amour du plaisir et de la bonne chère, ils renversèrent facilement en quelques heures l'édifice de réhabilitation que quatre années d'emprisonnement, de privations et de luttes intérieures avaient si péniblement élevé.

Dès ce jour, Jadin abandonna le travail de l'atelier pour reprendre ses anciennes habitudes, et s'enfonça de plus en plus dans le bourbier dont il était momentanément sorti; mais, au milieu de ses méfaits, il eut souvent de ces élans d'humanité qui dénotent une nature généreuse, un cœur compatissant. Deux faits que je vais citer suffiront pour en donner une preuve.

Un jour, il entre dans une maison de la place Royale et monte l'escalier pour chercher une aventure. Une porte s'offre à lui; il frappe sans obtenir de réponse; il frappe une seconde fois, et, voyant que le même silence continue, il fait usage d'une fausse clef et pénètre dans la chambre; mais, à la vue du mobilier, il s'arrête stupéfait : des mesures en papier accrochées à un clou lui annoncent qu'il est chez une couturière; un mauvais lit, une commode vermoulue, quelques chaises boiteuses, tel est l'ameublement. Sur la cheminée est une cage avec un serin dont la mangeoire est presque vide et le verre rempli d'une eau pure et fraîche; tout annonce la misère, mais tout est propre et rangé. « Dieu me pardonne, s'écrie-t-il, celle que je venais voler est pauvre comme Job! » Et fouillant dans sa poche, il en tire les deux seules pièces de cinq francs qu'il possédait, les dépose dans la cage et s'échappe.

Une autre fois, Jadin se trouve rue du Rocher, il s'arrête devant une maison de mesquine apparence, mais, confiant dans ce dicton populaire : que l'habit ne fait pas le moine, il monte les cinq étages d'un escalier étroit, humide et obscur; une porte est devant lui, il frappe plusieurs fois et pénètre grâce à ses fausses clefs. Là encore, la vue de l'intérieur ne répond pas à ses espérances : un lit, ou pour mieux dire un grabat, et une armoire démantelée forment tout le mobilier; il trouve une vieille redingote, une mauvaise paire de draps de lit et un livret d'ouvrier chapelier. Il se retourne et contemple avec tristesse cette pauvre mansarde, où il n'y a pas même de chaise. Tout à coup, un papier posé sur la cheminée frappe ses yeux : c'est un congé par huissier, donné au locataire à défaut de payement d'un terme de vingt francs. « Vraiment, dit-il, en voilà un qui est plus malheureux que moi ! » Prendre sur le congé l'adresse du propriétaire, le nom du locataire, est l'affaire d'un instant; puis il se rend chez le premier :

— Monsieur, lui dit-il, voici vingt francs que M. Durand, votre locataire, m'a chargé de vous remettre en vous priant de vouloir bien retirer votre congé. Ayez l'obligeance de me donner la quittance. Il sort, met cette quittance sous enveloppe et l'adresse par la poste à l'ouvrier chapelier. De pareils faits n'ont pas besoin de commentaires. Hélas ! ces bons instincts mêmes devaient le conduire à sa perte!

Le 2 janvier 1838, à six heures du matin, un violent coup de sonnette m'annonça un visiteur : c'était l'inspecteur de police Roger, venant m'avertir que la veille une jeune fille avait été assassinée dans sa chambre, rue des Petites-Écuries, 41. A cette nouvelle, le chef du service de sûreté s'était immédiatement transporté sur les lieux ; mais, n'ayant pu obtenir aucun renseignement utile, il me chargeait de continuer les investigations à sa place. Je me rendis tout de suite à l'adresse désignée et j'interrogeai la concierge.

La victime, la demoiselle Hermance Decreus, femme de chambre de madame Widmer, profitant de la permission que sa maîtresse lui avait accordée, devait, le jour même de sa fin déplorable, sortir vers deux heures avec son prétendu, le sieur Mercier, domestique dans une autre maison. Elle monta dans sa chambre, située au cinquième étage. Quelques instants après, un individu passa devant la loge du concierge et monta l'escalier sans rien dire. La concierge, la femme Pommier, courut après lui pour lui demander où il allait : mais celui-ci, marmottant un nom qu'elle crut reconnaître pour celui d'un de ses locataires, elle rentra dans sa loge sans s'en inquiéter davantage. Un quart d'heure plus tard, l'inconnu redescendait lentement l'escalier, et, en passant devant la loge, il introduisait l'auriculaire de la main gauche dans son oreille afin de masquer autant que possible sa figure. Cet homme avait été également vu, mais sans être autrement remarqué, par M. Mestro, qui était venu rendre visite à la famille Widmer. A trois heures, Mercier arriva; impatient comme tous les amoureux, il monte l'escalier en courant, trouve la porte de la chambre entrebâillée, la pousse doucement, avance la tête croyant surprendre sa prétendue, et se trouve lui-même fort étonné de voir tout en désordre. Il se retourne pour en chercher l'explication, et, dans une pièce située en face de la chambre d'Hermance, il voit cette malheureuse étendue par terre et baignée dans son sang. Aux cris de Mercier, la concierge accourt, la victime est transportée sur son lit, où bientôt elle expire sans avoir pu désigner son assassin. Le désordre de la chambre d'Hermance constatait qu'une lutte avait eu lieu, la malheureuse fille avait au cou trois profondes blessures, et les médecins appelés pour pratiquer l'autopsie du cadavre déclarèrent que ces blessures avaient été faites avec un fort tournevis laissé par l'assassin sur le théâtre du crime.

Tels étaient les événements que la concierge venait de porter à ma connaissance, quand survinrent M. Legonidec, juge d'instruction, et le commissaire de police. Ce dernier, m'apercevant, me dit aussitôt : « Je crois que vous perdez votre temps ici : il n'y a rien à faire; les concierges n'ont pu donner que fort imparfaitement le signalement de l'assassin. D'ailleurs, votre chef est venu hier, et il a bien vu que ce n'est pas dans cette maison qu'on trouvera le coupable.

— Cela peut être fort juste, lui répliquai-je; mais j'ai reçu des ordres, et je dois les exécuter. Je suis ici, j'y reste. » A ces mots, je lui tournai les talons, et j'allai saluer M. Legonidec, qui, contrairement au premier, m'accueillit avec empressement, et me dit : « J'espère, monsieur Canler, que vous allez rester avec moi et m'aider dans mes recherches. » Je me mis à sa disposition, et je commençai par me faire donner aussi exactement que possible le signalement de l'individu. La concierge et sa fille avaient à peine vu sa figure; elles avaient seulement remarqué qu'il portait des moustaches fort courtes. L'indication était loin d'être suffisante. M'emparant du tournevis oublié par le meurtrier, je chargeai un agent de se transporter, s'il le fallait, chez tous les quincailliers de la capitale et de découvrir de quel magasin cet outil sortait, à qui et quand il avait été vendu. Le second jour, ces recherches furent couronnées d'un plein succès, et je sus que cet instrument provenait de la boutique de M. Michon, quincaillier, rue du Petit-Carreau, 39.

Je me rendis chez ce commerçant, qui me déclara que le 31 décembre il avait vendu, pour la somme de 1 fr. 10 cent., le tournevis que je lui présentais à un individu dont le signalement répondait assez bien aux indications vagues données par la concierge de la rue des Petites-Écuries. Je proposai alors au chef de service de faire arrêter tous les malfaiteurs que je soupçonnais capable de commettre un pareil crime. C'était une mesure un peu générale, mais que les circonstances justifiaient pleinement. Plusieurs arrestations eurent lieu, mais la confrontation avec les témoins n'amena aucun résultat.

L'affaire en était là, et l'on pouvait douter du succès, lorsque le 12 janvier, en passant, vers cinq heures de l'après-midi, rue du Pont-Louis-Philippe, je vis sortir du café du sieur Brévune, situé au n° 8, Jadin, Valhin, Rose Guibert et sa sœur, toutes deux écaillères. Ils s'arrêtèrent sur le trottoir pour causer, les hommes faisant face à l'établissement, les femmes lui tournant le dos. Il me fallait passer entre celles-ci et le mur; mais le passage était tellement étroit que je dus me mettre de côté. Tout naturellement mes yeux se portèrent sur les deux hommes auxquels je faisais face, et je fus aussitôt frappé de la ressemblance qui existait entre Jadin et l'individu signalé pour être le meurtrier d'Hermance Decreus. Quant à Jadin, il m'avait regardé sans me saluer et sans paraître me reconnaître. Je ne crus pas devoir l'arrêter immédiatement pour plusieurs raisons : 1° je n'avais à invoquer contre lui que cette ressemblance peut-être trompeuse ; 2° ainsi que je l'ai dit, il avait montré, à sa sortie de prison, tant de repentir et manifesté tant de sentiments religieux, que la police ne devait pas penser qu'il fût l'assassin de la fille Decreus. Dans tous les cas, cette bonne opinion qu'on avait de lui (il le savait), devait lui donner toute sécurité, et j'étais bien sûr de pouvoir mettre la main sur lui quand il serait nécessaire.

J'allai d'abord prévenir le chef du service ; puis, prenant un cabriolet, je me rendis rue des Petites-Écuries.

— Me reconnaissez-vous ? dis-je à la concierge.

— Oui, monsieur ; c'est vous qui êtes venu lors de l'assassinat de cette pauvre Hermance.

— Eh bien ! madame, veuillez, ainsi que votre fille, me prêter toute votre attention : je vais vous donner le signalement de celui que je crois être le meurtrier.

Alors je leur dépeignis Jadin de la tête aux pieds ; sa figure, la grosseur de sa tête, la manière dont il portait son chapeau, sa démarche, et, à chaque trait, ces femmes répondaient : « C'est cela, c'est bien cela ! »

Sûr de mon fait, je revins trouver le chef du service. Nous nous rendîmes chez le juge d'instruction, qui décerna deux mandats d'amener contre Jadin et Valhin. Le premier fut arrêté rue de l'Arcade ; son camarade rue du Faubourg-Saint-Denis. Mais, pendant le cours de l'instruction, on apprit tout à coup que le 1er janvier, le jour même de la perpétration du crime, Jadin avait été vu en compagnie d'un nommé Fréchard, dit Brutus, qui avait acquis une certaine réputation dans le monde des voleurs par son habileté et par la confidence que Lacenaire et Avril lui avaient faite de leur projet d'assassiner la veuve Chardon et son fils. En effet, Fréchard, appelé devant la cour d'assises pendant les débats de cette triste affaire avait hautement déclaré avoir eu connaissance de ce criminel projet. En présence d'un pareil antécédent, en réfléchissant en outre qu'il avait été prisonnier avec Jadin et gracié en même temps que lui, on jugea qu'il avait pu lui servir de complice, et l'on décerna également un mandat contre lui.

Aussitôt que Jadin fut arrêté, on le conduisit au cabinet de M. Legonidec, qui envoya chercher les trois personnes qui avaient signalé l'assassin; mais, chose incroyable, aucune d'elles ne reconnut positivement celui que j'avais découvert rien que sur les signalements imparfaits que ces mêmes personnes m'avaient donnés. Aussi, profitant de l'indécision des trois témoins principaux, Jadin adopta aux débats un système de dénégation absolue. Il n'en fut pas moins condamné à mort, et Fréchard, reconnu coupable de complicité de vol seulement, se vit appliquer la peine de dix ans de réclusion.

La veille de ce jugement, Jadin avait été acquitté dans une affaire de vol, de complicité avec Valhin et Séguin, qui furent tous deux condamnés comme récidivistes, le premier à vingt-cinq ans de travaux forcés, et le second à vingt années de la même peine.

Jadin n'ayant pas voulu se pourvoir en cassation, le délai fixé entre la condamnation et l'exécution était épuisé. C'était le lendemain que ce malheureux devait expier par son sang le crime qu'il avait commis. Nous allâmes, le chef du service et moi, le voir à la Conciergerie. Le condamné était assis dans un coin de sa prison, lisant attentivement un catéchisme. Il leva la tête, nous salua et nous remercia de la visite que nous lui faisions.

— Pourquoi ne vous êtes-vous pas pourvu en cassation? lui demandâmes-nous?

— Ah! messieurs, la mort est cent fois préférable à l'existence affreuse que je mènerais maintenant. La vie m'est à charge, et, certes, je ne ferai rien pour la prolonger. Cette malheureuse fille que j'ai frappée, et dont le sang a rejailli jusqu'à moi, est continuellement présente à ma pensée. La nuit, je la vois en rêves, et quels rêves, mon Dieu!... Le jour, je crois la voir encore, et toujours cette image sanglante se dresse devant moi pour me reprocher mon crime, ma lâche cruauté! Oh! non, je n'étais pas né pour être assassin!

Le 1er janvier, continua-t-il, Fréchard, avec lequel je m'étais trouvé en prison, vint me voir et me souhaiter la bonne année. Une politesse en vaut une autre : je l'emmenai déjeuner chez un marchand de vin de la rue de l'Arcade. On causa, on but, et, à la fin du repas, je lui proposai de m'accompagner à la prison de la Roquette, où mon beau-frère était alors détenu.

— Ce serait avec plaisir, répondit Fréchard, mais je ne puis ni ne veux sortir avec toi dans l'état de misère où je me trouve.

— Bah! n'est-ce que cela? Viens avec moi, je vais te procurer des effets et de l'argent; ce ne sera pas long. Nous avions la tête échauffée par le vin; et, marchant au hasard, nous arrivâmes rue des Petites-Écuries.

— Tiens, lui dis-je en lui montrant le n° 41, voilà une belle maison dans laquelle il doit y avoir des bourgeois, et conséquemment, des domestiques. Je vais aller rendre visite à la *cambriole* (chambre) de l'un d'eux. Attends-moi là, je ne serai pas long.

J'entre hardiment dans la maison, je monte l'escalier; la concierge court après moi pour me demander chez qui je vais, mais je lui jette le premier nom qui me passe par la tête, et me voilà sans encombre au cinquième étage. J'avais sur moi un tournevis. En une seconde, je force une serrure, d'ailleurs mauvaise comme toutes celles qui ferment les chambres de domestique. Je fouille dans les meubles, je prépare le paquet que je veux emporter; mais, à ce moment, je me retourne et j'aperçois à la porte une jeune fille qui se met à crier : *Au voleur!* Je me précipite vers elle; je comprime ses cris en lui mettant la main sur la bouche, et je lui dis : « Taisez-vous! de grâce, taisez-vous! J'ai déjà été condamné, et si l'on m'arrête, je suis perdu. Taisez-vous, ou vous êtes morte! » Cette menace l'intimide; elle me laisse partir. Mais à peine ai-je descendu quelques marches, qu'elle se met à crier de nouveau. Oh! alors, un nuage de sang me passe devant les yeux! Je vois en perspective la cour d'assises et le bagne; et, pour échapper à cette vision effrayante, je m'élance sur la jeune fille, l'entraîne dans une chambre vide en face de la sienne; je la renverse sur le dos en plaçant mon genou sur la poitrine et en lui tenant le cou avec la main gauche; puis, de mon autre main, je fouille dans ma poche, j'en tire un couteau catalan à lame très-étroite, et, après l'avoir ouvert avec mes dents, je l'enfonce dans sa gorge à trois reprises... Cette action commise, je descendis en affectant beaucoup de calme, et j'allai retrouver Fréchard. Vous savez le reste. Mais il faut convenir *que les médecins sont de fiers ânes*, car ils ont tous constaté que les blessures avaient été faites avec le tournevis que j'avais laissé dans la chambre de cette pauvre fille.

Le lendemain, jour de l'exécution, je me plaçai, comme d'habitude, au pied de l'échafaud. Jadin, en descendant de voiture, me dit d'un air suppliant : Monsieur Canler, voulez-vous m'embrasser ?

—Ici ? lui dis-je, vous n'y pensez pas ; cela est impossible.

Jadin, qui avait écouté avec résignation les paroles consolatrices de M. l'abbé Montès, gravit avec calme les degrés de l'échafaud, se livra sans fanfaronnade, mais sans faiblesse, aux mains des aides du bourreau ; et, une minute plus tard, l'œuvre d'expiation était accomplie.

Jadin avait trente-deux ans, une taille de cinq pieds deux pouces, une figure fraîche et colorée, une assez forte corpulence ; c'était au demeurant un assez beau garçon. Habile ouvrier, son travail pouvait lui assurer une existence modeste et honorable ; mais ses goûts de paresse et de plaisirs l'amenèrent insensiblement à recourir au vol pour satisfaire à ses dépenses. Une première fois repentant, il retomba dans le crime grâce à la fatale rencontre qu'il avait faite de deux individus avec lesquels il s'était trouvé en prison. Sans cette circonstance, peut-être eût-il persévéré dans la voie honorable où il s'était engagé depuis sa libération. Ceci est un exemple sans réplique de la nécessité, pour tout homme qui a été atteint par la justice, de rompre d'une manière absolue avec tous ceux dont il a pu partager le sort pendant l'expiation de ses fautes.

XXV

LE POISSON D'AVRIL

Aidé-toi, le ciel t'aidera !

Ce vieil adage, qui remonte au temps des apôtres, doit être mis en pratique plus souvent dans la police que partout ailleurs.

Chargé de rechercher les criminels, forcé de déjouer les ruses des malfaiteurs qui font leur principale étude des moyens propres à tromper toute surveillance, contraint de marcher souvent à l'aventure, presqu'à tâtons, sans données certaines, sans renseignements, sans indications, l'agent de police doit s'aider souvent, s'aider toujours même, heureux quand le ciel répond à son appel.

J'avais appris que chez Pageot, ce maître de garni où avaient logé Lacenaire, François et tant d'autres célèbres criminels, demeurait depuis quelque temps un adroit voleur de profession, un dangereux *carroubleur* nommé C***, qui se livrait au vol avec fausses clefs en compagnie des nommés L***, forçat libéré, G***, et de la fille Angélique, concubine de L***.

C'était principalement le dimanche, à l'heure où le rentier, le négociant, l'employé, abandonnent leur demeure pour aller respirer l'air de la campagne, ou se mêler à la foule compacte qui envahit nos promenades, que C*** et ses dignes associés, semblables à l'abeille ouvrière, quittaient leur retraite pour aller butiner quelquefois au hasard, mais souvent à coup sûr.

Je connaissais l'adresse de C***, mais j'ignorais celle de ses complices; en conséquence, je chargeai quatre agents de surveiller les démarches de notre voleur et de l'arrêter en flagrant délit, s'il y avait lieu.

C'est aujourd'hui dimanche, leur dis-je, C*** en profitera probablement pour commettre quelque nouveau méfait, vous le suivrez de façon à n'être point aperçus, et peut-être pourrez-vous prendre d'un même coup de filet toute l'association. — Et m'adressant à l'un des agents, le Petit-Pompier : Vous dirigerez, lui dis-je, la surveillance ; je vous rends responsable du succès.

— Vous en parlez à votre aise, monsieur Canler, répondit l'agent, mais nous ne connaissons pas C***, et ce gaillard-là doit être sur ses gardes ; si nous montrons seulement le bout du nez, il nous verra, et alors, adieu l'opération.

— Quel jour sommes-nous ? répondis-je après avoir un peu réfléchi.

— Le 1er avril.

— Eh bien, il faut justement profiter de cette circonstance, et, grâce à l'usage assez répandu du *poisson d'avril*, monter un coup à votre voleur.

— Comment cela ?

— C'est bien simple : vous allez envoyer un commissionnaire lui dire que son ami Charles l'attend chez le marchand de vin qui fait le coin de la rue Saint-Maur et du faubourg, pour manger une côtelette. Très-probablement C*** viendra voir quel est cet ami, et alors vous pourrez facilement prendre connaissance de sa personne. Allez.

Conformément à ce plan, les agents envoyèrent un commissionnaire à notre *carroubleur*, qui se hâta de descendre en manches de chemise chez le marchand de vins, et lui dit :

— Eh ! bien, où donc est cet ami qui m'offre à déjeuner ?

— Quel ami ? demanda le détaillant.

— Je ne sais ! Il vient de venir un commissionnaire chez moi, m'avertir que mon ami Charles m'attendait chez le *manezingue* (marchand de vins) du coin, pour vider une fiole et manger une côtelette.

— Ah ! ah ! répondit en riant le cabaretier, vous n'avez donc pas pensé au premier avril ? On vient de vous faire avaler un poisson.

— C'est ma foi vrai, repartit C*** sur le même ton ; on peut dire que je l'ai bien gobé ! Je m'en souviendrai longtemps. Puis il remonta dans son garni, qu'il ne quitta qu'à onze heures du matin pour se rendre directement rue Saint-Denis, n° 140.

Les agents, qui l'avaient suivi de loin, se placèrent dans les allées avoisinantes pour attendre sa sortie. Après deux heures de faction, ils le virent reparaître avec les trois personnes signalées comme étant ses complices. L'un des hommes portait une blouse et une casquette, l'autre avait, ainsi que C***, un habit-veste et une casquette, la fille Angélique portait un cabas à son bras. Tous quatre se dirigèrent vers le pont Neuf, qu'ils traversèrent pour aller s'asseoir sur les marches de l'hôtel de la Monnaie, afin d'y tenir conseil. Le conciliabule dura une demi-heure ; les agents, à demi-agenouillés derrière le parapet du pont, ne les perdaient pas de vue et épiaient attentivement leurs moindres gestes. Enfin la colonne se remit en marche ; arrivés rue des Saints-Pères, 43, les trois hommes montèrent dans la maison, pendant que la fille Angélique se tenait en face sur le trottoir pour faire le guet. Les agents, échelonnés dans diverses maisons, attendirent quarante minutes ; puis ils virent leurs voleurs qui étaient entrés dans cette maison en blouse, habit-veste et casquette, en sortir en redingote et en chapeau, et de plus, chargés d'énormes paquets. La fille Angélique se joignit à eux, et tous quatre se dirigèrent vers le quai Malaquais. A peine y furent-ils arrivés que les agents fondirent sur eux et essayèrent de s'en rendre maîtres, mais ils avaient affaire à forte partie : les hommes, qui avaient pour toute perspective non pas une cravate de chanvre, comme on disait anciennement, mais bien une condamnation aux travaux forcés, se défendaient comme des lions, en faisant arme de tout contre leurs assaillants. L'un de ceux-ci fut obligé, pour contenir C***, avec lequel il se roulait par terre, de mettre le pistolet au poing et le menacer de lui casser la tête.

Au moment où cette lutte désespérée avait lieu, M. le préfet de police Delessert, parcourant à cheval la capitale, selon son habitude, vint à passer sur le quai et put se convaincre par lui-même du zèle et du dévouement que ses agents apportaient à remplir leurs devoirs.

Bientôt la garde du poste des Saints-Pères accourut : agents de police et voleurs furent ramassés au milieu des ruisseaux et marchèrent ensemble vers le corps de garde, où les paquets saisis furent examinés. Ils contenaient, outre une grande quantité de linge de corps et de lit, six redingotes, deux paletots, des foulards; une montre et sa chaîne en or, deux boutons en brillants, une pendule, etc., le tout appartenant à un rentier qui, chaque dimanche, quittait son domicile pour passer la journée à la campagne.

La fille Angélique, qui avait dans son cabas vingt fausses clefs, fut condamnée à cinq ans de travaux forcés, C*** et G*** à sept ans de la même peine, et L***, comme récidiviste, à vingt ans.

C***, ainsi qu'il l'avait dit, a dû se souvenir du poisson d'avril.

XXVI

ASSASSINAT SÉCHEPINE

Dans la matinée du 11 juin 1843, des promeneurs découvraient au bois de Vincennes, à peu de distance de l'allée dite de la Belle-Étoile, le cadavre nu d'un homme récemment et imparfaitement enterré dans un taillis. A six mètres plus loin, une large mare de sang, qu'on avait cherché à dissimuler par quelques poignées de sable et d'herbes, attestait que ce lieu avait été le théâtre du crime. Enfin, on trouvait près de là des vêtements et un marteau ensanglantés, abandonnés sans doute par l'assassin.

Les plaies nombreuses dont le corps était couvert et les fractures que présentait le crâne indiquaient que le marteau avait été le principal instrument du crime. On fouilla dans les poches des vêtements, mais on n'y trouva qu'un petit billet sur lequel étaient écrits ces mots : *Pour avoir un bon numéro, il faut dire trois* Pater *et trois* Ave. On transporta la victime à la Morgue.

L'agent Balestrino fut envoyé sur les lieux pour se livrer à une enquête, mais, n'ayant pu recueillir aucun renseignement de nature à mettre sur les traces du coupable, il se contenta de faire un rapport sur le résultat négatif de sa mission.

Je ne comprenais pas l'indifférence de cet agent, car j'ai toujours pensé qu'en présence d'un crime d'assassinat, la police ne devait jamais s'arrêter dans ses recherches.

J'allai rendre compte au chef du service de ces circonstances, et je lui demandai s'il croyait qu'on dût attendre d'un hasard plus ou moins éloigné la découverte du criminel?

— Non certes, répondit-il, il doit toujours y avoir quelque chose à faire.

— Eh bien, voulez-vous que je m'en occupe?

— Oui ; chargez-vous exclusivement de cette affaire.

Il était onze heures du matin, je pris deux agents, et je me mis en route en donnant cours à mes réflexions : la victime était jeune, aucun papier ne constatait son identité, mais le petit billet trouvé dans sa poche me faisait présumer que ce malheureux avait pu être employé à quelque affaire de remplacement militaire, ou tout au moins faire partie d'une classe de jeunes soldats. Je pensai que peut-être c'était en sortant de quelque maison de prostitution du cours de Vincennes, située à proximité du lieu où le crime avait été commis, qu'il était tombé sous les coups de quelques misérables habitués de ces établissements. Muni du signalement de la victime, j'allai dans toutes les maisons de tolérance des environs de la barrière du Trône m'informer si l'on avait vu un jeune homme tel que je le dépeignais. Toutes les réponses furent négatives. Alors j'envoyai chercher deux fiacres dans lesquels j'entassai les maîtresses et les bonnes de ces maisons ; je les emmenai à la

Morgue, mais aucune de ces femmes ne reconnut le corps. Sur ces entrefaites, un jeune homme entra et me déclara que le cadavre était celui d'un de ses compatriotes nommé Séchepine. Profitant de ce précieux renseignement, je fis immédiatement mettre ce nom en recherche au bureau des hôtels garnis, où l'on trouva *Séchepine, âgé de vingt-quatre ans, domestique, né dans le département de la Meurthe, entré le 10 rue Phélippeaux, numéro 33.*

Je me rendis à cette adresse et demandai à l'hôtesse si Séchepine demeurait encore chez elle ?

— Non, monsieur, me répondit-elle ; il est entré samedi soir et sorti dimanche à neuf heures du matin.

— Pardon, madame, répliquai-je, vous devez faire erreur, car il est impossible, et pour raison, que Séchepine soit parti d'ici dimanche à neuf heures. Veuillez, je vous prie, rappeler vos souvenirs.

Je pouvais largement affirmer cela : le cadavre avait été trouvé à sept heures du matin, c'est-à-dire deux heures plus tôt que le prétendu départ de Séchepine.

— Monsieur, je vous assure que je ne me trompe pas.

Et, pour m'en donner la preuve, elle appela sa fille et lui dit :

— Viens donc un peu préciser ici quel jour et à quelle heure ce monsieur, dont je n'ai pas voulu te dire le nom, a quitté l'hôtel ?

— Mais, maman, tu sais bien que c'est dimanche à neuf heures du matin.

Cette seconde affirmation me semblait fort étrange, je repris alors :

— Pendant le court séjour que Séchepine a fait chez vous, ne vous a-t-il parlé d'aucune de ses connaissances ?

— Non, monsieur, seulement il m'a dit que ma maison lui avait été indiquée par un nommé Drouin, remplaçant dans un régiment d'artillerie, et qui a logé chez moi il y a longtemps.

— Lorsque ce militaire demeurait dans votre maison, fréquentait-il quelques personnes, recevait-il des visites ?

— Je n'ai jamais vu qu'un M. Boutin, qui demeure passage

de la Marmite, et chez lequel Séchepine m'a dit avoir travaillé.

Je me rendis chez le sieur Boutin, auquel je demandai si Séchepine avait été occupé dans son atelier.

— Je n'ai jamais, me dit-il, entendu parler de ce nom.

— Connaissez-vous l'artilleur Drouin?

— Quant à celui-là, je le connais parfaitement, il doit être en ce moment à Vincennes.

Puis, rappelant ses souvenirs, il ajouta :

— J'ai, pendant quelque temps, employé un jeune homme qui avait travaillé à Joigny, à la construction des bateaux.

— Comment se nomme-t-il?

— Je ne me le rappelle pas, mais il a laissé dans une de ses vestes une lettre non cachetée qu'il voulait envoyer à son père.

— Pourrais-je la voir?

— Certainement...

Cette lettre était signée Salmon.

Persuadé jusque-là que les trois personnes que j'avais questionnées étaient dans l'erreur, et que Salmon n'était autre que Séchepine, je priai un ouvrier de M. Boutin de vouloir bien m'accompagner à la Morgue ; mais cet homme ne reconnut point le cadavre pour être celui de son ancien camarade. J'envoyai un de mes inspecteurs au garni de la rue Phélippeaux chercher l'hôtesse, qui confirma la déclaration de l'ouvrier, en affirmant qu'elle ne reconnaissait point la figure ni les vêtements de l'exposé, et que rien de ce qu'on lui représentait ne pouvait s'appliquer à l'individu qui avait couché chez elle dans la nuit du samedi au dimanche ; elle me donna son signalement, il concordait avec celui qui m'avait été donné par le sieur Boutin. Je conclus alors que l'individu qui avait couché rue Phélippeaux devait être Salmon, et qu'il s'était emparé des papiers de Séchepine après l'avoir assassiné, espérant ainsi cacher l'identité du coupable sous les noms de la victime.

Je me disposais à sortir de la Morgue, lorsqu'un jeune homme vint me dire qu'il venait de reconnaître le cadavre pour être celui d'un nommé Séchepine.

— Nous sommes, me dit-il, nés au même village, et nous

demeurions ensemble rue des Blancs-Manteaux, n° 1. Samedi dernier, il m'a quitté pour aller chercher une place de domestique dans un bureau de placement, rue Grenétat, n° 1; et, depuis lors, je ne l'avais pas revu, quand je l'ai retrouvé malheureusement ici.

Ce renseignement me permettait d'espérer que je pourrais enfin suivre la piste du scélérat que je cherchais. J'envoyai des agents se mettre en surveillance au garni de la rue Phélippeaux et au passage de la Marmite, pour y arrêter Salmon dans le cas où il s'y présenterait. Puis je me hâtai de me rendre chez le placeur de la rue Grenétat, et là j'appris qu'en effet Séchepine était venu le samedi pour avoir une place, mais qu'il avait été emmené par un nommé Salmon, qui prétendait le faire entrer à Nogent chez le maître où lui-même servait. Je sus également que ce n'était qu'à la tombée de la nuit que Salmon et sa victime étaient partis. Voici donc ce qui s'était passé. Salmon avait emporté avec lui le marteau trouvé sur le théâtre du crime. Arrivé dans le bois de Vincennes, il avait profité de l'isolement et de l'obscurité de la nuit pour frapper son compagnon à coups de marteau; et, comme celui-ci respirait encore, il l'avait achevé avec son couteau; après quoi, il avait creusé avec son marteau une fosse qui n'était pas assez profonde pour cacher le cadavre. Il l'avait entièrement dépouillé de ses vêtements, et l'avait recouvert d'herbes, de sable et de feuilles.

Après avoir établi mes surveillances, je me rendis, accompagné de deux agents, au fort de Vincennes pour y procéder à l'arrestation de l'artilleur Drouin, que je soupçonnais alors être complice de Salmon. Mais l'adjudant-major auquel je m'adressai fit d'inutiles recherches, et me déclara que cet artilleur, tout à fait inconnu à Vincennes, était probablement caserné à l'École-Militaire. En conséquence, je donnai ordre à mes deux agents de se transporter immédiatement à cette caserne pour opérer l'arrestation de Drouin et je rentrai à Paris. Je me trouvai alors conduit par le cours de mes investigations au garni de la rue Phélippeaux. Les agents en surveillance me déclarèrent

13*

que Salmon n'avait pas paru. De là, j'allai chez la dame Boutin, qui m'annonça que Salmon était venu en cabriolet la prier de lui prêter quinze francs, qu'elle lui avait refusés, et qu'il était reparti dans sa voiture. Pendant ce temps, les agents chargés de la surveillance du passage avaient abandonné leur poste pour aller se rafraîchir avec leurs camarades placés rue Phélippeaux. J'allai interroger le concierge du passage pour en obtenir quelques renseignements; mais je ne pouvais plus mal tomber. Quoique pressé par mes questions, il ne put me dire la couleur du cabriolet, ni son numéro, ni la robe du cheval; il ignorait même si le cabriolet était de place ou de remise, et, à chaque demande, il répondait invariablement : Je ne sais pas, monsieur; je n'ai pas remarqué; je n'ai pas fait attention; je ne me rappelle pas.

— Mais enfin, lui dis-je, le cocher est-il descendu de sa voiture?

— Ah!... oui... je me rappelle... Il paraissait même fort en colère.

— Vous a-t-il parlé?

— Non, monsieur; mais quand il a eu allumé sa pipe, je l'ai entendu marmotter entre ses dents : « En v'là un animal! il m'a pris ce matin à la barrière de Grenelle; il me doit quinze francs; et, après m'avoir fait courir toute la journée, il n'a pas le sou pour me payer! »

Cette indication fut pour moi un jet de lumière. Il était neuf heures du soir; je retournai à la préfecture, j'y pris quatre agents, et nous nous rendîmes à Grenelle; et là, allant de cabaret en cabaret, nous fîmes jusqu'à la fermeture de ces établissements des recherches aussi minutieuses qu'inutiles. Vers onze heures et demie, comme je me disposais à rentrer dans Paris, triste de l'insuccès de mon entreprise, j'aperçus de loin un gendarme de la commune qui, après avoir fait sa ronde, rentrait chez lui. A sa vue, une heureuse inspiration me vint. Je courus à lui, et, après lui avoir fait connaître ma qualité, je lui demandai s'il n'avait point eu connaissance d'une querelle qui serait survenue à la barrière entre un individu et un cocher de cabriolet, auquel le premier devait une certaine somme d'argent pour l'emploi de sa journée.

— Oui, me répondit-il, il y a en ce moment au poste de la barrière un individu qu'un cocher a fait arrêter pour s'être fait conduire à Paris et ramener ici sans payer.

Cinq minutes plus tard, je m'étais fait reconnaître par l'officier du poste, et le prisonnier, extrait du violon où il s'était endormi, me fut amené.

— Comment vous appelez-vous? lui dis-je.

— Séchepine, répondit-il d'une voix assurée.

— Où sont vos papiers?

— Je les ai perdus.

— Vous mentez!... Et, le regardant en face, j'ajoutai, en appuyant sur chaque mot : Vous êtes l'assassin de Séchepine !

Le plus habile observateur n'aurait pu découvrir la moindre altération sur son visage. Il voulut pourtant répliquer, mais je lui coupai la parole en lui disant : — Je vais vous prouver que je suis bien informé. En sortant du bureau de placement, rue Grenétat, n° 1, vous vous êtes rendu au bois de Vincennes, où vous avez assassiné Séchepine; et, après lui avoir volé ses papiers, vous êtes allé dans le garni de la rue Phélippeaux, n° 33, où vous vous êtes fait inscrire sous le nom de votre victime. Vous avez travaillé chez M. Boutin, passage de la Marmite; vous avez été arrêté à Joigny pour avoir, à l'aide d'effraction, commis un vol d'une somme de 1.000 francs; vous vous êtes évadé des mains de la gendarmerie; et, comme il vous fallait à tout prix des papiers pour cacher votre identité, vous vous êtes emparé de ceux du malheureux que vous avez assassiné !

— Tout ce que vous dites là est vrai, sauf ce qui a rapport à l'assassinat de Séchepine, que je ne connais pas, que je n'ai jamais vu. Quant aux papiers que j'ai présentés à la logeuse, je les avais trouvés dans la rue.

Je le fis déshabiller par mes agents. La chemise qu'il portait avait sur la poitrine et sur les reins de larges taches de sang; elle était marquée aux initiales de Séchepine : c'était celle dont son assassin l'avait dépouillé.

— D'où viennent ces taches de sang? lui demandai-je.

— J'ai saigné du nez.

— Comment voulez-vous qu'un saignement de nez ait ainsi taché votre chemise par derrière? Expliquez-vous.

— Je ne sais pas, mais cela vient tout de même du nez.

— D'où proviennent ces deux mouchoirs blancs et ce gilet qui, comme la chemise, sont tachés de sang?

— Je les ai achetés vingt sous à un homme qui passait dans la rue.

Je fis rhabiller Salmon, et, à minuit, je le ramenai en fiacre à la préfecture de police. Pendant le trajet, il s'endormit profondément. Le préfet, ayant été informé de cette arrestation, me donna ordre de retourner sur-le-champ à Grenelle pour faire dresser procès-verbal par le commissaire de police de la saisie des vêtements ensanglantés. J'allai chercher Salmon au dépôt, où il s'était de nouveau endormi. Dans le fiacre, il dormit encore; il dormit pareillement pendant que le commissaire de police dressait procès-verbal.

De retour à Paris, à peine réintégré au dépôt, il se rendormit. Le lendemain, il avoua son crime, et fit connaître toutes les circonstances de cet horrible assassinat.

Je n'aurais rien à ajouter à ce qui précède si je ne devais faire remarquer une particularité qui décida de l'existence du malheureux Séchepine, car c'était à un autre que la mort avait d'abord été destinée. Salmon s'était présenté chez le placeur de la rue Grenétat comme étant domestique à Nogent, et venant de la part de son maître, M. K***, chercher un nouvel employé. Or, la veille du crime, il avait été convenu entre lui et un jeune garçon coiffeur, demeurant rue Popincourt, que le lendemain celui-ci se rendrait à trois heures de l'après-midi au bureau du placeur, muni de ses papiers en règle, et que le premier viendrait le prendre pour le conduire à son maître. Le garçon coiffeur ayant manqué au rendez-vous, Salmon manifesta la plus grande contrariété, en prétendant que son maître serait fort mécontent de ce retard. C'est alors qu'il proposa à Séchepine, venu aussi pour trouver une place, de l'accompagner à

Nogent. La proposition fut acceptée avec empressement, et on sait ce qu'il en advint.

Salmon était brun, petit, mais d'une constitution très-robuste; ses yeux renfoncés ajoutaient encore à la dureté d'un regard naturellement farouche. Il semblait privé de toute intelligence, et les instincts féroces de la brute étaient seuls développés chez lui. Il porta sur l'échafaud la même impassibilité qu'il avait montrée lors de son arrestation et de sa condamnation. Cet homme qui, sous la main de la justice, sous le poids d'une accusation capitale, ne trouvait pas en lui-même assez d'énergie ou d'instinct de sa conservation pour se tenir éveillé, est peut-être le seul qui ait eu la *sauvagerie* de mettre sur sa propre chair la chemise imprégnée du sang encore tiède du malheureux qu'il venait de massacrer. Je ne crois pas qu'il y ait d'exemple d'un assassinat pareil, en ce qu'il fut accompli comme un acte ordinaire de la vie, sans nulle passion. Et à quelle fin? Pour s'emparer d'un livret d'ouvrier !

XXVII

LES RECRUTEURS A PARIS

Sous Louis XV et Louis XVI, le recrutement pour l'armée se faisait dans la capitale au moyen de sergents racoleurs. Tout le monde connaît les ruses qu'ils employaient pour enrôler les provinciaux. Les engagements sur la place publique disparurent à l'avénement de l'empire, et dès lors ce fut la voix du sort qui décida de ceux qui, parmi les enfants de la France, devaient consacrer leur vie à défendre la mère commune.

Alors, celui qui possédait quelque fortune put éviter les ennuis, les fatigues et les dangers de la guerre. Plus d'un fils de famille paya huit et dix mille francs un remplaçant. Cependant les guerres continuèrent et dévorèrent tant d'hommes, que, la voix du sort ne suffisant plus, on dut recourir à un autre système. Des levées extraordinaires étant décrétées, ce ne fut qu'au moyen de sommes fabuleuses que quelques jeunes gens purent se faire remplacer, encore furent-ils presque tous forcés de partir un peu plus tard.

Après la chute de l'empire, le nombre des soldats présents sous les drapeaux fut considérablement diminué. Beaucoup de jeunes conscrits purent échapper aux désagréments de la vie de caserne, en achetant pour 800 ou 1,000 francs un homme chargé de les représenter au corps.

Les recruteurs reparurent dans la capitale, mais cette fois moins ostensiblement et avec un caractère plus modeste sous la dénomination d'agents de remplacements militaires. Ils s'étaient posés comme intermédiaires entre les familles des jeunes conscrits et leurs remplaçants, et faisaient d'abord assez loyalement leurs transactions; mais bientôt le goût du gain, la soif du bénéfice, l'emporta sur la bonne foi, et l'on vit paraître dans toute son impudence ce honteux trafic, dont les auteurs ont été si justement désignés par le mépris public sous le nom de marchands de chair humaine.

Après la révolution de 1830, une guerre générale sembla imminente; le remplacement militaire prit une extension incroyable. On vit un essaim de recruteurs de province fondre sur la capitale comme une nuée de corbeaux acharnés à la curée. Partout, à tous les coins de rue, sur toutes les places publiques, on put voir des annonces mensongères placardées par ces commerçants de nouvelle espèce. Cordonniers, cochers, escrocs, repris de justice, tout le monde voulut être agent de remplacement. Le personnel de ces sortes d'agences se composait d'un secrétaire chargé des écritures, et de plusieurs commis ayant pour mission d'aller racoler les mauvais sujets, les désœuvrés, les paresseux qui voulaient se vendre. Mais le nombre en ayant été bientôt insuffisant pour les besoins des recruteurs, quelques-uns de ceux-ci imaginèrent de fabriquer des papiers, de falsifier des congés ou certificats au profit des repris de justice qui sortaient ainsi de l'état d'interdiction où les avait placés la peine infamante qu'ils avaient subie.

A cette époque existait à Paris un ancien sergent-major de la garde royale qui possédait une adresse toute particulière pour contrefaire les signatures et falsifier les pièces authentiques. Travaillant pour le premier marchand d'hommes venu qui mettait son talent à contribution, il commettait, pour la modeste somme de dix francs, un faux qui pouvait l'envoyer aux galères. Cependant, par une chance toute particulière et un bonheur incroyable, il sut déjouer la surveillance de la police et ne fut jamais arrêté.

La grande question pour les agents de remplacement était le resultat du conseil de révision. En effet, un recruteur assure contre les chances du sort vingt jeunes conscrits, et, d'un autre côté, il présente dix remplaçants. Admettons un moment que les jeunes gens qu'il a assurés aient amené de mauvais numéros, qu'ils soient acceptés par le conseil, et que les remplaçants soient refusés; il en résulte que le recruteur perd les avances qu'il a faites à ceux-ci sur leur prix de vente, et il n'en est pas moins obligé de fournir des hommes pour la modique somme versée par chaque conscrit assuré; il y a donc là toute perte. Pour obvier à ce double inconvénient, certains recruteurs cherchaient à atténuer plus ou moins la puissance du conseil, en essayant de corrompre quelques-uns des chirurgiens chargés de la visite des recrues.

Un de ces marchands de chair humaine, le sieur B***, avait épousé une femme jeune, fort jolie, très-distinguée de manières, possédant autant d'esprit que de grâces et d'instruction, mais très-habile en coquetterie. Son mari, peu délicat et fort avide, sut utiliser toutes les belles dispositions de sa femme pour corrompre certains médecins attachés aux conseils de révision, soit en laissant adroitement faire la cour à celle-ci, soit en sachant remettre à propos et en secret quelques billets de mille francs.

Le médecin était-il incorruptible, résistait-il à l'appât de l'argent et aux avances de la femme? celle-ci cherchait à voir l'épouse du docteur, s'introduisait sous un prétexte dans la maison, s'y rendait libre, familière, intime, et bientôt, par l'influence de l'épouse subjuguée, l'Esculape était circonvenu.

A l'appui de ce que je viens d'avancer, je vais citer sur ce couple adroit un fait dont j'ai reçu, il y a peu de temps, l'aveu du recruteur lui-même.

Notre homme et un de ses collègues devaient présenter au conseil de révision d'un des départements voisins de la capitale un assez grand nombre de remplaçants militaires. Ils avaient en outre assuré contre les chances du sort un certain nombre de jeunes conscrits auxquels de mauvais numéros étaient échus : c'était, comme on le voit, une affaire capitale. Il se rendit au chef-lieu du département pour prendre sur les médecins ou chirurgiens du conseil des renseignements qui pussent lui servir dans son œuvre de corruption ; mais tous jouissaient de la meilleure réputation, tous offraient des gages d'intégrité. Il apprit que l'un d'eux avait une nombreuse famille et n'était pas dans une position aisée, mais que c'était un homme d'une telle probité qu'on ne pouvait songer à traiter directement avec lui.

Le recruteur revint alors à Paris, chargea sa femme du soin de circonvenir ce docteur, et voici comment madame B*** s'y prit. Arrivée dans la ville en question, elle alla se loger dans un hôtel voisin de la demeure du médecin, et le lendemain, à l'heure où elle savait bien ne pas le trouver chez lui, elle se présenta à son domicile sous prétexte de le consulter sur une prétendue maladie. La femme du docteur la reçut avec affabilité, regretta que son mari fût sorti, et pria la visiteuse de se reposer au salon. Entre femmes on va vite, on ne parla que de choses insignifiantes, et pourtant on se quitta dans un enchantement réciproque. Le lendemain, la visiteuse revint ; le docteur, bien entendu, était encore absent. La conversation s'engagea de nouveau, mais cette fois elle fut plus confidentielle. Le médecin devait rentrer dans une heure et la malade voulut l'attendre. On parla ménage, enfants, position sociale, et la femme du marchand d'hommes, qui n'oubliait pas l'objet de sa visite, exposa assez naturellement que son mari, qui tenait un bureau de remplacement militaire, devait présenter au prochain conseil de révision du département un certain nombre de remplaçants, de même qu'il avait assuré contre les chances du sort plusieurs jeunes conscrits de ce tirage.

— Eh bien! continua-t-elle, si les remplaçants qu'il présente ne sont pas acceptés par le conseil, ou si les jeunes gens qu'il a assurés et qui ont de mauvais numéros ne sont pas réformés pour quelque infirmité cachée, il faudra qu'il les fasse remplacer à ses frais, et cette affaire sera ruineuse pour nous. Et pourtant, mon Dieu! il serait si facile d'arranger ceci, en trouvant un médecin qui, sans se compromettre le moins du monde, voulût bien agir dans nos intérêts en se prononçant pour ou contre la réforme, suivant les indications de mon mari; il ne ferait en cela aucun tort à personne et serait récompensé très-généreusement, car voici deux mille francs que je lui remettrais comme arrhes, et il lui serait compté deux cent cinquante francs par homme qu'il ferait admettre ou refuser, selon notre avis.

La conversation continua sur ce ton, et, lorsque la femme du recruteur se retira, le marché était conclu avec l'épouse du docteur : la mère de famille, assurée de son influence, s'était engagée pour son mari. Celui-ci opposa-t-il d'abord quelque résistance aux désirs de sa femme, ou se rendit-il à la première attaque, je l'ignore; mais ce qu'il y a de certain, c'est que sa femme reçut pour cette affaire six billets de mille francs.

Comme on le voit, tous les moyens étaient employés par les recruteurs pour tromper les autorités. Beaucoup d'entre eux eurent de nombreux démêlés avec la justice; leurs bureaux et leur domicile étaient souvent soumis à des perquisitions, leurs personnes arrêtées ou placées sous la surveillance de la police; mais l'appât du lucre fut toujours plus fort chez eux que la crainte d'une punition même infamante.

En 1844, un enfant de l'Auvergne, nommé K***, exerçait à Paris le métier d'agent de remplacement. Il eut l'idée, pour augmenter ses bénéfices, d'établir une association pour la substitution devant les conseils de révision d'hommes impropres au service militaire au lieu et place de conscrits sains et valides. — Voici comment le rusé compère opérait : il avait à sa solde et à sa dévotion plusieurs jeunes gens atteints d'infirmités cachées, entre autres un certain Gaillard, qui plus tard, en 1850, fut condamné aux travaux forcés à perpétuité pour assassinat de la veuve T***. Un conscrit assuré contre les chances du sort devait-il passer devant le conseil de révision, K*** envoyait à sa place et avec ses papiers Gaillard, par exemple, et le jeune conscrit était rayé des cadres de l'armée, comme impropre au service militaire. K*** s'amassa de cette façon dix mille livres de rentes ; mais tant va la cruche à l'eau qu'à la fin elle... s'emplit ! Un beau jour, Gaillard ayant été arrêté pour vol, fit des révélations, raconta tout au long ses relations avec K***, et le genre de service auquel celui-ci l'employait. Le recruteur fut arrêté à son tour et parut devant la cour d'assises en compagnie de dix-sept de ses complices. L'accusé était riche, il choisit un avocat qui lui coûta 6,000 fr., et qui, malgré tout son talent, ne put l'empêcher d'être condamné aux travaux forcés. La révolution de 1848 arriva, et K*** trouva moyen d'obtenir la remise du reste de la peine qu'il avait encore à subir. D'un autre côté, l'Auvergnat, après sa condamnation, n'avait pas été moins adroit, car, au moyen d'une somme d'argent remise à un hypocrite intrigant, il avait pu rester dans les prisons de Paris, et s'éviter ainsi de porter l'uniforme et la chaîne du galérien.

Le décret du 26 avril 1855, qui instituait la caisse de l'armée pour l'exonération des jeunes conscrits, est enfin venu faire rentrer dans le néant le commerce des agents de remplacements, subi trop longtemps comme une triste nécessité. Mais s'il y avait des dangers à courir en employant des moyens frauduleux dans l'exercice de ce métier, il y avait aussi de belles et bonnes rentes à gagner, et la plupart de ces trafiquants de chair humaine se sont retirés gros capitalistes ou gros propriétaires. Entre toutes les fortunes de ce genre, la plus incroyable, la plus extraordinaire, la plus invraisemblable, est celle qu'a faite un ancien palefrenier, puis cocher de voiture dite coucou, aujourd'hui trois fois millionnaire !

XXVIII

ASSASSINAT DE LA VEUVE SÉNÉPART

Le 6 décembre 1843, M. Virgile Sénépart, dont le père avait été fournisseur des armées impériales, directeur du théâtre de l'Ambigu et colonel de la 6ᵉ légion de la garde nationale après la révolution de 1830, vint, les larmes aux yeux, annoncer au chef du service de sûreté que sa mère, la veuve Sénépart, demeurant boulevard du Temple, n° 24, avait été assassinée par strangulation dans son appartement, situé au deuxième étage, et que de nombreux coups avaient été portés à la tête de la victime avec un instrument contondant. L'assassinat ne pouvait être le résultat d'une vengeance, car une somme de mille ou douze cents francs, tant en or qu'en argent, avait été dérobée dans un secrétaire fracturé à cet effet.

M. Sénépart désigna comme l'objet de ses soupçons un jeune Toulousain nommé Pagès ou Magnès, dont il donna le signalement. Ce jeune homme était arrivé depuis quelques jours de Toulouse à Paris; l'avant-veille du crime, il s'était présenté au domicile de la veuve Sénépart pour lui donner des nouvelles de ses nièces; puis il était allé chez M. Virgile lui remettre une lettre de son oncle paternel, M. Sénépart, chef d'escadron d'artillerie en retraite, habitant la ville de Toulouse.

Les noms de Pagès et Magnès furent mis immédiatement en recherche aux hôtels garnis, et le soir même, à huit heures, un sieur Pagès, demeurant rue de l'Estrapade, n° 1, fut arrêté. Mais le fils de la victime ne le reconnaissant pas pour être la personne qu'il avait désignée, il fut relaxé.

Le chef du service, accompagné d'agents, s'était transporté au domicile de la victime pour tâcher d'obtenir quelques indications qui pussent le mettre sur la trace du coupable. N'ayant pu recueillir aucun renseignement, il alla aux messageries vérifier les feuilles d'arrivée; comme aucune d'elles ne contenait les noms indiqués par le fils Sénépart, M. Allard fit un rapport pour annoncer l'insuccès de ses démarches, et le lendemain on me chargea de me livrer seul à de nouvelles investigations. A cet effet, je me rendis sur le théâtre du crime pour prendre connaissance des lieux et interroger le concierge de la maison. Le signalement de la personne qu'il indiquait comme devant être l'assassin concordait parfaitement avec les observations données par le fils de la victime, et, comme dernière particularité, le concierge ajouta qu'il portait une redingote doublée de soie à carreaux dits écossais. Je montai à l'appartement de la dame Sénépart, où se trouvait encore son cadavre; le juge d'instruction attendait l'arrivée du docteur pour faire pratiquer l'autopsie; je n'avais donc rien à faire là en cette circonstance et je me retirai. J'avais amené avec moi une personne étrangère à la police, un de mes bons amis qui m'attendait à la porte.

— Il faut, lui dis-je en l'abordant, que j'aille voir M. Sénépart, que je connais depuis longtemps; j'obtiendrai peut-être de lui quelques renseignements propres à me servir de point de départ.

Je trouvai ce malheureux homme dans un état de douleur difficile à décrire.

— Ah! monsieur Canler, s'écria-t-il, vous qui me connaissez, venez à mon secours! Croiriez-vous que l'on vient aggraver le malheur qui m'accable en insinuant que j'ai pu faire assassiner ma mère pour me débarrasser d'une pension de quinze cents francs par an que je lui faisais! C'est abominable, n'est-ce pas? Ma pauvre mère, que j'aimais tant! Ah! je vous en prie, je vous en supplie, monsieur Canler, faites tout votre possible pour découvrir le jeune homme que je vous ai signalé, car bien certainement c'est lui qui a commis le crime dont on ose me soupçonner.

— Soyez tranquille, monsieur, lui dis-je; j'avais déjà un

grave raison pour rechercher le coupable, celle de l'énormité du crime ; aujourd'hui, une seconde considération ne me laissera négliger aucune chance de le placer sous la main de la justice.

Puis je le quittai en l'assurant de nouveau que j'allais mettre tout en œuvre, et que, s'il n'était pas arrêté, ce ne serait pas la bonne volonté qui m'aurait manqué.

Je rejoignis mon ami, auquel je racontai cette scène. J'avais le cœur navré de la désolation de ce pauvre homme, et certes je partageais entièrement l'indignation qu'avait soulevée en lui l'affreuse accusation dont il avait été l'objet.

— J'ai envie, dis-je à mon ami, d'aller examiner aux messageries les feuilles d'arrivée.

— A quoi bon, puisqu'elles ont déjà été vérifiées plusieurs fois?

— Je ne pense pas que ce soit du temps perdu, lui répondis-je, et en voici la raison : le rapport que le chef du service a adressé au préfet rend compte que les recherches faites sur les feuilles des messageries ont été infructueuses pour découvrir les noms de Pagès ou de Magnès. On a cru que tout était terminé de ce côté; mais moi, je ne conclus pas ainsi, car il y avait autre chose à faire dans cette circonstance, par la raison que le jeune Toulousain, en venant à Paris, n'avait jamais vu madame Sénépart. Je conclus de là qu'il ne pouvait tout d'abord avoir idée du crime qu'il a commis plus tard. D'ailleurs, une aussi longue route ne se fait pas sans qu'il s'établisse entre les voyageurs une certaine familiarité de conversation : on aurait donc dû examiner les feuilles non-seulement du jour indiqué par M. Sénépart, mais encore celles de la veille et du lendemain, dans la crainte d'une erreur de date, puis prendre tous les noms et qualités des personnes parties de Toulouse pour Paris, afin de les retrouver en interrogeant les conducteurs et les commissionnaires chargés de porter les bagages. Une fois ces voyageurs découverts, il fallait prendre auprès d'eux des informations sur le coupable à l'aide de son signalement, et savoir par ce moyen si, dans la conversation, rien n'avait transpiré qui pût faire connaître le but de son voyage à Paris.

Nous nous dirigeâmes vers les messageries royales, rue Montmartre. Les feuilles des conducteurs ne contenaient aucun nom de voyageurs venant de Toulouse. Je me rendis aux messageries Laffitte et Caillard, où les noms de Pagès ou Magnès n'existaient sur aucune feuille ; mais j'y remarquai celui de Graves, suivi de la qualification de colonel d'artillerie, et indiqué comme venant de Toulouse. Je m'attachai aussitôt à ce nom, et voici pourquoi : le beau-frère de la victime, le sieur Sénépart, avait, je l'ai dit plus haut, servi dans l'arme de l'artillerie, et habitait Toulouse. Je pensai qu'il se pourrait que M. Graves se fût trouvé en rapport avec cet ancien officier, et qu'il lui serait peut-être possible de me donner quelques renseignements sur l'assassin. Je me mis à la recherche du colonel, que je trouvai à grand' peine rue des Petits-Champs, n° 97.

— Colonel, lui dis-je, après lui avoir fait connaître ma qualité, connaissez-vous la famille Sénépart de Toulouse ?

— Oui, monsieur, j'ai cet honneur.

— Vous n'ignorez probablement pas le tragique événement qui vient de la plonger dans le deuil ?

— Je viens d'apprendre à l'instant par la *Gazette des Tribunaux* le malheur qui vient de fondre sur elle ; et, en disant ces mots, le colonel me montrait le journal ouvert devant lui.

— Permettez-moi alors, colonel, de vous adresser quelques questions.

— Faites, monsieur, je suis tout disposé à y répondre.

Après avoir fait connaître les circonstances qui avaient suivi la découverte du crime, les dépositions et soupçons du fils de la victime, et enfin le signalement de l'individu soupçonné, je lui demandai s'il ne se rappelait pas avoir vu, parmi les jeunes gens admis dans la famille Sénépart de Toulouse, un individu ayant quelque ressemblance avec celui que je venais de lui dépeindre.

— Je me rappelle très-confusément, me répondit-il, avoir vu un jeune homme auquel pourrait s'appliquer le signalement que vous venez de me donner ; mais ce ne sont que des souvenirs vagues, incertains, et je ne pourrais rien affirmer à ce sujet.

Je le remerciai de son obligeance et je me retirai ; mais à peine étais-je au bas de l'escalier qu'une idée me frappa ; je remontai aussitôt lui demander s'il n'avait pas connaissance d'une personne demeurant à Paris qui fût en relation avec la famille si cruellement éprouvée.

— Si, me dit-il, une dame Gibou, demeurant rue d'Orléans.

— Laquelle ? Il y a trois rues de ce nom dans la capitale.

— Ah ! je l'ignore, de même que le numéro.

Et me voilà parti rue d'Orléans-Saint-Honoré, allant de maison en maison demander :

— Madame Gibou ?

— Qu'est-ce qu'elle fait ?

— Je n'en sais rien.

— C'est pas ici...

Heureux quand les concierges, connaissant le célèbre vaudeville de *M'ame Gibou et M'ame Pochet*, ne se fâchaient pas à ma première demande !

Contrarié, mais non découragé, j'abandonnai le quartier commerçant pour me rabattre sur les habitations plus paisibles du Marais, et là, au cinquième étage de la maison portant le n° 25, je trouvai enfin la personne que je cherchais.

Ici, nouvelle présentation, nouveaux détails déjà donnés à M. Graves ; puis je demandai à la veuve Gibou si l'individu dont je lui donnais le signalement n'était pas venu lui apporter des nouvelles de la famille Sénépart de Toulouse.

— Pardonnez-moi, monsieur ; le mercredi 4, il est venu ici un jeune homme, ressemblant parfaitement au portrait que vous m'en faites, m'apporter des lettres des demoiselles Sénépart ; il m'a, de plus, demandé la permission de revenir me voir, mais je ne connais ni son nom, ni son adresse.

— Eh bien, madame, ce jeune homme est l'assassin de madame Sénépart.

A ces mots, la bonne dame faillit se trouver mal.

— Est-il possible !

— Oui, madame, et j'ose espérer que je pourrai compter sur vous pour m'aider à m'emparer de ce misérable.

— Dites, monsieur, et soyez persuadé que je ferai tout ce qui sera en mon pouvoir pour vous aider en cette circonstance.

— La chose sera très-facile. Ce jeune homme a demandé à venir vous revoir et il reviendra, car il sait bien que la victime n'a pu parler, et il se croit parfaitement en sûreté. Quand il se présentera, recevez-le comme la première fois, c'est-à-dire comme un ami de la famille; que rien ne puisse lui faire soupçonner que vous voyez en lui l'assassin ; puis, sans trouble et sans affectation, contentez-vous d'ouvrir votre fenêtre. A ce signal, des agents que je vais placer jour et nuit devant votre maison se hâteront de monter chez vous et opèreront l'arrestation.

Le surlendemain, l'assassin se présentait chez madame Giboü et était arrêté. Il fut immédiatement amené à mon bureau ; c'était un garçon de vingt-un ans, de petite taille, mince de corps, imberbe, d'une figure efféminée, rendue plus féminine encore par de longs cheveux blonds ; il déclara se nommer Ducroc et être fils d'un coutelier de Toulouse. Je le conduisis au cabinet du juge d'instruction où il fut confronté avec M. Sénépart, qui en le voyant s'écria : « Voilà l'assassin de ma mère ! » c'est lui qui est venu chez moi ! c'est lui qui a commis le » crime ! » Puis, se retournant vers moi, il me dit tout en larmes en se jetant à mon cou : « Ah ! monsieur Canler, quel » service immense vous m'avez rendu ! On ne pourra donc » plus me soupçonner d'avoir fait assassiner ma mère ! »

Ducroc avoua qu'il n'avait commis ce crime que pour s'acheter de la toilette et pour s'amuser dans les bals publics avec les femmes. Condamné à mort, il manifesta un grand repentir, et, vaincu par ses remords, il monta sur l'échafaud avec résignation.

XXIX

L'HORLOGER DÉVALISÉ LA NUIT

L'événement le plus ordinaire a toujours une cause. Pour la découvrir, il ne faut pas dédaigner les plus petites particularités qui ont précédé l'effet produit; il faut en analyser les motifs probables, les conséquences possibles, pour arriver à la vérité par induction raisonnée. C'est par ce système mis en pratique que je suis parvenu à placer un grand nombre de malfaiteurs sous la main de la justice, et entre autres dans l'affaire suivante.

Un vol avec effraction avait été commis pendant une nuit dans la boutique d'un sieur S***, horloger, rue Saint-Denis. Les voleurs, après s'être introduits dans l'allée de la maison, étaient entrés dans la boutique au moyen d'une porte donnant sur cette allée. Ils s'étaient emparés d'une certaine quantité de montres en or et en argent suspendues aux tringles de l'étalage, puis s'étaient retirés laissant sur le théâtre de leurs exploits un *monseigneur* à manche de bois dont il s'étaient servis pour forcer la porte, et un bout de chandelle enveloppé d'un morceau de papier grand comme la moitié de la main.

M. S*** ne s'aperçut de la soustraction dont il avait été victime que le matin lorsqu'il descendit dans son établissement, et ce ne fut qu'à dix heures que j'eus connaissance de ce vol audacieux. Je me rendis aussitôt avec un agent à la boutique de l'horloger, afin de recueillir quelques indices qui pussent m'aider à découvrir la piste des voleurs ; mais il n'existait aucune trace, personne ne les avait vus, et, sauf les deux objets dont je viens de parler, il n'était resté dans la boutique aucun objet propre à faciliter les recherches. A défaut de tout renseignement, je me décidai à aller voir le commissaire de police du quartier de la porte Saint-Denis qui, ayant été chargé de verbaliser, possédait peut-être quelques données plus précises ; mais ce magistrat me dit qu'il n'y avait rien à faire pour le moment, que ce qu'on pouvait imaginer de mieux était de se tenir tranquille, attendu que toutes les démarches ne pourraient aboutir qu'à une perte de temps et à des fatigues inutiles. Puis la conversation changea, et, tout en parlant de choses et d'autres, je pris machinalement le bout de papier, long de trois doigts au plus, qui entourait la chandelle en question. Tout à coup mes yeux furent frappés comme d'un rayon de soleil ; je venais de lire, à demi cachés sous la crasse que les doigts y avaient laissée, ces quatre mots :

Deux livres de beurre,

écrits d'une manière illisible et avec une encre dont la blancheur les rendait plus illisibles encore.

— Parbleu ! m'écriai-je, voici un hasard prodigieux ! il faut que je découvre la personne qui a écrit ces quelques mots, et, lorsque je l'aurai trouvée, peut-être découvrirai-je mes voleurs.

— Mon cher, me répondit en riant le commissaire, j'ai entendu faire bien des châteaux en Espagne, mais aucun jusqu'à présent ne m'a semblé aussi invraisemblable et je dirais presque aussi impossible que le vôtre !

— Peut-être ! peut-être ! Qui sait si je ne réussirai pas ? Mais pour cela, il faut que vous me prêtiez ce bout de papier.

— Volontiers ; seulement je vous préviens qu'à quatre heures je veux clore mon procès-verbal et envoyer toutes ces pièces à la préfecture.

— C'est bien, je me hâterai.

— Allez, bon courage et bonne chance !

Et je partis, accompagné de mon agent et muni du petit morceau de papier.

Je pris un cabriolet et je visitai sans succès tous les marchands de beurre des halles, des marchés Saint-Germain, Saint-

Honoré, Saint-Joseph, etc... Désappointé, je revenais au bureau du commissaire de police, lorsqu'en passant rue Aubry-le-Boucher, j'avisai un marchand de beurre auquel je présentai mon morceau de papier, en répétant ma formule ordinaire. Après avoir tourné et retourné ce papier, le marchand me dit : « Mais, c'est moi qui ai écrit ces mots, seulement j'ignore à qui je les ai adressés ; c'est une étiquette que j'aurai placée sur deux livres de beurre vendu à quelque passant ou à quelque pratique."A cette réponse, je retombai du septième ciel sur la terre et je m'éloignai.

De deux choses l'une, me dis-je, ou le vol a été commis au commencement de la nuit, c'est-à-dire vers une heure du matin, ou mes larrons ont attendu que la nuit fût plus avancée, et cette dernière hypothèse est inadmissible, car plus tard la rue Saint-Denis est sillonnée de charrettes se rendant à la halle et d'ouvriers se rendant à leurs travaux. Donc, le vol a été commis *vers une heure du matin*. S'il en est ainsi, les voleurs, pour ne pas éveiller les soupçons des personnes qui habitent la même maison qu'eux, ne seront pas rentrés se coucher ; ils auront passé la soirée chez quelques marchands de vin, dans quelque bouge, à la Courtille, par exemple, et cela expliquerait parfaitement qu'en descendant le faubourg du Temple pour accomplir leur vol, ils aient acheté la chandelle dans ce faubourg. Tout en discutant ainsi les circonstances qui avaient dû précéder le vol, j'entrai dans la rue du Faubourg-du-Temple où j'allai d'épicier en épicier demander à chacun d'eux s'il reconnaissait mon petit bout de papier ; c'était la lanterne avec laquelle Diogène cherchait un homme. Enfin, j'arrivai au nº 62, près la caserne de la Courtille, et à ma grande satisfaction mon interlocuteur répondit à ma question :

— Effectivement, monsieur, hier soir, vers onze heures et demie, j'ai vendu une chandelle *d'un sou*, enveloppée dans le papier que vous me présentez, à deux jeunes gens qui demeurent dans la maison voisine.

— Et que font-ils ?

— Ah ! monsieur ! *c'est* doux comme des agneaux ! Tous

deux commis voyageurs, ils se trouvent en ce moment sans place. Ils font la contrebande avec la Belgique pour les dentelles, mais c'est rangé, comme deux vraies filles, quoi ! ne voyant personne, ne fréquentant aucune mauvaise compagnie, jamais en ribote, jamais de disputes...

Je remerciai mon épicier de ses renseignements en lui disant que ce n'était pas à ces jeunes gens-là que j'avais affaire, et je me retirai. Mais comme je craignais qu'il avertît les voleurs, ou que par son bavardage il leur donnât l'alarme, j'envoyai mon agent chercher un de ses camarades. Pendant ce temps, je faisais causer les voisins et j'obtenais le signalement des deux malfaiteurs. A l'arrivée des inspecteurs, je les établis en surveillance avec mission d'arrêter les voleurs s'ils sortaient; et le lendemain, à quatre heures du matin, je me présentai chez eux et les arrêtai dans leur lit. Rien de suspect n'apparaissait dans leur chambre : je fis avertir le commissaire, on fit une perquisition qui n'amena aucun résultat; je commençais à craindre, non pas de m'être trompé, mais d'être arrivé trop tard et que les montres fussent déjà envolées. Il existait dans la chambre une grande fenêtre donnant sur la cour de la maison, je l'ouvris pour donner de l'air. En me penchant, je remarquai un atelier de serrurier. — Parbleu, me dis-je, il n'y aurait rien d'extraordinaire que ce fût ce serrurier qui ait fait le monseigneur, sans savoir à quel usage il devait servir ; et, m'emparant de l'instrument qui avait été apporté, je descendis à la forge, où je demandai au patron si cet outil ne sortait pas de chez lui.

— Non, monsieur, me répondit-il, mais c'est moi qui l'ai emmanché pour un des jeunes gens chez qui vous êtes en ce moment. Il m'a dit que cela lui servait pour remuer les ballots de marchandises.

Il n'y avait donc plus à douter, c'étaient bien les voleurs. Aussi je m'empressai de remonter, et la perquisition recommença de plus belle. Les matelas furent décousus, la paillasse vidée, les murs sondés, les carreaux descellés, les cheminées, les placards visités dans tous les coins. Nous étions désespérés;

nous ne trouvions rien. Enfin, après trois quarts d'heure de recherches inutiles, nous nous décidâmes à partir. Mais le lendemain une nouvelle perquisition fut opérée dans leur chambre. En examinant le plafond, on remarqua qu'au-dessus du lit il existait une nuance presque imperceptible faisant tache sur la blancheur générale; on monta sur le lit, et un coup de poing, vigoureusement appliqué à cet endroit, pratiqua une ouverture d'où s'échappèrent pêle-mêle, pour tomber sur la couverture, montres d'or et montres d'argent, à cylindres ou à ancres, mais toutes volées chez M. S***. Nos deux voleurs, pour cacher ces objets, avaient fait un trou dans le plafond, puis l'avaient bouché avec du gros papier recouvert d'une couche de détrempe, et celle-ci ne paraissait plus foncée que parce qu'elle n'était pas assez sèche.

Quelque temps après ces deux malfaiteurs passèrent devant la cour d'assises et furent condamnés à dix ans de travaux forcés.

Et pourtant, à quoi a tenu le succès de cette affaire ? A un bout de papier auquel on n'apportait nulle attention !

XXX

UNE ÉVASION DE LA FORCE

C'est une curieuse chose que la volonté d'un prisonnier qui veut fuir de son cachot; c'est surtout une chose étonnante de voir l'énergie, la prudence, la sagacité, la constance qu'il faut à un homme pour s'attaquer à cette masse de pierres qui l'enveloppe comme d'un linceul, à ces masses de fer qui, sous la forme de chaînes, verrous, serrures et barreaux, le séparent de la société, du soleil, de la vie en plein air. Mais si le cœur est sympathique à l'évasion d'un Latude, par exemple, s'attaquant énergiquement aux épaisses murailles de la Bastille avec un simple clou, parvenant après des années de travail à préparer son évasion, et, se voyant découvert, recommençant à nouveau le grand œuvre de sa délivrance ; il n'en est pas de même à la nouvelle de l'évasion d'un voleur dangereux, d'un assassin redoutable. Tous les honnêtes gens sont alors émus de crainte, car la liberté pour le bandit évadé, c'est la perspective qu'un nouveau crime viendra épouvanter le public.

Le 3 août 1843, quinze prisonniers, détenus sous la prévention de crimes plus ou moins graves, s'échappèrent de la Force au moyen d'un souterrain qu'ils avaient pratiqué à l'aide de couteaux et de morceaux de fer dans la fosse d'aisances qu'on venait de vider. Ce travail extraordinaire, exécuté simultanément par les quinze reclus, devait passer sous le chemin de ronde de la prison et aller jusqu'à la maison des bains donnant sur la rue Culture-Sainte-Catherine ; mais, au lieu d'aboutir à côté de l'habitation, le souterrain vint prendre issue dans un cabinet dont le calorifère fut renversé. Les malfaiteurs, qui croyaient arriver dans le jardin, trouvèrent donc là un obstacle sur lequel ils ne comptaient pas, et ce fut à l'aide de leurs reins qu'ils soulevèrent le parquet et purent enfin s'échapper. Cette évasion, exécutée avec tant de persévérance et dont le secret avait été si admirablement gardé, ne devait pas être heureuse pour tous ceux qui l'avaient tentée ; l'éveil fut donné par une personne occupée dans la maison des bains, la plupart des évadés furent arrêtés à l'instant même par les habitants des maisons voisines, non toutefois sans danger pour ces courageux citoyens, car les prisonniers, voyant leur peine perdue et leur plan d'évasion déjoué, devinrent furieux et cherchèrent à s'ouvrir un passage à coups de couteaux. Trois seulement parvinrent à s'enfuir, et parmi eux se trouvait l'âme du complot, Jules Courteau, homme d'une rare énergie, d'une force exceptionnelle et d'une audace sans pareille.

Plusieurs jours s'écoulèrent sans que la police eût découvert la moindre trace de ces fugitifs. Un matin, le chef du service me fit appeler et me dit qu'il serait très-fâcheux pour la police de sûreté qu'on n'arrivât pas à arrêter au moins un de ces trois malfaiteurs. Nous serions perdus de réputation, ajouta-t-il (c'était sa manière de voir); ainsi faites pour le mieux.

Courteau avait habité fort longtemps la rue Sainte-Marguerite-Saint-Antoine, il y était parfaitement connu. Je pensais qu'après son évasion il avait dû y aller voir quelques-unes de ses anciennes connaissances ; mais on ne pouvait compter sur les habitants pour obtenir à ce sujet le moindre renseignement, car Courteau inspirait un tel effroi que personne n'eût voulu concourir, soit directement, soit indirectement, à son arrestation, dans la crainte d'appeler sa vengeance ou celle des malfaiteurs ses camarades, dont les garnis de la rue Sainte-Marguerite pullulaient à cette époque.

Je connaissais un jeune homme de seize ou dix-sept ans qui demeurait aux environs ; il m'avait en plusieurs circonstances rendu maints petits services en matière de police, sans que personne pût se douter de sa coopération. Je lui fis dire de venir me voir chez moi à sept heures du matin ; il ne manqua pas au rendez-vous, et répondit affirmativement lorsque je lui demandai s'il connaissait Courteau.

— Veux-tu, lui dis-je, me rendre un service que je n'oublierai pas ?

— Volontiers, monsieur Canler ; que voulez-vous que je fasse ?

— Quelque chose de très-facile : la première fois que tu verras Courteau, tu le suivras adroitement pour savoir où il va, et tu viendras tout de suite m'en prévenir chez moi, si c'est la nuit: à mon bureau, de huit heures du matin à dix heures du soir. Est-ce convenu ?

— Vous pouvez compter sur moi.

Trois jours après, il venait à dix heures du soir, à la préfecture, m'informer qu'il avait vu Courteau partir de la rue Sainte-Marguerite, accompagné de deux de ses camarades auxquels il avait montré un couteau catalan, en leur disant : « Voilà pour *butter* (tuer) le premier *rousse* (agent) qui se présentera pour *m'agraffer* (m'arrêter) ! » Il ajouta que ces trois malfaiteurs étaient en ce moment à la barrière de Montreuil, dans le cabaret du père Martin. Je résolus de profiter aussitôt de ce renseignement, et à dix heures et demie je montai en fiacre avec deux agents et mon petit indicateur, pour nous rendre à la barrière de Montreuil; mais, vers le milieu de la rue de ce nom, nous rencontrâmes Courteau qui revenait de la barrière avec ses deux camarades. Tenter de l'arrêter immédiatement eût été une folie, car, avec l'énergie que je lui connaissais, il fallait le saisir à l'improviste, de façon qu'il ne pût faire usage de son couteau ; d'un autre côté, en descendant tous quatre de voiture au milieu de cette rue déserte, c'était lui donner le temps de fuir du côté opposé.

J'arrêtai à l'instant même mon plan, certain que j'étais de l'adroite coopération d'un de mes agents nommé Laporte, jeune, petit, replet, vif, doué de courage et d'intelligence. Je laissai continuer la route au cocher, et lorsque je jugeai que la voiture était assez éloignée pour que Courtaud n'entendît plus le roulement produit par les roues sur le pavé, je fis retourner le cocher sur ses pas en lui recommandant de nous conduire avec vitesse jusqu'à la rue Saint-Antoine. Je pensai que par ce manége notre voleur serait loin de se méfier que notre voiture était la même que celle qui venait de passer auprès de lui.

— Vous allez, dis-je à mon agent, tenir la portière de droite ouverte de façon que les cahots ne la fassent pas heurter contre la voiture ; je vais en faire autant à la portière de gauche, et quand nous arriverons à la hauteur de notre gibier, nous sauterons dessus, sans que pour cela le fiacre s'arrête, afin de nous donner ainsi tout l'avantage de la surprise et du saisissement.

Le fiacre fait volte-face et reprend sa course de toute la vitesse de ses chevaux. Il brûle le pavé autant qu'un fiacre en est capable ; nous arrivons près de l'objet de notre poursuite : je m'élance, Laporte me suit ; la secousse que je reçois en sautant est tellement forte, que je robondis comme une balle sur Courteau, qui se trouve là fort heureusement pour m'empêcher de me briser la tête contre le mur qui est en face de moi; Laporte, qui a failli se casser bras et jambes, vient par soubresauts s'accrocher à notre voleur, et tous trois nous roulons dans le ruisseau. Jamais arrestation n'a peut-être été faite d'une manière aussi inattendue et avec une telle promptitude.

Nous nous relevons, mais en tenant chacun un bras de Courteau, et c'est ainsi que nous le conduisons au poste de Montreuil, pendant que notre fiacre continue à rouler vers l'intérieur de la ville et que les deux camarades de notre capture fuient à toutes jambes, surpris et épouvantés.

Courteau fut trouvé possesseur du couteau catalan dont il a été question plus haut; le lendemain, il était conduit au dépôt de la préfecture de police et de là réincarcéré à la Force.

XXXI

ASSASSINAT CATAIGNE

Le 3 avril 1842, vers cinq heures du matin, des ouvriers carriers et un entrepreneur de terrassements venaient de descendre dans une carrière à plâtre située aux buttes Chaumont, pour s'y livrer à leurs travaux, lorsqu'ils découvrirent le cadavre d'un homme d'une cinquantaine d'années, dont la mise, sans être élégante, annonçait une certaine aisance. Un ruban de la Légion d'honneur, attaché à la boutonnière de sa redingote de drap noir, aurait pu faire croire à un accident ou à un suicide; mais la figure et le corps, couverts de blessures faites avec un instrument tranchant, démontraient clairement qu'il y avait eu un assassinat. Le corps fut porté à la Morgue, et il ne tarda pas à être reconnu pour être celui du sieur Cataigné, cocher attaché à l'entreprise du sieur Julian, loueur de cabriolets, rue Saint-Dominique-Saint-Germain.

Cataigne avait une fille âgée de vingt-six ans, bordeuse de souliers, demeurant rue Saint-Merri ; elle savait que son père avait engagé au mont-de-piété de la rue du Dauphin une chaîne et une clef en or, et qu'il portait constamment dans son portefeuille la reconnaissance de cet engagement. Aussitôt qu'elle apprit la mort de son père, elle eut la rare présence d'esprit de courir chez le commissionnaire qui dirigeait ce bureau de prêts sur gages, pour le prier de faire arrêter l'individu qui se présenterait avec cette reconnaissance.

La police fit d'inutiles recherches pour arriver à découvrir l'auteur ou les auteurs de ce crime. On n'avait aucun indice, aucun renseignement qui pût guider dans cet affaire ténébreuse, lorsqu'un nommé Moller, ouvrier ferblantier, d'origine russe, d'épaisse encolure et d'intelligence obtuse, se présenta au mont-de-piété de la rue du Dauphin pour retirer les objets engagés. Il s'exprimait très-difficilement, et il fallait une grande complaisance pour trouver du français dans son jargon.

Conformément au désir manifesté par la fille de la victime, on fit attendre le porteur de la reconnaissance et on envoya chercher le commissaire du quartier des Tuileries, qui procéda à son arrestation.

Moller déclara que cette reconnaissance lui avait été vendue la veille à neuf heures du soir pour la somme de 2 fr. 25 c. par trois individus qu'il ne connaissait pas, mais qui se trouvaient à la même table que lui au cabaret du Petit-Ramponneau, à la Courtille. Conduit à la préfecture, il y passa la nuit, et le lendemain à midi il me fut remis pour m'aider dans mes recherches et me signaler, s'il était possible, les individus qui lui avaient vendu la reconnaissance. Je me mis donc en route avec cet homme et trois agents pour explorer tous les cabarets de la Courtille. En passant à la place de Grève, j'aperçus une fille publique du plus bas étage, rôdeuse de barrière et voleuse à l'occasion, que le commissaire de police de Belleville envoyait par la garde à la préfecture sous inculpation de voies de fait.

En arrivant à la Courtille, je visitai, mais inutilement, tous les cabarets. Vers sept heures du soir, les agents et Moller, qui depuis midi marchaient sans s'arrêter, manifestèrent le désir de prendre un peu de repos et de nourriture ; nous entrâmes à cet effet dans un cabaret, où je commandai le traditionnel morceau de veau et la salade séculaire de toutes les guinguettes de barrières. En attendant la pitance, j'adressai, pour mettre le temps à profit, quelques questions à mon indicateur, et, entre autres, celle-ci :

— N'avez-vous pas vu, avec les hommes qui vous ont vendu la reconnaissance, une ou plusieurs femmes ?

— Si, me répondit-il dans son baragouin presque inintelligible, j'ai vu celle que la garde conduisait ce matin et que nous avons rencontrée à la place de Grève.

Je lui reprochai doucement de ne m'avoir pas fait connaître plus tôt cette circonstance, et, laissant mon Russe et mes agents engloutir leur dîner, je pris un cabriolet et me rendis en toute hâte à la préfecture, où je fis venir en ma présence la fille en question.

Elle se nommait Annette Lenoir et paraissait très-chagrine de son arrestation ; aussi ne fit-elle aucune difficulté pour me répondre.

— N'étiez-vous pas, lui dis-je, à la Courtille, samedi soir, au cabaret du Petit-Ramponneau ?

— Oui, monsieur.

— Avec qui étiez-vous ?

— Avec trois individus dont j'ignore les noms, excepté pour l'un, toutefois, qui porte le sobriquet de Délicat.

— Donnez-moi aussi exactement que possible le signalement de Délicat et de ses camarades.

Elle satisfit à ma question.

— Maintenant, dites-moi, n'avez-vous pas vu un de ces individus vendre des reconnaissances du Mont-de-Piété ?

— En vendre ? non, monsieur ; mais j'ai vu Délicat en tenir dans ses mains et les montrer à ses camarades. Il avait également un grand papier de couleur sur lequel il y avait un cachet ; j'ai pensé que c'était un congé, parce que celui qui le regardait a dit : « Au moins, avec ça, on est en règle. »

Je quittai la fille Lenoir en lui promettant de la faire mettre en liberté si les renseignements qu'elle venait de me donner étaient véridiques. Je retournai à Belleville continuer la visite des cabarets et des garnis qui avoisinent la barrière. A minuit, j'arrivai passage Philibert, j'entrai dans le garni tenu par le père Joseph; je lui demandai s'il n'avait pas pour locataire un individu que je lui dépeignis et auquel ses camarades donnaient le surnom de Délicat.

— Je crois avoir votre affaire, me répondit-il; j'ai ici un garçon qui porte ce sobriquet, mais il n'est pas encore rentré.

— N'a-t-il pas des camarades chez vous?

— Oui, il a un intime qu'on appelle le grand **Charles**, et qui est absent aussi pour le moment.

Je me fis donner le signalement de ce dernier; il répondait à peu près à celui indiqué par la fille Lenoir. J'installai aussitôt deux agents dans l'intérieur du garni avec ordre de ne pas perdre de vue le logeur, car je craignais une indiscrétion de sa part, indiscrétion qui n'aurait rien eu d'extraordinaire et qui rentre dans les habitudes des logeurs *francs* pour les voleurs. Je conservai avec moi l'autre agent, et nous surveillâmes les abords de la maison; mais les deux individus ne rentrèrent pas de la nuit. A neuf heures du matin, le grand Charles arriva et fut arrêté; Délicat le fut également dans la journée.

L'instruction fit connaître que le grand Charles s'appelait Joseph Mirault; il était âgé de 29 ans, né à Blois, exerçant la profession d'ouvrier sellier. Délicat se nommait Victor Vallée, était né à Sens, âgé de 24 ans, et ouvrier sur les ports. Ces deux criminels furent condamnés à la peine de mort; le premier fut exécuté, le second vit sa peine commuée en celle des travaux forcés à perpétuité. Quant au troisième complice, **Edouard Villetard**, plus avisé que ses deux camarades, le lendemain même du crime il était entré à l'hôpital du Midi, espérant par là se créer un alibi sauveur; mais il n'en fut pas moins condamné à vingt ans de travaux forcés.

Ces trois misérables appartenaient à cette classe infâme dont Eugène Sue nous a donné le type assez exact dans ses *Mystères de Paris*.

XXXII

MA NOMINATION AUX FONCTIONS D'OFFICIER DE PAIX ET MES MOYENS DE POLICE

Vers la fin de 1842, je fus appelé à prêter mon concours à M. Eloin, commissaire de police aux délégations judiciaires, pour arrêter Vidocq, qui, après avoir été voleur, forçat et policier, tenait une sorte de bureau d'affaires ou plutôt faisait de la contre-police. Depuis 1833, c'était la troisième fois que j'étais chargé de le conduire au dépôt de la préfecture. Pendant l'opération, j'exprimai à M. Eloin le désir d'être nommé officier de paix.

— Pourquoi? me dit-il, vous êtes pourtant bien, au service de sûreté?

— C'est vrai, mais les époques se suivent et ne se ressemblent pas. De 1832 à 1839, mes relations avec le chef du service avaient toujours été agréables; mais depuis que l'agent B*** est parvenu à lui persuader que l'activité que je déploie n'a pour but que de le renverser pour prendre sa place, il en est résulté pour moi bien des ennuis que je désire voir se terminer le plus tôt possible.

Et la conversation en resta là. Mais le 1er janvier 1844, M. Eloin, ayant été nommé chef de la police municipale, se rappela mon désir; il en parla au secrétaire général, et tous deux me promirent qu'à la première vacance je recevrais ma promotion. En effet, l'officier de paix chargé du sixième arrondissement et de la surveillance des théâtres du boulevard du Temple ayant été mis à la retraite, je fus nommé en son lieu et place le 1er septembre 1844. Le lendemain, le secrétaire général me conduisit au cabinet du préfet, entre les mains duquel je prêtai serment. A cette occasion, M. Delessert me fit une allocution toute paternelle sur les nouveaux devoirs que j'allais remplir, puis il ajouta : « M. le secrétaire général et M. le chef de la police municipale m'ont parlé plusieurs fois des services importants que vous avez rendus à mon administration. Je pense donc que vous n'oublierez pas que vous avez appartenu au service de sûreté, et que les soins de la police municipale ne vous empêcheront pas de surveiller et d'arrêter les malfaiteurs dans votre arrondissement. »

Comme on le pense bien, je n'hésitai pas à prendre cet engagement.

Une fois installé dans mon nouveau poste, je réfléchis sérieusement à la promesse que j'avais faite au préfet et aux difficultés que j'aurais à vaincre.

En effet, quelle est l'âme de la police ? l'argent ! car il faut qu'elle ait à sa solde : 1° des agents, hommes du métier, adroits, actifs, intelligents, secondant leur chef dans ses desseins, ses volontés, accomplissant ses ordres, suivant le plan de campagne qu'il a dressé, en un mot, réalisant la pensée qu'il a conçue ;

2° des indicateurs, êtres méprisables, arrachés au crime par la crainte, et vendant à la police, pour une faible rétribution, les secrets de leurs camarades.

Enfin, quels sont les moyens donnés au chef du service de sûreté pour simplifier, faciliter, favoriser ses opérations ? La centralisation des renseignements, qui vient lui apprendre chaque jour quels crimes ont été commis, quels repris de justice sont en rupture de ban, quels malfaiteurs sont entrés dans les hôtels et maisons garnis, et mille autres renseignements non-seulement utiles, mais indispensables.

Or je n'avais pas à ma disposition un sou des 31,200 francs, alloués alors au service de sûreté pour payer chaque année les indicateurs et stimuler par des récompenses le zèle des agents. J'étais seul, sans ressources, sans renseignements, sans un homme du métier pour seconder l'exécution de la tâche que je m'étais imposée. Il me fallait donc chercher des auxiliaires assez désintéressés pour me servir gratuitement ; mais, comme le complet désintéressement est fort rare, je cherchai parmi ceux que j'avais à surveiller les individus qui pouvaient utilement me servir d'indicateurs et d'auxiliaires. Je pensai ne pouvoir trouver ces instruments que parmi les maîtresses ou filles de maisons de tolérance, ou les maîtres de maisons garnies dites à voleurs, ou les marchands de contremarques à la porte des théâtres, ou enfin les marchands ambulants dits *camelots*, qui possèdent souvent de précieux renseignements. Au lieu de m'attacher à une seule classe d'individus, je les mis tous à mon service. Voici comment.

Les filles publiques sont fort souvent arrêtées pour des misères qu'on est obligé cependant de réprimer, afin de tenir sous un joug de fer ces créatures dégradées et portées à la licence. Or, après en avoir référé au chef de la police municipale, j'allai faire ma visite aux maîtresses des maisons de tolérance de mon arrondissement; je leur promis de les protéger en cas de contravention, mais à la condition que lorsqu'il viendrait des voleurs chez elles, ou qu'elles apprendraient par leurs filles quelques particularités sur les malfaiteurs, elles me le feraient savoir immédiatement.

Ce point établi, je me tournai vers les maîtres de garnis dits à voleurs ; tous promirent de me renseigner sincèrement. Toutefois, la plupart de ces individus, *affranchis* pour les malfaiteurs, ne tinrent point leur promesse. Je n'avais qu'un seul moyen de les y contraindre, je le mis à exécution. J'allai à toute heure de nuit, avec le commissaire de police, faire perquisition dans leurs garnis, enlevant tous ceux des locataires dont les papiers n'étaient pas parfaitement en règle ou qui n'en avaient pas. Quelquefois aussi, me rendant avec mes sergents de ville dans ces maisons vers trois ou quatre heures du matin, je visitais toutes les chambres, faisant relever et habiller tous les locataires, sous prétexte de rechercher un malfaiteur qui n'y était pas. Bientôt MM. les logeurs s'aperçurent que leur clientèle, ennuyée de ces dérangements continuels, disparaissait peu à peu, et que par la suite ils n'auraient à offrir à mes investigations que des chambres vides. Ma surveillance menaçait de ne pas se lasser de sitôt, et ils comprirent enfin qu'il valait mieux entrer en composition avec moi que de continuer à lutter aussi désavantageusement ; ils firent de force ce que les maîtresses de maison de tolérance avaient fait de bonne volonté, et tout fut encore pour le mieux de ce côté.

Il s'agissait ensuite de m'assurer des marchands de contre-marques. Ceux-là n'étaient pas très-difficiles à réduire : une surveillance soutenue aux abords des théâtres amenait l'arrestation des contrevenants, et leur consignation au poste pour être conduits le lendemain à dix heures du matin chez le commissaire de police. On y dressait procès-verbal de la contravention, qui entraînait presque toujours une condamnation à la prison. Tels furent les moyens qui me les soumirent et les tinrent à ma dévotion.

En quatrième lieu, je m'adjoignis pour auxiliaires les marchands ambulants dits *camelots*, colportant de droite et de gauche, sans autorisation, des articles vendus à bas prix, achetés par eux à plus bas prix encore et provenant de fonds de magasins ou de ventes par autorité de justice. Pour ceux-ci. j'employai le même système qui m'avait si bien réussi avec les maîtresses de maisons, et ce fut en tolérant leur stationnement au coin d'un passage, à certains endroits des rues et des boulevards, que j'obtins d'eux de précieux renseignements que leur vie nomade leur permettait de se procurer.

Ces jalons posés, je me créai de nouveaux auxiliaires en attachant entièrement à mon service des indicateurs que je choisis parmi les forçats, les réclusionnaires et autres libérés auxquels le séjour de la capitale était interdit, et que j'avais arrêtés pour ce fait. J'en avais distingué quelques-uns d'une intelligence rare ; je demandai et obtins pour ceux-ci l'autorisation temporaire d'habiter Paris.

Un de ces hommes, nommé Charles R***, déjà condamné deux fois et se trouvant en rupture de ban, était doué d'une intelligence peu commune ; il possédait une mémoire et un coup d'œil si extraordinaires qu'il reconnaissait à première vue et sans hésitation un homme avec qui il avait vécu en prison et dont il avait été séparé depuis plusieurs années ; un individu cherchait-il à se dissimuler sous un faux nom, Charles lui disait immédiatement ; « Ce n'est pas votre nom, vous vous appelez un tel, à telle époque vous étiez dans telle salle de telle prison. »

Avec de telles qualités, R*** ne pouvait que me rendre d'importants services. Malheureusement il me fallait subvenir à ses besoins ainsi qu'à ceux de mes autres indicateurs pour éviter qu'ils ne retombassent dans leurs anciennes habitudes perverses, et n'ayant, comme je l'ai dit, aucune somme à ma disposition, voici ce que j'imaginai : chaque jour, je faisais remettre à ces individus quelques cartons d'entrée sur la masse de ceux qu'on confiait à cette époque aux commissionnaires qui stationnaient devant les théâtres. Ces cartons, revendus avec un bénéfice de cinquante centimes aux personnes qui voulaient entrer sans faire queue, procuraient à chacun de mes hommes environ trois ou quatre francs par jour. Cette vente leur assurait une existence modeste et leur permettait de me consacrer tout leur temps.

Après avoir pris ces dispositions préliminaires, je choisis parmi les seize sergents de ville placés sous mes ordres les sieurs Sallier et Toisoul, en qui j'avais pleine confiance ; jamais je n'ai rencontré deux hommes plus dévoués à leur besogne. C'est ainsi que je parvins à me créer des auxiliaires habiles, adroits, infatigables, qui me rendirent les plus grands services et facilitèrent au suprême degré le succès de mes opérations. Grâce à leur concours, je pus enfin pourchasser à outrance les malfaiteurs de mon arrondissement, et voici quelle fut ma première affaire.

Peu de jours avant mon installation, un jeune clerc d'huissier de province, nouvellement débarqué à Paris, avait été assailli vers minuit dans la rue du Haut-Moulin par quatre individus qui l'avaient bâillonné et lui avaient soustrait sa montre, sa bourse, son chapeau et un couteau catalan. Depuis trois semaines, le service de sûreté faisait d'inutiles recherches, et l'affaire en serait probablement restée là, si un contrôleur de théâtre, demeurant dans la même maison que ce clerc, n'avait eu l'idée de me l'envoyer en lui disant : « Allez trouver l'officier de paix, contez-lui ce qui vous est arrivé, et s'il ne trouve pas vos voleurs, personne ne les trouvera. » Le jeune provincial vint en effet me voir et me raconta tous les détails de cette attaque nocturne ; il me donna tant bien que mal le signalement des quatre individus qui l'avaient assailli : « Ce qui me fait peine, ajouta-t-il, c'est qu'à la préfecture on m'a dit qu'on ne croyait pas à cette histoire ; et pourtant, monsieur, je vous jure bien que c'est l'exacte vérité. »

Persuadé que le jeune homme disait vrai, je le congédiai en lui promettant de faire des recherches actives et de l'avertir si je pouvais mettre la main sur ses voleurs. « Diable ! ne pus-je m'empêcher de dire quand il fut parti, voici une affaire épineuse ; le service de sûreté a renoncé à la poursuivre ; ce serait, ma foi, un heureux début si je pouvais réussir. »

Le lendemain, je me mis en quête avec mes deux agents, Sallier, Toisoul, et un de mes indicateurs, qui, à la révolution de 1848, s'engagea dans la garde mobile et fut tué par les insurgés de la barricade de la rue Saint-Maur et du faubourg du Temple. Après trois jours de démarches incessantes, nous mettions enfin la main sur les quatre voleurs, et l'un d'eux était trouvé porteur du couteau catalan et de la reconnaissance de la montre, qui avait été mise au mont-de-piété. Le préfet, instruit du résultat que j'avais obtenu, m'en fit témoigner sa satisfaction.

Une autre affaire de vol qui avait bien aussi son importance, quoiqu'elle fût d'une toute autre catégorie, ne tarda pas à succéder à celle-là. Un de nos auxiliaires de la classe des *camelots* vint m'avertir qu'il avait appris que trois jeunes gens, dont il me donna les signalements, avaient commis la veille un vol au préjudice d'un individu qu'ils avaient préalablement endormi au moyen d'un narcotique, et qu'ils avaient ensuite transporté chez lui comme un homme mort.

Il était huit heures du matin, quand je reçus cette révélation. A l'instant même, je fis partir Toisoul, Sallier et l'indicateur R***, avec ordre de visiter tous les cabarets et guinguettes du faubourg du Temple et de Belleville, qui assez ordinairement sont fréquentés par les voleurs ; à onze heures, les trois voleurs étaient arrêtés. J'interrogeai le moins âgé, jeune imberbe de dix-sept ans, qui, à la première parole que je lui adressai, se mit à pleurer ; je profitai de ce moment pour lui parler de son père et de sa mère, je lui fis remarquer la fâcheuse position où il se trouvait et le chagrin que ses parents en auraient ; je lui laissai entrevoir que, par une entière franchise, il pourrait peut-être se tirer du mauvais pas où il était engagé, puis j'ajoutai en forme de péroraison : « Que tu parles ou que tu te taises, l'affaire n'en aura pas moins son cours, car dans une heure je saurai dans quelle maison le vol a été commis et vous serez confrontés avec votre victime ; mais alors ne compte plus sur mon indulgence, je serai sans pitié pour toi ! » A ces mots, il se jeta à mes genoux en jurant au milieu de sanglots qu'il allait tout m'avouer, et il me dit :

« Hier, à onze heures du soir, nous étions, mes deux camarades et moi, sur la place du Châtelet, lorsque nous avons vu venir à nous un homme tellement soûl qu'il pouvait à peine se tenir. Tiens! dit le plus âgé de nous trois (il avait vingt-quatre ans), v'là un *pentre* qui est bon à lever ! Suivez-moi ! Il aborda le pochard, lia conversation avec lui et l'emmena sans peine chez un marchand de vin où bientôt nous fûmes attablés autour d'un litre de vin. Alors mon camarade, qui avait porté la parole, mit du tabac dans sa bouche, le mâcha, et pendant que nous causions avec notre ami de rencontre, il pressa fortement sa chique dans le verre de l'individu. A minuit, nous nous en allâmes. Le pauvre homme ne pouvait plus se tenir sur ses jambes, nous le portâmes à son domicile, rue Saint-Denis, où il n'y a pas de concierge. Après avoir déshabillé et couché notre ivrogne comme un enfant, nous le quittâmes en emportant sa clef.

» A une heure du matin nous sommes revenus, notre homme dormait profondément ; nous avons fait un paquet de ses vêtements, nous avons pris son argent, puis nous sommes partis. Voilà, monsieur, l'exacte vérité! Je sais bien que j'ai commis une grande faute; mais, voyez-vous, je ne suis pas un voleur, et j'ai été obligé de faire comme mes deux camarades parce qu'il m'auraient battu. »

Après cette révélation, j'allai, accompagné des agents Toisoul et Sallier, rue Saint-Denis, au numéro indiqué. Nous y trouvâmes le volé qui ne s'en doutait guère et qui était encore couché. Tout surpris de ce que nous lui annoncions, il se précipita en bas de son lit, mit les matelas sens dessus dessous, puis, saisissant un portefeuille qui s'y trouvait, il poussa un cri de joie indescriptible en nous disant : Ah! messieurs, que je suis donc heureux d'en être quitte à si bon marché! Si mes voleurs avaient eu l'idée de chercher entre mes deux matelas, j'étais ruiné, car ce portefeuille contient 80,000 francs en billets de banque que j'ai reçus avant-hier. Mais aujourd'hui même je vais les mettre en sûreté. Notre individu nous confirma, autant que sa mémoire le lui permettait, une partie des détails révélés par l'apprenti voleur, et il s'empressa de nous accompagner chez le commissaire de police, qui dressa procès-verbal et envoya à la préfecture les trois jeunes coquins.

A la même époque, une sollicitation à laquelle j'étais loin de m'attendre m'amena à m'occuper d'une autre soustraction. M. Allard avait un frère qui était sergent de ville et dont la femme vendait du bouillon dans une échoppe à l'Entrepôt ; deux voleurs pénétrèrent dans cette espèce de boutique et s'emparèrent d'un sac en toile contenant 1,200 francs en pièces de cinq francs. Le chef de la sûreté avait été immédiatement prévenu par son frère, les voleurs étaient connus, il n'y avait donc plus qu'à mettre la main sur eux ; mais M. Allard, n'ayant pu parvenir à faire opérer leur arrestation, se décida à me prier d'arrêter ces deux individus, dans le cas où je pourrais les découvrir.

Je me mis en campagne, assisté de mon brigadier, des agents Toisoul et Sallier, ainsi que de quelques auxiliaires ; je visitai tous les établissements mal famés de mon arrondissement et bien m'en prit, car le lendemain, à dix heures et demie du soir, j'arrêtai les deux malfaiteurs dans le cabaret d'un marchand de vins liquoriste de la rue des Fossés-du-Temple, sorte de bouge où se réunissaient fréquemment tous les mauvais garnements du boulevard. Au moment de l'arrestation, l'un des deux voleurs, vétéran dans le crime, se jeta sur moi pour me frapper avec un couteau catalan qu'il tenait à la main; je n'aurais certainement pas échappé au coup qu'il voulait me porter sans la présence d'esprit et le sang-froid de mon brigadier Labrue, qui repoussa brusquement le misérable, et, lui saisissant le bras qu'il dirigeait contre moi, me donna ainsi le temps de désarmer ce forcené. Une perquisition faite au domicile des deux inculpés amena la découverte du sac en toile contenant primitivement les 1,200 francs, mais de pièces de cent sous, point; elles avaient disparu.

Cette affaire venait d'être terminée, quand je rencontrai sur le boulevard un agent du service de sûreté, qui, entre autres choses, me dit que depuis trois semaines la brigade de la voie publique était à la recherche d'un nommé Schneider et de deux de ses camarades, voleurs de profession, inculpés dans des vols qualifiés, et contre lesquels il existait des mandats d'arrêt. Je crois bien, ajouta l'agent, qu'on ne les trouvera jamais, car ils savent qu'on les recherche, et ils sont trop malins pour se laisser prendre.

— C'est ce que l'avenir nous apprendra ! pensai-je. De retour à mon bureau, je communiquai à Toisoul, à Sallier ainsi qu'à quelques-uns de mes bons auxiliaires, ce que l'agent de la sûreté m'avait raconté.

Deux ou trois jours s'étaient à peine écoulés qu'un de mes auxiliaires, appartenant à la classe des *camelots*, m'annonçait que les individus recherchés se tenaient cachés dans une chambre située au cinquième étage d'une maison de la rue de Lourcine, et que, ne sortant jamais pendant le jour, ils profitaient de la nuit pour aller prendre leurs ébats. Le lendemain, à quatre heures du matin, Schneider était arrêté avec ses deux complices, et, par ordre, le service de sûreté me remettait les mandats d'arrêt qu'elle avait entre les mains et dont elle n'avait pu faire usage.

Je ne raconterai pas ici les diverses opérations que j'ai faites pendant les cinq années qu'ont duré mes fonctions d'officier de paix du 6e arrondissement ; je me bornerai à dire que j'ai placé sous la main de la justice des malfaiteurs de toutes les catégories : voleurs à la tire, à l'américaine, au bonjour, à la carre, à la détourne, aux carroubles (fausses clefs), au poivrier, fabrication de fausses monnaies, attaques nocturnes, etc. Aussi, fort souvent M. Eloin me félicitait-il et se plaisait-il à me répéter que j'étais le premier officier de paix qui se fût occupé de police de sûreté. Je devais être le seul, car mes successeurs se retranchèrent dans leurs fonctions municipales.

Je crois devoir terminer ce chapitre par une affaire assez curieuse à cause de sa fin tragique. C'était en décembre 1844. On se plaignait fréquemment de vols commis dans les théâtres, principalement aux avant-scènes. Dans le cours des représentations de deux dimanches consécutifs, il avait été dérobé un pardessus dans chacun des théâtres des Folies-Dramatiques et des Délassements-Comiques. Je me fis donner par les ouvreuses le signalement de l'individu qu'elles soupçonnaient être l'auteur de ces soustractions ; prévoyant que le dimanche suivant l'adroit filou continuerait la série qu'il avait commencée, je plaçai un agent en surveillance au contrôle de chaque théâtre, excepté à celui de la Gaîté que je m'étais réservé. Chaque agent avait le signalement de l'individu, ainsi que l'ordre de le suivre s'il se présentait, et de n'opérer son arrestation que preuves en mains.

Pour rester dans ce plan d'action, je me plaçai derrière la petite barrière de bois qui sépare le contrôle, et de là je pouvais voir tout le monde sans être remarqué ; on donnait ce soir là les *Sept châteaux du diable*. Le premier acte se joua sans que mon homme parût ; je pensais qu'il s'était peut-être présenté dans un autre théâtre, mais au moment où la cloche appelait les acteurs pour le deuxième acte, je vis entrer un individu que je reconnus aussitôt pour être un repris de justice nommé Joseph Martin, ancien professeur de mathématiques ; il présenta au contrôle un billet d'avant-scène des premières et se dirigea du côté droit. Je donnai immédiatement la consigne à mon secrétaire de rester en observation dans le corridor, puis j'allai me placer dans ma loge d'où je pouvais, du coin de l'œil, sans me déranger, suivre tous les mouvements de mon individu. A la fin du second acte, je le vis lever le bras, le baisser et le porter à la poche de son paletot, puis sortir de la loge ; je quittai aussitôt la mienne pour courir me saisir de ses mains, afin qu'il ne pût faire disparaître l'objet soustrait. Je l'emmenai au bureau de police où il fut fouillé : on trouva dans la poche de son pardessus la voilette de la dame qui était placée devant lui. J'avais dans mon portefeuille l'adresse des deux personnes qui avaient été volées les dimanches précédents ; je les envoyai chercher, et quand elles arrivèrent, l'une reconnut sur les épaules du voleur son propre pardessus, et, parmi les objets qui en garnissaient les poches, l'autre personne retrouva un porte-cigares qui, huit jours auparavant, était dans une poche du vêtement qu'on lui avait volé. En présence de preuves aussi accablantes, mon voleur ne chercha pas à nier, il avoua tout avec indifférence, et fut par suite de cette arrestation condamné à quinze mois de prison et à la surveillance.

Ce voleur était un homme de bonnes manières, il avait reçu une excellente instruction, il s'exprimait avec facilité et même avec élégance. Quelques années plus tard, ses prétentions furent d'un ordre plus élevé, et voici en quelles circonstances :

La révolution de février 1848 arriva. Sous un faux nom, et grâce à sa jactance, notre voleur sut se faire admettre parmi les sous-commissaires qui momentanément remplacèrent les sous-préfets ; il fut envoyé dans une ville riche et populeuse ; mais, quelque temps après son entrée en fonctions, il rencontra dans sa nouvelle résidence un de ses anciens camarades de prison nommé Fouqué, comme lui soumis à la surveillance de la haute police, et, comme lui aussi, en état de rupture de ban. Ce repris de justice vint sans hésitation raconter au nouveau fonctionnaire l'état de gêne dans lequel il se trouvait, et le représentant de l'autorité lui glissa une petite somme d'argent dans la main, en lui recommandant le plus scrupuleux silence et en promettant de subvenir à ses besoins. Pendant quelque temps tout alla bien : l'ancien collègue de prison de M. le sous-commissaire se trouvait tout aise d'avoir des rentes et en usait avec modération ; mais bientôt les demandes d'argent devinrent plus fréquentes et plus élevées. Le fonctionnaire public fit des observations, on éleva la voix, et notre ancien voleur paya au plus vite pour obtenir le silence. Les demandes s'accrurent encore ; à des refus, on répondit par de telles menaces que Martin se décida à donner ce qu'on exigeait. Cependant, comme ce n'était plus une existence supportable d'avoir continuellement cette épée de Damoclès suspendue sur la tête, notre magistrat, prenant pour prétexte une excursion aux environs de la ville, engagea son parasite à l'accompagner, ce qui fut accepté. Ils se mirent en route, et, en traversant un petit bois, Martin assassina Fouqué en lui tirant deux coups de pistolet à bout portant, et comme sa victime respirait encore, il l'acheva en la frappant de quarante-un coups de poignard.

Un mois après ce crime, le meurtrier fut découvert et condamné aux travaux forcés à perpétuité.

XXXIII

LES ANTIPHYSITIQUES ET LES CHANTEURS

De même qu'en présence de certains animaux, de certains objets, nos sens éprouvent une impression spontanée et indéfinissable de répugnance et de dégoût, de même au contact de certains individus, à la pensée de certaines actions, notre âme se replie sur elle-même en cachant avec peine ou quelquefois en manifestant hautement la réprobation que lui inspirent ces actions ou ces individus.

Mais si le vice blesse un cœur bien placé, si l'homme d'honneur repousse avec indignation tout ce qui est odieux, de quel dégoût ne sera-t-il pas saisi en voyant que le vice le plus honteux peut engendrer un métier encore plus réprouvé? Devrait-on soupçonner que des misérables puissent trop souvent avec impunité exciter et à la longue enraciner chez des adolescents une passion infâme, au point de les réduire au niveau de la brute, pour en faire un instrument de vols aux dépens d'autres misérables gangrenés par les mêmes passions?

Les souillures dont les jeunes garçons de huit à douze ans peuvent être victimes sont le résultat de coupables promesses d'abord, puis de cette promiscuité qui règne dans les pauvres réduits des grandes villes, d'une instruction morale entièrement négligée, des mauvais exemples et des conversations corruptrices de l'atelier.

Le vice antiphysique a pris dans l'ombre un accroissement presque incroyable, et ceux qui exploitent cette abominable impureté se sont créé une véritable organisation qui destine de jeunes hommes à servir d'appât et conséquemment d'auxiliaires à une industrie connue sous le nom de *chantage*. Des escrocs, spéculant sur la passion d'individus plus ou moins opulents, les attirent dans des piéges, où au lieu de pouvoir assouvir leurs appétits secrets, ils se trouvent rançonnés et payent cher leur aveuglement.

Ce vol d'une espèce toute particulière, qui s'accomplit dans des circonstances toutes différentes de celles qui précèdent généralement l'accomplissement d'un crime, offre des allures qui lui sont propres et qu'il est bon d'étudier. Mais, avant de suivre ces voleurs dans les différentes particularités de leur coupable industrie, je vais parler de ceux qui leur servent d'instrument et d'appeau.

Les *antiphysiques*, que l'on nomme ordinairement *tantes*, se divisent en quatre catégories entièrement distinctes les unes des autres par les habitudes, le costume et le caractère.

Ce sont:

1º Les persilleuses;

2° Les honteuses ;
3° Les travailleuses ;
4° Les rivettes.

La première catégorie est entièrement composée de jeunes gens appartenant pour la plupart à la classe ouvrière, et qui ont été amenés à ce degré d'abjection par le désir du luxe, du plaisir, par la gourmandise ou la fainéantise, cette cause première de la dépravation du plus grand nombre. D'un tempérament apathique, ils ont fui le labeur de l'atelier et demandé à la débauche les moyens d'une existence souvent précaire, toujours misérable. Désignés sous le nom de *persilleuses*, par analogie avec les filles qui sur la voie publique excitent les passants au libertinage, ces jeunes gens diffèrent entièrement des autres hommes par la figure, le langage, l'habillement, les manières et la tournure. On peut les reconnaître facilement d'après le type suivant : la barbe est entièrement rasée et de très-près, les cheveux se portent longs, pommadés, presque toujours roulés par le bas ; le regard est doux, langoureux ; la voix traînante, faible et féminine ajoute encore à l'illusion. Les vêtements, sans être à proprement dire d'une espèce particulière, présentent par leur assemblage un aspect exceptionnel. La *persilleuse* est toujours cravatée (*cravaté*, voulais-je dire), à la colin ; sa coiffure est une casquette, dont la visière de cuir verni tombe sur les yeux et sert en quelque sorte de voile, elle porte une redingote courte ou une veste boutonnée de manière à dessiner fortement la taille qui déjà est maintenue dans un corset ; le pantalon, cet inexprimable des Anglais, est sans boucle, parfaitement ajusté sur les reins ; enfin la toilette se complète par des souliers vernis ou des escarpins. Remarquables par leur figure et leur costume, les *persilleuses* se reconnaissent encore à la manière dont elles ou *ils* cherchent par leur maintien à imiter autant que possible la démarche de la femme, dont ces individus affectent en outre tous les goûts et tous les caprices. Elles ou ils fréquentent habituellement le soir les passages des Panoramas, de l'Opéra, la galerie d'Orléans au Palais-Royal, où ils se promènent deux à deux.

Lorsque leur présence en ces lieux cause trop de scandale, lorsque les habitants se plaignent et que la police est enfin forcée de sévir contre ces individus qui offensent la morale publique, une douzaine d'agents opèrent une razzia, conduisent au poste du palais une dizaine de ces individus, qui, mis à la disposition du commissaire de police, sont envoyés le lendemain matin à la préfecture. Là, on les garde administrativement en prison pendant quelques jours, puis on les relâche, et un ou deux mois après, il faut recommencer à les pourchasser de nouveau. Ce moyen est donc insuffisant pour prévenir ou réprimer un scandale permanent, mais il n'est guère possible d'agir autrement contre des hommes qui ne sont point passibles de la loi pénale pour ce fait seul. A moins de flagrant délit et sauf l'application souvent difficile de simples règlements de police, que faire ? Peut-être serait-ce une lacune à remplir dans notre Code, ou peut-être l'esprit du législateur a-t-il reculé devant la délicatesse d'une pareille tâche?

Les *honteuses* forment la deuxième classe. On les appelle ainsi parce que les individus qui la composent cachent avec le plus grand soin à tous les yeux le vice qui les domine. Autant les *persilleuses* cherchent à se faire remarquer, autant les *honteuses* évitent les regards ; *ceux* ou celles-là en ont fait un métier ; *ceux* ou celles-ci n'en font qu'une affaire de goût. Les premières veulent satisfaire leurs penchants brutaux en retirant de là un salaire qu'elles ne veulent pas demander au travail ; les dernières ne cherchent qu'à apaiser leurs propres désirs, qu'à éteindre le feu impur qui les consume. Les *honteuses* rejettent et écartent avec le plus grand soin tout ce qui pourrait les faire reconnaître. Du reste, comme ils sont habillés comme tout le monde, rien ne pourrait les trahir, si ce n'est leur voix féminine. Cette catégorie est composée de personnes appartenant à toutes les classes de la société, sans aucune exception.

La troisième classe est entièrement formée d'individus appartenant à la grande famille des ouvriers et ne vivant que du produit de leur travail. De là est venu leur nom de *travailleuses*. Vêtus d'une blouse fort propre et d'une casquette de drap à visière tombante, ils sont parfaitement reconnaissables à leur voix langoureuse et traînante, ainsi qu'à leur démarche, qui ne diffère en rien de celle des *persilleuses*. Chez eux comme chez les *honteuses*, c'est une affaire de goût; seulement, ici, il y a en moins le sentiment de la honte.

La quatrième catégorie se compose des *rivettes*. Ceux-ci n'ont rien qui puisse les faire distinguer des autres hommes, et il faut à l'observateur, pour les deviner, la plus grande attention jointe à la plus grande habitude. On en rencontre à tous les degrés de l'échelle sociale. Pour satisfaire leur penchant, ces individus s'adressent de préférence à la jeunesse. Aussi les *chanteurs* s'attachent-ils plus particulièrement aux *rivettes*, qu'ils exploitent presque toujours avec succès. Cependant quelques-uns de ces derniers ont pu se soustraire à l'étreinte des *chanteurs* en prenant à leur solde une *persilleuse*, une *travailleuse* ou une *honteuse*. Je citerai, entre autres, un riche étranger, vieillard de soixante-dix ans, allié à l'une des plus grandes familles du nord de l'Europe, qui vint à Paris s'installer dans un somptueux hôtel pour y vivre loin des exigences du grand monde et être complétement libre de ses actions. Il avait amené avec lui un jeune néophyte de la classe des *honteuses*, garçon de dix-huit ans, à moustaches soyeuses, au nez retroussé, à la voix et aux allures féminines, qu'il faisait passer pour son neveu. Il ne le quittait pas plus que son ombre, et, comme Henri III avec ses mignons, il passait ses journées enfermé dans son appartement, où son jeune homme habillé en femme se livrait à des travaux d'aiguille et faisait soit de la broderie, soit de la tapisserie. A l'heure du dîner, le prétendu neveu reprenait son costume masculin, et, le repas terminé, les deux inséparables montaient dans leur équipage pour aller au café prendre une demi-tasse et lire les journaux; puis, à dix heures, ils remontaient en voiture et rentraient à l'hôtel. Telle était leur existence de chaque jour. Aussi les *chanteurs* ne purent jamais trouver l'occasion de mettre à contribution ce grand seigneur.

Les quatre catégories que je viens d'esquisser, quoique

très-ressemblantes quant au fond, se connaissent à peine entre elles. Les *persilleuses* et les *travailleuses* affectent au dehors une propreté extraordinaire, une sorte de coquetterie féminine, tandis que dans leur intérieur elles sont d'une saleté repoussante. On ne peut se figurer la négligence qu'elles apportent dans ces simples soins de toilette que demande la propreté la plus ordinaire. Ce corps qui se trouve caché sous les vêtements n'est jamais baigné; ces mains, qui paraissent blanches, douces et bien soignées, font injure à des bras plus sales que ceux d'un ramoneur. On ne peut comparer ces êtres qu'à des sépulcres blanchis qui, parfaitement propres à l'extérieur, ne renferment cependant que de la pourriture. Les *persilleuses* se complaisent à prendre le nom d'une des courtisanes célèbres dans l'histoire; les uns s'appellent *la Marion Delorme, la Dubarry, la Ninon de l'Enclos;* d'autres joignent à leur nom d'homme une épithète féminine et se font appeler *la belle Adolphe, la belle Alexandre;* d'autres enfin se sont rendus célèbres parmi tous sous les noms de *la Palissandre, la Rasoir, la Négresse, la Marinière*, etc. Tous ou presque tous vivent de vols et de rapines. Quant aux *honteuses* et aux *travailleuses*, à défaut de moralité, ils possèdent une certaine probité de laquelle, sauf quelques exceptions, ils ne s'écartent jamais.

En résumé, semblable au caméléon qui change, non de forme, mais de couleur, la *tante* est tantôt appelée *tapette*, tantôt *serinette*; elle est désignée par les marins sous le nom de *corvette*, mais elle reste toujours un objet d'opprobre.

Si, chez un grand nombre d'individus, ce penchant contre nature est en quelque sorte inné, chez beaucoup d'autres il n'est venu qu'à la suite de circonstances de séquestration, et il disparaît avec ces mêmes circonstances. Dans les bagnes, dans les prisons, dans les maisons de détention, dans tous ces lieux de souffrance où l'homme coupable expie par des privations de toutes sortes les crimes dont il est chargé, comme il est privé de toute relation avec des êtres d'un autre sexe, il ne faut pas trop s'étonner que ce misérable devienne insensiblement coupable de la pire impureté. Mais lorsqu'il sort de prison et qu'il retrouve sa liberté, il est rare qu'il ne reprenne pas aussitôt son ancien penchant pour le sexe féminin et qu'il ne répudie pas ses honteuses habitudes de prison.

Lacenaire, qu'on s'est plu à représenter comme une *tante*, était à peine sorti de la prison de Poissy qu'il s'empressa d'avoir une maîtresse. Dans les longues conversations que nous eûmes ensemble à la Conciergerie, j'attaquai plusieurs fois ce sujet, et chaque fois il m'avoua que ce goût ne lui était venu en prison que par la force de la privation, mais que du jour où il s'était vu libre, ses penchants naturels avaient repris sur lui leur premier empire.

Je reviens maintenant au *chantage*, car après avoir étudié les instruments, il est utile de suivre les diverses phases de l'exploitation. Les *chanteurs* se divisent en deux classes. La première, et la plus remarquable comprend les sommités en ce genre : les *rupins!*

Ceux-ci ne s'attaquent, comme je l'ai dit, qu'aux *rivettes* qui leur paraissent ou qu'ils savent être dans l'aisance ; et c'est en spéculant sur la crainte du scandale, la peur de l'infamie, la honte de la dépravation divulguée, que ces misérables trouvent moyen d'exploiter leur victime et souvent de s'emparer d'une grande partie de sa fortune.

J'ai connu dans Paris une quinzaine de ces individus qui, pendant plusieurs années, ont exploité leur industrie avec le plus grand succès et sans que la police pût les atteindre. La raison de cette apparente impunité est facile à comprendre ; il est fort difficile, pour ne pas dire impossible, en ces circonstances, de trouver des plaignants ; car tous sont retenus par la honte qu'entraînerait pour eux la plainte même qu'ils déposeraient. On ne va pas bénévolement et de gaieté de cœur s'adresser à la justice pour être ensuite obligé de dire en pleine police correctionnelle et en présence d'un nombreux auditoire : « Je suis un misérable ; j'ai un vice infâme, il est vrai ; mais voici un autre individu qui est encore plus infâme que moi ; il m'a indignement trompé, abusé, exploité ; en conséquence, je viens demander à la justice, aux lois de mon pays, à des hommes vertueux, de me fournir les moyens de satisfaire tranquillement mes instincts brutaux, mes appétits secrets, et de me protéger contre ce misérable qui est venu troubler la douce quiétude de mon existence. »

Voilà, ou à peu près, le langage qu'on serait obligé de tenir; or, je l'ai dit, il est fort difficile de trouver des hommes assez peu scrupuleux de leur réputation pour aller dévoiler ainsi ce qu'ils ont de plus caché. Cependant on est parvenu, non sans peine, à réunir çà et là quelques dépositions, et certains *chanteurs* ont été garnir les prisons. Malheureusement la mesure ne put être générale. Quatre de ces *chanteurs* vivent à Paris dans une position de fortune très-comfortable. Le premier, ancien secrétaire de commissaire de police, s'est amassé dix mille francs de rente. Le deuxième demeure aux Champs-Elysées; il possède une collection de tableaux de plus de cent mille francs et un château dans la Touraine. Le troisième, propriétaire aux environs de la barrière de Courcelles, vit en bon rentier et a su s'acquérir l'estime de tout son quartier, qui ignore ses antécédents. Enfin, le quatrième est également dans la plus grande aisance. Aussi, ces quatre *chanteurs*, les plus renommés, les plus audacieux, les plus habiles, se sont-ils empressés de quitter leur commerce illicite, dès qu'ils ont vu leur fortune assurée, et ont-ils sagement mis à l'abri, sous l'apparence d'une conduite irréprochable, le produit de toute une vie de honte, de fraude ou de machinations.

Ces industriels ne sont pas les moins dangereux, car ils sont en général doués de beaucoup d'intelligence et fort prévoyants. Tous leurs calculs sont faits à l'avance et mûrement combinés, et comme ils s'attaquent principalement à ceux qui sont riches, il n'est pas de meilleure mine à exploiter pour ces dignitaires de l'escroquerie.

Le *chanteur* est un homme jeune encore, mis avec élégance, mais cependant d'une manière simple et de bon goût. Sa tournure est irréprochable, sa parole facile, ses expressions sont choisies. Toutefois, seul, il ne peut *travailler*; il lui faut un compère, un complice qu'il lancera au moment opportun, puis un jeune et beau garçon qu'il a l'impudence d'appeler *Jésus*, entièrement vendu à ses intérêts, ayant perdu tout sentiment d'honnêteté, de pudeur. Celui-ci doit servir d'appeau, attirer dans le piége la victime qu'on veut rançonner, et faire ainsi, peut-être en une heure, la fortune du misérable qui l'a perverti et amené à ce degré d'avilissement.

Le soir, lorsque Paris est éclairé par ses cent mille becs de gaz, le *chanteur* commence son excursion avec son compère et son *Jésus*. Il se dirige vers les Champs-Elysées, la place de la Concorde, le quai des Tuileries, le faubourg Saint-Honoré, et en général dans tout ce vaste quartier peuplé de millionnaires, et dont les larges voies de communication, sans boutiques, presque sans lumière, sont propres à ses desseins. Là, le *Jésus* est lancé en avant sur le premier individu d'extérieur comfortable et qui semble au *chanteur* expérimenté devoir faire partie de la caste *sodomite*. Le *Jésus* s'approche de la proie qu'il doit lever, et de sa voix enfantine lui adresse la parole sous un prétexte quelconque, l'indication de son chemin, l'heure qu'il peut être, ou toute autre futilité ; puis il se met à lui raconter une histoire faite d'avance, qu'il a déjà dite bien souvent et qu'il répétera encore bien d'autres fois. Si l'individu l'écoute et lui répond, la conversation s'engage tout en cheminant, et lorsque le *Jésus* n'aperçoit dans les environs que le *chanteur*, il s'arrête, soi-disant pour satisfaire un besoin. Son compagnon de route s'arrête aussi, et à ce moment le *chanteur* s'avance avec son compère, s'empare de sa proie en l'apostrophant ainsi :

— Vous venez de commettre avec ce jeune homme un outrage aux mœurs et à la morale, vous allez nous suivre à la préfecture de police.

— Mais, monsieur, je vous assure que vous faites erreur, je...

— Du tout ! nous avons vu et bien vu !... En route !

— Encore une fois, monsieur...

— C'est bien, marchez ! vous vous expliquerez plus tard.

— Mais enfin, monsieur... qui êtes-vous ?

— Je suis commissaire de police, monsieur ! Et à ces mots, pour mieux convaincre sa victime, le *chanteur* tire de sa poche une écharpe tricolore et la ceint par-dessus ses vêtements. Le compère, qui joue le rôle d'agent de police, passe son bras sous celui du prétendu inculpé et l'emmène en prenant la direction de la préfecture de police, tandis que le *chanteur* les suit à quelque distance avec le *Jésus*, qui est censé arrêté, et qui pendant toute cette scène fait semblant de pleurer ou de se lamenter.

Le faux agent marche en silence. C'est Gil Blas jouant avec ses acolytes le rôle d'inquisiteur. Le pauvre diable, qui croit aller directement à la préfecture, fait *in petto* les réflexions les plus tristes et les plus désagréables. Il a une position, une famille, des amis; que pensera-t-on de lui? Que dira-t-on lorsqu'on saura qu'il est passé en police correctionnelle pour une action semblable? De quel œil le verra-t-on lorsqu'il se présentera dans un salon? Ces réflexions et mille autres se présentent en foule à son esprit et l'attristent tellement qu'il ne peut s'empêcher d'en faire part à son conducteur. Celui-ci s'informe adroitement de la position du pigeon qu'il tient dans ses griffes, il s'instruit de son nom, de sa demeure, de ses relations, puis il s'appesantit à son tour sur les conséquences probables qui vont découler de cette arrestation.

— Ce sera un procès fort scandaleux, dit-il, et vous serez certainement perdu de réputation ; si j'étais à votre place, il me semble que je ferais tous les sacrifices possibles pour empêcher que l'affaire ait des suites.

— Mais comment pourrais-je arriver à cet heureux résultat?

— Dame ! je ne sais ! cependant peut-être pourriez-vous vous entendre avec M. le commissaire, le procès-verbal n'étant pas encore fait.

— Vous pensez alors que si je lui offrais...

— Peut-être ! mais il faudrait lui offrir une somme qui en valût la peine, car vous comprenez bien que s'il faisait une chose pareille, il manquerait à son devoir, et si cela venait à être connu, il perdrait sa place. Il en serait de même pour moi, et vous pensez bien que l'on ne joue pas ainsi son pain et celui de sa famille pour le roi de Prusse ; enfin, parlez-lui, et peut-être parviendrez-vous à vous arranger avec lui.

— Je ne sais vraiment pas comment lui faire cette proposition ; si vous vouliez lui offrir deux mille francs (plus ou moins, suivant la position de fortune de l'individu), vous me rendriez grand service.

Alors les groupes se rapprochent. L'agent fait la proposition que le faux commissaire repousse avec indignation, en menaçant de relater au procès-verbal qu'on a cherché à le corrompre, à lui faire vendre sa conscience. Mais le compère ne se rebute pas, il continue, et à force de raisonnements, de prières, de supplications, et surtout en montant de sa propre autorité le chiffre de la somme primitivement offerte, il parvient, à la grande joie du délinquant, à arracher un consentement au commissaire improvisé.

Le *Jésus*, qui, depuis le commencement de cette petite comédie, n'a pas cessé de pleurnicher, est renvoyé avec menace d'être jeté en prison si on le rattrape une seconde fois. Puis les deux compères accompagnent leur victime à son domicile et ne le quittent que lorsque, ayant touché la somme promise, ils se sont assurés du nom et de la position de celui qui désormais va devenir leur vache à lait.

Ceci n'est que le premier acte ou, pour mieux dire, le prologue d'un drame qui se continue quelquefois bien longtemps. Deux, trois jours se passent, la victime est à peine remise des émotions qui se sont succédé dans cette fâcheuse soirée, que l'individu qui faisait l'agent de police se présente d'un air triste et abattu.

— Monsieur, lui dit-il, vous voyez un malheureux qui n'a plus d'espoir qu'en vous ! Le petit jeune homme qui était avec vous l'autre soir a, en rentrant chez lui, tout raconté à ses parents, et ceux-ci ont fait au préfet de police une plainte qui a amené ma révocation. Me voilà maintenant sur le pavé ! c'est votre faute pourtant ; si vous ne m'aviez pas conté vos ennuis, si je n'avais pas eu la sottise de m'apitoyer sur votre sort, cela ne serait pas arrivé ! Enfin, j'ai une femme, trois enfants, qui, grâce à vous, vont se trouver sans pain ; mais j'espère bien que vous leur viendrez en aide.

La *rivette* se récrie ; le faux agent persiste, s'emporte, jure. A force de prières, de raisonnements, d'imprécations, en tenant continuellement en alerte la peur de sa victime par des menaces incessantes de scandale et de publicité, il finit par obtenir une somme d'argent, puis il se retire.

Le lendemain, le *chanteur* arrive à son tour ; il expose d'une manière grave et triste que, par suite de la plainte dont son prétendu agent a parlé la veille, il a été révoqué de ses fonctions de commissaire de police, pour avoir manqué à ses devoirs. Alors la même scène recommence : refus d'une part, insistance de l'autre. Par les mêmes moyens, en un mot, un résultat identique se produit, et le *chanteur* ne sort qu'en ayant dans sa poche la somme d'argent qu'il a demandée.

Si la personne ainsi rançonnée est riche, si elle tient dans la société un certain rang, si elle a un nom à préserver du scandale et de la honte, elle est obligée d'entretenir ces deux misérables, de subvenir non-seulement à leurs besoins, mais à leurs caprices, à leur avidité sans cesse assouvie et sans cesse renaissante.

Deux de ces *chanteurs*, dont l'un, connu sous le sobriquet de P*** V***, était frère d'une célèbre cantatrice et cumulait le métier de chanteur avec celui de marchand de billets à la porte de l'Opéra, et l'autre, le nommé S*** dit L***, le possesseur de la collection de tableaux, trouvèrent en 1844 l'occasion de faire tomber dans leurs filets un personnage appartenant à une noble et respectable famille, et en plusieurs années ils en tirèrent des sommes considérables. La victime ne fut débarrassée de l'étreinte de P*** V***, que parce qu'il fut arrêté pour un autre méfait ; quant au second, il continua pour son compte particulier ses persécutions ; mais, après 1848, l'exploité ayant occupé une haute position, notre industriel, craignant de justes représailles, se tint prudemment à l'écart et cessa à tout jamais ses visites au noble personnage.

Ce même S*** dit L*** inventa une autre extorsion dont les conséquences eurent un résultat des plus désastreux.

Un soir, il se promenait comme d'habitude aux Champs-Élysées en compagnie de l'un de ses acolytes, l'ancien secrétaire de commissaire de police ; ils aperçurent vers onze heures, dans un coin obscur, deux hommes qui se trouvaient en conversation antiphysique. Nos deux larrons s'approchèrent dans l'ombre et les surprirent en flagrant délit : l'un appartenait à une grande famille de l'ancienne noblesse, dont le blason datait de plusieurs siècles, l'autre était un domestique! Ils ne se connaissaient nullement. Les moyens ordinaires furent mis en œuvre dans cette circonstance par nos deux chanteurs : le personnage fut reconduit à son hôtel et laissé libre, après avoir remis à ses conducteurs une somme de dix mille francs. Il en fut avec lui comme avec ses prédécesseurs. Les deux industriels le firent chanter tour à tour, jusqu'à ce que la victime, fatiguée de donner de l'argent, se décida à quitter la France et passa en Angleterre pour se soustraire aux obsessions et aux menaces de ses persécuteurs ; mais cette précaution fut inutile. Un si petit obstacle ne pouvait arrêter des hommes comme ceux-là. Aussi, en apprenant la fuite de leur gibier, ils partirent incontinent pour Londres, où ils lui extorquèrent de nouvelles sommes ; puis ils revinrent à Paris le portefeuille bien garni de billets de banque. De plus, pendant le séjour que ces deux fripons avaient fait à Londres, ils avaient rencontré le plus fin, le plus adroit, le plus audacieux, enfin le roi des *chanteurs*, le nommé Costain, qui avait abandonné la France depuis quelques années pour se soustraire à une condamnation par contumace. Ils lui avaient appris le motif qui les avait amenés sur la terre d'Albion, ainsi que tous les détails de cette affaire. Donc, quelque temps après le retour en France des deux premiers, celui-ci, dont l'imagination était extrêmement féconde en expédients, pensa qu'il pourrait tirer bon parti des confidences qui lui avaient été faites, et aussitôt il se dit : « Ce personnage ne connaissait point le domestique qui a été trouvé avec lui ; il ne l'a vu qu'un moment, le soir, dans l'ombre, il ne pourra par conséquent pas se rappeler ses traits ; je puis donc sans crainte me présenter à lui comme étant ce domestique : je connais toutes les particularités de cette aventure, je pourrais les lui répéter sans qu'il pût avoir le moindre soupçon sur mon identité. » Costain se rendit à l'hôtel de celui qu'il voulait exploiter : « Monsieur, lui dit le fourbe à brûle-pourpoint, je suis le domestique qui a été arrêté avec vous aux Champs-Élysées par la police. J'ai été relâché à la vérité ; mais depuis ce moment je suis dans le malheur. J'ai perdu ma place, j'ai une femme et trois enfants qui sont dans la misère ; j'ai appris par l'un des agents qui nous ont arrêtés votre nom et votre position, je me suis décidé à venir vous prier de me faire quelque avance de fonds pour prendre un petit commerce que j'ai en vue et avec lequel j'espère pouvoir faire vivre honnêtement ma famille. — Mais, répliqua le personnage, savez-vous que j'ai donné aux agents des sommes considérables pour qu'ils me laissent libre ainsi que vous! Vous devez comprendre que je ne puis pas subvenir aux besoins de votre famille. — Alors, monsieur, dit Costain, c'est un refus formel que vous faites à ma demande ? Eh ! bien, monsieur, je me retire ; mais, demain, tout Londres connaîtra cette histoire. Quant à moi qui n'ai ni nom, ni position, ni honneur à conserver, je n'ai rien à craindre de l'opinion publique. » Cette menace produisit l'effet que ce misérable en attendait, et il exigea de son prétendu complice une somme de vingt mille francs. Comme on le pense bien, Costain revint à la charge, mais la malheureuse victime des trois *chanteurs*, ne pouvant supporter une telle existence, en conçut un si violent chagrin qu'elle en mourut. La tombe seule pouvait lui offrir un asile contre la persistance de ces misérables.

Parmi tous les *chanteurs*, un des plus émérites fut certainement un nommé Cortier, qui exploita indignement un notaire de province, et sut non-seulement tirer de cet individu de grosses sommes d'argent, mais encore eut l'adresse de se faire constituer une rente viagère de deux mille quatre cents francs.

Un acolyte de Cortier, en tous points digne de son ignoble amitié et connaissant tous les détails de cette affaire, résolut de travailler à son tour l'agent ministériel, et voici quels moyens il employa pour parvenir à ses fins. Il se rendit un jour à la résidence du notaire en province, et il entra tout de suite en matière afin d'éviter et des préliminaires oiseux et le résultat fâcheux de trop sérieuses réflexions.

— Monsieur, lui dit-il, je suis ami d'enfance de Cortier; nos pères se connaissaient, nous avons été élevés ensemble, et, pendant de longues années, l'intimité la plus étroite nous a unis par des rapports journaliers. C'est assez vous dire que je n'ignore aucune des particularités de son existence; je connais les motifs qui ont amené vos relations avec lui, il m'a confié tous les détails de cette malheureuse aventure, et je sais que ce misérable non-seulement vous a extorqué des sommes d'argent fort considérables, mais encore s'est fait assurer par vous, grâce aux plus basses menaces, une pension viagère de 2,400 francs. Je dois vous l'avouer, c'est une sangsue qui sucera le meilleur de votre sang; c'est un coquin qui vous ruinera et qui mettra tout en œuvre pour vous perdre dans le monde; un seul fait suffira pour vous convaincre. Il y a quelques jours, nous dinions ensemble; au dessert, on causait de choses et d'autres, la conversation tomba sur ses moyens d'existence; alors, il se vanta du projet qu'il a conçu de vous faire changer bientôt sa rente de 2,400 francs en une autre de 6,000; et vous le connaissez assez bien pour savoir qu'avec un homme de sa trempe vous serez forcé de céder. Du reste il possède un secret qui vous perdrait infailliblement de réputation, et dans votre position on y regarde à deux fois. Bref, effrayé d'un tel cynisme et plaignant en moi-même la malheureuse victime d'un tel vampire, j'ai pris la résolution de venir vous avertir des intentions de votre persécuteur et vous proposer en même temps de vous en débarrasser à tout jamais.

— Comment, monsieur? Je ne vous comprends pas.

— Voilà ! Rien n'est plus simple. Seulement cela vous coûtera peut-être un peu cher : 30,000 francs environ. Je viens vous offrir de faire disparaître Cortier.

— Mais, monsieur, s'écria le notaire épouvanté et reculant vivement son fauteuil, c'est un meurtre, un assassinat que vous me proposez là ?

— Nullement ! ce n'est ni l'un ni l'autre. Tous les jours un homme disparaît, sans pour cela avoir été assassiné ; c'est un membre de la société qui est supprimé, voilà tout, et personne ne s'en occupe.

— Mais enfin par quels moyens ?...

— Oh ! cela ne doit point vous tourmenter, c'est mon secret ; seulement voici comment les choses se passeraient : un mien ami, aussi camarade d'enfance de Cortier, se chargerait de la besogne ; de cette façon, vous n'auriez rien à craindre, car, les pourparlers n'ayant lieu que de lui à moi, toute indiscrétion de sa part serait impossible. Vous me donneriez immédiatement 10,000 francs pour embaucher l'affaire, puis pareille somme lors de la disparition de Cortier, et les derniers 10,000 un mois après.

— Ceci est très-grave et demande de mûres réflexions ; veuillez me laisser votre adresse, je vous reverrai si je crois devoir donner suite à cette proposition.

— Parfaitement, monsieur ; je me nomme L***, je demeure rue Saint-Honoré, tel numéro. Si vous croyez devoir prendre quelques renseignements sur moi, je vous engage à voir l'homme qui connaît l'histoire de tous les habitants de Paris, c'est-à-dire Vidocq, dont les bureaux sont installés passage Colbert.

— C'est bien, je vous remercie ; dans quelques jours, j'aurai occasion d'aller à Paris, et alors je vous rendrai visite.

Le lendemain même, M. P*** prenait la diligence et arrivait chez Vidocq.

— Connaissez-vous L*** ? lui dit-il.

— Si je le connais ?... Il n'y a pas de coquin, d'escroc pareil à lui ! Il vendrait père et mère pour un denier, et serait, je crois, capable de se vendre lui-même s'il espérait retirer quelque argent d'un tel marché. C'est un homme de sac et de corde qui ne reculerait devant aucun obstacle pour se procurer une somme quelque minime qu'elle soit !

— Merci ! exclama le provincial, enchanté de savoir qu'il avait trouvé un homme capable de tout, et tout de suite il se dirigea vers la rue Saint-Honoré.

Persuadé que notre honnête notaire ne pouvait tarder à venir, L*** l'attendait tranquillement. Ainsi que l'araignée qui a tissé sa toile se retire au centre et attend patiemment que le moucheron imprudent vienne se prendre dans le piége, de même le *chanteur*, certain du succès de sa fourberie, guettait de loin sa proie et s'apprêtait à la saisir lorsqu'elle serait à sa portée.

L*** et l'officier ministériel s'enfermèrent avec le plus grand soin pour éviter toute interruption fâcheuse.

Les préliminaires de cette œuvre ténébreuse ayant été arrêtés d'un commun accord, les premiers 10,000 francs furent versés entre les mains de l'ancien acolyte de Cortier, puis nos deux hommes se séparèrent enchantés l'un de l'autre.

Quinze jours après cette entrevue, L*** se présentait de nouveau à l'étude du notaire et déclarait à celui-ci que l'ami qui devait se charger de la *suppression* de Cortier avait positivement refusé d'accomplir sa promesse, avant d'avoir touché les seconds 10,000 francs. M. P*** se fit bien un peu tirer l'oreille, mais l'affaire était pressante ; il fallait s'exécuter immédiatement ou y renoncer. En outre, il ne pouvait perdre d'un seul coup et par suite d'un fâcheux entêtement les premiers 10,000 francs avancés, ainsi que l'espoir d'être débarrassé de Cortier ; il remit au fripon la somme demandée, et ce ne fut que huit jours plus tard que celui-ci reparut à l'étude pour la troisième fois.

Ce jour-là, il était vêtu tout de noir et s'était composé une figure de circonstance.

— Tout est fini !... s'écria-t-il en se laissant tomber dans un fauteuil, et du ton d'un traître de mélodrame.

— Quoi !... Cortier ?...

— Cortier est...

Le notaire tressaillit, devint pâle comme Balthazar apercevant sur la muraille les trois mots condamnateurs. Il essuya lentement la sueur froide qui inondait son crâne dénudé et ses lunettes bleues. On n'apprend pas sans une certaine émotion que le crime que l'on a soudoyé a été commis.

— Mais, s'écria-t-il d'une voix altérée, je croyais... vous m'aviez dit... je supposais...

— On ne choisit pas les moyens, monsieur, et, ne pouvant faire disparaître Cortier autrement, nous avons voulu, coûte que coûte, remplir nos promesses, nos engagements.

— Et quel moyen... avez-vous employé?

— Voilà. Mon ami est peut-être le premier plongeur de Paris; c'est un poisson, un triton qui passerait son existence sous l'eau s'il y trouvait une compagnie qui lui plût. Comme moi, il connaissait Cortier depuis l'enfance; comme moi encore, il le voyait fréquemment. Il lui fut donc facile de l'engager dans une partie de plaisir nautique, ayant pour but de manger une matelote et une friture à Créteil. On embarqua à la pointe de l'île Saint-Louis, chez Pinel. La frêle embarcation contenait six personnes, c'est-à-dire l'équipage au grand complet. Au pont d'Austerlitz, on s'arrêta pour se rafraîchir, et mon ami soigna tout particulièrement Cortier. A Bercy, on fit chez Julien une nouvelle halte, c'est-à-dire de nouvelles libations; puis, lorsqu'on eut dépassé Charenton, mon ami, profitant d'une circonstance favorable, et pendant que les autres convives s'occupaient de la conduite du bateau, imprima à celui-ci une forte secousse de droite à gauche. Cortier, qui se tenait debout à l'extrémité du canot pour voir de plus loin, trébucha et tomba dans la rivière. Aussitôt mon ami, feignant le plus grand désespoir, se précipita tout habillé à l'eau et plongea pour retrouver le corps qui avait disparu momentanément. Mais, en réalité, l'ayant saisi par un pied, il le tint au fond jusqu'à ce que l'asphyxie fût complète, et il ne ramena à la surface qu'un cadavre!... Voilà comment, en présence de quatre témoins, mon ami vous a débarrassé de votre persécuteur, en s'assurant non-seulement l'impunité la plus complète, mais encore des félicitations pour le courage qu'il avait déployé dans une circonstance aussi périlleuse.

Pendant que L*** débitait ce récit assez vraisemblable avec un aplomb et une richesse d'élocution dignes d'une meilleure cause, le notaire se tenait à peu près ce raisonnement : « J'ai déjà remis vingt mille francs à cet homme que je ne connais que comme une franche canaille. Il vient de nouveau m'en réclamer dix mille ! Qui me prouve que ce qu'il avance soit vrai ? Qui me dit que je ne suis point encore une fois dupe d'un fripon ? Au pis-aller, je ne risque rien de le faire attendre jusqu'à demain pour toucher la somme, et, d'ici là, je me serai convaincu de la vérité de ce qu'il vient m'annoncer. »

Et prétextant qu'il n'avait point sous la main la somme entière, il pria L*** de vouloir bien repasser le lendemain vers deux heures, lui promettant que l'argent serait à sa disposition. Le lendemain à l'heure dite, le *chanteur* se présenta à l'étude du notaire.

— M. P*** est-il visible? demanda-t-il au premier clerc.

— Non, monsieur. Parti pour Paris, il n'est pas encore de retour; mais il ne peut tarder, car il a dit qu'on vous fasse attendre.

— C'est bien, j'attendrai. Puis, mentalement, il ajouta : C'est mon Waterloo, il faut vaincre ou mourir !

Une demi-heure après, le notaire rentrait chez lui ; il arrivait de Paris, et, en proie à la plus grande exaspération, il fit introduire L*** dans son cabinet.

— Monsieur, lui dit-il, vous êtes une canaille, un fripon, un voleur !

— Après ?

— Comment, après ! C'est à n'y pas croire ! J'arrive de Paris, je suis allé rue Duphot, et, là, qu'ai-je vu? Cortier, Cortier en personne, qui sortait de chez sa fruitière, un morceau de fromage de Brie à la main! Je ne pouvais en croire mes yeux ; j'ai parlé à ce prétendu mort : c'était bien mon misérable ! Croyez-vous que j'ai été assez volé? Répondez donc, monsieur. Voilà une mystification qui me coûte vingt mille francs ! Est-ce assez? Je ne sais ce qui me retient de vous faire jeter en prison.

— Tout beau ! cher maître, reprit L*** avec un flegme qui contrastait singulièrement avec la fureur toujours croissante du notaire : me jeter en prison ? Comme vous y allez ! peste, quel gaillard vous faites ! Je vous ai fait des contes ? Eh bien ! oui, j'en conviens ; mais il n'en résulte pas moins que vous allez sur l'heure me compter les dix mille francs *que vous me devez encore...*

— Moi ? jamais !

— Jamais, dites-vous ? Allons donc ! Vous oubliez probablement que je suis de moitié dans le secret de Cortier. Que voulez-vous ? si les loups ne se mangent pas entre eux, ils épargnent peu les autres ; et si vous refusez de me donner la somme promise, je vous ferai connaître dans toute la ville pour ce que vous êtes. Bien plus, j'irai disant partout que vous m'avez offert trente mille francs pour assassiner Cortier. Ainsi, choisissez entre la honte et l'infamie, ou le payement immédiat des dix mille francs convenus.

Frémissant de rage et d'humiliation, le notaire s'exécuta pour se débarrasser du perfide *chanteur* ; mais, le lendemain, il était au lit. L'officier ministériel avait la jaunisse, non pas par suite du remords d'avoir été assassin d'intention, mais bien par désespoir d'avoir été joué de nouveau par un fripon dont il ne pouvait se venger.

Après avoir soulevé un coin du voile qui cache aux yeux de la société les faits et gestes de ces diplomates du chantage, j'arrive à la seconde classe des *chanteurs ;* mais celle-ci est bien différente de la première. Ce sont les deux échelons opposés de l'échelle.

La première est composée d'individus qui, par leurs manières, leur langage, leur tenue, se rapprochent de ceux qu'ils exploitent, et, quoique étant le rebut de la société, semblent avoir conservé le cachet de cette même société d'élite dont ils sont les parasites. La seconde classe, au contraire, ne compte dans ses rangs que les êtres les plus infimes, les plus abjects ; ce sont pour la plupart des vauriens, des misérables souteneurs de filles du plus bas étage, qui exploitent les honteuses passions des petits rentiers, des boutiquiers et même des ouvriers, et qui ne pouvant, comme leurs illustres confrères, exiger des billets de mille francs ou des bons sur le Trésor, se contentent de la menue monnaie contenue dans la bourse, de la montre d'argent renfermée dans le gousset et du vieux paletot qui garantit les épaules de leurs victimes. Les bords de la Seine, les quais des Invalides et de Billy, les rues désertes sont le théâtre de leurs exploits. Mais ici ce n'est plus le chantage raffiné des Cortier, des L*** et des Costain. Le *Jésus* est remplacé par une *persilleuse*, car il est quelquefois utile d'avoir une main plus robuste que celle d'un enfant pour mener à bonne fin l'entreprise. Souvent l'affaire se termine le jour même, car le pauvre diable qu'on a rançonné n'est pas dans une position à pouvoir faire de grands sacrifices ; et puis, dans la classe ouvrière, on peut, sous l'empire de la peur instantanée que vous inspire la crainte de passer en jugement, se débarrasser de son argent et d'une partie de ses vêtements. Mais le lendemain, le surlendemain, on s'aperçoit qu'on a été volé, et, ma foi... un petit moment de honte est bientôt passé ; et les *chanteurs* courraient grand risque d'aller expliquer chez le commissaire le motif qui les a fait se parer du titre d'agent de police. En conséquence, la *persilleuse* entraîne l'individu, manifeste le désir de satisfaire un besoin quelconque, et lorsqu'elle s'apprête à réaliser son désir, ses deux acolytes accourent, s'affublent du titre d'inspecteurs de police, prononcent d'une manière incompréhensible les mots d'attentat aux mœurs, de préfecture de police, de rapport, de police correctionnelle, et saisissent les deux délinquants par le bras. La *persilleuse* propose elle-même d'assoupir l'affaire en intéressant la cupidité des faux agents, qui, certes, ne font pas la sourde oreille; elle donne l'exemple, et, tout en feignant vouloir rendre service au malheureux qui est tombé dans ses filets, prête la main à le dépouiller promptement.

En 1851, un jeune homme, étudiant en droit, vint un matin à la préfecture demander le chef du service de sûreté, et fut introduit dans mon cabinet. Aux premières paroles qu'il prononça, je reconnus que j'avais affaire à un antiphysitique.

— Monsieur, me dit-il, je viens me plaindre de plusieurs individus qui m'ont volé, escroqué, dévalisé de tout ce que je possédais, et dont l'obsession continuelle menace de durer encore longtemps. Voici comment les choses se sont passées : un soir, je me promenais dans la galerie d'Orléans au Palais-Royal, le nez au vent, les mains dans mes poches, lorsque je fus accosté par un jeune homme dont la figure douce et féminine, les yeux charmants et les manières distinguées me flattèrent tout d'abord. Il m'adressa la parole sous un prétexte futile ; puis, tout en causant, nous fîmes trois ou quatre fois le tour de la galerie. Neuf heures venaient de sonner, mon inconnu m'invita à prendre quelque chose. Comme je sentais en moi je ne sais quoi qui m'entraînait vers lui, j'acceptai avec plaisir son invitation, et nous allâmes dans un petit café situé rue Saint-Honoré. Là, commodément assis l'un près de l'autre, nous nous mîmes à causer. La confiance s'établit vite entre nous ; c'est sitôt fait entre jeunes gens ! Une heure ne s'était pas écoulée, que j'avais appris qu'il appartenait à une riche famille d'Angers, que ses parents l'avaient envoyé à Paris pour apprendre le commerce. Ne voulant pas rester en arrière de confidences, et désirant lui prouver toute la sympathie qu'il m'inspirait, je lui fis connaître ma position, mon nom et ma demeure ; puis, nous nous séparâmes vers minuit, nous promettant de nous retrouver le lendemain à neuf heures du soir dans la galerie d'Orléans. Exact au rendez-vous, j'arrivai à l'heure dite au Palais-Royal, où mon jeune camarade m'avait devancé. Après un tour de promenade, nous nous dirigeâmes bras-dessus bras-dessous vers le même café où nous étions allés la veille et que nous quittâmes cette fois à onze heures. Arrivés sur la place du Palais-Royal, mon compagnon me dit :

— Si cela vous était indifférent, nous nous rendrions au bord de l'eau, car j'ai un besoin pressant auquel il m'est impossible de résister plus longtemps.

— Volontiers ; d'ailleurs il n'est pas tard et j'ai toujours bien le temps de me coucher.

Nous voilà donc partis ; nous traversons la place du Carrousel, puis, descendant la rampe du pont Royal, nous nous arrêtons sur la berge ; mais à peine y sommes-nous depuis quelques minutes, que trois hommes s'élancent sur nous en nous disant : « Vous êtes des infâmes, vous venez de commettre un attentat aux mœurs et vous allez nous suivre à la préfecture de police ! » Mon camarade se met à pleurer et à se lamenter ; la surprise, la honte, la peur du scandale me lient la langue et semblent m'avoir changé en statue. Enfin mon jeune Angevin, ne cessant de pleurer, et laissant échapper au milieu de ses sanglots les mots de parents, de réputation, de famille, je propose aux agents de police de nous relâcher à condition de leur donner tout l'argent que j'ai sur moi.

— Combien avez-vous ? dit l'un, d'un ton bourru.
— Trente francs.
— Trente francs ? c'est trop peu ; mais donnez toujours !...
— Il nous faut votre montre, dit le second.

Et ma montre suit mes trente francs dans leur poche. « Maintenant, ajoute le troisième, nous allons vous reconduire chez vous. » Et donnant le bras à chacun d'eux, escorté du dernier, nous nous rendons à mon domicile dont ces messieurs passent l'inspection la plus minutieuse. Tout à coup, celui qui paraissait être le chef avise un paletot que mon tailleur m'avait apporté la veille et que je n'avais pas encore mis. « Tiens, me dit-il, nous sommes à peu près de la même taille, voilà un paletot qui ferait admirablement mon affaire ; je vais à la noce demain, et comme je n'en ai pas, vous allez me le prêter... » Sans attendre ma réponse, il s'en empare ; puis ces trois individus me souhaitent le bonsoir et me laissent stupéfait de leurs procédés. Quant à mon jeune ami, il avait disparu pendant le trajet.]

Inutile de vous dire que je ne revis plus mon paletot ; mais le surlendemain matin, étant en train de m'habiller, j'entends frapper à la porte de ma chambre et je vois apparaître un de mes trois escrocs.

— Que voulez-vous ?
— Je veux, mon cher, que vous me prêtiez soixante francs.

— Je n'ai pas d'argent.

— Vous en trouverez toujours bien pour moi.

— Cependant, monsieur, vous devez savoir que ce n'est pas chez un étudiant qu'il faut chercher des capitaux.

— Ta! ta! vous en emprunterez, mon bon! Je vous ai dit qu'il me les fallait, c'est entendu.

— Mais enfin, il me semble que j'ai déjà payé bien assez cher...

— Ah! bah!... Qu'est-ce que c'est que ces manières-là? Vous vous figurez qu'il n'y a qu'à dire mon bel ami!... Dépêchez-vous de me donner ce que je vous demande, ou je vous fais connaître à tous les locataires pour ce que vous êtes.

Craignant les cris de cet individu, je descendis chez un voisin auquel j'empruntai la somme destinée à payer le silence de ce misérable.

Je croyais en être entièrement débarrassé, mais huit jours s'étaient à peine écoulés, qu'à six heures du matin je vis arriver son camarade avec trois grands sacripants que je n'avais jamais vus. Il m'aborda cavalièrement en me disant :

« — J'ai l'honneur de vous présenter trois de mes amis qui, par l'indiscrétion de mon collègue, ont appris la cause de votre arrestation; ils voulaient non-seulement vous dénoncer, mais venir ici vous faire un charivari et vous signaler à toute la maison. Je m'y suis fortement opposé; mais comme ils sont dans le besoin et qu'ils manquent complétement de linge, ainsi que de vêtements, il a été convenu que, pour les engager à se taire, vous leur fourniriez ce dont ils ont besoin. » A vous parler franchement, je sentis à ce discours comme une sueur froide couler sur tous mes membres. Mes yeux s'obscurcirent, je crus voir à travers un voile mes quatre gaillards vider ma commode, piller mes armoires, faire des paquets, puis disparaître en m'enlevant tout ce que je possédais, sans même m'adresser la parole. Je vous avouerai que la crainte du scandale et la surprise d'une pareille audace m'avaient paralysé. Pour éviter toute publicité, je me gardai bien de raconter cette histoire, mais un ami intime auquel il me fut impossible de garder le secret, m'a conseillé de venir vous voir pour me faire restituer ce qui m'a été volé.

Après cette narration, j'envoyai mon étudiant faire sa déclaration au commissaire de police de son quartier ; puis je le fis revenir à mon bureau, afin de prendre le signalement des six individus dont il avait été victime, mais dont il ignorait complétement les noms. Les recherches commencèrent : deux jours après, les six flibustiers étaient arrêtés, et plus tard passaient en police correctionnelle. Des perquisitions opérées à leur domicile amenèrent la saisie d'une foule d'objets volés ou pour mieux dire escroqués de la même façon ; mais la saisie la plus curieuse fut celle que l'on fit, rue Roquepine, au domicile d'un de ces individus : on y trouva un costume complet de mariée ; rien n'y manquait : la robe blanche, le voile, la couronne et le bouquet virginal. Interrogé sur la possession de ces objets, il répondit qu'il les avait achetés pour son usage particulier, afin de satisfaire les caprices de certaines personnes qui lui rendaient visite et dont il entretenait ainsi à son profit les honteuses passions.

Un autre *chanteur*, homme d'une corpulence remarquable, d'une taille gigantesque et d'une force athlétique, joignait aux différentes manœuvres que je viens de dévoiler des ressources empruntées à un tempéramment violent, à son système nerveux. Je veux parler de voies de fait, de violences qui, après lui avoir réussi quelque temps, finirent un beau jour par le faire condamner aux travaux forcés. Il est actuellement dans une ville d'Amérique, où il exerce les fonctions de chef de la police ; mais, comme la caque sent toujours le hareng, il est probable que ce fonctionnaire utilise ses facultés à son profit et au détriment des habitants dont la sécurité est confiée à ses soins.

Si les *chanteurs* sont d'un cynisme déplorable, les *tantes*, de leur côté, ne le sont pas moins : lorsqu'ils ou elles ont jeté le masque, rien ne les fait rougir, et leur assurance impose souvent aux gens inexpérimentés : aussi, quand l'une d'elles est expulsée d'un endroit public, sans qu'on en fasse connaître à haute voix les motifs, il arrive parfois qu'un pareil acte semble arbitraire aux yeux de ceux qui ignorent le fond des choses. C'est la situation dans laquelle je me suis trouvé un instant à l'occasion suivante.

Le jour de l'exécution de Poulmann, l'assassin d'un aubergiste, près de Meaux, j'aperçus parmi les charpentiers et les charretiers qui entouraient l'échafaud un jeune et beau garçon aux manières délicates et en quelque sorte féminines. Une longue chevelure, un visage entièrement dépourvu de barbe, des yeux noirs bien fendus en amande, un léger incarnat colorant les joues, enfin une voix douce et enfantine, lui donnaient une apparence peu ordinaire à notre sexe, apparence encore rehaussée par une mise recherchée, mais composée invariablement d'une redingote de drap noir bien courte et bien étroite, toujours boutonnée de façon à dessiner nettement les formes. C'était le nommé X*** dit *la belle J****. J'envoyai un agent l'inviter à sortir hors du cercle formé par la troupe à distance de l'échafaud. L'agent revint bientôt me dire : « Je vous promets, monsieur, que vous êtes dans l'erreur; cette personne est une femme habillée en homme, elle n'a pu déguiser sa voix quand elle m'a répondu qu'elle faisait partie des aides chargés des préparatifs.

— Eh bien ! repris-je, que je sois ou non dans l'erreur, retournez exécuter l'ordre que je vous ai donné, et si cette personne ne veut pas se retirer, employez même la force pour l'y contraindre, car elle ment et n'appartient pas au service.

Ce que j'avais dit fut fait : X*** ayant voulu résister, l'agent dut le prendre par le bras pour le forcer à s'éloigner.

Le secrétaire général de la préfecture de police était venu ce jour-là assister à l'exécution; il remarqua mon insistance à faire éloigner ce jeune homme et m'en demanda la cause. Je lui appris en deux mots la position de cet individu :

— Vous connaissez ces gens-là, me dit-il ?

— Parfaitement, monsieur ! personne à la préfecture ne les connaît mieux que moi.

— Vous pourriez alors me faire un rapport détaillé, une sorte d'histoire circonstanciée de cette clique ?

— Très-facilement, monsieur.

— Eh bien ! apportez-le-moi à mon cabinet, ce doit être très-curieux ; seulement, n'en parlez à qui que ce soit,

Le rapport fut fait, long, minutieux, détaillé ; j'y racontai plusieurs aventures de fraîche date et je terminai par une longue liste d'individus appartenant en même temps à la haute société et à la honteuse classe dont il est ici question.

Parmi tous ces noms, se trouvait celui d'un ancien camarade de collége du secrétaire général. Ce dernier n'en pouvait croire ses yeux, mais les faits étaient là, cités à l'appui, d'une manière précise pour tous ces noms ; il n'y avait pas moyen de douter.

Mon rapport fut communiqué au préfet de police, et comme ce magistrat est appelé par ses fonctions à connaître et réprimer tout ce qui se passe de répréhensible dans toutes les classes de la société, je fus autorisé à prendre, à titre d'agent secret, un de ces antiphysitiques qui, moyennant 125 francs par mois, eut pour mission de me tenir constamment au courant de tout ce qui se passait dans ce sale monde.

Pour compléter le tableau des mœurs honteuses que je viens de signaler, j'ajouterai que de 1834 à 1840, un nommé C***, portant le sobriquet de *mère des tantes*, tint une maison garnie rue de Grenelle-Saint-Honoré ; c'était le réceptacle de ce qu'il y avait de plus immonde dans la capitale ; une sorte de maison de tolérance en partie double, au choix des amateurs, et où la dépravation la plus dégoûtante entretenait incessamment des orgies dont l'idée seule répugne.

Traqué continuellement par la police qui chaque jour faisait des visites et des arrestations dans ce cloaque impur, C*** transporta ses pénates dans le quartier Saint-Antoine, espérant y être moins inquiété ; mais, obligé de fermer de nouveau son établissement après la saisie qu'on y opéra d'une quantité considérable de fausses pièces de cinq francs, il renonça complètement à ce commerce ignoble.

Indépendamment des *chanteurs* qui exploitent les individus atteints d'un vice honteux, il en existe d'autres qui s'attaquent aux infortunés qui, après avoir manqué à l'honneur et expié une première faute, cherchent par une conduite irréprochable à reconquérir l'estime générale. Les *chanteurs* de cette autre espèce ont presque tous gagné aux bagnes leurs chevrons de forfaiture, et l'épiderme de leur conscience est cuirassé depuis longtemps par l'habitude du crime. Anciens forçats ou repris de justice autorisés à habiter la capitale, ils recherchent avec soin un de leurs anciens compagnons de prison, flétri aux yeux du monde par le fait seul de son séjour au bagne, mais qui, rentré dans la société, a caché avec soin à tous les regards sa flétrissure passée, et par une vie nouvelle de travail et d'honnêteté a su se créer une existence honorable, acquérir une réputation respectée. Dès que ces misérables ont découvert le malheureux qui doit devenir leur victime, ils se font reconnaître à lui, le circonscrivent dans un système perpétuel de craintes qu'ils savent traîtreusement lui inspirer, en le menaçant continuellement de leurs révélations, et finissent ainsi par lui arracher des sommes plus ou moins fortes, suivant la position qu'il occupe.

Un jour, je vis entrer dans mon bureau un monsieur de bonne mine et comfortablement vêtu. Il me dit :

— Monsieur, je me nomme H***, je possède un établissement qui prospère et prend chaque jour plus d'importance ; je suis en outre marié et père de deux enfants que j'adore ainsi que leur mère. Enfin, monsieur, depuis plusieurs années, je jouissais d'un bonheur en quelque sorte parfait, lorsqu'un misérable est venu m'enlever toutes mes joies, me ravir ma tranquillité et ternir les beaux rêves que j'avais faits pour l'avenir. Je dois avouer (et ici une vive rougeur couvrit son front) qu'il y a quinze ans je passai en jugement pour faux en écritures commerciales, et, pour cette action criminelle, résultat d'un moment de folie, je m'entendis condamner à cinq ans de travaux forcés. Ce fut au milieu des êtres ignobles dont les bagnes sont remplis que je subis ma peine ; ce fut en les voyant chaque jour, en les entendant causer, en vivant ainsi avec eux, que je compris encore mieux l'énormité de ma faute, et que je résolus fermement de la racheter, autant qu'il serait en mon pouvoir, par une vie entièrement consacrée au labeur et à la probité. Dieu sembla bénir mon repentir, mes cinq années s'écoulèrent bien lentement, hélas ! Mais enfin, un jour je vis se briser les chaînes qui étaient rivées à mes pieds. Je me sentis libre, je fus heureux ! Je voulus prendre mon essor vers cette société dont je m'étais fait exclure ; mais, lorsque j'essayai de me relever, je me sentis flétri et réprouvé à tout jamais. Cependant je pris courage, je vins à Paris, et à force de travail je me créai une petite position. Ce fut alors que j'épousai une femme charmante, qui ignore, ainsi que sa famille, mon malheureux passé et exhorte chaque jour ses enfants à imiter la conduite de leur père.

Ici l'émotion le força à s'arrêter, mais bientôt il reprit :

— Je croyais que l'expiation avait été proportionnée à la faute et qu'il m'était enfin permis de goûter quelque repos, lorsqu'un misérable nommé B*** me rencontra il y a environ dix-huit mois. Je connaissais cet homme pour m'être trouvé au bagne en même temps que lui ; il vint chez moi, me félicita sur mon bonheur, et s'informa adroitement des ressources que ma position pouvait me fournir. Deux jours après, il se présenta de nouveau sous prétexte de m'emprunter une cinquantaine de francs que je n'osai lui refuser, car d'un mot il pouvait me perdre. Quelques jours plus tard, ce fut cent francs qu'il vint chercher, prétextant l'échéance d'un billet pour lequel il n'était pas en règle ; puis successivement ce furent de nouvelles demandes toujours plus élevées, plus exorbitantes les unes que les autres, et appuyées toutes par la menace de me dévoiler à ma nouvelle famille. Or, voilà plus de six mille francs que j'ai ainsi donnés à cet individu. Il est évident que si cela continuait je finirais par me ruiner ; aussi, monsieur, ai-je pris la résolution, advienne que pourra, de venir mettre mon sort entre vos mains et vous prier de me protéger contre ce misérable.

— Mais, dis-je à H***, n'avez-vous donc jamais cherché à faire comprendre à B*** l'infamie de sa conduite ?

— Pardonnez-moi, monsieur, mais lorsque j'essayais de lui faire entendre qu'il me ruinerait, il me répondait : Bah ! bah ! contes que tout cela ! tu financeras ou sans cela je dirai partout, à tout le monde, que tu n'es qu'un forçat !

Et à ces mots, les larmes de ce malheureux, contenues avec peine pendant son récit, coulèrent avec une telle abondance, que je ne pus m'empêcher d'en être moi-même ému. Je le consolai le mieux qu'il me fut possible, je le congédiai en lui promettant de m'occuper personnellement de son affaire.

D'après mes instructions, le lendemain matin B*** était arrêté par deux agents et amené à mon bureau. Je lui fis les plus sévères reproches sur sa lâche conduite, puis, sur un ordre du préfet, il fut expulsé à tout jamais de la capitale.

Le marchand, dès ce moment, cessa d'être inquiété, et sa famille échappa à une révélation qui lui eût été fatale.

Voici un second exemple :

Un menuisier, établi depuis plusieurs années, avait subi préalablement une condamnation à cinq années de réclusion et s'était marié en province à la suite de sa mise en liberté. Travailleur, économe, il put lentement mettre de côté une portion de son salaire, et finit par ouvrir un établissement qui lui permit d'élever honorablement sa famille. Seulement, comme le séjour de la capitale lui était interdit en sa qualité de réclusionnaire libéré, notre homme évitait avec soin toute fréquentation, n'allait jamais aux barrières et ne traversait Paris que le plus rarement possible, de peur de rencontrer quelques anciens camarades de prison. Quelles que fussent toutefois les précautions qu'il avait su prendre, quelque changée que fût sa physionomie depuis sa sortie de prison, il ne s'en trouva pas moins rencontré un jour par un de ses ex-compagnons de captivité, autorisé à habiter Paris, et qui, sous prétexte de renouer connaissance, offrit une bouteille de vin. Le menuisier n'osa pas refuser. Une fois au cabaret, on but une bouteille, puis une seconde, et lorsqu'il fallut se quitter, l'ami du menuisier lui proposa de le reconduire à son domicile.

— Non, merci, répondit celui-ci, car j'ai plusieurs courses à faire pour mon commerce, il faut en outre que j'aille chez mon marchand de bois, et cela nous mènerait trop loin.

— Eh bien! tout au moins, donne-moi ton adresse, afin que je puisse te faire une visite d'ami lorsque je passerai dans ton quartier.

— Oh! pour cela, volontiers! Je demeure... et le menuisier donna une fausse adresse, puis quitta son ancien camarade; mais ce dernier, aussi rusé que le premier était prudent, se douta de la supercherie, et suivit de loin le menuisier. Le lendemain, la foudre tombant sur sa maison n'aurait pas fait plus d'effet que n'en produisit la visite du repris de justice.

— Vois-tu, dit-il en riant à son ancien compagnon, hier tu m'as fait une sottise, mais je suis bon enfant et je ne t'en veux pas; la preuve, c'est que je suis venu te voir tout de même.

— Ah!.. fit le menuisier encore tout abasourdi.

— Oui!... Mais c'est beau, chez toi, c'est huppé! Tu peux te vanter d'avoir de la chance. Ah ça! est-ce que tu ne me présentes pas à ton épouse? Je déjeune avec toi ce matin?

— Certainement... mais... c'est que... enfin...

— Enfin, quoi? Est-ce que tu veux m'échapper comme hier? ah! fais attention, si tu veux faire le crâne avec moi, je ferai savoir partout que nous avons été camarades de *collége* (de prison).

A ces mots, le malheureux menuisier pâlit, et, la crainte l'emportant, il reçut de son mieux son indigne ami.

Le lendemain, la même comédie eut lieu; seulement le repris de justice emprunta vingt francs à sa victime, puis plus tard, trente, quarante, cinquante francs et plus, si bien que le menuisier, à bout de patience, joua son vatout, en venant me trouver pour me demander aide et protection, au risque d'être arrêté pour rupture de ban.

Après avoir pris des renseignements, j'en référai à M. Carlier, qui fit expulser le repris de justice qui avait exploité le menuisier. Celui-ci obtint l'autorisation de séjourner dans la capitale, et, quelques jours après, il venait me remercier de l'avoir tiré des griffes d'un pareil coquin.

On voit, d'après ces exemples, que le chantage est d'autant plus funeste qu'il est plus difficile à prévenir, et que cette coupable industrie est une plaie sociale qui atteint quelquefois les proportions du crime.

XXXIV

LES POISSONS ET LES MACQUÈS

Il existe dans la société qui nous entoure, dans le siècle où nous vivons, certaines mœurs, certaines habitudes basses, ignobles, abjectes, qui forment un contraste pénible avec l'existence laborieuse et honorable imposée à la dignité humaine; mais ces infirmités sociales sont trop répugnantes pour qu'on les analyse complétement. Je serai donc bref.

Les *poissons* sont des individus qui vivent en bons rentiers aux dépens des *filles d'amour*, désignées ainsi parce qu'elles sont attachées aux maisons de tolérance. Quant à celles qui logent dans leurs meubles ou en garni, on les appelle *filles isolées*.

Jeune, beau, fort, le *poisson* ou *barbillon* est à la fois le défenseur et le valet de sa maîtresse. Sa mise est soignée, mais de mauvais goût; son air est commun. Le jour, il se promène, va au café, joue au billard; le soir, il se tient dans la rue où sa maîtresse *fait le trottoir*, c'est-à-dire cherche à faire brèche à la bourse des passants, et partant quelquefois à leur santé. Toujours prêt à faire le coup de poing, il veille soigneusement à ce qu'elle ne soit pas maltraitée par d'autres *poissons* ou qu'elle ne soit pas insultée par des passants. C'est une sorte de chevalier errant dont les poings sont toujours en arrêt pour sa belle.

Onze heures sonnent : c'est, comme je l'ai déjà dit, l'heure fixée par les règlements de police où les filles inscrites disparaissent de la voie publique. Il faut rentrer à la maison de tolérance ; mais auparavant la malheureuse a soin de remettre une pièce de cinq francs à son fidèle gardien. C'est ce que celui-ci appelle *recevoir son prêt*.

Deux *poissons* vivaient au cloître Saint-Honoré, les frères T***. L'un d'eux avait pour maîtresse la fille C***. Un jour, ils entrèrent chez un marchand de vins, et se placèrent au comptoir auprès de trois ou quatre personnes qui s'y trouvaient déjà. Bientôt une querelle s'éleva entre la fille C*** et son amant. Celui-ci n'était pas patient; celle-là était presque toujours en état d'ivresse. On en vint aux gros mots, puis des injures aux voies de fait; et lorsque les témoins de cette scène voulurent séparer les combattants, ils virent tout à coup T*** s'affaisser sur lui-même et le sang sortir avec abondance d'une large plaie qu'un coup de couteau venait de lui faire au ventre.

La fille C***, qui appartenait à la classe la plus abjecte, fut arrêtée comme auteur de ce meurtre, puis relaxée à la suite d'une instruction assez longue. Elle reprit son ancien métier, ainsi que ses habitudes d'ivrognerie. Et pourtant, qui le croirait? Quelques années plus tard, un homme, jouissant d'une certaine position dans le monde et d'une assez belle fortune, eut le courage d'épouser cette femme malgré ses ignobles antécédants. Peu de temps après cette union, on vit la digne épouse trôner dans un établissement public dont le mari s'était fait entrepreneur. C'est elle qui, diamants aux doigts et aux oreilles, accueillait la nombreuse clientèle et en recevait un compliment, un salut amical ou un sourire bienveillant.

Un autre *poisson*, nommé B***, avait joint à son infâme métier celui, bien plus infâme, de recruteur et d'expéditeur de jeunes filles dans les maisons de tolérance de la province, sous prétexte de leur fournir une place, une position, des moyens honnêtes d'existence. Les maîtresses de ces ignobles établissements hébergeaient ces pauvres et innocentes créatures et les tenaient prisonnières jusqu'au jour où, à force de séductions, de mauvais exemples, et quelquefois d'abus de toute espèce, elles consentaient à se livrer à la débauche. Ce honteux trafic procurait à son auteur de gros bénéfices ; mais la police eut un jour l'idée de connaître ce nouveau genre de négoce : elle trouva que cette innovation dans nos mœurs et dans le Code commercial était par trop immorale, et B*** alla expier en prison cette traite d'une nouvelle expèce.

Le *macque* est dans une position encore plus infime que le *poisson*. Presque toujours c'est un repris de justice, un rôdeur de barrières, un voleur de profession ou un floueur ; c'est le souteneur des filles de la plus basse classe qui pullulent dans les bouges de la Cité ou du faubourg Saint-Marceau, puis encore des *terrinières*, des *pierreuses* et des *pontonnières*.

Les premières sont ces filles qui, n'ayant pas de domicile, entraînent leurs conquêtes abruties dans les lieux déserts, dans les terrains vagues. Les *pierreuses* vont dans les chantiers, dans les maisons en voie de construction, au milieu des pierres déposées sur la berge du canal ou de la Seine. Les *pontonnières* enfin fréquentent le dessous des ponts, et quelquefois le dessus, lorsqu'il n'y passe que très-peu de monde. Toutes ces filles sont des voleuses. Le *macque*, qui joue ici un rôle plus actif que le *barbillon*, ne quitte sa *largue* (sa maîtresse) ni jour ni nuit. Lorsque celle-ci a rencontré un paysan, un ivrogne ou un ouvrier qui a reçu sa paye et qui consent à la suivre, elle l'emmène dans un endroit sombre et écarté, saisit le moment opportun pour *faire le barbot* (le fouiller) et s'emparer de l'argent ou des quelques bijoux qu'il peut avoir sur lui. Si l'individu volé ne s'aperçoit pas immédiatement de la soustraction, tout est pour le mieux ; mais s'il s'avise de se sentir dévaliser et qu'il ait la mauvaise idée de réclamer l'objet dérobé, en menaçant de faire emprisonner la voleuse, alors le *macque*, qui est caché à deux pas et qui a tout entendu, se montre subitement, tombe sans mot dire, à coups de bâton, sur l'individu volé, et s'esquive lestement en laissant le pauvre diable étendu par terre et baigné dans son sang. Quant à l'ignoble fille, elle a eu soin de disparaître dès le commencement de l'agression ; et lorsque le *macque* l'a rejointe, ils vont chercher ailleurs de nouvelles victimes.

Mais je m'arrête, car il est des sujets qui ne laissent après eux que le dégoût, et qu'on ne peut effleurer que dans la seule pensée d'être utile en signalant les dangers qu'ils présentent.

XXXV

LES ENTREMETTEUSES

> « Les femmes ont corrompu plus de femmes que les hommes n'en ont aimé. »   BALZAC.
> *Philosophie de la vie conjugale à Paris.*

Quoique j'aie nommé les *tantes* et les *jésus*, quoique j'aie fait connaître les manœuvres employées par les *chanteurs* et signalé la classe des *macques*, où se recrutent communément les assassins, je n'ai pas terminé cette triste suite de tableaux hideux dont la vue ne peut produire que le dégoût et l'effroi. Mais comme je me suis imposé la tâche de dévoiler *autant que possible* les secrets les plus honteux de la turpitude humaine, je me vois obligé, dans l'intérêt de la famille, de surmonter la répulsion que de pareils sujets peuvent inspirer, pour livrer à la voix vengeresse de la morale publique la classe la plus dangereuse, la plus funeste et pourtant la moins connue de toutes : celle des *procureuses* ou *entremetteuses*. La première se compose d'anciennes femmes galantes qui, arrivées à un âge mûr, ne pouvant plus trafiquer d'elles-mêmes, cherchent alors des ressources dans l'inconduite des autres. Elles sont logées somptueusement, car leur abominable intervention est au service des favoris de la fortune, c'est-à-dire des jeunes gens, des hommes mûrs et des vieillards libertins et riches, qui veulent, ou satisfaire un caprice en obtenant à prix d'or certaines femmes à la mode, des lorettes de la scène, ou entrer en relations secrètes et passagères avec de jeunes et jolies femmes qui jouent la pruderie et dont l'aisance apparente ne pourrait se soutenir sans l'entremetteuse.

Les femmes à la mode, cotées comme des actions de chemin de fer, sont obtenues par l'entremetteuse après un débat plus ou moins long, nécessité par l'avidité des intermédiaires et la parcimonie des amateurs. Les deux parties étant enfin d'accord, on décide, séance tenante, le jour et l'heure à laquelle on devra livrer la *chose vendue* en échange de la chose promise. Mais quel que soit en pareil cas le mépris dont on doive payer un semblable trafic, je passerai rapidement sur ces faits où ce concours honteux est également sollicité de part et d'autre, et, pour préserver les familles laborieuses de malheurs irréparables, je m'étendrai davantage sur la seconde catégorie, qui est bien autrement dangereuse que la première, vu l'adresse et la persévérance que ces entremetteuses déploient pour arriver à leur but. Elles s'attachent à corrompre de jeunes filles honnêtes et sages qui vivent sous la tutelle de leur mère. Elles s'adressent aussi à de jeunes femmes d'ouvriers, qui gagnent de médiocres salaires, et les livrent à des individus qui, possédant de la fortune ou tout au moins de l'aisance, ont des ménagements à garder envers leur famille ou le monde, et qui cherchent à satisfaire en secret une concupiscence effrénée.

On est loin de se douter des moyens employés par ces procureuses pour se créer un troupeau d'esclaves soumises à leur volonté, toujours prêtes à se livrer, sur leurs ordres, quels que soient d'ailleurs l'individu proposé et le genre de service demandé. Ces femmes ont d'abord l'immense avantage de n'inspirer aucune défiance et de savoir cacher sous des manières agréables le but détestable qu'elles poursuivent. Appartenant au même sexe que les malheureuses qu'elles veulent perdre, elles les approchent d'autant plus facilement qu'on est plus éloigné de soupçonner leurs funestes desseins. Elles sympathisent à leurs peines, à leurs plaisirs, à leurs chagrins, à leurs espérances. Avec les unes, flatteuses et rampantes ; avec les autres, provocantes et tentatrices ; près de toutes, insinuantes, ces tartuffes femelles prennent tous les visages, toutes les formes. Protées de la débauche, elles se plient à tous les caprices, à toutes les fantaisies de celles qu'elles prétendent amener insensiblement à une prostitution plus ou moins dissimulée. Combien de jeunes filles au front pur, au regard limpide, cachent en elles-mêmes des fautes inexcusables et des regrets amers ! Combien n'a-t-on pas vu de familles déshonorées par la conduite d'enfants élevées pourtant par la tendresse maternelle, mais perverties avant l'âge par ces démons de la corruption qu'on appelle *entremetteuses !*

S'il m'était permis de faire connaître jusqu'où peut descendre la turpitude de ces infâmes créatures, s'il m'était donné de montrer à cette mère si aimante et si crédule sa fille telle qu'on la lui a faite, sa fille chérie qu'elle entoure de ses soins, dont elle est si fière et si glorieuse, sa fille, le front encore marqué d'un baiser sacré et qui tombe dans les bras d'un vieillard immonde qu'elle ne connaît pas, que de colères maternelles ne seraient pas légitimes contre ces empoisonneuses !

Si je pouvais soulever un coin des voiles épais qui cachent ces déplorables mystères, je ferais pénétrer le lecteur dans une de ces maisons maudites, et lui montrerais comment une de ces entremetteuses met en vente, comme une pièce de bétail au marché, sa propre fille âgée de quatorze ans ; comment elle attire chez elle des enfants de huit à douze ans pour laisser souiller la blanche robe de leur innocence !...

Mais, dira-t-on, comment de semblables monstres peuvent-ils le plus souvent exercer tranquillement leur affreuse industrie ? L'impunité de ces traficantes tient à deux causes ; la première est toute naturelle : de même que dans le chantage, on trouve difficilement des témoins, ou mieux, des accusateurs pour ces sortes d'affaires. Le père qui s'aperçoit un jour de l'inconduite de sa fille, le mari qui découvre enfin l'inconduite de sa femme, se bornent presque toujours à prendre des mesures efficaces, mais secrètes, car ils veulent éviter de faire connaître leur déshonneur au public par la voix retentissante des feuilles judiciaires. La seconde cause, c'est que bien des femmes mariées, bien des jeunes filles ne manquent souvent à leurs devoirs que par surprise, imprudence et ignorance du mal. Alors, placées dans une fausse position que l'entremetteuse exploite avec une infernale adresse, elles ne peuvent plus choisir qu'entre un déshonneur secret ou un éclat qui perdrait leur réputation. Plus d'une, bourrelée de remords, fatiguée d'une vie qui répugnait également à sa loyauté, aux sentiments vrais de son cœur, aux instincts de vertu qu'elle avait conservés même au sein de l'orgie, a demandé au suicide, à la tombe, un asile contre les persécutions de celle qui l'avait perdue ! Et qu'on ne croie pas que ce malheur irréparable menace seulement les familles pauvres et nécessiteuses : non ! car, par l'entremise de la procureuse, la débauche recrute ses victimes dans tous les rangs de la société.

J'en pourrais malheureusement citer beaucoup d'exemples, mais je me bornerai aux deux suivants :

J'ai connu une fille de dix-sept ans, d'une beauté remarquable, nommée Rosalie T***. Ses parents, j'en avais été témoin, l'avaient élevée dans des principes d'honneur et de religion; malheureusement demeurait non loin de leur domicile une entremetteuse, la femme D***, qui, ayant souvent l'occasion d'apercevoir Rosalie, pensa qu'elle pourrait tirer un parti avantageux de cette jolie enfant. Bientôt, sous différents prétextes, elle attira chez elle cette innocente créature, lui inspira le goût du luxe, de la paresse et de la gourmandise, et sut faire briller dans sa jeune imagination une existence, un avenir de plaisir, de richesse et de bonheur. Lorsque l'entremetteuse vit sa proie arrivée au point où elle la désirait, elle la livra au vieux comte de X***, pour la somme de 1,500 francs, sur quoi elle remit 50 francs à la jeune fille. Quelque temps après, Rosalie, complétement à la discrétion de la procureuse, s'enfuit du toit paternel pour aller occuper un appartement somptueux que la mégère avait loué dans la chaussée d'Antin. La pauvre enfant passa successivement entre les bras de riches débauchés qui payaient au poids de l'or la possession passagère de ses charmes. Ce trafic dura environ quatre mois. Pendant ce court espace de temps, cette malheureuse jeune fille avait rapporté plus de vingt mille francs à l'entremetteuse qui chaque jour donnait dix francs à sa victime. Mais la pauvre égarée finit par réfléchir à la honteuse position où elle était plongée ; elle pensa à son père, à sa mère ; les sentiments honnêtes qu'elle avait reçus d'eux recouvrirent leur empire ; elle n'avait été qu'étourdie par le luxe et de perfides conseils. Le chagrin et les remords s'emparèrent d'elle, et le désespoir ne tarda pas à entrer dans son cœur; elle ne put supporter plus longtemps sa honte. L'infortunée prit une détermination virile et bien peu en harmonie avec la faiblesse de son sexe : un matin, après une nuit d'insomnie et d'amères réflexions, elle se leva résolûment, se plaça dans un fauteuil et se brûla la cervelle avec un pistolet qu'elle s'était procuré la veille.

Voici le second exemple. Il y a quelques années, par une froide matinée de mars, deux jeunes gens, amis de fraîche date, qui avaient passé la nuit du jeudi gras au bal de l'Opéra, devisaient joyeusement dans un cabinet de restaurant, en attendant le déjeuner qu'ils avaient commandé.

— Mon cher, s'écria l'un des deux, beau brun d'environ vingt-cinq ans, je ne connais rien de plus insipide que le tête-à-tête de deux hommes, et si les danseuses de cette nuit nous ont déplu, ce n'est pas une raison pour nous résigner à nous priver de la société de deux jolies femmes. Je me charge d'aller à la découverte, et certainement je ne tarderai pas à recruter deux charmantes compagnes pour sabler le champagne avec nous.

— Oh ! quelques filles perdues, quelques coureuses d'aventures en quête d'un déjeuner ! Je suis trop blasé pour m'en accommoder.

— Non pas ! deux petites ouvrières gentilles à croquer, n'ayant que peu ou pas d'amoureux, parties ce matin de chez elles pour aller à leur atelier, et, à l'heure qu'il est, travaillant tranquillement.

— Tu les connais ?

— Moi ? aucunément ! mais je suis sûr de les trouver, et cela, avant une heure d'ici.

— Comment t'y prendras-tu?

— Ne t'en inquiète pas. Fais mettre deux couverts de plus, et profite de mon absence pour te reposer un peu, afin d'être frais et dispos pour accueillir convenablement les séduisantes créatures que je vais chercher.

Notre écervelé saisit son chapeau, se jette dans un coupé de remise et se fait conduire à une maison de belle apparence, où bientôt, nonchalamment étendu sur un divan dans un somptueux salon, il exposait sa demande à une grosse femme dont la mise annonçait autant de coquetterie que de mauvais goût, et dont les doigts boursoufflés de graisse étaient chargés de bagues à toutes les phalanges : un luxe de saltimbanque ou de maîtresse de maison ! Après avoir grimacé un horrible sourire, ce Mercure femelle sonna sa domestique, lui dit quelques mots à l'oreille, et, dix minutes après, la porte s'ouvrit de nouveau pour livrer passage à deux jeunes personnes. Leur mise décente mais soignée, empreinte d'un certain luxe bien que d'une simplicité charmante, attestait la position aisée dans laquelle elles vivaient. L'aînée pouvait avoir vingt ans, la cadette dix-huit, toutes deux belles et fraîches. Elles étaient sœurs et appartenaient à une honorable famille, jouissant d'une honnête aisance, mais dont le chef avait voulu qu'elles apprissent un état.

— Vous allez accompagner monsieur, leur dit la procureuse, d'un ton impératif; voici vingt francs pour chacune de vous; mais surtout ne faites pas les mijaurées, comme la dernière fois, ou c'est à moi que vous aurez affaire !

On partit... Arrivé au restaurant, le jeune viveur, escorté des deux jeunes filles, ouvrit la porte du cabinet en poussant un joyeux hourra de triomphe, mais à ce vivat, un triple cri répondit, cri de fureur, de honte, de désespoir. Le jeune homme blasé qui attendait était en présence de ses deux sœurs !!!...

Je m'arrête... Puissent ces deux exemples faire ouvrir les yeux aux parents trop confiants, et mettre les jeunes filles en garde contre les menées de ces monstres qu'on nomme les entremetteuses !

XXXVI

LA PRÉFECTURE DE POLICE EN 1848

Je n'ai pas la prétention de raconter l'histoire de la révolution de 1848. Cette grande secousse sociale a été justifiée ou critiquée par un assez grand nombre d'écrivains politiques. Comme observateur sans passion, je me bornerai à dire que, dans le cours de ma carrière, les circonstances m'ont mis si souvent à même de recevoir des confidences, de connaître des secrets sur les hommes et sur les choses, que j'en suis arrivé, en matière politique, à être un peu de l'avis des Orientaux : je crois au destin, à la prédestination, et je me résume en m'écriant comme eux : Dieu seul est grand!

Je ne veux donc pas faire ici un cours de politique ; la mission que je me suis imposée est beaucoup plus modeste ; je n'ai d'autre but, comme je l'ai dit, que de raconter ce que j'ai vu, ce que j'ai fait ou ce que j'ai fait faire.

Le banquet réformiste avait été fixé au 23 février 1848; la veille, à minuit, j'avais reçu l'ordre de me tenir, dès sept heures du matin, en permanence dans mon arrondissement, avec tous mes sergents de ville, et d'envoyer d'heure en heure à la police municipale un rapport des mouvements populaires et de l'état de l'opinion publique.

J'avais établi mon quartier général au bureau de police du théâtre de la Gaîté, et là j'attendais que chaque sergent de ville vînt me faire part de ce qu'il avait vu ou entendu pendant sa tournée.

Les boulevards ont été justement comparés à une immense artère où circule la population de la capitale, le sang de la grande ville, et où l'on peut suivre pas à pas la marche progressive des agitations de tout un peuple. J'étais placé de manière à assister en spectateur aux préludes de ce grand drame qui allait commencer, comme toutes les révolutions, par des cris, et devait finir par la chute du pouvoir monarchique et l'avénement du gouvernement républicain.

Les faubourgs Saint-Antoine et Saint-Marceau, qui ont joué un si grand rôle dans la révolution de 89, semblèrent se réveiller; un nombre considérable d'ouvriers de ces faubourgs passèrent, entre dix et onze heures du matin, sur les boulevards, se dirigeant vers les Champs-Élysées, rendez-vous des adhérents au banquet. Vers deux heures de l'après-midi, une douzaine d'individus qui revenaient des Champs-Élysées tentèrent de forcer, sur le boulevard Saint-Martin, la boutique d'un armurier; mais ils durent se retirer sans avoir réussi dans leur dessein.

Entre trois et quatre heures, un officier supérieur d'état-major de la garde nationale arriva à toutes brides annoncer au peuple aggloméré sur les boulevards que le roi avait changé son ministère et composé un nouveau cabinet plus sympathique à l'opinion générale. A cette nouvelle, un cri général de *Vive le roi!* partit du sein de cette foule, qui semblait jusqu'alors n'avoir eu pour but que de faire une manifestation éclatante, il est vrai, mais calquée sur les manifestations réformistes d'Angleterre, s'attaquant aux ministres et non au roi, aux instruments du pouvoir, et non au principe lui-même. En un mot, la foule, satisfaite de cette concession, se trouva instantanément désarmée dans sa colère, et, semblable aux enfants dont on a contenté le caprice, qui passent alors des pleurs aux rires, elle fit succéder à ses imprécations des cris d'allégresse.

A neuf heures et demie du soir, je quittai le boulevard du Temple pour aller à la préfecture où m'appelait, par tour de rôle, le service des rondes pendant la nuit ; je passai par le boulevard Saint-Martin, la rue de ce nom et la place du Châtelet. Presque partout, sur mon passage, les fenêtres étaient illuminées, la joie régnait sur les visages, la tranquillité semblait être définitivement revenue, et des cris de *Vive le roi!* partaient de la foule de curieux qui s'acheminaient dans cette rue très-populeuse. « Parbleu ! me dis-je, nous en serons encore cette fois quittes pour la peur et quelques carreaux cassés ! »

En arrivant à la préfecture, je reçus l'ordre du chef de la police municipale de ne faire sortir aucune ronde et de les garder en permanence jusqu'à huit heures du matin. L'autorité était persuadée que le lendemain les troupes disperseraient facilement tous les émeutiers.

A une heure après minuit, les chefs de la préfecture de police se reposaient et dormaient; moi seul, avec les hommes de services, veillais pendant cette nuit, qui devait être la dernière du règne de Louis-Philippe. Je me promenais dans la grande cour de l'hôtel, et je remarquai avec inquiétude qu'il régnait dans la ville un calme inaccoutumé. On n'entendait ni ce léger brouhaha qui annonce de loin qu'une partie de la population n'est pas encore livrée au sommeil, ni ce bruit de voitures qui trahit les heureux du siècle regagnant leurs somptueuses demeures après une soirée de plaisirs, ni ces bruyantes charrettes qui apportent pendant la nuit les provisions de tout genre que Paris consommera le lendemain. C'était le silence de la mort, ou mieux encore le calme plat qui, sous la zone torride, précède toujours les plus furieuses tempêtes. Un quart d'heure s'était à peine écoulé, que ce silence effrayant était rompu par les cloches de diverses églises sonnant lugubrement le tocsin. Voulant savoir au juste ce qui se passait, j'envoyai deux agents en bourgeois explorer le quartier Montmartre ; mais, avant de les faire partir, j'eus soin de leur ôter leur carte d'inspecteurs de police, afin qu'ils ne fussent pas maltraités dans le cas où ils auraient été arrêtés par les fauteurs du trouble. Deux autres agents se rendirent dans le quartier Saint-Martin. Une heure après, les premiers revenaient m'annoncer qu'à chaque coin de rue on construisait des barricades et que, rue Jean-Jacques-Rousseau, ils avaient rencontré plusieurs individus traînant une charrette, tandis que d'autres allaient, frappant aux portes, faisant ouvrir de vive force, enlevant les armes des gardes nationaux pour les déposer dans la charrette.

Peu après, les deux agents chargés de parcourir le quartier

Saint-Martin, arrivèrent avec un jeune homme qui était porteur d'une baïonnette de fusil ; je l'interrogeai immédiatement.

— Monsieur, me répondit-il, je suis garçon marchand de vins, chez Richefeu, à la barrière Montparnasse ; hier matin, mon patron m'a envoyé pour toucher un effet au carré Saint-Martin. En revenant à la maison, j'ai rencontré plusieurs personnes de ma connaissance avec lesquelles je me suis amusé jusqu'à minuit ; alors j'ai voulu retourner chez mon bourgeois ; mais, arrivé rue Transnonain, je me suis trouvé près d'une forte barricade où j'ai été arrêté par une vingtaine d'individus armés de fusils ; me prenant pour un agent de police, ils m'ont entouré et m'ont accablé de questions en me fouillant des pieds à la tête. Cependant lorsqu'ils ont été convaincus qu'ils s'étaient trompés sur mon compte, ils m'ont laissé libre. Depuis ce moment, jusqu'à mon arrestation par vos agents, je n'ai rencontré partout, sur mon passage, que barricades et hommes armés. Enfin, monsieur, la baïonnette trouvée en ma possession provient d'un fusil abandonné sur la voie publique et je ne me suis emparé de cette arme que pour me défendre en cas d'attaque.

La nuit se passa sans autre accident. A huit heures, je demandai de nouveaux ordres : « Tout va bien, me répondit-on ; toutes les mesures sont prises, vous pouvez renvoyer votre monde, seulement recommandez bien à chaque homme de se tenir constamment à son domicile, afin qu'on puisse le trouver immédiatement si l'on a besoin de lui. »

J'avoue que je trouvai bien étrange une telle détermination dans un moment aussi critique et une telle assurance du succès.

Je quittai la préfecture avec l'agent Sallier pour aller rejoindre mes sergents de ville, auxquels j'avais donné rendez-vous au bureau de police du théâtre de la Gaîté. J'arrivai sans encombre jusqu'à la rue de la Verrerie ; mais, ayant rencontré plusieurs barricades rue de l'Homme-Armé, je rebroussai chemin pour me rendre à la Bastille, où je trouvai un détachement de troupe de ligne rangé en bataille devant le poste situé au-dessus de la voûte du canal. Au même moment arriva le maire du huitième arrondissement, M. Moreau, qui était escorté de quelques gardes nationaux et de bourgeois armés de fusils; il s'approcha de la troupe et lui annonça que M. Odilon Barrot venait d'être nommé ministre; mais officiers et soldats se montrèrent fort indifférents à cette nouvelle. Les bourgeois qui suivaient le maire crièrent à plusieurs reprises : Vive le roi ! M. Moreau, ne trouvant pas d'écho, se dirigea suivi de son escorte vers le faubourg Saint-Antoine. A ce moment, soit par accident, soit volontairement, un coup de fusil partit de la barricade qui fermait l'entrée de la rue de la Roquette. A cette détonation, le détachement qui était sur la place crut à une attaque de la part des insurgés, et répondit par une décharge qui tua ou blessa plusieurs personnes de la suite du maire. Les gardes nationaux ripostèrent à cette agression inattendue par quelques coups de feu, et cette fois il y eut encore des morts et des blessés. Ce malentendu ne dura toutefois que quelques minutes. Au moment de la première décharge, je me trouvais, ainsi que Sallier, près de la colonne. Mon agent se coucha par terre à plat ventre pour échapper aux balles; quant à moi, prenant ma course, je m'élançai à toutes jambes dans la direction du boulevard Contrescarpe, en suivant la grande maison du restaurant ayant pour enseigne : *A l'Éléphant*. Mais à peine avais-je fait cent pas que je reçus à la cuisse gauche une commotion tellement forte que je crus qu'une balle m'avait atteint; je continuai à allonger le pas autant que je pouvais. Fort heureusement, je trouvai ouverte la porte d'une allée dans laquelle je me jetai. Mon premier soin fut de porter la main à la partie lésée, mais je n'y trouvai pas de sang. La douleur aiguë que je ressentais avait été produite par une balle qui, après avoir été frapper contre le mur, était venue, par suite d'un ricochet, m'atteindre sur le muscle de la cuisse.

En présence de ce qui venait de se passer, il m'était impossible de parvenir au boulevard du Temple. Je demeurais rue Lenoir. Je résolus alors de regagner mon logis; mais, pour y arriver, il me fallait remonter le faubourg Saint-Antoine, qui était tout hérissé de barricades. Or m'aventurer dans le faubourg eût été fort imprudent de ma part. Depuis vingt-huit ans que j'étais employé à la préfecture de police, j'étais tout particulièrement connu des voleurs, auxquels j'avais fait une guerre incessante, et il eût suffi que je rencontrasse un de ces misérables pour qu'il me fît un mauvais parti : dans ces moments d'effervescence, un coup de pistolet est bientôt tiré, un homme tombe, il est mort, et tout est dit!

Pour éviter toute fâcheuse rencontre, je pris le chemin de ronde afin de me rendre chez un ami, le sieur Bonnet, rentier, rue de Constantine, à Belleville; malheureusement, il était absent. Ennuyé de ce contre-temps, je revenais sur Paris, réfléchissant et cherchant de quel côté je devais diriger mes pas, lorsque je fus rencontré par un sieur Boulenois, que je connaissais, et qui, armé d'un fusil et d'un sabre, ne put retenir une exclamation de surprise en m'apercevant.

— Comment! me dit-il, vous ici, dans un pareil moment! Mais vous y avez tout à craindre; tous les mauvais sujets et les voleurs du boulevard du Temple se sont portés sur Belleville; les honnêtes gens de la commune sont épouvantés, et, vous voyez, nous sommes tous sur nos gardes.

— J'étais venu pour me réfugier chez un de mes amis qui demeure dans cette rue, mais je n'ai pas eu la chance de le rencontrer; je vais rentrer dans Paris.

— Eh bien, venez chez moi, vous mettrez une blouse et une casquette, puis nous prendrons ma femme et mon enfant, et comme je suis connu, nous passerons la barrière tous quatre ensemble.

Bientôt, affublé d'une casquette, d'une blouse, un sabre de garde national me battant les mollets et la petite-fille de Boulenois sur mes bras, nous nous dirigeâmes vers la ville. La barrière des Trois-Couronnes, où nous voulions passer, était gardée par une trentaine d'individus armés de fusils et de sabres, et parmi lesquels je reconnus au premier coup d'œil une demi-douzaine de voleurs que j'avais fait arrêter en différentes circonstances. Soit par la préoccupation du moment, soit en raison de mon costume inaccoutumé, ils semblèrent d'abord ne pas me reconnaître et l'un d'eux me dit :

— Tu vas dans Paris?

— Oui.

— Tu ne peux pas y rentrer avec ton sabre ; il faut nous le laisser.

— Qu'à cela ne tienne, comme je vais revenir dans un instant, je le reprendrai en passant.

A peine avais-je prononcé ces mots, que j'entendis armer un pistolet derrière moi et dire par une voix que je reconnus pour être celle d'un voleur :

— Tiens! c'est l'officier de paix du boulevard du Temple! Il m'a assez cauchemardé, celui-là! je vais lui faire sauter le caisson !

Mais, au même moment, un jeune ouvrier nommé Ludovic, à la famille duquel j'avais eu occasion de rendre service, se jeta sur l'individu au pistolet, lui arracha son arme en s'écriant : « Monsieur Canler est un brave homme, et je tuerais avec ce pistolet celui qui aurait le malheur de lui faire une égratignure! »

Ces paroles produisirent tout leur effet. Celui qui voulait me tuer s'empressa de se retirer, et Boulenois, pâle et tremblant pendant ce colloque, ayant repris un peu d'assurance, nous passâmes la barrière et nous arrivâmes au canal sains et saufs. Mais, le pont étant tourné, je remis à sa mère l'enfant que jusqu'alors j'avais tenu dans mes bras, et j'allai passer le reste de la nuit chez un de mes amis, sergent-major dans la garde nationale, demeurant rue Fontaine-au-Roi.

Le lendemain, je me rendis à la préfecture de police dont, la veille, les portes avaient été ouvertes au peuple. Les gardes municipaux avaient été désarmés et la plupart des employés avaient dû fuir, soit par les portes secrètes, soit en escaladant les murs. Les habitants des maisons voisines avaient donné asile à bon nombre de sergents de ville et leur avaient procuré des moyens de fuir en leur prêtant des vêtements. La préfecture était pleine d'ouvriers et de bourgeois curieux de pénétrer dans cet asile de la police jusqu'alors interdit à leurs regards.

On sait que Caussidière fut nommé préfet de police. Je me plais à lui rendre cette justice que sous son administration personne ne fut révoqué à la préfecture, et que chacun put y conserver sa position. Il y a plus, pendant longtemps les sergents de ville durent se cacher pour échapper à certaines menaces de vengeance, et cependant ils furent toujours intégralement payés. Aussi, je ne crois pas qu'aucun agent de la police, soit chef, soit subalterne, ait eu à se plaindre de Caussidière. Il est vrai qu'il lui eût été totalement impossible de faire de la police sérieuse avec les hommes qui l'entouraient; mais il faut aussi tenir compte de la résistance qu'il sut opposer aux obsessions de ce même entourage, qui chaque jour l'engageait à chasser *tous ces anciens satellites du tyran.*

Une circonstance vient bientôt prouver que Caussidière savait discerner les services qu'il était en droit d'attendre de l'ancien personnel, à l'exclusion des nouvelles recrues. Voici à quelle occasion.

L'excès de liberté engendre la licence, dit un proverbe qui qui sera toujours vrai, et la république crut devoir bientôt prendre certaines précautions contre un de ses enfants insoumis, le citoyen Blanqui. Blanqui vivait dans un logement composé de deux chambres, situé au deuxième étage de la rue Boucher, n° 1. Or, dans ces deux chambres habitaient avec lui une douzaine d'invidus qui lui servaient en quelque sorte de gardes du corps.

Caussidière savait parfaitement que pour cette arrestation il ne pouvait compter sur les montagnards. Ces quasi-soldats étaient peu propres à une besogne qui ne leur aurait pas été sympathique. En conséquence, Caussidière manda le chef de la police municipale et lui dit qu'il désirait que les officiers de paix fussent chargés de cette opération. A cette époque, les officiers de paix ne paraissaient pas dans les bureaux ni dans les cours de la préfecture; leur présence y eût été trop mal accueillie par les montagnards, dont la plupart avaient été arrêtés antérieurement par eux, soit pour raison politique, soit par tout autre motif. Les officiers de paix se réunissaient chaque jour, de midi à trois heures, au bureau des mœurs, qui avait une entrée spéciale par la cour du Harlay.

Le jour fixé pour l'arrestation de Blanqui, nous restâmes en permanence dans ce bureau jusqu'à onze heures du soir. Alors nous nous rendîmes au cabinet du chef de la police municipale, où M. Bertoglio, commissaire de police, vint nous rejoindre. On nous informa de ce qu'on attendait de nous, et M. Bertoglio annonça qu'il avait été en reconnaissance dans la maison où demeurait Blanqui, que l'escalier était étroit, et que, dans les chambres qu'il occupait, se trouvaient plusieurs individus armés de fusils, abondamment pourvus de cartouches et bien disposés à se défendre en cas d'attaque. « Je ne dois pas vous dissimuler, messieurs, ajouta-t-il, que cette affaire est des plus périlleuses et qu'il pourrait parfaitement arriver que plus d'un de nous restât sur la place. »

A minuit, tous les officiers de paix et le brigadier Fraudin partirent sous la direction de M. Bertoglio. En arrivant à la maison en question, on remarqua que les fenêtres des deux chambres étaient ouvertes et qu'il n'y avait point de lumière dans l'intérieur; alors, pour ne point compromettre le succès de l'opération, on décida que Fraudin irait s'assurer de la présence de Blanqui, en prétextant qu'il avait à lui parler de la part du citoyen D***, capitaine de montagnards.

Ce D*** était un ancien marchand de contre-marques du boulevard du Temple, qui, comme tant d'autres, profitant habilement des hasards de la révolution de février, s'était installé aux Tuileries avec quelques individus de son espèce qui en avaient pris possession, soi-disant au nom du peuple français. Et ces messieurs trouvèrent une telle différence entre leur nouveau logis et leurs anciens garnis à 10 et 20 centimes la nuit, que, lorsqu'on voulut les déloger, il fallut parlementer avec eux, et ils ne quittèrent le château qu'à la condition que leur compagnie prendrait rang parmi les montagnards de Caussidière, et que D*** resterait leur capitaine.

Mais revenons à notre sujet.

Fraudin monta deux étages et frappa : une lumière brilla et un individu parut sur le seuil de la porte :

— Qui demandes-tu?

— Le citoyen Blanqui, répondit Fraudin.

— Qui es-tu? et que lui veux-tu?

— Je suis un ami du capitaine D***, et je viens de sa part.

A cette réponse, celui qui avait ouvert recula d'un pas, et Fraudin put pénétrer dans la première pièce.

A terre, quelques bottes de paille éparses servaient de lit à une demi-douzaine d'individus endormis et ayant leurs fusils près d'eux; du reste, pas de meubles, pas de rideaux, rien qui pût donner la plus faible idée d'un logement habité.

L'introducteur reprit aussitôt :

— Le citoyen Blanqui n'est pas ici et nous ne savons quand il reviendra... Cependant, citoyen, si tu veux que je me charge de ta commission...

— C'est inutile, je reviendrai, répliqua notre brigadier, en jetant un coup d'œil dans la seconde chambre, dont la porte était ouverte, pour s'assurer que Blanqui n'y était réellement pas.

Fraudin vint nous rejoindre, et, d'après l'insuccès de sa démarche, on ajourna l'expédition au lendemain, en se donnant rendez-vous au pont Neuf pour six heures du matin; à l'heure dite nous renouvelâmes inutilement notre tentative, Blanqui n'était pas rentré. M. Bertoglio rendit compte de ces déconvenues au préfet, et l'affaire en resta là.

Cependant, il y avait quelqu'un que cet insuccès n'arrangeait nullement. Le ministre de l'intérieur, Ledru-Rollin, que Blanqui faisait trembler, manifesta à M. Carlier, alors chef de la police au ministère de l'intérieur, le regret que Caussidière n'eût point opéré cette arrestation.

— Si vous y tenez beaucoup, lui dit M. Carlier, je vous le ferai arrêter, mais cela coûtera de l'argent.

— Qu'à cela ne tienne, répondit le ministre.

Trois jours après, Blanqui était arrêté. Voici comment.

M. Carlier fit venir dans son cabinet un chef de club des plus démagogues, mais aussi des plus pauvres, et sans autre préambule, il lui dit :

— Ah ! c'est vous, monsieur ? Veuillez-vous asseoir, et permettez-moi d'entrer de suite en matière. J'ai toujours pensé que vous n'étiez si exalté dans les opinions que vous professez que parce que vous n'aviez pas le sou...

— Mais, monsieur...

— Pardon, laissez-moi parler sans m'interrompre, vous répondrez ensuite. On désire l'arrestation de Blanqui, voici six billets de banque de mille francs qui sont à vous, si vous voulez dire à quel endroit et à quelle heure on pourra opérer cette arrestation ; vous le voyez, vous savez où il va, d'où il vient, ce qu'il fait, vous n'avez donc qu'un mot, qu'un seul mot à dire pour gagner cette somme.

Et le mot fut dit.

M. Carlier, en annonçant à Ledru-Rollin cette capture si désirée, n'ajouta que ces seules paroles : « Vous le tenez, mais il vous coûte 6,000 francs. »

Revenons à la préfecture de police, dont Pornin, la jambe de bois, l'ivrogne insatiable, avait été nommé gouverneur.

Un soir, les filles de la maison de tolérance de la rue de la Vieille-Place-aux-Veaux furent conduites par le maître de cet ignoble établissement dans l'appartement de Pornin. Là, tout ce que l'imagination put inventer d'obscène, de repoussant, fut mis en œuvre pendant cette nuit de débauche, et les convives ne se retirèrent que le matin dans un état honteux d'abrutissement.

Voilà quelle était la vie de certains montagnards, qui, pendant un temps, firent trembler la capitale. Mais, hâtons-nous de le dire, c'est à la préfecture de police seulement qu'il fallait aller pour trouver de pareils exemples de dévergondage et de dépravation.

Les événements du 15 mai débarrassèrent complétement la préfecture de police des montagnards. M. Trouvé-Chauvel remplaça Caussidière dans les fonctions de préfet de police ; et dès lors les sergents de ville qui, depuis le 24 février, avaient dû s'abstenir de paraître à la préfecture, purent enfin reprendre leur service en bourgeois.

Caussidière, tout en se privant de leur concours, avait compris cependant qu'on ne pouvait laisser la voie publique dépourvue d'agents chargés d'assurer l'exécution des règlements de police, et avait créé les gardiens de Paris. Mais comme le choix du personnel en avait été laissé au bon plaisir du citoyen Pornin, il va sans dire qu'il n'y avait admis aucun des anciens sergents de ville. Ce nouveau corps fut composé en partie de montagnards de bonne volonté et complété par les premiers venus qui se présentaient sous leur patronage et celui d'une bouteille de vin payée à Pornin. Dans le nombre, il y eut aussi des individus de mœurs paisibles qui, réduits à s'assurer des moyens passagers d'existence, s'étaient résignés à faire partie de cette nouvelle création d'agents; mais il était impossible que les éléments dont elle était formée permissent d'arriver au but qu'on s'en promettait. On n'est pas policier comme on est soldat, par la force des choses et par les chances d'un tirage au sort; il faut pour cela des dispositions naturelles que bien des sergents de ville de nos jours ne possèdent pas et ne posséderont jamais.

Ce n'était pas tout d'avoir créé les gardiens de Paris, il fallait un signe de ralliement, une marque distinctive pour tous ces nouveaux agents du pouvoir; et comme à cette époque on ne pouvait pas donner à chaque nouvel employé un chapeau tyrolien et une tunique bleue, on se contenta de lui remettre une plaque en cuivre portant les mots : *Préfecture de police*, et destinée à être attachée par un cordon au bras gauche. Ce fut alors chose assez curieuse de voir tous ces représentants de l'autorité se promener gravement dans les rues, en blouse et en casquette, ou en vêtements déguenillés, et par conséquent dans un état peu rassurant et surtout peu édifiant pour les gens soumis à leur surveillance.

Les mois se succédèrent, le 23 juin arriva, et, avec le soleil brûlant d'été, s'allumèrent les premiers feux de cette triste guerre civile. Aux premiers symptômes de cette insurrection, qui changea Paris en un vaste champ de bataille, neuf des gardiens placés sous mes ordres m'abandonnèrent pour se ranger du côté des insurgés. Un de ces derniers ayant été tué dans la rue Ménilmontant, l'un des gardiens transfuges fit mettre le corps sur un brancard, se plaça à la tête en uniforme, le sabre à la main, et parcourut toutes les rues du faubourg du Temple en montrant le cadavre au peuple et en criant vengeance.

Vers neuf heures du soir, on me chargea d'aller en reconnaissance. Je parcourus le faubourg du Temple sans autre difficulté que celle de sauter par-dessus les barricades élevées de toutes parts. Mais lorsque je voulus revenir à la mairie du 6e arrondissement, rue de Vendôme, pour rendre compte de ce que j'avais vu, je trouvai les ponts du canal tournés et gardés par une certaine quantité d'individus armés de fusils. Pour ne point tomber entre leurs mains, je me réfugiai au domicile d'un de mes amis, le sieur Tavan, inspecteur de la navigation, qui demeurait rue Folie-Méricourt; je passai là les trois jours pendant lesquels le canon gronda. Par des fenêtres donnant sur le canal, j'avais remarqué, au nombre des insurgés de la barricade du pont d'Angoulême, deux repris de justice en rupture de ban, qui, plus acharnés que les autres au combat, tiraient sur la troupe chaque fois qu'elle passait sur le boulevard en face l'entrée de la rue d'Angoulême. Ces deux misérables semblaient vouloir se venger dans le sang des citoyens de la proscription dont la société les avait frappés pour les punir de leurs méfaits. Le 26, jour de la prise du faubourg du Temple par la troupe, je rencontrai sur le pont de la rue Ménilmontant un de ces deux bandits, et bien qu'il fût entouré d'une dizaine de vauriens comme lui, je n'hésitai pas à l'appréhender au collet au milieu de ses amis, peu rassurés pour eux-mêmes. Plus tard, il passa devant le conseil de guerre qui le condamna à la déportation.

A peine l'insurrection fut-elle comprimée, que de tous côtés arrivèrent des dénonciations signalant tel ou tel comme ayant pris une part plus ou moins directe à la révolte. M. Monin-

Jappy, maire du 6ᵉ arrondissement, pensa que ces dénonciations n'étaient peut-être pas toutes l'expression de la vérité, et, pour éviter de funestes erreurs, il me chargea de faire prendre des renseignements sur chacune des personnes dénoncées. Pour faciliter mon travail, il mit à ma disposition la salle de la justice de paix, où je m'installai avec mes anciens sergents de ville et les gardiens restés fidèles. Je me mis aussitôt à l'œuvre, et je dois dire que les trois quarts des dénonciations qui m'étaient envoyées n'avaient été dictées que par la plus basse et la plus infâme calomnie, mise en jeu par l'envie ou des vengeances particulières.

XXXVII

MES PREMIÈRES OPÉRATIONS EN QUALITÉ DE CHEF DU SERVICE DE SURETÉ

Immédiatement après son élection, le président de la république appela aux fonctions de préfet de police M. Rébillot, ancien colonel de gendarmerie, et M. Carlier fut nommé chef de la police municipale, emploi qu'il avait déjà rempli de 1831 à 1833. Par suite de ces deux nominations, d'importants changements eurent lieu dans le personnel de la préfecture; M. Allard, entre autres, chef du service de sûreté, fut admis à faire valoir ses droits à la retraite.

M. Carlier, qui m'avait vu à l'œuvre et qui savait quelles pouvaient être mes connaissances en matière de police, pensa que je pourrais être utilement placé à la tête du service de sûreté.

Le 3 mars, je reçus ma nomination. Dès mon installation, je m'occupai activement d'établir un nouveau règlement de service et de remédier à certains abus.

Ainsi le service des *coqueurs* se faisait d'une manière peu satisfaisante, et il n'avait pour règle que la bonne volonté du dénonciateur, poussé quelquefois à ce rôle par les caprices d'un esprit jaloux. Je résolus d'organiser une brigade d'indicateurs que j'appelais mes cosaques irréguliers ; à cet effet, je recrutai de nouveaux repris de justice, et les soumis à une discipline régulière. Chacun d'eux reçut une haute paye. Or, cette rétribution pécuniaire que j'allouais à mes cosaques irréguliers, en les préservant de la misère, devait les empêcher de demander au crime des moyens d'existence, et en les liant pour ainsi dire à la police, leur faisait craindre de retomber encore une fois entre ses griffes.

Ils avaient pour attribution de faire *le dépôt* et *le Saint-Jean*. Chaque jour, à quatre heures de l'après-midi, les agents du service de sûreté vont faire une visite aux détenus enfermés au dépôt de la préfecture de police. Certains de mes cosaques les accompagnaient pour reconnaître si, parmi les prisonniers, il ne se trouvait pas de leurs anciens camarades de bagne ou de prison, qui, pour échapper au maximum appliqué par la justice aux récidivistes, se seraient cachés sous de faux noms. Cette visite était désignée par les agents du service sous ce titre : *Faire le dépôt* ; mais les voleurs, dans leur langage pittoresque et figuré, disaient qu'ils allaient *passer la censure*.

Tous les jours, des tournées étaient faites dans Paris et aux barrières, où le malfaiteur flâne et passe sa journée à boire, en attendant que la nuit lui permette de se glisser dans la ville pour tenter quelque mauvais coup. L'indicateur marchait en tête, les agents le suivaient à la distance d'une cinquantaine de pas, sans que rien pût faire savoir qu'ils étaient d'accord. Quand le premier rencontrait quelque forçat évadé, quelque malfaiteur recherché, quelque repris de justice en rupture de ban, vite il levait sa casquette ou son chapeau d'une certaine manière ; alors les agents s'avançaient et appréhendaient au corps l'individu désigné, qui ignorait complétement par qui il avait été dénoncé et comment on était parvenu à le découvrir. Cela s'appelait *faire le Saint-Jean*.

Jamais, en aucune façon, mes cosaques irréguliers ne prêtèrent la main en quoi que ce fût, d'une manière active, à la police ; jamais ils ne participèrent à une arrestation, ils ne furent même jamais appelés à faire nombre dans une opération quelconque, et ils ne furent jamais entre les mains de mes agents que des instruments passifs, agissant d'après les ordres qu'on leur donnait, comme le bœuf obéit à l'aiguillon, mais composant ainsi une surveillance étendue et surtout secrète, destinée à servir d'appendice à la police, et non pas à la représenter comme cela se pratiquait sous Vidocq et son successeur Coco-Lacour.

Quand un voleur de profession fait de la dépense et mène joyeuse vie, c'est qu'il a fait un *chopin* (un vol); j'avais donc le plus grand intérêt à connaître exactement ceux qui étaient en liesse, et, grâce à mes cosaques, j'étais constamment au courant de leurs faits et gestes journaliers.

Indépendamment de mes cosaques, j'avais une police secrète composée de repris de justice libérés, placés sous le joug de la surveillance, et qui se trouvaient en état de rupture de ban dans la capitale, mais dont la conduite régulière prouvait que le repentir était entré dans leur cœur, car chacun d'eux travaillait, qui dans un atelier, qui chez lui, suivant sa profession. Chaque semaine je m'assurais par une surveillance discrète, auprès de leurs maîtres ou de leurs camarades, qu'ils travaillaient sans cesse et qu'ils avaient repris des habitudes d'honnêteté et de probité. Après en avoir référé au préfet de police, je permis à certains de ces individus de demeurer provisoirement dans la capitale à la condition expresse d'occuper toute leur semaine au travail et d'employer leur dimanche au service de la police, en faisant, soit dans Paris, soit aux barrières, des promenades dont le lundi ils me rendaient compte par écrit, en m'avisant scrupuleusement des rencontres qu'ils avaient pu faire d'anciens camarades de prison et des projets de vol ou autres qu'ils avaient pu connaître. Ces hommes, complétement inconnus à mes agents, inconnus au public, me rendirent de grands services, car par leur position ils attiraient la confiance des voleurs en rupture de ban qui, les croyant dans le même cas, ne se gênaient nullement pour leur dévoiler leurs desseins et leur proposer de s'associer à leurs projets. Ma police secrète me procura d'importantes captures qui furent d'autant moins coûteuses à l'administration que, ne donnant pas de haute paye, j'acccordais seulement une prime pour chaque arrestation.

Lorsque je pris la direction du service de sûreté, Paris et la banlieue étaient infestés de malfaiteurs de toute espèce qui avaient espéré profiter du désordre qui accompagne toute révolution. Il n'y avait pas de jour, il ne se passait pas de nuit que de nombreux vols qualifiés ne fussent commis dans Paris, et les routes des environs de la capitale étaient journellement le théâtre de nombreuses attaques à main armée.

Dans ces circonstances, je me fis apporter toutes les déclarations des vols qui avaient été commis depuis une année. Bientôt j'acquis la certitude qu'il devait exister plusieurs associations de malfaiteurs exploitant la capitale et la banlieue, agissant chacune de son côté et d'une manière différente. N'ayant à ma disposition qu'un nombre d'agents assez restreint, je choisis douze agents que je pris spécialement sous ma direction, puis je commençai à donner la chasse aux malfaiteurs qui, la nuit, dévalisaient les boutiques des bijoutiers, orfévres et autres, dont les marchandises, d'une valeur intrinsèque réelle, permettaient au recéleur de les dénaturer en les réduisant à l'état de lingot. Pendant la nuit du 9 au 10 février 1849, un vol considérable avait été commis au préjudice du sieur Pécheux, bijoutier au Palais-Royal, galerie Montpensier, 18; les fermetures de sa boutique avaient été fracturées et l'on avait enlevé tous les bijoux qui s'y trouvaient. Mon prédécesseur avait fait faire des recherches pour découvrir les auteurs de ce vol, mais elles n'avaient produit aucun résultat. Je me livrai à mon tour à des investigations qui m'apprirent bientôt qu'un repris de justice nommé G*** demeurait à Montmartre. Depuis longtemps je connaissais le savoir-faire de cet individu; aussi me vint-il à l'idée qu'il pourrait bien être un des recéleurs de ces voleurs audacieux, et j'envoyai des inspecteurs exercer une surveillance sur sa maison, pour arrêter toute personne suspecte qui s'y présenterait. Vers huit heures du soir, mes agents appréhendèrent un individu en état d'ivresse et porteur d'un paquet de fausses clefs. Il fut immédiatement amené à mon cabinet, et, après l'avoir fait asseoir près de moi, je m'efforçai de tirer de cet homme, qui était momentanément privé de sa raison, quelques renseignements. Bien m'en prit, car soit volontairement, soit par suite de la position où il se trouvait, je sus bientôt à qui j'avais affaire : je tenais en effet sous la main le chef de l'association, Pierre-Alexandre-Frédéric Levielle, âgé de trente-six ans environ, garçon de beaucoup d'intelligence. Né à Montreuil-sur-Briche (Oise), il avait habité fort longtemps Paris, où, après avoir exercé la profession de tabletier, il s'était fait condamner à huit ans de travaux forcés pour vol. A l'expiration de sa peine, il avait rompu son ban pour revenir à Paris, et là, sous les noms de Charles Laroche et du petit Charles, il avait mis au service de l'association dont il était le chef une adresse et une activité vraiment remarquables. Il me donna les noms et adresses de ses complices, ainsi que ceux des receleurs et du serrurier qui fabriquait les fausses clefs. Le nombre total s'élevait à vingt-deux. Trois jours après, voleurs, receleurs et serrurier étaient incarcérés simultanément, en attendant qu'ils allassent devant la cour d'assises rendre compte de leur conduite.

Aussitôt cette bande mise sous la main de la justice (je dis bande, pour me servir de l'expression consacrée), je m'occupai activement de découvrir une autre association de malfaiteurs bien autrement dangereux et dont les exploits étaient signalés quotidiennement par les journaux.

En 1848, de nombreux vols à main armée, commis sur la voie publique à l'aide de violence, avaient jeté l'effroi et l'épouvante dans les communes qui avoisinent Paris; chaque jour, ou plutôt chaque nuit, de nouvelles agressions avaient lieu; chaque jour de nouvelles victimes venaient se plaindre, et rien ne semblait devoir mettre un frein à ce flot d'attaques nocturnes, à ce torrent de vols qualifiés.

On avait signalé à la police deux individus qui, avec une audace et un bonheur sans pareils, s'embusquaient la nuit sur les routes, s'attaquaient aux voitures, principalement à celles qui, revenant du marché, portaient le paysan arrondi du prix des denrées vendues.

Un des deux brigands escaladait la voiture par derrière, lançait adroitement au conducteur une corde qui lui serrait le cou et le rejetait violemment en arrière; l'autre malfaiteur montait sur le devant de la voiture et dépouillait la malheureuse victime de son argent et de ses bijoux. Quelquefois, par suite de la tension donnée à la corde, le visage du patient devenait bleu, le sang jaillissait des narines et déterminait un commencement d'asphyxie. Ce n'était plus la bourse ou la vie, c'était presque la bourse et la vie.

D'autres fois, l'emploi de la corde devenant impossible, vu la construction de la voiture, les malfaiteurs se servaient d'un couteau-poignard ou d'un pistolet pour intimider les voyageurs. Enfin, le crime prenait quelquefois les proportions du mélodrame, et c'est la figure noircie que ces aventuriers se livraient à leur coupable industrie.

Parmi les hauts faits de ces bandits, je citerai les suivants comme spécimens de leur manière de travailler.

Le 17 mars 1848, la dame Berthe, femme d'un cultivateur de Villetaneuse, revenait paisiblement dans sa charrette avec sa fille. Elle avait passé la journée à Paris et suivait la route de Saint-Denis à Montmorency. Tout à coup, vers neuf heures du soir, son cheval fait un écart et s'arrête : un homme, la figure noircie, couche les deux femmes en joue avec un pistolet et s'écrie : Il est temps! A ce signal, un autre homme, la figure également noircie et tenant un énorme couteau-poignard entre ses dents, s'élance, grimpe sur le timon de la voiture en tendant sa casquette. La dame Berthe s'empresse d'y jeter toute la monnaie de billon qu'elle a dans ses poches; mais ceci ne fait pas le compte des voleurs, qui, s'ils veulent bien accepter la menue monnaie, veulent aussi qu'elle ne soit pas trop pesante. Alors l'individu au poignard dit à cette femme : « Ce n'est pas assez, nous savons que vous avez plus que cela! » et celle-ci de jeter aussitôt dans la casquette tout son argent. Les voleurs, enfin satisfaits, se retirent en souhaitant avec courtoisie à leur victime une bonne nuit et des songes heureux.

Le 25, c'est un robuste charretier de Meulan, le sieur Collard, qui, regagnant le domicile de son maître avec sa voiture, se trouve tantôt suivi, tantôt devancé par deux individus qui ont pris la même route que lui et qui paraissent causer fort sérieusement de leurs affaires..... Il est dix heures du soir, on vient d'arriver à la demi-lune de Nanterre, endroit écarté et très-peu fréquenté à cette heure avancée ; alors les deux piétons se rapprochent brusquement du charretier et l'un d'eux lui appuie un pistolet sur la poitrine en lui disant : « Il nous faut de l'argent ou tu es mort! » Le charretier, effrayé, ne cherche aucunement à se défendre, et le second assaillant le fouille et lui enlève une bourse contenant deux cent dix francs.

Le 30 du même mois, les mêmes individus s'attaquent à deux femmes sur la route de Montmorency. La femme Tuleux, épouse d'un cultivateur de cette localité, revenait de Paris dans sa charrette ; elle était accompagnée de sa bru. Vers huit heures et demie du soir, un individu s'approche de la charrette et cherche à lier conversation avec elle en lui demandant où elle allait. Pour toute réponse, la dame Tuleux applique un vigoureux coup de fouet à son cheval qui part au galop ; mais, à cent cinquante pas plus loin, la voiture est arrêtée par un autre individu qui, avec un pistolet, menace les deux femmes. Le premier agresseur arrive en courant, grimpe sur le marchepied et reçoit de la dame Tuleux tout l'argent qu'elle possède ; puis les deux brigands disparaissent.

Par suite de ces différentes plaintes, je fis explorer par une brigade d'agents, secondés de quelques cosaques irréguliers, la portion de banlieue formée par la Chapelle, Montmartre et leurs dépendances, afin de découvrir s'il n'existait pas de ce côté quelques individus suspects.

Au bout de deux jours d'investigations, le brigadier Chevalier, chargé de diriger les recherches, vint m'avertir que rue des Clayes, n° 3, à Montmartre, demeuraient deux hommes, prenant l'un le nom de Dupont, l'autre celui de Charles dit la Puce, qu'ils n'exerçaient aucune profession et n'avaient aucun état, que cependant ils paraissaient vivre dans l'aisance, que chacun d'eux entretenait une concubine, qu'ils passaient presque toutes les nuits hors de leur domicile et n'y rentraient que le matin, chargés d'un sac plein qu'on leur avait vu emporter vide. Je fis établir une surveillance, et la nuit suivante, à trois heures du matin, mes agents arrêtèrent le nommé Dupont au moment où il rentrait chez lui porteur d'objets volés ; ils l'amenèrent à la préfecture. Interrogé sur ses moyens d'existence, il prétendit qu'il ramassait des balles à la cible de Saint-Ouen ; mais bientôt il fut reconnu pour être le nommé Jacques-Philippe-Auguste Michaut, âgé de quarante-deux ans, journalier, né à Montmagny (Seine-et Oise), ayant déjà subi, et à plusieurs reprises, des peines afflictives et infamantes. Une souricière fut établie à son domicile où son complice, nommé Pellé, fut à son tour appréhendé. Alors je compulsai toutes les déclarations de vols à main armée, je confrontai les signalements imparfaits donnés par les victimes avec ceux de ces individus, et je demeurai convaincu qu'ils étaient bien les auteurs de ces divers méfaits. D'ailleurs, je questionnai le premier de telle façon qu'il dut se rendre à l'évidence et se décida à parler. Michaut, après m'avoir avoué que lui et Pellé étaient les auteurs des nombreuses attaques commises en 1848 sur les grandes routes, me fit connaître tous ses complices qui furent arrêtés, ainsi que les recéleurs où ils portaient les objets dérobés.

L'instruction révéla une multitude de vols passés inaperçus ; mais parmi tous, il en est un qui mérite d'être cité pour son originalité. Dans la nuit du 23 au 24 février 1848, nuit d'insomnie pour bien du monde, Michaut, Pellé et les nommés Rivals, Picard et Casse-Tuile, assaillirent le poste de Monceaux et le désarmèrent ; puis, lorsqu'eux-mêmes représentèrent la force armée, chargée d'assurer le repos et la sûreté de tous, ils attaquèrent, sous prétexte d'avoir des armes, la boutique du sieur Baschereau, marchand de curiosités. Sous leurs coups redoublés, la devanture vola en éclats et Rivals détacha une tringle supportant dix montres qui toutes s'engloutirent dans sa poche et furent plus tard partagées entre eux.

Michaut et Pellé furent condamnés aux travaux forcés à perpétuité ; Rivals à huit années de la même peine, les autres accusés à des peines insignifiantes.

La bande de Levielle avait été arrêtée cinq jours après ma nomination de chef du service de sûreté. L'incarcération de Michaut et de ses acolytes avait eu lieu vers la fin du mois de mars ; mais tout n'était pas fini. Chaque nuit encore, des devantures étaient défoncées, des boutiques dévalisées, et chaque jour de nouvelles plaintes venaient me faire comprendre que je devais redoubler de vigilance.

J'avais inutilement mis en campagne mes meilleurs agents ; j'avais inutilement lancé aux barrières et dans tout Paris mes cosaques irréguliers, aucun résultat n'était venu satisfaire mon attente, et le découragement commençait à gagner mon personnel. Un soir, ma mémoire et la réflexion me firent mettre la main sur le chef de la bande que je recherchais, et qui depuis longtemps s'illustrait parmi les siens. C'était le 16 avril ; j'avais, comme de coutume, quitté mon cabinet à onze heures du soir, pour me rendre chez moi, rue Lenoir, n° 1, lorsqu'en arrivant à minuit moins quelques minutes au coin de cette rue et de celle du faubourg Saint-Antoine, j'aperçus deux hommes en blouse causant paisiblement devant la porte d'un fripier, le sieur Lebel. La vue de deux hommes arrêtés sur un trottoir et causant n'a rien d'extraordinaire, fût-ce même à minuit et au coin de la rue Lenoir. D'ailleurs, chaque soir, je voyais à ce coin de rue des chiffonniers ou des vauriens à moitié ivres, causant ou se querellant. Je crus que ces deux individus sortaient d'un bal mal famé qui était ouvert près de là ; mais ce qui me frappa, ce fut la voix de l'un d'eux, qui ne m'était pas inconnue. Je cherchai à me rappeler quelle était cette voix, dans quelle circonstance je l'avais entendue, et je sus bientôt à quoi m'en tenir. C'était celle d'une espèce d'hercule à haute stature, teint bronzé, qui m'avait été signalé comme évadé du bagne ou en rupture de ban. Je l'avais fait arrêter quelque temps auparavant et amener à mon cabinet, où il me présenta un passe-port parfaitement en règle au nom de Samson. Les recherches faites à ce nom aux sommiers judiciaires n'avaient produit aucun résultat. Confronté avec mes cosaques ainsi qu'avec *la musique* de la Conciergerie, il n'avait été reconnu ni par ceux-là ni par celle-ci, et force m'avait été de le faire mettre en liberté. En arrivant à ma porte, je me retournai pour le regarder une dernière fois; je m'aperçus que l'interlocuteur de Samson me suivait à quelques pas : cela me donna à penser que j'avais aussi été reconnu par ce dernier et qu'il m'avait fait suivre pour savoir où j'allais. Mais j'appris plus tard, comme on le verra, que je me trompais dans cette supposition.

Le lendemain à sept heures du matin, en descendant de chez moi pour me rendre à mon bureau, je remarquai un rassemblement de plus de deux cents personnes vis-à-vis de la maison du fripier Lebel, dont la devanture de boutique avait été fracturée. Madame Lebel, m'apercevant, vint à moi toute éplorée, et me raconta avec des sanglots que, la nuit, des voleurs s'étaient introduits chez elle et l'avaient entièrement dévalisée. Je la quittai en lui promettant de m'occuper tout particulièrement de son affaire.

Dès lors, mon idée était bien fixée : Samson était l'un des auteurs de ce vol. En arrivant à mon cabinet, je choisis deux de mes plus robustes agents, Balestrino et Letellier, que j'envoyai au domicile de Samson, rue Saint-Denis, 52, avec ordre de me l'amener immédiatement s'il était chez lui, ou de l'y attendre s'il n'y était pas. Mon voleur, qui n'était pas rentré de la nuit, ne parut dans son garni qu'à onze heures du matin. Appréhendé de suite au collet, il arriva à mon bureau, le visage riant et avec cette assurance que donnent ou une bonne conscience ou une scélératesse à toute épreuve.

— Samson, lui dis-je sans autre préambule, vous avez volé cette nuit, avec d'autres individus, le fripier du coin de la rue Lenoir et du faubourg Saint-Antoine.

— Moi? monsieur! me répondit-il; vous êtes dans l'erreur.

— Ne dites pas cela; vous vous êtes introduit dans la boutique en fracturant la devanture.

— Je vous assure que vous vous trompez. J'ignore complétement s'il y a un fripier à cet endroit et s'il a été dévalisé.

— Et moi, je vous assure que c'est vous, car hier soir, à minuit, lorsque je suis entré dans la rue Lenoir pour me rendre à mon domicile, vous étiez à causer devant la porte du fripier avec un autre individu qui, par parenthèse, m'a suivi, d'après vos ordres probablement, pour savoir où j'allais.

— Eh bien ! monsieur, je vous répète que vous êtes dans l'erreur, et que l'individu que vous avez cru reconnaître n'était pas moi.

— Mais où avez-vous passé la nuit?

— A la halle, chez Paul Niquet.

Voyant que je ne pouvais rien tirer de lui, convaincu que j'avais affaire à un habile voleur de profession, il me vint à la pensée que le passe-port sous lequel il s'abritait pouvait fort bien ne pas lui appartenir, ou tout au moins avoir été établi sous un faux nom. Conséquemment, je fis de nouveau examiner Samson par mes cosaques et par les détenus de la Conciergerie, mais sans résultat; et, en désespoir de cause, je fis rechercher dans les dossiers judiciaires s'il n'existait pas un signalement qui pût concorder avec celui de mon individu. Samson, avec sa haute stature, son teint olivâtre, son épaisse chevelure noire, ressemblait à s'y méprendre à un nommé Alexandre Puteaux, forçat libéré du bagne de Brest, en état de rupture de ban. Je le fis ramener dans mon cabinet et lui dis en souriant :

— Dites-moi donc, maître Samson, n'auriez-vous pas eu autrefois, parmi vos connaissances, un certain Alexandre Puteaux ?

— Allons, allons, répondit-il, c'est bon, je vois bien que je suis *reconnoblé* (reconnu), et qu'il n'y a pas moyen d'aller *à niort* (nier). Ma foi, au bout du fossé la culbute ! Eh bien ! oui, ce que vous m'avez dit du vol de cette nuit est exact, c'est moi qui l'ai commis ; seulement vous avez fait erreur quant à vous, car je ne vous avais pas reconnu ; et si mon camarade vous a suivi, c'était pour vous assommer avec une pince de fer qu'il portait sous sa blouse, dans le cas où vous vous seriez dirigé vers le corps de garde du marché pour nous faire arrêter. Vous l'avez échappé belle !

Puis il ajouta :

— Je sais que vous êtes un brave homme qui tenez toujours les promesses que vous faites, aussi serai-je franc avec vous ; je vais tout vous raconter : à une heure du matin, Janin et moi nous avons enfoncé la porte de la boutique, puis les camarades sont arrivés. Alors, nous avons fait des paquets de tout ce que contenait le magasin et nous les avons transportés, en trois voyages, chez notre recéleur habituel.

— Mais, où demeure-t-il ? quel est-il ?

— C'est le sieur Roussille, brocanteur, rue du Plâtre-Saint-Jacques, 4. Le marché n'est pas encore définitivement conclu et nous n'avons reçu que deux cents francs en à-compte.

Il me donna ensuite les noms et adresses de ses cinq complices, qui furent arrêtés dans la même journée, ainsi que Roussille et sa femme. Ces deux derniers, mis en présence de Puteaux, refusèrent de le reconnaître et jetèrent les hauts cris lorsqu'on leur parla de recel. Vainement celui-ci leur rappela les circonstances de leur dernière livraison, vainement il leur cita maintes particularités qui établissaient leur complicité, ils persistèrent dans leurs dénégations et demandèrent qu'on fît perquisition à leur domicile, perquisition qui ne fit rien découvrir de suspect.

Sur ces entrefaites, madame Lebel et ses deux filles arrivèrent et supplièrent la femme Roussille de déclarer où étaient leurs marchandises, dont la perte les ruinait complètement. Bientôt même, les supplications ne suffisant pas, ce fut à genoux et au milieu des larmes que ces trois malheureuses femmes prièrent cette affreuse créature. La scène durait depuis plus de trois heures avec des alternatives continuelles de pleurs et de dénégations. Le cœur me saignait, Puteaux lui-même était révolté, lorsque mon garçon de bureau vint m'annoncer qu'un monsieur demandait à me parler.

— Dites-lui que je suis occupé, que je ne puis le recevoir à présent, qu'il attende ou qu'il revienne plus tard.

Le garçon de bureau lui reporta ma réponse; mais le visiteur déclara qu'il était urgent que je lui donnasse tout de suite audience. Voyant une pareille insistance, je donnai ordre de le faire entrer.

— Monsieur, me dit-il, je suis menuisier en boutique, rue du Plâtre-Saint-Jacques, et proche voisin de M. Roussille. Ayant entendu dire que lui et sa femme avaient été arrêtés, je suis venu pour vous déclarer que ce matin M. Roussille m'a prié de lui garder, pour peu de temps, un certain nombre de sacs remplis d'effets, et qu'en touchant ces sacs j'ai senti, dans l'un d'eux, une pince en fer. Vous comprenez bien que je ne veux pas être compromis en quoi que ce soit dans une telle affaire.

Cette déclaration vint mettre un terme aux dénégations effrontées des Roussille.

Je me rendis chez le menuisier, assisté de M. Barlet fils, commissaire de police, et nous opérâmes la saisie des effets qui furent reconnus pour être les marchandises de la dame Lebel. Malgré le peu d'apparence de leur commerce, les époux Roussille achetaient également, et à des prix fort avantageux pour eux, l'argenterie et les bijoux, et, après les avoir réduits en lingots, les revendaient à un marchand d'or et d'argent. Une perquisition au domicile de ce commerçant amena la saisie de deux de ces lingots, ainsi que de divers bijoux qu'on n'avait pas encore eu le temps de faire disparaître dans le creuset.

L'instruction de cette affaire et les recherches qui furent opérées permirent à la justice de réunir les auteurs d'un grand nombre de vols accompagnés de circonstances aggravantes, commis dans divers quartiers de Paris et dans les communes environnantes, notamment à Neuilly, Ville-d'Avray et Saint-Leu-Taverny. En conséquence, Puteaux, Evrard, Genot, Janin, Lothaire, dit Notaire, et leurs complices dans d'autres méfaits, passèrent en jugement au nombre de vingt-six, y compris les époux Roussille et deux femmes de mauvaise vie, qui faisaient disparaître les objets volés, soit en les vendant, soit en les engageant au mont-de-piété. Puteaux fut condamné à vingt ans de travaux forcés, et ses complices à des peines plus ou moins fortes.

Levielle, pour ses vols de nuit, Michaut, pour ses attaques à main armée, Puteaux, pour ses effractions de boutiques, avaient successivement amené devant la justice soixante-quatorze accusés. Malgré ce grand nombre d'arrestations, les vols n'en continuaient pas moins avec persistance, mais sur une autre échelle et d'après un nouveau genre. Cette fois les portes n'offraient pas la moindre trace d'effraction : les serrures les plus compliquées, les plus secrètes, étaient ouvertes sans efforts.

Le 14 avril 1849, c'était un samedi, un de mes cosaques fit rencontre de deux anciens camarades de bagne, les nommés Dumont et Moser, qui, le croyant comme eux en rupture de ban, l'abordèrent sans méfiance et lui proposèrent de vider une bouteille ensemble. Dès qu'ils furent attablés dans le cabinet d'un marchand de vins, les langues se délièrent, la confiance revint plus forte que jamais, et bientôt mes gaillards de *jaspiner la bigorne* (parler argot), tant par habitude que pour n'être pas compris des *pantres* (des honnêtes gens).

— Veux-tu être des nôtres? dit tout à coup Moser à mon cosaque, nous allons *barbotter* (fouiller) demain matin la *cambriolle* (chambre) d'un garçon *crinolier* (boucher), rue Saint-Ambroise, 10 bis, en face l'abattoir Popincourt.

— Mon vieux, ça serait avec plaisir, répond le *coqueur*, mais j'ai moi-même demain une affaire avec deux amis de *collége* (prison) chez un particulier qui va tous les dimanches passer la journée chez un *ratichon de cambrouse* (curé de campagne).

— C'est égal, si tu veux, nous nous retrouverons ici, ce soir, et si ton projet ne réussit pas, eh! tu seras des nôtres.

Et le soir, mes trois forçats étant établis chez le même marchand de vins, j'envoyai, d'après l'avis que j'avais reçu de mon cosaque, un de mes agents pour reconnaître Dumont et Moser. L'agent s'aboucha avec le garçon de l'établissement, lui parla d'un pari imaginaire, et obtint de le remplacer un moment dans son service. Bientôt, le tablier devant lui, la casquette sur la tête, les manches de chemise retroussées, mon agent servait un litre de vin aux trois amis attablés, et s'incrustait en même temps dans la mémoire la physionomie des deux larrons.

Le lendemain, à cinq heures du matin, le brigadier Chevalier, les agents Chamboulin, Gerin, Thomas et Choque, s'établirent en surveillance aux abords de la maison signalée. A sept heures, ils virent deux individus y pénétrer : c'étaient Moser et Dumont. Après quelques minutes, les agents les virent sortir. Pensant alors que le vol avait été accompli, ils les laissèrent s'éloigner un peu, puis s'en emparèrent et les menèrent au poste voisin. Pendant qu'on fouillait ces deux voleurs, une femme vint avertir les agents qu'un homme, paraissant l'associé des individus arrêtés, faisait le guet devant la maison où le vol avait dû être commis. Deux agents se détachèrent aussitôt pour aller opérer l'arrestation du troisième voleur. En arrivant, ils trouvèrent un homme parfaitement mis, d'un extérieur distingué, qui, se sentant mettre la main sur le collet, se récria à l'erreur, à l'arbitraire, se donna pour un honnête négociant du quartier, et appela à son secours des garçons bouchers qui se trouvaient là, et qui, prenant fait et cause pour cet individu, lui permirent de se soustraire aux mains des agents. Profitant de ce moment de liberté, notre soi-disant négociant tira de dessous ses vêtements un poignard et un pistolet, puis s'enfuit à toutes jambes par le même chemin que les agents avaient pris pour venir, si bien que, poursuivi par ceux-ci qui jetaient des cris d'alarme, il se trouva serré entre eux et deux autres agents qui venaient prêter secours à leurs collègues. Après une lutte acharnée, on parvint enfin à se rendre maître de sa personne. Les garçons bouchers qui avaient facilité sa fuite, le croyant un honorable citoyen, se ruèrent sur lui quand ils apprirent que c'était un voleur, et l'un d'eux, qui avait un couperet à la main, lui en aurait asséné un coup sur la tête, si l'un des agents n'avait arrêté son bras. Conduit au poste et fouillé, on trouva en sa possession, outre le pistolet et le poignard, neuf fausses clefs fraîchement préparées, une chaîne et une montre en or, deux bourses, dont l'une contenant cent soixante francs en or, quelques papiers, et une autre somme de deux cents francs en or, cachée dans ses bottes.

Moser était porteur d'une pince dite monseigneur, et Dumont de huit fausses clefs et d'un ciseau à froid.

Ces arrestations opérées, les agents allèrent visiter la maison dans laquelle les voleurs s'étaient introduits, mais il n'existait nulle part de traces d'effraction. Moser et Dumont, interrogés à ce sujet, déclarèrent qu'ils s'étaient bien présentés dans la maison pour y commettre un vol, mais que, frappés du peu d'apparence des localités, ils n'avaient pas voulu tenter l'aventure, et s'en étaient allés comme ils étaient venus, les mains vides. Amenés à mon bureau, ils renouvelèrent leur déclaration et répondirent à mes questions qu'ils ne connaissaient nullement le troisième individu arrêté et qu'ils ne l'avaient jamais vu. Lorsque ceux-ci furent conduits au dépôt, je fis amener le dernier, qui se présenta à moi avec assurance, déclara se nommer Daufier, et protesta contre la violence dont il prétendait être victime. Mais bientôt ce tissu de mensonges dut tomber devant la vérité, car ce parfait honnête homme fut reconnu pour le nommé Pierre-Étienne Renaud, ciseleur, né à Paris, forçat libéré du bagne de Brest, assujetti à la surveillance de la haute police, et qui avait rompu son ban pour venir dans la capitale.

Bien que n'ayant jamais appris à préparer le fer, Renaud fabriquait lui-même ses fausses clefs ; et, assurément, celles qui furent trouvées en sa possession étaient de petits chefs-d'œuvre. Une entre autres était surtout remarquable par le fini de l'ouvrage et la délicatesse du travail. Il l'avait baptisée sa *Joséphine*, et prétendait qu'il se faisait fort d'ouvrir avec elle huit serrures sur dix. Elle était à plusieurs compartiments, se grossissait, se rapetissait, s'allongeait, se retirait à volonté, prenant en quelque sorte toutes les dimensions possibles et se trouvait presque toujours en rapport avec la serrure qu'on voulait ouvrir. Muni d'instruments aussi habilement exécutés, Renaud était d'autant plus dangereux qu'il possédait en outre une aisance de manières, une distinction de langage, une sorte de dignité affectueuse qui semblait dénoter l'homme du grand monde. Aussi, grâce à cet extérieur avantageux, rehaussé même par une toilette irréprochable, notre voleur se présentait hardiment dans les meilleures maisons et passait devant la loge des concierges sans éveiller le moindre soupçon. Renaud, après avoir commis un vol considérable rue des Blancs-Manteaux, était allé passer l'été à la campagne, à quelques lieues de Paris. Là, il fréquenta la meilleure société, sut se faire passer pour un riche Parisien qui, au lieu de la poussière des boulevards, venait chercher la verdure des champs. Il fut sur le point d'épouser une riche demoiselle du pays; mais tout à coup il disparut : sa bourse étant à sec, il fallait la garnir de nouveau. Il travaillait, c'est-à-dire il volait à l'aventure. Il montait un escalier, sonnait à une porte. Lui répondait-on, il demandait M. un tel, qui, fort souvent, demeurait au-dessus ou au-dessous, et dont il avait eu le soin de prendre le nom dans l'*Almanach des 25,000 adresses*. Ne donnait-on pas signe de présence, les clefs sortaient aussitôt de sa poche, la porte roulait silencieusement sur ses gonds pour se refermer immédiatement. Une fois maître du logis, Renaud fouillait partout, s'emparait de ce qui était à sa convenance, puis s'en allait en fermant la porte derrière lui.

Ayant appris que Renaud avait demeuré rue Saint-Jacques-la-Boucherie, n° 30, chez son cousin germain, je crus devoir, par prudence, faire arrêter celui-ci, ainsi que sa femme, comme pouvant être de complicité par recel.

Pendant que cette arrestation s'opérait, Renaud, installé dans mon bureau, causait avec moi comme s'il eût été en simple visite et que le sujet de la conversation n'eût pas été sa propre arrestation. Il ignorait, du reste, que Dumont et Moser n'avaient pas commis le vol projeté. « Voyez-vous, me disait-il, je connais mon compte ; je serai condamné à vingt ans de travaux forcés comme récidiviste ; mais cela m'est indifférent, un peu plus, un peu moins, car je ne sortirai jamais du bagne.

— Pourquoi ça?

— Ah ! c'est que je porte en moi ma propre condamnation ; je n'ai plus que quelques années à vivre! Je suis atteint d'une maladie de poitrine qui ne pardonne pas.

— Eh bien! il vous serait sans doute plus agréable de faire votre temps dans les prisons de Paris, où vous serez beaucoup mieux qu'au bagne. Faites des aveux et je me charge de cette affaire.

— Des aveux! ce n'est, parbleu, pas cela qui me coûte! Que je sois compromis dans un vol ou dans cinquante, la peine sera la même pour moi, qui suis en état de récidive.

En ce moment, la porte de mon bureau s'ouvrit, et sa cousine, la femme M***, fut introduite. Elle était petite, mais toute sa personne était empreinte d'un cachet de distinction extraordinaire, et ses grands yeux, d'une beauté remarquable, semblaient vouloir lire dans l'âme de ceux qu'elle regardait.

— Tenez, me dit Renaud, si vous voulez me promettre de faire mettre ma cousine en liberté, j'avouerai tout ce qu'on voudra. Je vous donne *ma parole d'honneur* qu'elle est parfaitement innocente de tout ceci. La parole d'honneur de Renaud! Enfin, je ne récriminai pas sur cette prétention de sa part. Après lui avoir donné l'assurance que sa cousine serait relâchée, il me révéla immédiatement une douzaine de vols, tous commis à l'aide de fausses clefs, mais pour lesquels il nia la participation de tout complice. Il se posa carrément comme un voleur de profession, établissant avec complaisance une longue nomenclature de vols qu'il prétendait avoir commis sans indication préalable ; il s'enorgueillit de l'audace et de l'adresse qu'il avait dû déployer pour arriver seul à la perpétration de ces méfaits. Le lendemain, j'envoyai chercher Renaud pour qu'il continuât ses révélations ; et, après avoir répondu à quelques-unes de mes questions, il me dit avec une grande apparence de naïveté : — Monsieur Canler, il faut que je vous fasse opérer la saisie d'un grand nombre d'objets volés par moi ; ils sont déposés dans une chambre que j'ai louée à cet effet au faubourg Montmartre. Je ne me rappelle pas le nom de la rue ; mais si voulez m'y faire conduire, je l'indiquerai à vos agents. Je le fis placer dans un fiacre, en compagnie de trois agents auxquels je donnai l'ordre de ne point quitter le prisonnier, même pour les besoins les plus pressants. A peine

Renaud fut-il en voiture, qu'il se plaignit de violentes coliques. Bientôt ses souffrances parurent intolérables ; et, en arrivant rue Lamartine, dans la maison qu'il désigna, son premier soin fut de demander à aller à un cabinet d'aisances. Les agents, se rappelant ma recommandation, ne voulaient pas le quitter ; Renaud s'en défendait sous mille prétextes en leur disant : — Vous pouvez bien rester à la porte, je ne m'envolerai pas. Enfin l'un d'eux rentra avec lui, et bien lui en prit, car les barreaux de fer qui fermaient la fenêtre avaient été descellés. Cette fenêtre donnait sur un petit toit d'où l'on pouvait sauter dans la cour et gagner la rue. Les renseignements apprirent que la chambre avait eu pour locataire un forçat nommé Faligan'd, ami de Renaud, déménagé la veille, et qui avait probablement préparé cette voie de salut à son camarade.

Lorsque, de retour à mon cabinet, les agents m'eurent raconté cette affaire, je dis à Renaud : — Vous avez donc voulu nous jouer un pied de cochon ?

— Que voulez-vous ? me répondit-il en riant, la police et les voleurs jouent continuellement aux barres, c'est le plus adroit qui attrape l'autre. Cette fois, vous avez été plus adroit que moi. Voilà tout.

Quinze jours après cette arrestation, le 4 mai 1849, Paris célébrait la fête de la Constitution. La journée avait été terminée par un magnifique feu d'artifice, et une foule immense se pressait dans les Champs-Élysées pour y admirer une illumination féerique. Parmi les promeneurs se trouvaient trois hommes qui n'étaient pas là pour leur plaisir, mais dont il était impossible de deviner la personnalité : c'étaient le sieur Chevalier, brigadier du service de sûreté, Choque et Ravel, inspecteurs.

Chargés de surveiller la foule, de dépister les voleurs dits à la tire, qui pullulent toujours dans les grandes réunions, mes agents devisaient de choses et d'autres, tout en jetant autour d'eux des regards scrutateurs. Depuis longtemps, un individu nommé Godmus avait été signalé à la police comme un des plus dangereux voleurs de la capitale. Libéré du bagne de Brest le 5 janvier précédent, il avait rompu son ban pour venir à Paris où, grâce à une grande habileté, il avait pu échapper jusqu'alors aux actives recherches dont il était l'objet.

Tout à coup, Choque dit à Chevalier :

— J'aperçois Godmus de l'autre côté de la chaussée.

— C'est bien lui ! reprit Chevalier, traversons et prenons-le !

Mais pour l'aborder, ils durent prendre les plus grandes précautions, car ils le savaient armé et d'une énergie fort dangereuse. Godmus était un homme doué d'une force athlétique ; d'épaisses moustaches, une tenue sévère, une redingote boutonnée jusqu'au collet, lui donnaient une apparence toute militaire, et, pour ajouter encore à l'illusion, il ornait impudemment sa boutonnière d'un large ruban rouge, insigne de la Légion d'honneur. Les agents se précipitèrent sur lui en l'entourant de leurs bras, mais, quelque prompt qu'eût été ce mouvement, Godmus put tirer de sa poche un pistolet qu'il armait lorsqu'on le lui arracha des mains. La lutte continua plus acharnée que jamais, et, le brigadier Chevalier ayant porté sa main à la hauteur de la bouche du forçat, celui-ci saisit un des doigts et le mordit jusqu'à dénuder l'os ; puis, voyant les promeneurs s'attrouper autour de lui, il eut recours à une ruse alors devenue banale : « Citoyens, s'écria-t-il, citoyens ! au » secours ! je suis un contumace des journées de juin, ne lais- » sez pas maltraiter un accusé politique ! » Mais cet appel n'eut point d'écho dans la foule, et l'on parvint à entraîner Godmus au poste du Cirque-Olympique, puis on l'amena à la préfecture de police. Il fut trouvé porteur d'un couteau poignard, d'un autre couteau dit lancette. On trouva en outre sur lui des papiers de sûreté, un acte de naissance, au nom de Porchereau, rue Saint-Antoine, 13, lesquels provenaient d'un vol commis au préjudice de cet individu. Écroué provisoirement au dépôt, puis à la Force, notre audacieux malfaiteur se trouva dans cette dernière prison en même temps que Renaud, auquel j'avais adjoint un *mouton* chargé de découvrir, s'il était possible, les complices de celui-ci. Un jour qu'ils se promenaient tous deux dans les cours, Godmus dans celle du bâtiment neuf et Renaud dans une cour voisine, séparée seulement par un mur de clôture, le *mouton* ramassa à terre un *postillon* adressé à Renaud par Godmus, et que ce dernier venait de jeter par-dessus le mur. Un *postillon* est tout simplement une boulette de mie de pain pétrie entre les doigts et renfermant une lettre, un billet, un avis adressé à un détenu avec lequel on ne peut communiquer, et auquel on envoie cette missive d'un nouveau genre, soit par-dessus un mur, soit à travers une fenêtre entr'ouverte, ou enfin par tout autre moyen, afin de le prévenir de ce qu'il aura à dire lorsqu'il sera interrogé, ou de toute autre chose dans son intérêt. La copie du contenu du *postillon* me fut immédiatement envoyée; ce billet révélait l'existence d'un domicile commun aux deux complices, passage de l'Industrie, ce qui établissait d'une manière irrécusable une complicité que nous n'avions pu établir. Dès lors, le procès prit un nouvel aspect, et Godmus se vit inculpé dans les poursuites dirigées contre Renaud. Bientôt les perquisitions opérées au domicile des deux associés amenèrent, outre l'arrestation des époux M***, celle d'un cinquième complice, le nommé Faligand Guillaume, repris de justice, âgé de 30 ans, imprimeur sur étoffes, dont j'ai déjà parlé au sujet de la tentative d'évasion de la rue Lamartine.

Depuis son arrestation, Renaud avait en outre commis une tentative d'assassinat sur un gendarme qui le conduisait au cabinet du juge d'instruction. En même temps que Renaud se rendait coupable de ce crime, des renseignements précis venaient également accuser Godmus d'une tentative semblable sur la personne d'un sieur Rouchon. Ils comparurent avec Faligand et les époux M*** devant la cour d'assises; les deux premiers furent condamnés aux travaux forcés à perpétuité, Faligand, comme récidiviste, à vingt ans de la même peine, et les époux M*** furent acquittés.

La chasse aux voleurs qui ne reculaient pas devant la perspective de la cour d'assises n'était pas la seule à laquelle je devais me livrer; il était aussi urgent de mettre la main sur le gibier qui n'affronte que les bancs de la police correctionnelle.

Les voleurs au charriage ou à l'américaine qui, lassés par les poursuites dont ils avaient été antérieurement l'objet, avaient quitté momentanément la capitale, s'étaient bien vite empressés d'y reparaître après les événements de février. La police avait été avertie de leur présence par des vols assez nombreux, dans lesquels on retrouvait ces manœuvres si connues qui, malgré la publicité qu'on leur a donnée tant de fois dans l'intérêt public, trouvent encore des dupes, ce qui s'explique cependant par l'habileté avec laquelle ces voleurs savent exploiter la cupidité de ceux qu'ils veulent dépouiller. L'arrestation des voleurs de cette catégorie était devenue beaucoup plus difficile depuis qu'avertis par l'expérience ils prenaient certaines précautions que la prudence leur ordonnait pour échapper aux recherches de la police. Ainsi, ils avaient soin de ne jamais prendre domicile dans l'intérieur de Paris et de n'y venir que déguisés ; puis, quand ils avaient trouvé leur proie, ils l'entraînaient dans un quartier reculé ou hors des barrières, en ayant soin de la faire monter avec eux dans un fiacre afin d'éviter plus sûrement les regards des agents. Une fois le vol consommé, ils quittaient prestement Paris et allaient en province chercher d'autres dupes.

Le 15 mars 1849, à neuf heures du soir, je me rendais par ordre à l'Élysée, lorsqu'en arrivant rue du Faubourg-Saint-Honoré, je passai à côté de trois individus dont il me fut impossible de distinguer les traits à cause de l'obscurité. Pourtant je crus reconnaître la voix de l'un d'eux, qui alors parlait en imitant l'accent américain. C'était en effet celle d'un nommé Seutin, dit l'Invalide, vieux charrieur de profesion, qui avait déjà subi plusieurs condamnations, et qui à une adresse extraordinaire joignait toutes les rouerieries d'une vieille expérience. Je me doutai aussitôt qu'il tenait un pigeon bon à plumer ; aussi, voulant lui laisser le temps d'accomplir son projet pour l'arrêter ensuite, je dépassai le groupe et j'allai me blottir sous une porte cochère, de manière à tout voir sans être vu. Je réussis facilement à me dissimuler à leurs regards, et je les vis causer un instant, puis pénétrer dans la rue de la Madeleine, où je les suivis en me glissant dans l'ombre le long des maisons. Arrivés à l'autre extrémité de la rue, ils se séparèrent. Je jugeai alors que le tour devait être joué, et, m'élançant à toutes jambes à la poursuite de mon charrieur qui s'en allait tranquillement enveloppé dans un large manteau, je lui mis la main sur le collet, en m'écriant :

— Au nom de la loi, je vous arrête !

Seutin, continuant à faire l'Américain, me répondit :

— Ahô ! vô disez...

— Vous allez me suivre au poste, et plus vite que ça !

— Môsieu ! je disais vô que... et mon faux Américain de jeter des cris d'alarme, en prétendant avec impudence qu'il était un honnête et paisible citoyen des États-Unis récemment arrivé à Paris, et n'ayant rien à démêler avec la police et les policiers de la capitale. A ses cris, à ses imprécations, jetés aux passants avec une effronterie qu'il puisait dans la pensée qu'il n'avait pas été reconnu, beaucoup de monde s'était rassemblé autour de nous. Déjà j'entendais la foule murmurer, déjà quelques voix s'étaient élevées pour réprouver et cette espèce de prétendue violation du droit des gens, et surtout là maladresse de l'agent qui s'en rendait coupable. Or, de blâmer l'un à prêter main forte à l'autre, il n'y avait qu'un pas, et, craignant que quelques malavisés n'arrivassent à donner à Seutin les moyens de s'esquiver, j'élevai la voix en lui disant : « Ah ! maître Seutin ! vous voulez vous faire passer pour un honnête et paisible citoyen ? c'est très-adroit, seulement il est malheureux pour vous que le chef du service de sûreté soit passé précisément par ici et vous ait reconnu pour un voleur et un repris de justice ! Maintenant, messieurs, dis-je à ceux qui nous entouraient, quel est celui d'entre vous qui veut bien m'aider à conduire ce voleur au poste de la mairie ?

Éclairée par cet appel, la victime même de Seutin s'empressa de me prêter assistance, et bientôt notre charrieur était mis en lieu de sûreté. Quelque temps après, il passait en police correctionnelle et était condamné à dix années de prison.

Telle fut l'arrestation du premier charrieur, et en moins de six semaines, dix autres voleurs à l'américaine et quatre-vingt-douze forçats ou repris de justice en rupture de ban lui succédèrent sur les bancs de la police correctionnelle.

Ici se termine l'exposé sommaire des opérations faites à mon arrivée à la préfecture comme chef du service de sûreté, c'est-à-dire dans le court espace de temps compris entre le 3 mars et le 20 mai 1849.

XXXVIII

M. CARLIER, PRÉFET DE POLICE

M. Carlier, dont le nom se trouve fréquemment sous ma plume dans le cours de ces mémoires, a certes rempli un trop grand rôle dans la police pour qu'il ne me soit pas permis de lui consacrer ici un chapitre.

Fils d'un ingénieur civil chargé, vers la fin du règne de Louis XVI, du dessèchement des marais de Bourgoin (Isère), M. Carlier naquit à Champigny-sur-Yonne le 16 mars 1794.

Il reçut, dans l'institution de MM. Bernard et Auger, rue d'Assas, 8, à Paris, l'éducation qui ouvrait toutes les carrières libérales à la jeunesse, et à vingt-un ans, la vivacité de son esprit et la netteté vigoureuse de son raisonnement le firent choisir pour secrétaire par M. de Permond, lieutenant général de police à Lyon.

L'emploi qu'il occupa près de ce fonctionnaire le mit à même de s'initier aux divers rouages qui concourent à assurer la tranquillité publique. Observateur pénétrant, quoique encore fort jeune, ses réflexions l'amenèrent bientôt à prendre le parti d'abandonner la police pour se créer une autre position dans le commerce, et à vingt-six ans il était de retour à Champigny, son pays natal, où il s'établissait marchand de bois,

Dix ans plus tard, la révolution de 1830 appelait de nouveaux hommes au pouvoir, promettait protection à d'autres idées, à d'autres principes, et ouvrait une vaste lice aux capacités. Ce fut au milieu de ces circonstances que M. Carlier entra dans les bureaux du ministère de l'intérieur, sous les auspices de M. Duvergier de Hauranne ; il fit alors un travail sur l'organisation de la police. M. le préfet Vivien, ayant reconnu la justesse des idées émises par M. Carlier, l'appela près de lui à la préfecture, puis le choisit pour chef de la police municipale.

A cette époque où l'effervescence des partis était constamment entretenue, où l'émeute était pour ainsi dire en permanence, le nouveau chef de la police municipale déploya une habileté toute particulière. Doué d'une énergie, d'une force de volonté et d'un courage à toute épreuve, M. Carlier donna en bien des circonstances des marques éclatantes d'un dévouement civique qui ne doit pas rester dans l'oubli.

En voici des exemples :

Des rassemblements plus ou moins nombreux, dont la plus mince nouvelle politique était souvent le prétexte, venaient fréquemment porter un coup funeste aux affaires commerciales et jeter l'inquiétude dans tout Paris ; chaque fois, M. Carlier se portait de sa personne sur le théâtre du trouble, et dirigeait lui-même ses agents dans la répression immédiate du désordre.

Un jour, on vint annoncer à la préfecture qu'un rassemblement considérable s'était formé dans le jardin du Palais-Royal. A cette nouvelle, M. Carlier ordonna la réunion d'une brigade de sergents de ville pour se rendre sur les lieux ; mais, sans attendre leur départ, il se transporta en toute hâte au Palais-Royal, accompagné seulement de l'officier de paix Tranchard et de l'inspecteur Fraudin, pour juger par lui-même de l'esprit du rassemblement. Arrivé au milieu de l'émeute, le chef de la police municipale fut bientôt reconnu et à l'instant entouré ; des menaces, des cris de mort, furent alors proférés contre lui, et des voies de fait sur sa personne paraissaient imminentes ; mais, aidé de ses deux agents, grâce à sa haute taille, à sa prestance imposante, à son calme énergique, il sut contenir pendant vingt minutes la multitude ameutée contre lui, jusqu'au moment où l'arrivée de sa brigade de sergents de ville lui permit de faire évacuer entièrement le Palais-Royal.

Un complot carliste devait éclater dans la nuit du 2 février 1832, mais la police en fut heureusement informée assez à temps pour que le chef de la police municipale se mît aussitôt en devoir d'en empêcher l'exécution.

Vers onze heures du soir, les conjurés se rassemblaient sur quatre points différents : 1° à la barrière d'Enfer, 2° au canal Saint-Martin, 3° au boulevard Montparnasse, et 4° dans le salon d'un restaurant situé rue des Prouvaires ; les principaux chefs étaient réunis dans ce dernier endroit. Il ne s'agissait rien moins pour eux que de s'emparer du roi, de la famille royale, des ministres et des principaux dignitaires de l'État, et d'entraver ainsi subitement la marche du gouvernement pour rappeler au trône la dynastie déchue. Or voici comment cet audacieux coup de main devait être exécuté. Partis à la même heure de divers points, les conjurés devaient se réunir devant les Tuileries, où cette nuit là il y avait grand bal, puis ensuite, grâce aux clefs des grilles qu'un des leurs avait eu l'adresse de se procurer, faire tout à coup irruption dans le palais et se rendre maîtres des principaux personnages de la monarchie, invités à cette fête.

Vers onze heures et demie, un fiacre s'arrêta devant le restaurant de la rue des Prouvaires ; il apportait une trentaine de fusils, et en ce moment les conjurés, armés de pistolets et de sabres, n'étaient pas moins de cent dans le salon. Mais, à minuit et demi, une circonstance que messieurs les conspirateurs n'avaient pas prévue vint d'une manière fort inattendue changer la face des choses. M. Carlier, accompagné d'une escouade de sergents de ville et d'un piquet de gardes municipaux commandés par le lieutenant Senancourt, se présenta inopinément au restaurant.

Le salon de réunion était au premier ; les conjurés armés se préparaient à partir, quand M. Carlier, accompagné des sergents de ville Houel et Leturquis, s'élança hardiment sur l'escalier, suivi d'autres agents; ils ne l'avaient pas gravi entièrement lorsqu'un coup de feu vint les accueillir; le sergent de ville Houel reçut la balle dans l'œil gauche et tomba mort, un autre fusil s'abattit sur M. Carlier qui s'avançait toujours, mais l'inspecteur Fraudin, qui se trouvait près de lui, releva avec sa main l'arme meurtrière. En même temps un autre fusil, dont l'amorce seule brûla, était dirigé sur le lieutenant Senancourt. M. Carlier, sans armes, allant toujours en avant, les sergents de ville et les gardes municipaux firent irruption dans le salon et la mêlée devint générale, mais la courageuse énergie du chef de la police municipale imposa bientôt aux conjurés; quelques-uns parvinrent à s'échapper et la plus grande partie d'entre eux furent arrêtés.

Au milieu de cette lutte continuelle des partis, qui venait chaque jour entraver, déranger et doubler ses devoirs administratifs, le chef de la police municipale ne recula jamais devant les mesquines considérations qui firent souvent hésiter bien des fonctionnaires, pour qui les déclamations de la tribune et les diatribes de certains journaux étaient des épouvantails qu'ils n'osaient affronter.

Il prétendait que l'autorité, forte de ses bonnes intentions, devait toujours marcher la tête haute et ne souffrir jamais qu'on pût impunément l'attaquer et lui jeter à la face un mépris immérité. Mais il eût fallu qu'il se rencontrât dans les régions supérieures de l'administration des caractères aussi bien trempés que le sien, pour qu'il pût espérer que, de concert, leurs efforts persévérants amèneraient une situation tranquille et assurée pour un long avenir. Il n'en fut point ainsi, et conséquemment une personnalité comme la sienne devait être exposée à bien des déboires; aussi quitta-t-il la préfecture en 1833, et, redevenu simple citoyen, il se consacra aux affaires et devint agent de change à Lyon, puis plus tard il créa la compagnie d'assurances *la Lyonnaise*.

Après février 1848, M. Carlier fut mandé au cabinet de M. C***, directeur au ministère de l'intérieur, qui lui offrit, au nom de M. Ledru-Rollin, la place de chef de la police politique.

« Grand merci ! » avait répondu l'ex-chef de la police municipale, et il s'était empressé de quitter l'hôtel ; mais, presqu'à la porte, il se croisa dans la rue de Grenelle avec deux personnes de sa connaissance, jouissant d'une fortune indépendante et n'ayant jamais occupé de fonctions publiques.

— Que diable faites-vous donc dans ces parages ? exclama l'un des deux.

— Je vous le donne en mille à deviner.

— Alors, dites vite !

— M. C*** vient de me proposer, de la part de M. Ledru-Rollin, de me mettre à la tête de la police du ministère, et, bien entendu, j'ai refusé.

— Comment ! vous avez refusé ! mais vous avez eu le plus grand tort ! Que voulez-vous donc que nous devenions, nous autres hommes d'ordre et de tranquillité, si nous n'avons pas à la tête de la haute police quelqu'un pour nous protéger ?

Puis, d'un commun accord, tous deux le prirent chacun par un bras, et, tout en s'efforçant de le faire revenir sur son refus, l'entraînèrent jusqu'au ministère. M. Carlier, dans la tête duquel mille réflexions s'étaient heurtées pendant les instances amicales qui lui étaient faites, se décida à tenter une explication avec M. C***, qu'il avait si prestement refusé un instant auparavant. Il aborda donc M. C*** très-carrément en lui disant : « J'ai réfléchi qu'il eût été sage de s'expliquer un peu plus que nous ne l'avons fait. Je viens donc vous dire : En m'offrant la direction de la police politique, qu'attendez-vous de moi qui ne suis pas républicain de la veille ni du jour, et qui ignore encore si je le serai du lendemain ? — Nous n'attendons de vous, lui répondit M. C***, et ne vous demandons qu'une seule chose : c'est de vous charger de rétablir l'ordre. » A cette ouverture bien catégorique, M. Carlier n'hésita pas à répondre : « S'il en est ainsi, je suis votre homme, j'accepte. »

Voilà comment M. Carlier est entré au ministère de l'intérieur avec M. Ledru-Rollin.

Le 20 décembre 1848, c'est-à-dire le jour de la proclamation du prince Louis-Napoléon à la présidence de la république,

M. Rebillot, ancien colonel de gendarmerie, fut nommé préfet de police, et M. Carlier chef de la police municipale. M. Rebillot, brave militaire, honnête homme dans toute l'acception du mot, était complétement étranger aux affaires de police; aussi M. Carlier était-il le véritable préfet, car rien ne se faisait que par son initiave ou ses conseils. Enfin, ce fut le 8 novembre 1849 que M. Carlier fut appelé aux fonctions de préfet de police en remplacement de M. Rebillot.

Son premier soin, en prenant les rênes de la police, fut de se créer un service politique qui lui permît de savoir tout ce qui se faisait et se disait dans les clubs, les sociétés secrètes et jusque chez certains représentants. Pour atteindre ce but, il se créa, au poids de l'or, des agents secrets, dont il prit un certain nombre, faut-il le dire, parmi des chefs ou des orateurs de clubs, des journalistes dont les discours et les écrits avaient souvent glacé d'effroi le cœur des honnêtes citoyens !

Adversaire courageux et infatigable des hommes de parti tant qu'ils étaient libres, il devenait pour eux, après leur arrestation, d'une bienveillance extraordinaire. Plusieurs représentants et nombre d'autres individus peuvent l'attester. Lorsque des détenus politiques lui adressaient des demandes pour être conduits par des agents soit chez eux, soit ailleurs, pour affaires personnelles, le préfet les faisait venir dans son cabinet et leur disait : « Vous voulez sortir ?. Donnez-moi votre parole de rentrer ce soir à la prison et vous êtes libre. »

Et, parmi tous ceux auxquels il accorda la permission de vaquer librement à leurs affaires, un manqua de parole, un seul. Encore ses amis, indignés d'une pareille conduite, allèrent-ils eux-mêmes le rechercher et le ramenèrent à la prison.

D'autres détenus, arrêtés également pour opinion politique, mais arrachés à leurs travaux journaliers et laissant une famille sans appui, sans secours, reçurent non-seulement des douceurs dans leur prison, mais M. Henricy, attaché au cabinet du préfet, fut chargé maintes fois par ce dernier de porter de l'argent à ces familles infortunées afin de subvenir à leurs besoins.

M. Carlier donna sa démission de préfet de police le 27 octobre 1851, en même temps que se retirait le ministère Baroche et Léon Faucher.

M. Carlier sortit de la préfecture comme il y était entré, c'est-à-dire sans que sa modeste fortune se fût le moins du monde accrue au moyen des émoluments attachés à ses fonctions, car sa préoccupation constante pendant le cours de son administration avait toujours été de triompher des obstacles qu'il pouvait rencontrer, et, pour les surmonter, dans l'intérêt général, il ne reculait devant aucun sacrifice. Comme il payait largement les services qu'on lui rendait, voulant toujours que la récompense fût proportionnée à l'importance du résultat, il n'en subordonnait jamais le chiffre aux fonds disponibles dans la caisse, et il payait souvent de ses propres deniers quand l'insuffisance officielle lui était démontrée; j'en citerai un exemple. Peu de temps avant sa sortie de la préfecture, les nécessités de la situation le mirent en demeure de s'assurer de concours indispensables; mais, comme plus les affaires sont délicates, plus les sacrifices doivent être importants, il y eut urgence de pouvoir disposer d'une somme de 20,000 francs. Ne pouvant les trouver au moment voulu dans la caisse des fonds secrets, M. Carlier, qui possédait depuis nombre d'années une rente de 1,000 francs environ, se décida à la vendre afin d'arriver à payer les services qui lui étaient rendus dans l'intérêt général.

Après le 2 décembre, il fut nommé commissaire général du gouvernement dans les départements de l'Allier, du Cher et de la Nièvre, puis il fut appelé au conseil d'État.

M. Carlier, qui, dans sa vie publique, s'est montré sous des couleurs si sévères, était dans l'intimité le meilleur homme du monde, d'une douceur et d'une bienveillance extrêmes. Ce magistrat si bien trempé, si inflexible quand il était préoccupé du souci d'assurer le repos public, se trouvait heureux quand il pouvait donner un instant aux affections de la famille et de l'amitié. Aussi la loyauté de son caractère, la bonne foi qui présidait à tous ses actes, lui avaient conquis la considération affectueuse des notabilités les plus élevées, et l'estime même d'un grand nombre de ses adversaires politiques. Pour ma part, j'ajouterai que je n'avais jamais connu de fonctionnaire qui possédât autant que lui la conscience du devoir. Il réclamait impérativement ce sentiment chez les commissaires de police et chez tous ses auxiliaires. Parmi ceux-ci, les poltrons, les paresseux ou les incapables sont les seuls qui ne l'aient point aimé. Chargé de ressusciter, pour ainsi dire, la tranquillité publique, il concentrait ses facultés vers ce but, sans qu'aucune considération personnelle vînt jamais apporter la moindre indécision, le moindre changement dans la route qu'il croyait la meilleure. Aussi, fort de la droiture de ses intentions et du rigorisme qu'il apportait dans les actes de sa vie, dédaignait-il souverainement les déloyales attaques dont il pouvait être personnellement l'objet. Et, à ce sujet, je crois pouvoir me permettre de citer ici une particularité qui ne doit être connue que de bien peu de personnes, mais dont j'ai reçu la confidence quelques instants après le fait accompli.

Une personne, peu digne et peu loyale, avait sournoisement pris en haine M. Carlier, qui dédaignait de s'en préoccuper ; mais, comme l'idée dominante de ce personnage était de parvenir à perdre M. Carlier dans l'esprit du gouvernement, pour sa satisfaction personnelle et se donner en même temps un reflet de grande perspicacité, voici ce que notre individu imagina :

Un monsieur, se disant publiciste, vint un jour solliciter de M. Carlier un moment d'entretien. Une fois introduit, il commença par des louanges sur les actes de l'ancien préfet, et, après quelques périphrases vagues et banales sur la justesse de son coup d'œil quant à son appréciation des hommes et des affaires publiques, il finit par présenter un manuscrit qui, disait-il, traitait de l'état des choses politiques du moment, en ajoutant qu'il serait très-heureux si M. Carlier voulait bien en prendre connaissance et y faire les annotations qu'il jugerait nécessaires.

M. Carlier, qui l'avait écouté jusque-là sans l'interrompre, voyant qu'il s'agissait de politique, ne voulut pas en entendre davantage et le congédia immédiatement sans avoir voulu même jeter les yeux sur le manuscrit.

Une fois le visiteur parti, l'ancien préfet se préoccupait du nom de ce nouveau publiciste, qui paraissait avoir compté sur sa coopération à un écrit politique, et cela lui semblait bien étrange, quand par hasard je me présentai pour lui rendre visite. En m'apercevant, son premier mot fut de me dire : « Ah ! bonjour, Canler ! je suis fâché que vous ne soyez pas arrivé une demi-heure plus tôt, je vous aurais prié de suivre un certain monsieur qui sort d'ici, afin de savoir au juste qui il est et où il s'est rendu en quittant mon domicile. » Et M. Carlier se mit à me raconter l'entrevue dont je viens de parler, en ajoutant avec un ton d'indifférence méprisante : « Je ne vois pas qu'une pareille démarche auprès de moi puisse être autre chose qu'un piége qu'aura voulu me tendre un sot intrigant qui mesure les autres à sa taille. »

Deux heures après, M. Henricy, dont j'ai déjà parlé, vint annoncer à M. Carlier qu'il était chargé de le prévenir qu'un individu se présenterait à lui dans l'intention d'en obtenir quelques annotations sur un manuscrit qu'il lui laisserait entre les mains, et que cette tentative auprès de lui n'avait d'autre but que de faire saisir cet écrit dans son domicile.

Cette révélation fit hausser les épaules à M. Carlier, qui crut de sa dignité de ne jamais récriminer à ce sujet ; car, à compter de ce moment, il professa le plus profond mépris pour l'instigateur de cette indigne et machiavélique combinaison.

Autant le fonctionnaire était rigide et inflexible quand il s'agissait de la chose publique, autant l'homme privé était accessible et sympathique à l'infortune. Le malheur, quel qu'il fût et sous quelque trait qu'il se présentât, trouvait toujours en lui une main aussi secourable que discrète. Sans prétendre dévoiler toutes les bonnes actions que je connais de lui, je ne puis résister à en citer quelques exemples.

Nous étions en 1854; M. Carlier me dit un jour :

— Canler, hier une jeune femme se disant la cousine germaine d'un notaire de Villeneuve-l'Archevêque, et que j'ai beaucoup connu, s'est présentée chez moi. Après m'avoir largement parlé de sa famille, elle m'a exposé une position réellement malheureuse et a conclu par une demande de secours. Je lui ai remis quarante francs ; mais, comme je désirerais savoir si, réellement, par sa position et sa conduite, elle est digne d'intérêt, voilà son nom et son adresse; veuillez prendre quelques renseignements sur elle et vous me rendrez compte de ce que vous aurez appris.

Je me mets donc en route, et, tout d'abord, je m'aperçois que le numéro indiqué n'existe pas dans la rue qu'elle a désignée; toutefois, crainte d'une erreur, je vais de porte en porte demander mademoiselle X***, et j'acquiers la certitude qu'elle est parfaitement inconnue.

Je revins rendre compte de mes démarches à M. Carlier, et j'ajoutai : « C'est une intrigante, qui vous a volé vos quarante francs, »

— Tant pis pour elle ! répondit l'ex-préfet.

— Comment, tant pis pour elle ! c'est pour vous, voulez-vous dire ?

— Non, ajouta-t-il d'une voix calme et pénétrante, car elle a une mauvaise action sur la conscience, et moi j'en ai une bonne.

Deux ans plus tard, en 1856, M. Carlier me chargea d'une autre commission.

— Canler, me dit-il, rendez-moi, je vous prie, un service. Il y a deux ans, un Anglais nommé P***, demeurant rue de la Victoire, a remis à la femme d'un vigneron que je connais un enfant nouveau-né pour le nourrir. Les six premiers mois ont été régulièrement payés ; mais depuis ces pauvres gens n'ont pas reçu un sou, et leurs lettres sont constamment restées sans réponse. Faites en sorte de retrouver P***, et alors je m'arrangerai bien pour le forcer à payer, car ces malheureux, par suite de leur profonde misère, vont être contraints de mettre ce pauvre petit innocent aux Enfants-Trouvés.

J'allai rue de la Victoire, où l'on me dit que P*** était depuis longtemps parti pour Calcutta. A l'ambassade anglaise, j'acquis la certitude que cet homme était aux Indes depuis dix-huit mois, et je revins annoncer à M. Carlier le résultat de mes démarches.

— Diable, me dit-il, voilà qui est fâcheux ; je ne puis cependant pas, en conscience, laisser aller ce petit bonhomme aux Enfants-Trouvés.

— Cela me semble assez difficile, cependant.

— Non, reprit-il ; grâce à un petit mensonge, fort excusable, vu la circonstance, et qui ne fera de tort qu'à ma bourse, mes bons vignerons pourront, malgré leur misère, garder leur nourrisson : je vais leur dire que P*** est bien parti à l'étranger, mais qu'il a laissé ici un mandataire avec lequel je me suis entendu et qui m'a remis les mois échus. Je leur donnerai cette somme et je payerai ainsi la pension. Tôt ou tard, nous retrouverons P***, et il s'acquittera probablement alors de ce que je lui aurai avancé.

Et M. Carlier paya les mois de nourrice.

M. Carlier, conseiller d'État, membre du conseil général et du comice agricole de l'Yonne, maire de Thorigny, partageait son temps entre les travaux de ces diverses attributions. Tout semblait faire présager que sa robuste constitution lui permettrait longtemps encore de consacrer ses facultés aux devoirs que lui imposaient ces différentes fonctions, quand la mort vint le frapper inopinément au milieu de sa famille, à Sens.

Parti de Paris, bien portant, le 25 mars 1858, M. Carlier était arrivé subitement indisposé. En prenant le lit, il eut le pressentiment que la gravité inattendue de sa maladie devait hâter le terme de son existence. Il envisagea aussitôt la mort avec calme et demanda lui-même, sans y être provoqué, les secours de la religion. Il mourut à l'âge de soixante-quatre ans, le 31 mars 1858.

XXXIX

ASSASSINAT DE POIRIER-DESFONTAINES

Dans la rue Saint-Honoré, au n° 422, existait un magasin de bronzes fort bien achalandé, dont le propriétaire, M. Poirier-Desfontaines, vieux célibataire, n'avait pour domestique qu'un jeune homme de vingt ans, de petite taille, à figure imberbe, d'une apparence peu robuste, qui, après la révolution de 1848, avait fait partie de la garde mobile et s'était empressé de jeter l'uniforme aux orties à l'expiration de son engagement. Dans les derniers jours du mois de décembre 1850, il était entré au service de M. Poirier-Desfontaines, et le 6 janvier suivant on le vit comme d'habitude ouvrir la boutique et nettoyer le magasin ; puis il sortit et revint peu après chargé d'une malle qu'il porta dans l'appartement de son maître, au premier. Quelques heures s'étaient à peine écoulées, qu'il disait à la fille du concierge que son bourgeois étant parti pour passer quatre ou cinq jours à la campagne, il allait le rejoindre et lui porter quelques effets d'habillement qui lui étaient indispensables. Vers deux heures de l'après-midi, il fermait le magasin, se faisait aider par un commissionnaire pour descendre du premier au rez-de-chaussée la volumineuse malle qu'il avait apportée le matin ; ensuite, appelant deux commissionnaires étrangers au quartier, qui passaient en ce moment avec une voiture à bras, il faisait charger la malle sur cette charrette et quittait la maison en annonçant officiellement à tous qu'il allait retrouver son maître.

Le lendemain de ce départ, les voisins et le concierge s'inquiétèrent de la disparition subite du maître et du domestique. Le marchand de bronzes ne les avait pas habitués à de pareilles fugues, et, la curiosité aidant, on trouvait fort extraordinaire que M. Poirier-Desfontaines eût quitté tout à coup son magasin, lui si tranquille, si rangé, si casanier.

Le concierge alla prévenir le commissaire de police qui se rendit sur les lieux ; mais, le cerbère de la maison ayant regardé par un carreau dans la chambre de son locataire et remarqué que tout y était dans le plus grand ordre, le commissaire se retira.

Plusieurs jours se passèrent ; l'impatience et la curiosité publiques allaient toujours croissant, et les soupçons du quartier ne tardèrent pas à se porter sur un assassinat. L'autorité s'en émut, le commissaire de police revint de nouveau et se décida cette fois à faire ouvrir les portes ; alors on put constater par les taches de sang qui maculaient le plancher, et par la présence d'un merlin ensanglanté, qu'un homicide avait été commis dans la chambre du premier étage, mais qu'on avait fait disparaître la victime. Les recherches commencèrent alors, actives, incessantes, mais sans succès, et ce ne fut que le 30 janvier qu'un avis adressé par la gare du chemin de fer de Châteauroux à la préfecture de police fit savoir que, le 6 du même mois, une malle avait été expédiée de Paris à l'adresse d'un sieur Moreau, Grande-Rue, 22, à Châteauroux ; que, le destinataire étant inconnu, on avait adressé un avis de refus de réception à l'expéditeur, mais que celui-ci était également inconnu à l'adresse qu'il avait donnée. Cette coïncidence de renseignements éveilla les soupçons ; le procureur de la république se rendit à la gare du chemin de fer, fit ouvrir la malle, et l'on vit, non sans horreur, le cadavre d'un homme habillé, dont les jambes étaient repliées au moyen d'une corde qui passait autour du cou et venait se rattacher à la cuisse droite ; la tête et le tronc portaient sur le fond de la malle, les os du crâne étaient fracturés en de nombreux endroits. A côté du cadavre, déjà en putréfaction, était une chemise sans marque et un pantalon taché de sang, ayant probablement appartenu l'un et l'autre à l'assassin, qui avait sans doute trouvé ce moyen plus simple pour faire disparaître des pièces accusatrices.

Confronté avec le cadavre, le concierge de la maison de la

rue Saint-Honoré, n° 422, reconnut que les vêtements qui recouvraient la victime appartenaient à son locataire, M. Poirier-Desfontaines. Dès lors, les circonstances du départ du domestique le désignaient mieux aux recherches de la police. Après bien des démarches infructueuses, on découvrit les deux commissionnaires qui avaient porté la malle, on sut par eux qu'elle avait été déposée au bureau des voitures de la rue Croix-des-Petits-Champs, où l'on apprit que l'expéditeur de la malle adressée à Châteauroux avait retenu pour lui-même une place pour Marseille, sous le nom de Viou. C'est alors seulement que ce nom fut connu de la police, car personne, dans la maison de la victime, ni dans le voisinage, ne savait le nom de ce domestique. On apprit en outre qu'une heure après le dépôt de sa malle, il était revenu au bureau s'informer si, pour aller à Marseille, on passait par Tours, et que, sur la réponse négative du facteur, il avait fait remporter ses bagages par un commissionnaire stationnant dans les environs pour les faire transférer au chemin de fer d'Orléans. Ce commissionnaire fut découvert. Interrogé sur la personne dont il avait porté les bagages, il répondit que c'était un jeune homme, petit de taille, qui l'avait accompagné jusqu'au pont Saint-Michel, que là il lui avait payé sa course et l'avait laissé continuer seul sa route. Ces renseignements ne pouvaient me laisser aucun doute sur la culpabilité de Viou; c'était bien lui qui, vu la liberté qu'il avait comme domestique d'entrer et de sortir sans être remarqué, avait profité d'un moment de surprise pour assassiner son maître.

Mais où était l'assassin?

Avait-il, ainsi que ses apprêts de départ l'indiquaient, quitté immédiatement la capitale pour chercher en province ou à l'étranger un refuge que Paris ne pouvait lui offrir? Devais-je le chercher à Tours, cette ville pour laquelle il semblait avoir une prédilection toute particulière? ou devais-je regarder ces demandes, ces allées et venues, ces marches et contre-marches, comme une feinte destinée à déjouer les recherches de la police et à assurer la tranquillité de son séjour dans la capitale. Toutes ces hypothèses se présentaient à mon esprit, je pris un parti mixte ; j'imaginai un stratagème pour le faire revenir à Paris s'il était en province, pour le faire rester dans la capitale s'il n'en était pas encore parti. Je savais par expérience que tous les criminels lisent attentivement chaque jour divers journaux, en tête desquels je dois placer la *Gazette des Tribunaux*. Ils tiennent à savoir aussi exactement que possible ce que l'on dit et ce que l'on sait de leur crime ou d'eux-mêmes et agissent ensuite suivant les circonstances. J'étais bien persuadé que Viou ne s'écarterait en rien de cette conduite. Je priai M. Horace Raisson, rédacteur du journal la *Gazette des Tribunaux*, de vouloir bien insérer à la suite de la relation de l'arrivée et de la confrontation du cadavre de M. Poirier-Desfontaines, que *l'assassin s'était dirigé immédiatement sur l'Espagne*.

En effet, d'après mes instructions, M. Horace Raisson termina ainsi son article :

« Quand à l'auteur du crime, on a dû faire jouer le télégraphe pour le signaler aux frontières dans le cas peu probable où il ne serait pas encore passé à l'étranger. Différents indices et les deux malles surtout qu'il a emportées dans sa fuite permettront, selon toute probabilité, de retrouver sa trace, si, comme on serait porté à le penser d'après la première direction qu'il a suivie, il s'est dirigé vers l'Espagne. »

Ce jour même, j'eus occasion de me rendre au cabinet du préfet de police.

— Ah ! parbleu, Canler, s'écria M. Carlier en m'apercevant, pensez-vous que les journaux soient utiles ?

— Quelquefois, monsieur le préfet.

— Eh bien ! lisez celui-ci, il vous apprendra où est présentement l'assassin de Poirier-Desfontaines : il paraît que ces gaillards-là sont mieux informés que nous.

En disant ces mots, il me tendit le numéro de la *Gazette des Tribunaux* où était l'insertion que je viens de citer et ajouta d'un air soucieux :

— Je crois qu'en voilà un qui va vous échapper.

— Au contraire, monsieur le préfet, car je compte sur cet article pour me le livrer pieds et poings liés.

— Comment donc l'entendez-vous?

— D'une manière fort simple : l'article que vous avez lu est de mon invention. Jusqu'à présent, j'ai marché au hasard, pêché dans l'eau trouble ; j'ignore si Viou est encore à Paris ou s'il s'est réfugié en province ; par conséquent, mes investigations n'ayant aucune espèce de certitude et ne reposant que sur des probabilités ne peuvent produire aucun bon résultat ; mais, après cet article, que Viou lira et que bien certainement il a lu à l'heure qu'il est, il croira que, se trouvant recherché sur toutes les routes, il n'y a pour lui de sûreté qu'à Paris, et viendra, je l'espère, se jeter lui-même dans la gueule du loup.

En effet, Viou, ayant lu l'article de la *Gazette*, s'était empressé de revenir dans la capitale, où il se croyait plus en sûreté. Quelques jours après, j'apprenais qu'il demeurait rue du Pont-Louis-Philippe, n° 21, et aussitôt je m'y rendais, accompagné des agents Droz et Lévy ; l'assassin était absent. Après avoir passé la nuit dans un bal public, il était rentré vers cinq heures du matin avec une de ces nymphes qui, sans amant en titre, font en quelque sorte de la folle jeunesse de notre ville un immense sérail, où elles choisissent suivant leur caprice du moment. Vers neuf heures, Viou était sorti avec cette femme, en avertissant son concierge qu'il ne rentrerait que le soir. Je me fis conduire à sa chambre, et, en y entrant, je reconnus au premier coup d'œil la canne et le sac de nuit de M. Poirier, objets désignés comme ayant été soustraits par l'assassin ; puis, au-dessus de la cheminée, je remarquai deux pistolets chargés jusqu'à la gueule. J'expliquai alors au concierge que son locataire était le meurtrier du marchand de bronzes de la rue Saint-Honoré, et je lui dis qu'afin d'éviter toute espèce d'indiscrétion qui pourrait compromettre le succès de l'affaire, il ne devait pas trouver extraordinaire que mes agents ne le quittassent pas une minute.

A onze heures du soir, Viou rentra et demanda sa clef au concierge ; mais celui-ci, en l'apercevant, avait dit, ainsi qu'il en était convenu : M. Viou ! Les deux agents, se jetant sur l'assassin, lui lièrent les mains avant qu'il eût le temps de se reconnaître et le conduisirent au poste de la Conciergerie, où je ne tardai pas à me rendre.

Viou fut fouillé ; on trouva sur lui 650 francs en or, une bague chevalière et une montre en or ayant appartenu à sa victime. J'emmenai mon prisonnier au dépôt de la préfecture, où je recommandai qu'on le surveillât tout particulièrement pour empêcher tout suicide de sa part.

La nuit porte conseil, dit-on : lorsque le lendemain je fis venir Viou à mon cabinet pour l'interroger, je vis un jeune homme à l'air calme, au front tranquille, qui nia positivement être l'assassin de M. Poirier-Desfontaines, et prétendit expliquer ainsi cet événement et la possession d'objets appartenant à son maître :

— Le 6 janvier, dit-il, je venais d'ouvrir le magasin, lorsque deux individus se présentèrent à moi et demandèrent à parler à monsieur. Je les fis immédiatement monter au premier, monsieur étant encore dans sa chambre, et je redescendis au magasin. Mais bientôt, j'entendis au-dessus de ma tête un grand bruit ; je montai pour voir ce qui se passait, et j'aperçus mon pauvre maître étendu par terre sans vie ; je voulus crier, appeler du secours, mais ces deux hommes s'emparèrent de moi, me menacèrent de me tuer moi-même si je ne jurais un silence absolu. Pour m'engager à garder le secret, ils me donnèrent quinze cents francs en or et divers objets ayant appartenu à mon malheureux maître. Lorsqu'ils furent partis, craignant qu'on me rendît responsable de ce crime, je m'empressai de faire disparaître le cadavre et je me sauvai.

J'essayai de faire comprendre à Viou l'absurdité d'un pareil conte, l'impossibilité d'ajouter foi à de semblables simplicités ; mais il persista dans son dire et m'assura qu'il n'avait dit que la vérité. Je le fis réintégrer au dépôt.

M. Descampeaux, chef de la police municipale, à qui j'avais donné immédiatement connaissance de cette arrestation, alla trouver le préfet le lendemain dès sept heures du matin pour lui rendre compte verbalement de cette importante capture ; puis, en le quittant, il s'empressa de me faire appeler pour m'annoncer qu'en considération de l'ancienneté et de l'importance de mes services, M. Carlier lui avait positivement manifesté l'intention de me faire nommer chevalier de la Légion d'honneur au 1er janvier 1852.

Lorsque je portai au préfet mon rapport écrit sur la capture de Viou, il me renouvela la promesse qu'il avait faite à M. Descampeaux, et ajouta : « Je ferai décorer le commissaire de police Dourlens en même temps que vous. »

Mais l'homme propose et Dieu dispose ! M. Carlier donna sa démission au mois d'octobre et ne put par conséquent tenir sa promesse ; elle alla rejoindre celle qui m'avait été faite pour le même objet par le maréchal Soult et mon colonel, en 1815, à Laon.

Revenons à Viou. Ainsi que certains individus tirent des actions de leurs aïeux une honorable distinction, de même qu'ils citent les hauts faits de leurs pères comme antécédents à leurs exploits personnels, l'assassin de M. Poirier-Desfontaines pouvait invoquer comme précédents à sa conduite la triste illustration que son père s'était acquise dans les fastes du vol.

A l'époque où le fils était enfermé à la Force sous la prévention d'assassinat suivi de vol, le père subissait à la maison centrale de Melun une condamnation à cinq années de réclusion pour vol. En 1830, celui-ci avait été condamné pour vol qualifié à cinq ans de travaux forcés, puis, à peine libéré, il avait repris ses coupables habitudes, et en 1837 il était condamné de nouveau pour vol à cinq ans de prison. On voit que le fils avait dépassé le père dans la route que celui-ci lui avait tracée.

Le système absurde que Viou avait imaginé pour se disculper ne put résister à l'évidence des preuves recueillies dans l'instruction et confirmées dans le cours des débats. En conséquence, le 30 avril 1851, le jury rendait contre Jean-Louis-Eugène Viou un verdict de culpabilité, et, suivant les conclusions de l'avocat général, la cour d'assises prononçait la peine de mort.

Viou écouta cette sentence avec une impassibilité qu'on aurait tout au plus attendue d'un homme abruti. Pas un muscle de son visage ne se détendit, rien chez lui n'indiqua que l'arrêt qu'on venait de rendre était la mesure de sa vie. Plus tard, quand on lui annonça que son pourvoi était rejeté, il conserva la même impassibilité, la même indifférence ; on eût dit que le crime qu'on lui rappelait, ainsi que sa condamnation, lui étaient totalement étrangers.

Le 18 juin, à quatre heures du matin, le greffier de la prison de la Roquette se rendit dans la cellule de Viou et lui annonça qu'il n'avait plus que quelques heures à vivre. Viou, qui, à l'entrée du greffier, dormait d'un profond et paisible sommeil, se leva aussitôt en disant : « Je suis prêt ! j'ai mérité la mort ! Mon crime me fait horreur ! » Puis, par un certain mouvement de la nature qu'on retrouve chez la plupart des condamnés qui meurent résignés, se sentant en appétit, il demanda à manger, et dévora presque entièrement un poulet qu'on lui apporta. Ensuite, ôtant sa blouse, il se livra aux aides du bourreau et leur dit, lorsqu'ils voulurent lui lier les mains derrière le dos : « Pourquoi faire ? Avez-vous peur que je vous résiste ? Vous vous donnez là bien du mal inutilement. »

A huit heures moins cinq minutes, le cortége arriva à la barrière Saint-Jacques. Viou descendit lestement de la fatale voiture.

— Voulez-vous que je vous aide à monter ? lui demanda l'exécuteur.

— Merci, répondit le condamné, j'irai bien tout seul ; seulement obligez-moi de m'ôter ma casquette.

Puis il embrassa son confesseur, monta rapidement les degrés de l'échafaud, et, avant d'être placé sur la bascule, il s'écria d'une voix forte :

« Je meurs avec franchise ! j'ai mérité mon sort ; je recommande mon âme à Dieu ! »

Une seconde après, le patient avait vécu et la justice des hommes était satisfaite.

Viou fut le dernier criminel qu'on exécuta à la barrière Saint-Jacques, et, au point de vue de l'humanité, c'est une louable mesure que celle d'avoir choisi la place de la Roquette pour lieu d'exécution des hautes-œuvres. Grâce à la proximité de la prison, on adoucit ainsi autant que possible les derniers moments du condamné, on diminue la torture mentale du patient, et l'on restreint son agonie dans les bornes des préparatifs indispensables pour cette sanglante exécution.

XL

LES MONOMANES

Etrange chose que la cervelle humaine! si admirablement organisée, capable de tant de savoir, d'instruction, de raisonnement; créatrice de résolutions sublimes, de travaux gigantesques; ornée de la mémoire, de l'intelligence et de la volonté, et pourtant soumise à tant d'aberrations, d'hallucinations qui souvent aboutissent à la folie!

Cependant, avant d'arriver à ce dernier degré de misère où l'homme perd entièrement sa raison et commet mille excentricités, il peut être atteint d'une affection à laquelle on donne le nom de *monomanie* et qui est, à proprement parler, la folie appliquée à une seule pensée, à un seul désir, à un seul besoin.

Chez quelques-uns, cette monomanie est presque invisible, c'est une idée fixe portée sur une chose ou sur l'autre; c'est pour l'un la crainte des voleurs, pour cet autre le feu, pour le troisième la mort, et ces trois individus, frappés d'une chose différente qu'ils voient possible, prochaine, inévitable, se moquent mutuellement l'un de l'autre ou se traitent réciproquement de monomanes.

La préoccupation du monomane étant constante, plus d'une fois des malheureux atteints de cette infirmité vinrent à mon bureau réclamer le secours de la police contre leur vision ou plutôt contre la cause à laquelle ils attribuaient leurs tourments.

Quelques exemples démontreront la ténacité de l'idée dominatrice et le renouvellement régulier des accès d'une telle maladie.

Un sieur V***, ancien marchand de drap retiré des affaires, habitait depuis plusieurs années le village de Plaisance avec sa femme et ses deux filles : l'aînée avait vingt ans, la cadette dix-huit. Comme on le voit, toutes deux étaient bonnes à marier, mais leur brave homme de père se figurait que deux individus, deux vauriens armés, disait-il, d'un miroir rétrospectif d'une vertu satanique, venaient soir et matin se poster derrière le mur de sa maison, à l'heure à laquelle ses filles se couchaient ou quittaient leur lit, et que là, grâce à leur miroir, ils pouvaient voir ses deux filles dans un état de nudité presque complet.

— Vous comprenez, mon cher monsieur, ajoutait-il, combien cette affaire est désastreuse pour mes deux filles ; d'un jour à l'autre on peut me les demander en mariage, n'est-ce pas ? Eh! bien, si cela s'ébruitait, si l'on venait jamais à savoir qu'elles sont ainsi matin et soir livrées aux regards impudiques de ces polissons, elles seraient perdues de réputation et personne ne voudrait les épouser. Je caressai d'abord sa chimère, et lui promis de faire arrêter les deux garnements qu'il me signalait. Je croyais avoir ainsi ramené la tranquillité dans son imagination; mais, quinze jours après, je vis mon homme revenir, et je dus encore entendre ses lamentations et ses imprécations contre le maudit miroir rétrospectif ; c'était son mot! Cela dura pendant un an, c'est-à-dire que j'eus l'ennui de sa visite deux fois par mois très-régulièrement. Enfin un jour, me trouvant à Plaisance, j'eus l'idée d'entrer chez cet infortuné.

— Monsieur, lui dis-je, sans aucune espèce de préambule, je suis le chef de la police de sûreté, je viens d'arrêter moi-même les deux malfaiteurs qui se permettaient d'insulter vos filles, et le miroir rétrospectif a été brisé immédiatement. Quant à ces audacieux, ils auront à rendre compte de leur conduite devant les tribunaux. Je ne sais si la subite annonce de cette nouvelle produisit sur le sieur V*** un effet salutaire, mais de ce moment, il cessa de venir me voir.

Je recevais aussi la visite d'un propriétaire du faubourg

Saint-Germain, dont la monomanie n'était pas moins curieuse. Cet infortuné était persuadé que tous les hommes qui rencontraient sa femme dans les escaliers de sa maison lui retroussaient tous ses vêtements, et qu'ensuite des enfants payés par ses ennemis l'assaillaient aussitôt qu'elle sortait dans la rue et l'apostrophaient des épithètes les plus grossières. Le premier de chaque mois, je le voyais entrer dans mon cabinet ; il venait d'un air grave et recueilli me prier de faire cesser ce scandale. Chaque fois je l'assurais qu'une surveillance très-rigoureuse allait être établie pour arrêter le premier individu qui aurait l'impudence de commettre de pareils actes, et je le renvoyais très-satisfait. Je me disais après son départ : « Allons, me voilà encore tranquille pendant un mois ! »

Un ouvrier serrurier, demeurant à Belleville, venait me voir tous les dimanches matin pour me prier de lui rendre le repos. Chaque fois ce pauvre diable m'abordait en me disant : « — Monsieur, des sonnettes invisibles ont été établies dans ma chambre par mes nombreux ennemis, qui ont pu facilement placer sous terre une suite de tubes aboutissant au faubourg Saint-Antoine et contenant un fil électrique en communication avec les sonnettes invisibles. A peine suis-je couché, qu'elles se mettent toutes à faire un carillon épouvantable ; si par hasard elles s'arrêtent un instant et que, pendant ce temps, je vienne à m'endormir, elles recommencent bien vite leur vacarme afin de ne me laisser aucun repos jusqu'à ce que je sois levé. »

Les visites hebdomadaires de cet insensé durèrent pendant plus de deux années et cessèrent subitement.

Je sus plus tard que, sa folie ayant atteint un degré déplorable, on avait dû l'enfermer à Bicêtre, et qu'il y était mort peu de temps après son entrée.

Mais, parmi toutes ces tristes histoires qui mettent à nu la fragilité de l'organisation intellectuelle de l'homme, la plus étonnante qu'il m'ait été donné de connaître est sans contredit celle que je vais rapporter.

Un matin, mon garçon de bureau m'annonça qu'un monsieur désirait m'entretenir d'une affaire de la dernière importance : je donnai ordre d'introduire le visiteur. C'était un homme petit, replet, dans la force de l'âge, brun, l'œil ouvert et le regard pénétrant.

— Monsieur, me dit-il confidentiellement et à mi-voix, de peur que quelqu'un ne l'entendît, je suis le plus malheureux des hommes; je suis établi, j'ai une position convenable, j'ai une femme jeune et jolie que j'adore, mais qui me trompe; j'ai bien eu l'idée de tuer son amant, mais avant d'en venir à une telle extrémité, désastreuse pour ma femme et pour moi, scandaleuse pour tous, j'ai résolu de vous venir voir, afin de vous prier de faire suivre et surveiller mon infidèle épouse pour pouvoir la surprendre avec son complice.

— Vous connaissez le nom de celui-ci?

— Aucunement, monsieur, ma femme est trop rusée pour me l'avoir laissé découvrir; d'ailleurs, je vous dois toute la vérité: eh bien! ma femme a la monomanie de l'homme!

— Pardon, mais je ne comprends pas parfaitement, veuillez me dire ce que vous entendez par ces mots.

— Eh bien! monsieur, je le répète: ma femme est monomane de l'homme, c'est-à-dire que, lorsqu'elle voit un bel homme à sa convenance, elle ne pense, ne rêve, n'aspire plus qu'à le posséder; alors elle met tout en œuvre pour lier des relations avec lui et n'a pas de repos que son caprice ne soit satisfait.

— Mais, monsieur, ce que vous me dites là est grave!...

— Oui! oui! et je suis bien malheureux, allez! Tant qu'il m'a été possible de douter de son infamie, je l'ai fait; plus tard, j'ai cherché à fermer les yeux et à la guérir à force de soins, d'attentions, de prévenances; rien n'y a réussi, et je viens vous prier de la faire surveiller par vos agents, de faire épier ses démarches, afin de l'arrêter en flagrant délit, car aujourd'hui je souffre trop pour pouvoir attendre davantage.

— Malheureusement, monsieur, je ne puis faire ce que vous me demandez; il faut auparavant déposer une plainte au parquet. Un juge d'instruction ordonnera une enquête, décernera une commission rogatoire, des mandats d'amener contre les coupables; alors soyez persuadé que je ne négligerai rien dans votre intérêt.

Il partit en me disant qu'il allait suivre mon conseil, et huit jours après il revint, la figure rayonnante de satisfaction, m'annoncer qu'il avait porté sa plainte et que les mandats avaient été décernés.

— Mais où sont-ils? lui dis-je.

— Au bureau du parquet, au palais de justice ; veuillez avoir la bonté d'envoyer quelqu'un pour les chercher, tout est prêt.

J'allai m'informer au parquet, mais aucune plainte n'avait été déposée et on ignorait jusqu'au nom de cet homme. Étonné de la réponse qui m'était faite, je pensai que quelque erreur avait été commise par le plaignant, qui le lendemain entra dans mon cabinet, la figure bouleversée et en proie à une grande exaltation.

— Croiriez-vous, monsieur, me dit-il, que cette nuit, cette nuit même, l'amant de ma femme s'est introduit dans la maison et jusque dans la chambre à coucher de cette infâme créature ? Ce matin, attiré par le bruit qu'ils faisaient, je me suis approché de la porte qui était entrebâillée, je les ai vus tous deux, dans quel état ! grand Dieu !... Au moment où j'allais entrer pour châtier les coupables et reprocher à ma femme sa conduite éhontée, son impudeur, ils se sont échappés.

Ils ont disparu, ils ont fui tous deux ! Oui, monsieur, elle a suivi son misérable amant, en emportant tout ce qu'elle a pu trouver de précieux sous sa main !

En présence d'un tel dénoûment, je ne pouvais que compatir à la fâcheuse situation dans laquelle se trouvait cet infortuné mari, et, tout en lui faisant part de la réponse qui m'avait été faite à son sujet au parquet, je l'engageai à adresser une nouvelle plainte. Il accueillit mon conseil avec empressement, m'assura qu'il allait de ce pas libeller plus longuement ses griefs et se retira en me disant qu'il comptait sur un concours actif de ma part pour que justice pût lui être rendue.

Le lendemain, dans la prévision que je ne tarderais pas à recevoir l'ordre de rechercher les fugitifs, je résolus de m'assurer à l'avance si le mari avait recueilli quelques nouveaux indices propres à me mettre sur leurs traces ; je me rendis donc à son domicile. Il n'était pas dans sa boutique, mais une jeune et jolie femme était dans le comptoir; j'entrai.

— Monsieur N***?

— Il est absent pour le moment, mais si vous avez quelque chose à lui faire dire, je suis son épouse...

— Vous êtes... son épouse ?...

— Certainement, monsieur; que voyez-vous d'extraordinaire à cela ?

On conçoit facilement mon étonnement, ma stupéfaction.

— Mais pardon, lui dis-je en reprenant tant bien que mal mon sang-froid, je vous croyais partie... à la campagne.

— Permettez-moi d'abord, monsieur, de vous demander qui vous êtes?

— Ma foi, madame, je suis le chef du service de sûreté.

— Oh! alors, ajouta-t-elle avec son plus gracieux sourire, je vois ce dont il s'agit; mon mari sera probablement allé vous entretenir de ses folies! Cela ne me surprend point, car depuis longtemps il m'en menace. Mariés depuis quelques années, nous avons d'abord été fort heureux, mais bientôt sa jalousie prit une telle extension que sa raison en fut troublée. Aujourd'hui, il me voit un amant non-seulement dans chaque individu qui pour affaires se présente ici, mais encore dans chaque passant qui détourne la tête pour regarder le magasin.

Les quelques renseignements que je pris ailleurs confirmèrent pleinement les paroles de cette dame, justement estimée de ceux qui la connaissaient.

Ce n'est qu'alors que je fus édifié sur l'état moral du mari, car rien dans sa démarche, dans son regard, dans ses paroles, dans sa voix, ne décelait l'homme atteint d'une aberration quelconque; aussi avais-je eu jusque-là pleine confiance dans ses déclarations.

Quelques jours après, ce pauvre diable vint encore me voir, je l'examinai avec beaucoup d'attention; son apparence était toujours la même, mais cette fois il divagua, car il me dit avec le plus grand sang-froid!

— Monsieur, j'avais moi-même fermé hier soir avec le

plus grand soin mes volets et mes portes; malheureusement il existait entre deux planches une fissure que je n'avais pas aperçue. L'amant de ma femme a profité de cette fente pour pénétrer dans la maison et s'introduire jusque dans le lit de mon épouse!

— Je le sais, lui répondis-je, mais je viens d'y mettre bon ordre; et, prenant un ton confidentiel, j'ajoutai :

Apprenez que je viens d'envoyer deux agents *invisibles* qui arrêteront à l'instant même tout individu qui tenterait de pénétrer chez votre femme. Ainsi, mon cher, vous pouvez maintenant être sans crainte et dormir bien tranquillement.

Mon monomane s'en alla enchanté en s'écriant : Ah! c'est une bonne idée! c'est une bonne idée! je vais être vengé!

Je ne le revis plus, et je ne sais ce qu'il est devenu.

XLI

VOL A MAIN ARMÉE, LA NUIT, CHÉZ UNE SEPTUAGÉNAIRE

A l'extrémité de la grande rue de la Chapelle-Saint-Denis était une maison en quelque sorte isolée, habitée seulement par la veuve Cordier, âgée de soixante-douze ans, et son petit-neveu, le jeune Charles Dutertre, à peine âgé de dix ans. La veuve Cordier n'avait pas de domestique et passait dans le voisinage pour posséder une fortune convenable. Elle était propriétaire de plusieurs maisons et de quelques pièces de terre d'un bon rapport. Elle avait reçu au mois de novembre 1850 une forte somme d'argent provenant de la vente de l'un de ses terrains Cette rentrée de fonds, bien que connue de peu de personnes, n'en devint pas moins bientôt le sujet des conversations du quartier, et plus d'une voisine avait dit, en montrant la demeure de la vieille propriétaire : « En voilà un nid à pièces de cent sous! »

Le 1er décembre, notre septuagénaire, ainsi que son neveu, venaient de se mettre au lit, lorsqu'ils entendirent un bruit de vitre cassée dans la pièce contiguë à celle où ils se trouvaient. La tante se figure que ce bruit a été causé par quelque chat, elle se lève pour faire cesser le désordre; mais à peine a-t-elle ouvert la porte de sa chambre qu'elle se trouve en présence de trois hommes qui avaient brisé la vitre, fait jouer l'espagnolette et escaladé la fenêtre pour pénétrer dans l'intérieur de la maison. L'un d'eux se précipite sur la dame Cordier, la saisit fortement à la gorge, lui pose une main sur la bouche pour l'empêcher de crier, et, la renversant à terre sur le dos, lui place les genoux sur la poitrine pour la maintenir dans cette position. Un autre lui tient les jambes pour l'empêcher de faire aucun mouvement, et, lui montrant un poignard : Voilà, lui dit-il, de quoi te servir si tu cries!

Le premier agresseur lui ordonne de livrer l'argent qu'elle possède. Sur sa réponse qu'elle n'a que sept cents francs contenus dans un sac posé sur une table, dans une chambre au premier étage, le troisième malfaiteur allume une bougie dont il s'est préalablement muni. Alors elle voit distinctement trois individus vêtus de blouses, et qui, pour se rendre méconnaissables, ont imaginé de se noircir la figure.

L'homme à la bougie entre dans la chambre de la veuve Cordier, enjoint au jeune Dutertre de se lever, de prendre dans les poches de sa tante les clefs qui s'y trouvent, et de le conduire au premier étage, dans la pièce où est déposé le sac indiqué par la vieille dame. Charles obéit, le voleur le suit et un moment après redescend, annonçant à ses complices, qui tiennent toujours leur victime étendue à terre, qu'il n'a trouvé que sept cents francs, et qu'il a inutilement fouillé la chambre en tous sens. Dès lors, la pauvre veuve est soumise à de nouvelles demandes, à de nouvelles menaces, à de nouvelles violences qu'elle endure avec un courage qu'on pourrait ne pas attendre d'une femme de son âge.

— Dis-nous où est ton argent!

Et la malheureuse persiste à dire qu'elle n'a que ce qu'elle a déclaré, les sept cents francs du sac.

— Pas tant de raisons! s'écrie celui qui lui tient les pieds, puisqu'elle ne veut pas parler, expédions-la tout de suite...

Et les mains qui sont autour de son cou se contractent de nouveau; un poignard brille à ses yeux et s'abaisse sur sa poitrine, une seconde encore et peut-être le crime sera-t-il consommé; mais non, car, chez la veuve, l'instinct de la conservation l'emporte, l'amour de la vie est plus puissant que celui de l'argent. D'un signe imperceptible elle a demandé à parler, et aussitôt que cela lui a été possible, elle s'est empressée de déclarer qu'elle a, dans une chambre du haut, six mille francs contenus dans des sacs en toile. L'homme à la bougie remonte avec le jeune Dutertre, mais soit précipitation, soit quelque autre cause, il ne trouve pas l'argent indiqué, il redescend en disant à ses complices : Cette vieille gueuse-là se moque de nous, il faut qu'elle aille elle-même nous chercher son *quibus!* Alors ces misérables laissent madame Cordier se relever; mais la lutte qu'elle a soutenue l'a tellement affaiblie qu'elle tombe sur une chaise placée derrière elle. Ils la saisissent de nouveau, et, tandis qu'un des voleurs lui serre le cou pour l'empêcher de crier, l'autre la tient derrière par la taille pour l'aider à monter l'escalier. Enfin on est dans la chambre, la vieille dame écarte un tas de haricots et montre sept sacs contenant ensemble six mille francs. Les voleurs s'en emparent, reconduisent leur victime dans sa chambre, fracturent ensuite un buffet dans lequel ils espèrent trouver de l'argenterie et où ils ne trouvent à prendre que quelques chandelles, forcent la tante et le neveu à se recoucher et s'enfuient emportant les 6,700 francs.

Mais le petit Charles qui, en se recouchant, n'avait pas ôté son pantalon, saute en bas de son lit et court fermer la porte de la cour. Il aperçoit alors les trois voleurs qui se sauvent par le fond du jardin.

Cette scène n'avait pas duré moins de trois quarts d'heure. Quelques instants après, toute meurtrie des nombreuses marques des tentatives de strangulation dont elle avait failli être victime, la veuve Cordier, dont le sang s'échappait par la bouche, réunissait le peu de forces qui lui restait pour aller demander du secours au sieur Marthiothe, son plus proche voisin. Tels étaient les événements dont le récit remplissait bientôt d'effroi la population de la Chapelle.

Informé de ces circonstances, je me rendis immédiatement sur les lieux pour étudier le théâtre du crime; je reconnus que les misérables qui en étaient les auteurs avaient dû escalader une haie, puis traverser un marais et enfin escalader encore un mur avant d'arriver dans les dépendances de l'habitation, et de là dans l'intérieur de la maison. La manière dont le crime avait été commis, les circonstances qui l'avaient précédé ou accompagné, les questions, les menaces qui en avaient marqué les différentes phases, tout me prouvait clairement que ce crime n'était point le fait de *carroubleurs*, briseurs de portes, *escarpes* ou tous autres forçats, mais bien plutôt l'œuvre de quelques rôdeurs de barrière qui avaient appris par la voix publique la vente que la veuve Cordier avait faite et la rentrée de fonds qui en était résultée.

Je fis explorer les barrières, les cabarets mal famés de la banlieue, les guinguettes des environs de Paris, d'abord par mes agents ostensibles, puis par mes cosaques irréguliers et mes auxiliaires du dimanche. Toutes ces recherches étaient restées infructueuses, lorsqu'un matin j'entendis une vive discussion dans l'antichambre qui précédait mon cabinet; l'une des deux voix, grave, puissante, accentuée, était celle de mon garçon de bureau, l'autre, chevrotante, avinée, m'était parfaitement inconnue; je sonnai.

— Qu'est-ce donc?

— Monsieur, il y a là une femme ivre que je ne puis parvenir à mettre à la porte, elle veut absolument vous parler.

— Faites-la entrer, alors.

— Mais, monsieur, c'est que...

— Faites entrer! elle peut avoir quelque chose d'intéressant à me communiquer.

Mon garçon de bureau obéit un peu à regret, et bientôt je vis paraître une femme entre deux âges, trébuchant, et qui, dès qu'elle fut entrée dans mon cabinet, fit la grimace à son introducteur, en lui disant :

— Je t'l'avais ben dit, mon bonhomme, que j'voulais y parler à ce mossieu, et que j'y parlerais, puisque j'veux être moucharde, quoi, moi !

Je l'engageai à s'asseoir; elle pouvait à peine se tenir debout. Elle était vêtue d'une mauvaise robe d'indienne et coiffée d'un mouchoir en marmotte, mais le tout souillé de vin et de boue, puant l'eau-de-vie à vingt pas. Enfin l'ensemble de cette femme offrait quelque chose d'immonde.

— Faut pas faire attention à ma toilette, dit-elle, parce que je travaille à la poudrette, là-bas, derrière le chemin de fer.

— Que me voulez-vous ?

— Voilà : j'voudrais être agente de police, afin de faire arrêter tous les gueux, les vauriens, les voleurs de la Villette et de la Chapelle, un tas de propres à rien qui ne travaillent jamais et qui ont toujours de l'argent plein les poches.

— Vous en connaissez donc beaucoup ?

— Comment beaucoup ! c'est tous ! tous ! que j'connais ! c'est pour ça que j'voudrais être moucharde, mon petit...

Je passai par-dessus cette familiarité, et, pensant qu'elle pourrait m'être utile dans l'affaire que je suivais, je continuai :

— Avez-vous entendu parler du vol commis à la Chapelle, chez la veuve Cordier ?

— Pardine ! et si j'voulais, on ne serait pas longtemps à les pincer, les voleurs !

— Eh bien ! si vous voulez vous occuper de cette affaire et me donner quelques indices certains, je vous récompenserai généreusement ; et, pour commencer vos recherches, voilà deux pièces de cinq francs.

Mon ouvrière de la poudrette partit enchantée et revint trois jours après. Cette fois elle fut introduite sans difficulté ; mais elle était encore entre deux vins, et même un peu plus : c'était son habitude.

— J'ai de bonnes nouvelles à vous apprendre ; j'ai une de mes anciennes amies qui avait quitté son mari, parce qu'à eux deux ils f... la misère par quarteron, si bien qu'ils ne pouvaient plus rester ensemble, parce que, vous savez, quand il n'y a plus de foin au râtelier, les chevaux se battent ; mais voilà-t'y pas qu'un beau matin ils se sont recollés ensemble. Le mari lui a acheté une garderobe complète, à elle qui était à peu près mise comme moi, et chaque jour ça vous fait des noces et des bombances; ils ne quittent plus la barrière, quoi ! et les amis prétendent que c'est lui qui a fait le coup de la vieille avec un autre nommé Toussaint et un vieux appelé le père Louis.

— Mais comment s'appelle le mari, et où demeure-t-il ?

— Attendez donc, vous allez voir si je suis capable d'être un agent de la police ; il s'appelle Lecalonec; et, pour savoir si tout ce qu'on m'avait dit était bien vrai, je me suis rendue rue de Hambourg, 24, au rez-de-chaussée, *ousqu'ils* restent, pour faire semblant de venir voir la femme, mais ils n'y étaient ni l'un ni l'autre.

Je la remerciai beaucoup de ces renseignements, et, lui mettant encore dix francs dans la main, je la congédiai en lui recommandant le plus grand secret.

Le lendemain matin, l'inspecteur principal Fraudin, accompagné de plusieurs agents, allait requérir l'assistance du commissaire de police du quartier, et se transportait avec lui au domicile de Lecalonec, afin d'opérer son arrestation ; mais ce malfaiteur parvint à s'échapper par une fenêtre. Toutefois son complice Toussaint fut arrêté ; on trouva sur lui une somme de 2,000 francs ; plus tard, Menaudier, dit le père Louis, et Lecalonec furent également placés sous la main de la justice Au domicile du premier, rue du Rocher, 36, on saisit 1,500 fr. et chez le second 1,000 francs environ.

Confrontés tous trois avec la veuve Cordier et le jeune Dutertre, ils furent reconnus à la voix par leurs victimes qui désignèrent le rôle que chacun avait joué dans ce drame nocturne. Ils furent tous trois condamnés aux travaux forcés à perpétuité, dans la séance de la cour d'assises du 25 octobre 1851.

Comme on vient de le voir, ces criminels eussent peut-être joui de l'impunité, si j'avais refusé d'accueillir une créature tombée dans le dernier abrutissement. Quand il s'agit de découvrir des malfaiteurs, on ne doit dédaigner aucun renseignement, de quelque part qu'il vienne; et c'est souvent le plus infime qui met sur la trace du criminel.

XLII

LA FEMME D'UN OFFICIER

Pour le riche comme pour le pauvre, la vie n'est qu'un roman plus ou moins long, plus ou moins gai, dont le dénoûment est parfois imprévu. Mais dans tous ces existences disparates, parmi ces romans d'une heure ou d'un jour, suivant la rareté ou la multiplicité des événements, il est toujours un chapitre, un souvenir agréable ou douloureux dont le cœur s'émeut, et qui à lui seul renferme souvent l'intérêt de la vie tout entière. Pour l'ambitieux, c'est le jour où, parvenu à voir accomplir son rêve d'orgueil et de folie, il est tout à coup supplanté par un rival qui détruit subitement le résultat de toute une vie de combinaisons, d'intrigues et de calculs ; pour l'avare, c'est le moment néfaste où un larron s'est emparé de son trésor ; pour la jeune pensionnaire, c'est l'heure où, délivrée des grilles du couvent, après avoir si longtemps rêvé l'amour idéal et romanesque de quelque beau jeune homme, elle est brusquement jetée dans les bras d'un vieillard asthmatique ou d'un brutal égoïste. Pour presque tous, c'est la désillusion des rêves caressés longtemps avec délice, c'est la déception au contact glacial de la réalité.

Cependant, pour quelques privilégiés, ce chapitre imprévu a été marqué par quelque grande action, quelque glorieuse entreprise, quelque noble dévouement; ceux-là forment le petit nombre, et ce n'est point à propos d'une de ces existences à part que je vais retracer des émotions qui laissent un souvenir ineffaçable.

Un jour, une dame d'un âge respectable vint à mon bureau, accompagnée de sa fille, madame X***, mariée depuis plusieurs années à un officier dont le régiment était en garnison à Paris. L'air attristé de la mère et plus encore la pâleur et l'expression de profond désespoir empreintes sur la figure de la fille, remarquablement belle, me disposèrent malgré moi à une compassion dont j'ignorais encore la cause.

— Monsieur, me dit la mère, voici ma fille qui veut se suicider et qui mettra bien certainement cette déplorable idée à exécution si vous ne venez pas à son secours !

Deux grosses larmes contenues depuis longtemps coulèrent silencieusement le long de ses joues amaigries.

— Mon Dieu, madame, m'empressai-je de dire à la jeune femme, que vous est-il donc arrivé qui puisse vous porter à une pareille extrémité ?

— Hélas ! monsieur, un précipice était devant moi, je m'y suis volontairement laissé entraîner, et si aujourd'hui vous ne pouvez rien pour me sauver, il ne me restera qu'à mourir, car mieux vaut la tombe que la honte et l'infamie dont je suis menacée.

— Soyez persuadée, madame, que, quoi que ce soit, je ferai tout pour vous être utile, si toutefois cela est en mon pouvoir.

— Merci, monsieur ! mais je vous dois la vérité entière, et je compte sur votre indulgence pour excuser la longueur de mon récit.

J'avais dix-huit ans lorsque ma mère me retira du couvent pour me garder auprès d'elle dans la petite ville qu'elle habitait à quelques lieues de Paris. Ainsi qu'il arrive toujours, lorsqu'une jeune fille possède une certaine dot, les partis ne manquèrent pas de s'offrir; mais j'étais jeune, j'étais heureuse de cette liberté que je possédais; ce monde que je connaissais à peine me séduisait et laissait trop peu de temps à mon esprit pour me permettre de songer encore au mariage. Je refusai les partis qui se présentaient, et ma mère, soumise à mes désirs et jalouse de mon bonheur, approuva ma résolution. Cette disposition d'esprit, habituelle aux jeunes filles, ne pouvait toujours durer. Parmi les officiers en garnison dans notre ville, et que nous rencontrions quelquefois dans les salons, j'en remarquai un dont les manières distinguées, l'air noble et réservé, le langage affable, me charmèrent tout d'abord; bientôt il captiva mon cœur. M. X*** demanda ma main, il me plaisait, ce fut sa meilleure recommandation, et, quelque temps après, ma mère lui compta 50,000 francs pour ma dot.

Je fus heureuse dans les premiers temps de notre union; mon mari était plein de bons procédés pour moi. Ce bonheur semblait ne devoir jamais finir; mais, hélas! mon mari fut pris peu à peu d'une glaciale indifférence, et bientôt il me laissa dans un isolement cruel pour moi, dangereux pour lui. Lorsqu'il rentrait, il était continuellement maussade et daignait à peine m'adresser la parole. Cette existence insupportable dura pendant deux années; vainement j'avais cherché à le ramener à moi par des soins affectueux et des marques d'amour. Chaque fois que j'essayais de lui reprocher son indifférence et de lui faire comprendre mon ennui, il me répondait : « Tu t'ennuies? eh bien! va passer six mois ou un an près de ta mère. » Lassée de voir si mal accueillir mes avances, je me résignai à écrire mes peines à ma mère, qui me répondit de suivre le conseil de mon mari et de venir la retrouver. Quelques jours plus tard j'étais dans ses bras...

Un an se passa, sans que, dans les rares lettres que mon mari m'écrivait, il me parlât du désir de me revoir près de lui. J'attendis vainement cette bonne parole; alors je me décidai à lui écrire que, s'il le voulait, j'étais prête à aller le rejoindre; mais il me répondit que cela était impossible, qu'on parlait de changer de garnison et qu'il fallait éviter un double voyage; c'était évidemment un prétexte. Quoi qu'il en fût, je n'avais qu'un parti à prendre, celui d'attendre auprès de ma mère qu'il plût à mon mari de me rappeler. Sur ces entrefaites, un de nos amis, chez qui nous étions en visite, nous présenta un M. B***, adjudant au régiment en garnison dans notre ville. Il avait des manières distinguées, la voix douce et insinuante, un regard ferme et assuré, et c'était un fort bel homme. Il nous demanda la permission de venir nous présenter ses hommages et nous fit d'abord quelques rares visites, puis insensiblement il les multiplia au point de venir tous les jours. Il aurait fallu que je fusse aveugle pour ne point m'apercevoir qu'il venait uniquement pour moi ; aussi, un jour que nous nous trouvions seuls, il me déclara son amour en termes passionnés. Je lui répondis de manière à ne lui laisser aucun espoir. Bien qu'il n'abandonnât pas ses projets à mon égard, ses visites devinrent moins fréquentes, et j'évitai avec soin de me trouver seule avec lui.

Il y avait dix-huit mois que j'étais auprès de ma mère, lorsqu'un matin je reçus de mon mari un ordre formel de venir le rejoindre immédiatement à V***, sa nouvelle garnison. Quand B*** apprit que je devais partir, il épia avec soin le moment où ma mère était sortie, et, comme une personne familièrement admise dans la maison, il entra sans se faire annoncer dans le salon où je me trouvais. Il recommença à me parler de son amour ; il était suppliant et me disait ses angoisses et ses tourments ; je le repoussai avec indignation. Lorsqu'il vit que j'étais inébranlable, il parut désespéré et prit, comme à son arrivée, un visage timide et respectueux.

Il me supplia de lui pardonner, et me déclara que, ne pouvant vivre sans me voir, il ferait les sacrifices les plus pénibles pour se rapprocher de moi ; puis il se retira.

Je passerai légèrement sur mes adieux à ma mère, sur ma réception par mon mari, toujours aussi froid, aussi indifférent. J'avais, pour dissiper mes ennuis, une amie, la femme de notre chef de bataillon. Elle était à peu près au courant de mes chagrins. Un jour, en allant lui faire visite, je rencontrai dans la rue un soldat qui me salua avec affectation. Je le regardai et lui trouvai une grande ressemblance avec l'adjudant B***. Je pensai que c'était peut-être son frère. Cette rencontre m'avait tout émue, et la femme du commandant, à mon arrivée chez chez elle, s'aperçut de mon trouble et m'en demanda la cause.

— La cause, lui dis-je, est bien futile. Je viens de rencontrer un soldat qui ressemble à s'y méprendre à un adjudant, M. B***, que je voyais quelquefois dans le monde, lorsque j'étais près de ma mère. Cette ressemblance est tellement parfaite, que je ne puis revenir de ma surprise.

— Mais, ma toute bonne, cette ressemblance est très-facile à expliquer. L'adjudant B*** et le soldat que vous venez de rencontrer ne sont qu'une seule et même personne. C'est une espèce de fou, un original, un cerveau brûlé qui a donné sa démission d'adjudant dans je ne sais quel régiment pour s'engager comme simple soldat dans le nôtre.

A ces mots, je me sentis fort troublée ; je me rappelai le serment que B*** avait fait de ne reculer devant aucun sacrifice pour se rapprocher de moi. Je compris alors sa permutation d'un régiment à un autre avec la perte de son grade ; et, prétextant une violente migraine, je demandai immédiatement la permission de me retirer.

En arrivant à mon domicile, je me couchai, j'avais la fièvre. Dans une longue nuit d'exaltation et d'insomnie, je fis de fâcheuses comparaisons entre la conduite de mon mari et celle de B*** ; j'établis un dangereux parallèle entre l'amour de l'un et l'indifférence de l'autre, entre le dévouement du second et la froideur du premier ; enfin, que vous dirai-je ? j'étais presque coupable, je me sentais faiblir malgré moi. A partir de ce moment, mes visites aux dames des officiers furent plus fréquentes, car, chaque fois que je sortais, j'étais certaine de rencontrer B***, qui, fort respectueusement, se contentait de me saluer. Un tel respect ne pouvait que me le faire estimer, et je l'aimais déjà. Un soir, en sortant de mon hôtel, je me trouvai face à face avec lui. Ma surprise fut si grande que je ne pus refuser un carré de papier grand comme la moitié de la main, qu'il me tendait en silence. Je reçus ce papier sans savoir si je faisais bien ou mal ; je remontai chez moi. Mon mari était au café et ne rentrait qu'à onze heures. J'ouvris le billet ; il contenait ces mots : « Je vous supplie de m'accorder seulement un regard ! » Cette prière d'une si humble résignation plaidait mieux en sa faveur que toutes les protestations qu'il aurait pu faire de vive voix. Sur ces entrefaites, le régiment reçut l'ordre de changer de garnison. Nous étions dans le nord, il fallait aller dans le midi ; c'était toute la France à traverser. Mon mari m'engagea à aller passer quelque temps auprès de ma mère. Un tel désir était un ordre pour moi, et je partis brusquement sans que B*** pût se douter de mon départ, heureuse que mon mari me fournît ainsi un moyen facile d'échapper au danger.

Je trouvai ma mère telle qu'elle avait toujours été pour moi, c'est-à-dire bonne et affectueuse. Depuis une année, je vivais heureuse auprès d'elle, lorsqu'un jour, pour mon malheur, je vis B***, en uniforme d'officier, passer devant mes croisées. Le lendemain, il se présenta chez ma mère comme une vieille connaissance, et je dois avouer que je le revis avec plaisir ; l'absence ne me l'avait pas fait oublier. La république lui avait rendu ses épaulettes dans un régiment en garnison à Paris. Profitant de l'accueil qui lui avait été fait, il renouvela sa visite, et bientôt il quittait presque chaque jour la capitale pour venir passer quelques heures à la maison. Je le trouvai plus aimable que jamais. Nos relations devinrent plus intimes ; un commerce de lettres s'établit entre nous ; et, que vous dirai-je ? cette correspondance ne tarda pas à consigner qu'il n'avait plus rien à désirer que la constance de mon amour... Cet état de choses durait depuis six mois, lorsque je reçus une lettre de mon mari, m'annonçant que son régiment venait en garnison à Paris. Il fallait opter entre mon amant et mon mari. Je n'hésitai pas un instant à rompre avec le premier. J'étais mère, j'avais un enfant en pension, il était temps de mettre un terme à ma conduite coupable. De plus, me disais-je, B*** est honnête homme, il comprendra ma position, il m'aime, et bien certainement il approuvera ma résolution ; car si nous avons été faibles l'un et l'autre, il est toujours temps de chercher à réparer sa faute.

Mais combien j'étais dans l'erreur, combien j'avais mal jugé cet homme que j'avais tant aimé, et auquel j'avais sacrifié tendresse maternelle et devoir conjugal! Lorsque je lui exprimai la détermination que j'avais prise de rompre entièrement nos relations, lorsque je cherchai à faire vibrer dans son cœur cette corde d'honneur que je croyais si sensible, il ne trouva pour me répondre qu'un mouvement de fureur; et, protestant que je lui appartenais, il jura que je ne serais jamais à mon mari; que si je voulais donner suite à mon projet, il saurait bien m'en empêcher... Ce langage me révolta; ma faute me parut plus grande alors, et je sommai B*** d'avoir à me rendre immédiatement les lettres qu'il tenait de moi. Il s'écria d'un ton étrange que jamais je n'aurais ces lettres, qu'il s'en servirait pour me perdre auprès de mon mari, et que, de cette façon, quand je serais déshonorée aux yeux du monde et chassée ignominieusement par ma famille, je serais bien heureuse de lui revenir... Ces dernières paroles mirent le comble à mon indignation, et, sans daigner lui répondre, je le quittai précipitamment. Quelques jours après cette scène, mon mari arrivait à Paris, où j'allais aussitôt le rejoindre dans l'appartement qu'il avait loué près de la caserne. A peine y étais-je installée, que j'appris que B*** avait donné sa démission pour ne pas aller en Corse où son régiment était envoyé; et, deux jours après, je recevais par la poste une lettre dans laquelle il me demandait un rendez-vous et me menaçait, en cas de refus, de tout faire connaître à mon mari.

Cette lettre resta sans réponse.

Dès lors sa rage ne connut plus de bornes; il alla partout, disant à qui voulait l'entendre que j'avais été sa maîtresse et qu'il le prouverait. Enfin il écrivit à mon mari pour lui faire connaître nos anciennes relations, en ajoutant qu'il était prêt à lui donner des preuves de mon adultère. Après avoir lu cette lettre, M. X*** me l'a présentée en me disant: « Madame, si le crime dont on vous accuse est vrai, je vous tuerai et je me tuerai ensuite pour ne pas être la risée de l'armée! » Ce matin, B*** lui a écrit de nouveau, il lui donne rendez-vous pour demain neuf heures, à son domicile, et s'engage à lui remettre les lettres qu'il a reçues de moi. Or si mon mari va à ce rendez-vous, il me trouvera morte à son retour ! Voilà, monsieur, la position désespérée dans laquelle je me trouve ; voyez si vous pouvez m'en retirer ! Ma vie est entre vos mains !... Et ses larmes s'échappèrent en abondance.

Je la rassurai du mieux qu'il me fut possible ; je lui promis de trouver un moyen d'arracher des mains de son persécuteur les pièces de conviction qu'il possédait et dont le témoignage devait la perdre ; je lui recommandai en même temps de mettre tout en œuvre pour empêcher son mari d'aller au rendez-vous avant l'heure indiquée.

— Pour cela, je puis vous le promettre, me dit-elle ; il ne sortira de chez nous qu'à neuf heures.

C'était tout ce que je désirais, je congédiai la mère et la fille en les invitant à revenir me voir le lendemain aussitôt après le départ du mari.

Resté seul, j'allai immédiatement trouver M. Carlier, je lui racontai dans tous ses détails cette affaire tant soit peu romanesque.

— B*** est un misérable, me dit-il, et puisque cette femme reconnaît sa faute et revient à des sentiments meilleurs, nous ne pouvons raisonnablement pas laisser perdre un ménage et compromettre l'avenir d'un brave officier. Avez-vous un moyen de salut pour eux ?

— Je n'en vois qu'un : arracher ces lettres des griffes de B***. Il est signalé comme un homme politique mécontent ; je vais vous faire un rapport dans ce sens, vous voudrez bien ensuite décerner un mandat de perquisition pour rechercher les armes ou munitions de guerre et les papiers susceptibles d'examen ; ce sera bien le diable si on ne parvient pas à s'emparer de ces fâcheuses lettres.

— Oui, c'est cela, j'y consens, faites vite...

Le lendemain, de grand matin, on opéra une perquisition dans la chambre de B***, et, outre des papiers compromettants pour lui, on saisit un paquet contenant toute la correspondance de madame X***. Quelques heures plus tard, madame X*** entrait dans mon cabinet, accompagnée de sa mère; je présentai à la fille le paquet de lettres, elle tomba sur un fauteuil et s'évanouit.

Revenue à elle, une vive rougeur colora tout son visage; c'était de la honte, du repentir et de la joie, bien légitime d'ailleurs.

Au comble de l'exaltation, elle me sauta au cou en me disant : « Ah! monsieur, vous m'avez sauvé l'honneur et la vie! car tout était préparé pour me donner la mort en rentrant chez moi, si cette maudite correspondance n'avait pas été dans vos mains.

La pauvre mère, radieuse, s'empressa d'emmener sa fille chez elle avant la rentrée du mari, qui, en arrivant au rendez-vous, avait appris l'arrestation de B***, et revint convaincu qu'il avait eu affaire à un misérable imposteur ou à un fou.

Quant à madame X***, c'est aujourd'hui une bonne mère de famille, résignée auprès de son mari, affectueuse pour son enfant, bonne et douce avec tous; elle s'efforce de racheter ses torts par une conduite exemplaire.

XLIII

LE SOMNAMBULISME

Depuis vingt ans et plus, une industrie nouvelle, charlatanisme qui séduit l'homme par son attrait vers le merveilleux, a pris une extension des plus grandes. Le somnambulisme est un moyen de plus, parmi ceux qui existent en si grand nombre déjà, d'exploiter la bonne foi des gens crédules. Tous nos journaux ont été souvent remplis de réclames en lettres d'un centimètre de haut, proclamant mademoiselle X*** ou mademoiselle Y*** comme la somnambule la plus lucide qui ait jamais paru;

et pourtant, Dieu sait ce que ces réclames contenaient de mensonges, de leurres, de tromperies ! Je ne prétends point discuter ici la plus ou moins grande lucidité de l'âme sous l'influence du sommeil magnétique, mais à propos des miracles prétendus, des phénomènes tant prônés au profit des praticiens en escroqueries, je crois utile de raconter plusieurs faits de nature à enseigner quelle confiance on doit accorder aux oracles du somnambulisme.

Une dame se présenta un jour à mon cabinet et me déclara qu'elle était concierge d'une maison voisine de la Bourse, que, le matin même, pendant une absence de cinq minutes environ, on avait dérobé dans le tiroir de sa table un billet de banque de mille francs et diverses valeurs, le tout pouvant former le chiffre approximatif de 1,400 francs. « Et figurez-vous, monsieur, continua-t-elle, qu'en rentrant chez moi, j'ai rencontré sur le pas de ma porte un jeune homme qui demeure au cinquième dans ma maison, un propre à rien, soi-disant clerc d'avoué sans place, qui cherchait à se donner une contenance, en regardant en l'air, mais qui, bien sûr, tremblait alors de frayeur. A ce moment-là, je ne savais encore rien ; mais lorsque je me suis aperçue de ce vol, je me suis rappelé l'air piteux de mon locataire. Je me suis dit tout de suite : Je suis bien sûre que c'est lui qui a fait le coup, et alors, moi qui n'agis pas légèrement, au lieu de faire du bruit, je suis allée immédiatement chez un fameux somnambule, qui m'a dit, tout en me voyant quoiqu'il dormît : « Eh bien ! vous avez été volée ce matin par un jeune homme qui demeure dans votre maison au cinquième, et qui a travaillé dans une étude, mais qui maintenant ne fait rien. » Puis mon somnambule m'a désigné tout ce qu'il y avait dans la chambre de mon voleur, en ajoutant que la fenêtre était en face de la porte. C'était bien là une preuve évidente ! Aussi je suis venue pour que vous le fassiez arrêter tout de suite et mettre en prison. J'étais allée voir mon commissaire de police, mais il n'a pas voulu faire arrêter mon voleur et il m'a renvoyée en m'adressant à vous.

— Il a bien fait, madame, et vous me permettrez de vous dire que j'ai tant de fois été trompé par les renseignements de MM. les somnambules, que je n'y crois pas du tout.

— Cependant, monsieur, le somnambule me l'a parfaitement désigné, avant que je ne lui eusse dit un mot de mes soupçons, et comme il m'a signalé la chambre de l'auteur du vol, quoiqu'il ne la connût aucunement, il n'y a pas de doute qu'il ait dit vrai.

— Quoi que vous en disiez, je vous répète qu'il ne m'est pas permis non plus de faire arrêter un homme sur d'aussi faibles indices. Surveillez votre locataire, ne le perdez pas de vue, afin qu'on le trouve facilement quand le moment sera venu, et ne vous tourmentez pas davantage, je vais m'en occuper.

La concierge partit fort mécontente, disant qu'elle ne comprenait pas que la police ne fît pas arrêter immédiatement un voleur qu'on lui mettait sous la main. J'allai au cabinet de M. Carlier lui parler de cette affaire.

— C'est bien, me dit le préfet ; mais comme l'ignorance rend parfois stupide, pour éviter que cette bonne femme aille débiter partout que la police s'entend avec les voleurs, je vais faire faire un mandat de perquisition, et l'on s'assurera ainsi que les objets volés ne sont pas chez le jeune homme soupçonné.

Pendant ce temps, la portière allait toujours son train, elle était sortie furieuse de mon cabinet ; la course qu'elle fit augmenta encore son agitation, et, en arrivant chez elle, elle s'empressa de raconter à ses voisins et voisines le résultat de sa visite au chef du service de sûreté.

A ce moment, M. B***, banquier, demeurant dans la maison, vint à passer devant la loge ; notre financier était fort causeur et excessivement curieux ; la portière lui raconta le vol et les révélations que lui avait faites le somnambule. M. B***, émerveillé, veut se rendre lui-même chez l'oracle et entendre de ses propres oreilles la révélation surnaturelle, et bientôt, côte à côte, banquier et portière se rendent chez l'homme au sommeil clairvoyant. Celui-ci explique de nouveau les renseignements qu'il a primitivement donnés à la portière, et M. B***, de plus en plus émerveillé, arrive en toute hâte à mon cabinet, me demande pourquoi je ne fais point arrêter l'individu suspect. Une circonstance avait porté au plus haut degré la croyance du banquier : on avait présenté au somnambule une liste de noms parmi lesquels on avait omis à dessein celui du jeune clerc, et il s'était écrié : Votre voleur n'est pas là, car il s'appelle X***!

Malheureusement pour les convictions du banquier et de la digne portière, on me remit à l'instant le mandat de perquisition, je l'expédiai aussitôt, et l'opération démontra irrécusablement qu'il n'existait chez le jeune X*** aucun vestige des objets volés.

Quelque temps après, et par suite des renseignements qui furent pris, les soupçons durent se porter sur une concierge de la même rue. Perquisition fut faite à son domicile, elle amena non-seulement la saisie des valeurs soustraites à la plaignante, mais encore divers bijoux dérobés au même banquier qui criait à l'arbitraire et à l'injustice lorsque je ne faisais pas arrêter le jeune clerc d'avoué que le somnambule avait désigné.

Une jeune fille de très-bonne famille, nommée Virginie, avait disparu de chez ses parents ; un magistrat fort respectable, que je connaissais d'ancienne date, vint me faire en ces termes une déclaration officieuse :

« Virginie est blonde, jeune et fort jolie ; son caractère est d'une douceur angélique, et l'on ne saurait exagérer le charme de sa personne ; de plus, elle est somnambule et d'une lucidité vraiment étonnante. J'ai assisté plusieurs fois en famille à de petites séances de magnétisme pendant lesquelles elle a dit des choses tellement surprenantes, que si je ne les avais entendues de mes oreilles, je n'aurais jamais pu y croire. Depuis sa disparition, ses parents ont appris que lorsqu'elle sortait, soit seule, soit avec sa bonne, un monsieur ni vieux ni jeune la suivait constamment; et, après l'avoir accompagnée ainsi, ne la quittait que lorsqu'elle rentrait. On craint, non sans quelque raison, que cet individu n'ait usé de violence à l'égard de cette jeune fille pour l'emmener dans une maison de campagne qu'il possède au village d'E..., à dix lieues d'ici. Ce qui semblerait corroborer cette crainte, c'est que, depuis le départ de Virginie, cet homme n'a pas été revu.

— Mais il y a, dis-je, un moyen bien simple de s'assurer de la culpabilité de ce monsieur, c'est d'envoyer dans ce village quelqu'un d'adroit s'informer si cette demoiselle s'y trouve avec lui.

On fit ainsi, et la personne chargée de cette mission déclara que l'individu suspecté était bien seul à sa maison de campagne.

C'est alors que les parents, ne sachant plus à quel saint se vouer, allèrent chez un somnambule. Il répondit que leur fille avait été enlevée par un monsieur qui lui avait loué une chambre dans la maison d'un épicier, rue Compoise, à Saint-Denis; que, le lendemain matin à onze heures, un commissionnaire nommé C*** se trouverait à la porte Saint-Denis avec une malle sur ses crochets, que le ravisseur viendrait l'y rejoindre, et que tous deux, prenant une voiture, se rendraient à Saint-Denis auprès de la jeune fille.

Le digne magistrat vint me faire part de cet oracle et d'un air si convaincu que, par complaisance pour lui, j'envoyai deux agents à la porte Saint-Denis et deux autres rue Compoise à Saint-Denis, avec ordre d'arrêter amant, maîtresse et commissionnaire, et de les conduire à la préfecture. Les premiers, après être restés en surveillance depuis neuf heures du matin jusqu'à quatre heures du soir, rentrèrent sans avoir vu personne, et leurs camarades explorèrent fort inutilement toutes les maisons de la rue Compoise.

Quelques jours plus tard, je vis encore entrer dans mon cabinet le respectable magistrat.

— Eh bien! lui dis-je, avez-vous quelque chose de nouveau?

— Oui! notre jeune fille est rentrée sous le toit paternel.

— Ah! vraiment! et comment cela?

— Mon Dieu! des passants l'ont trouvée à la Villette, assise au bord du canal, les pieds pendant dans l'eau; elle était dans un état de somnambulisme complet, et quand elle a été éveillée, on l'a ramenée chez ses parents...

— Mais qu'était-elle devenue ?

— Elle l'ignore, et prétend ne se rappeler rien de ce qui lui est arrivé pendant son absence...

Je m'inclinai par déférence devant le narrateur, mais un tel dénoûment ne m'a jamais paru être un exemple triomphant des vertus du somnambulisme.

M. D***, fabricant de bronze, demeurant au Marais, possédait aux portes de la capitale une charmante maison de campagne, où chaque dimanche de l'été il allait avec sa famille se délasser des travaux de la semaine, laissant à sa bonne la garde du magasin et de l'appartement. Un jour, cette surveillance fut insuffisante, car on pénétra chez le fabricant à l'aide de fausses clefs, et un vol considérable fut commis à son préjudice. Informé de cet événement, M. D*** revint immédiatement chez lui, et, après examen et informations prises, il resta convaincu que sa bonne avait facilité à son prétendu, ouvrier chapelier, les moyens de commettre ce vol. Nonobstant sa conviction, il n'en crut pas moins devoir consulter une somnambule qui confirma ses soupçons. Dès lors, bien convaincu de ne s'être pas trompé, il vint me dénoncer sa bonne et le chapelier, sur lesquels je fis prendre des renseignements qui furent des plus favorables.

Je fis en même temps opérer au domicile de l'ouvrier chapelier une perquisition qui n'amena la découverte d'aucun des objets volés; l'affaire dut en rester là, et M. D*** fut obligé de se contenter de renvoyer sa bonne, tout en restant persuadé que le vol avait été commis à son instigation.

Six mois après, j'appris qu'un voleur émérite demeurait rue Traversière-Saint-Antoine; je le fis immédiatement arrêter, et, dans la perquisition faite à son domicile, on trouva des couteaux portant la marque du fabricant de bronze. Interrogé sur la possession de ces objets, le repris de justice déclara qu'ils provenaient d'un vol qu'il avait commis à l'aide de fausses clefs avec le concours d'un de ses camarades, chez un fabricant du Marais.

La somnambule avait pourtant déclaré que les voleurs n'étaient autres que la bonne et son amant !

Je pourrais certainement citer ainsi plus de cinquante affaires qui, à quelques petites variantes près, se ressemblent toutes, mais que prouverais-je ? Que le somnambulisme, en tant que prédiction de l'avenir ou révélation de choses inconnues, est, comme je l'ai d'abord énoncé, une industrie, un charlatanisme, et qu'ici le somnambule, comme le flatteur de la fable, vit aux dépens de celui qui l'écoute ; mais ceci est je crois suffisamment démontré.

A cette époque, le magnétisme n'était pas seulement une chose à la mode, c'était une fureur, une rage. La plus mince réunion, la plus petite soirée voulait avoir sa séance de somnambulisme ; c'était une épidémie ! Dans la loge de la portière, dans la mansarde de l'étudiant, dans les salons du banquier, chacun se livrait aux études de la double vue, chacun voulait être lucide quand même, et il n'y avait plus dans Paris que des somnambules, des magnétiseurs et de crédules prosélytes ; c'est ainsi qu'on préparait le règne des chapeaux tournants, des tables parlantes et des esprits frappeurs.

Naturellement cette confiance dans un pouvoir quasi-surnaturel amenait toutes les personnes victimes de vol à avoir recours au somnambulisme pour découvrir leurs voleurs. Or tous ou presque tous se présentaient devant cet oracle de nouvelle espèce avec l'idée fixe de soupçons portés sur un individu : aussitôt qu'un vol est commis dans une maison, la personne volée ne manque pas de suspecter un locataire, un de ses domestiques ou un commensal, par suite de ce raisonnement que, pour dévaliser un appartement, il faut que les voleurs soient au courant des habitudes de celui qui l'occupe, afin de profiter de son absence pour commettre le crime. Mais comment ces doutes pourraient-ils être exclusifs, lorsqu'on connaît la manière d'agir des *cambrioleurs* (voir l'article sur ce genre de voleurs), lorsqu'on sait qu'ils nourrissent une affaire plusieurs mois à l'avance, et que l'un d'eux ne perd pas de vue la

22

victime pour accourir au besoin et prévenir ceux qui commettent le vol du retour imprévu du locataire? ou encore lorsqu'on sait qu'un adroit voleur, un hardi fripon, un Renaud par exemple, va au hasard frapper doucement à la porte d'un appartement, puis frappe un peu plus fort, puis enfin, ne recevant pas de réponse, ouvre la serrure avec une fausse clef, et, après s'être emparé de tout ce qu'il a trouvé à sa convenance, disparaît sans bruit comme il est venu?

Aussi, presque tous ces pauvres gens, victimes de voleurs plus ou moins adroits, venaient-ils m'assiéger, et, chaque jour, il me fallait entendre des dépositions relatant toutes un vol plus ou moins important, et m'indiquant un nom, une adresse de voleur, dictés par le somnambule. Chaque jour, après avoir reçu leurs plaintes, il me fallait désillusionner les plaignants, ce qui n'était pas toujours facile, et les renvoyer fort mécontents, car ils étaient venus avec l'intime conviction que la police n'aurait plus qu'à mettre la main sur des malfaiteurs qui lui étaient si explicitement désignés.

XLIV

EMPOISONNEMENT DE T*** ET ASSASSINAT DE SA VEUVE

A qui cherche mal, mal arrive.

Il est à remarquer que presque toutes les actions que la société réprouve, que la morale condamne, portent leur punition en elles-mêmes, et ce qui me paraît frappant, c'est que le châtiment atteint les trois quarts des individus qui fréquentent habituellement les maisons de prostitution.

Celui-ci est volé, celui-là est battu, cet autre tombe malade, cet autre encore ruine et sa santé et sa bourse; d'autres enfin y trouvent la mort par suite de circonstances en dehors de toute prévision et qui semblent être de terribles avertissements donnés par la providence pour détourner le plus grand nombre de la fréquentation de ces lieux infâmes.

Avant d'en raconter un exemple dont j'ai été appelé à connaître toutes les particularités, je crois devoir rappeler ici la mort de ce garde national qui, au lieu de monter tranquillement sa garde et de rentrer sagement chez lui, alla passer la nuit dans la maison de tolérance de Grognard, rue de la Tannerie, et fut écrasé par l'écroulement subit de ce lieu de débauche. Puisse le souvenir de cette catastrophe et du fait suivant imprimer une salutaire retenue à ceux qui sont enclins à hanter de pareilles maisons!

Le 31 décembre 1849, vers cinq heures du soir, un commissionnaire se présentait chez la fille publique Vher, demeurant rue de la Victoire, et lui remettait de la part d'un anonyme une petite boîte contenant six gâteaux recouverts de crème. Cette boîte, envoyée ainsi, ressemblait trop à une galanterie pour être refusée. La fille Vher en attribua la gracieuseté à quelque adorateur de la veille, du jour ou même du lendemain, et partagea ces gâteaux avec la fille Baltande, sa domestique; mais, une demi-heure à peine écoulée après qu'elles en eurent mangé, la vie de toutes deux était en danger : les gâteaux avaient été saupoudrés d'arsenic. Dans la même soirée, vers huit heures, un commissionnaire se présentait également dans la maison de tolérance située rue du Vert-Bois, n° 3, et remettait à la fille Louise Ronceaux une boîte en verre contenant cinq petits gâteaux à la crème et une lettre signée Sophie Ronceaux, sœur de la première, annonçant l'envoi de cette boîte. Vers une heure du matin, après que, selon leurs habitudes, ces dames eurent soupé, la fille Louise partagea ses gâteaux avec plusieurs de ses camarades et un sieur T***, émailleur, qui se trouvait en ce moment dans cette maison. Presque aussitôt, tous éprouvèrent d'horribles coliques, et le sieur T***, ainsi que la fille Griffon, expirèrent dans la journée même.

La similitude de ces crimes, les circonstances qui les avaient précédés et les souffrances qui en avaient été les suites montraient parfaitement une seule et même main distribuant simultanément le poison homicide. Les relations privées des filles Vher et Ronceaux désignèrent bientôt le coupable.

Pendant de longues années, le nommé Jean-Claude Aymès, alors âgé de trente-cinq ans, assez habile graveur sur métaux, avait préféré vivre du prix honteux de la prostitution de la fille Vher d'abord, et ensuite de celle de la fille Ronceaux. Cette dernière avait à peine seize ans lorsqu'elle avait été séduite et arrachée à sa famille par Aymès, qui l'avait amenée à Paris pour l'installer dans une maison publique. Ces deux créatures, lassées par les mauvais traitements d'Aymès, s'étaient successivement décidées à le quitter, et bien qu'il les eût menacées de les empoisonner, elles avaient refusé de renouer les relations qu'elles avaient rompues.

Les renseignements qui vinrent se joindre à ces premières données changèrent bientôt ces probabilités en certitudes. Le commissionnaire qui avait porté la dernière boîte déclara qu'elle lui avait été remise par un jeune homme nommé Provo, dont il indiqua l'adresse. Celui-ci prétendit à son tour que cette boîte lui avait été donnée par un individu qu'il ne connaissait pas et qui lui avait bien recommandé de la remettre au commissionnaire stationnant au coin des rues Saint-Denis et Sainte-Foy. Enfin Aymès fut découvert, arrêté, jugé, condamné à mort et exécuté.

Le jour même du double empoisonnement de la rue du Vert-Bois, le sieur T***, l'émailleur avait été transporté chez lui, et, ainsi que je l'ai dit, il y était mort dans la journée. Un ouvrier qu'il employait depuis peu, nommé Gaillard, s'offrit à la veuve pour passer la nuit auprès du corps, et l'offre fut acceptée avec reconnaissance, avec tant de reconnaissance même, que, le diable aidant, un mois après, au vu et au su des voisins, Gaillard était l'heureux amant de la veuve inconsolable.

Ce Gaillard était le même que celui dont j'ai parlé dans mon article sur les recruteurs ; c'est lui qui, étant impropre au service militaire, servait de compère à K***, qui le substituait aux jeunes conscrits devant les conseils de révision ; il avait été condamné à plusieurs reprises pour vol et pour faux, et, en dernier lieu, à cinq ans de réclusion et à la surveillance. Physiquement, Gaillard était bel homme dans toute l'acception du mot, quoique ayant certaine infirmité cachée. Il était haut de taille, bien pris de corps ; il avait le teint blanc et frais, les yeux bleus, grands et expressifs ; la chevelure longue, noire et soyeuse ; d'épaisses moustaches donnaient à sa physionomie une expression mâle et résolue. Ces avantages, madame veuve T***, d'ailleurs peu jolie, ne les avait que trop appréciés, et, comme je l'ai dit, elle n'avait pas tardé à céder aux instances amoureuses de l'ouvrier émailleur. Cependant, hâtons-nous d'ajouter que le mariage devait consacrer plus tard ces relations coupables ; mais un obstacle imprévu devait s'élever entre les deux amants et les séparer à jamais. Un jour, la veuve T*** reçut une lettre lui signalant Gaillard comme un voleur plusieurs fois repris de justice et placé sous la surveillance. Après la lecture de cette malencontreuse lettre, une scène violente eut lieu ; Gaillard nia énergiquement tout le contenu de la missive et s'emporta tellement en imprécations et en menaces de mort contre son auteur inconnu, que sa maîtresse, effrayée, s'enfuit avec la pensée de s'assurer si ce qu'on lui avait écrit de son amant était vrai. Dans ce cas, elle se promettait bien de rompre tout à fait avec lui.

Pour s'éclairer à ce sujet, elle vint me trouver et me prier de lui faire connaître si Gaillard était un repris de justice placé sous la surveillance de la haute police.

— Madame, je ne puis répondre à vos questions.

— Cependant, monsieur, voici la lettre que je viens de recevoir, et il n'y a que vous seul qui puissiez me dire si ce qu'elle m'annonce est réel.

— Assurément, mais je ne puis ni ne dois révéler à personne la position judiciaire de qui que ce soit.

— Alors, monsieur, bien que sachant qu'un homme a été aux galères, la police le laisserait épouser une fille estimable et tromper une famille honnête plutôt que de faire connaître sa position ? Mais c'est infâme !

22*

— A tout cela, madame, je ne puis vous répondre qu'une seule chose : c'est que la police ne doit compte des antécédents des individus qu'à la justice. Quant aux familles qui désirent être fixées sur les soupçons qu'elles peuvent concevoir, la collection de la *Gazette des Tribunaux* est à leur disposition dans tous les cabinets de lecture ; il leur est donc possible de lever leurs doutes en pareil cas.

Connaissant la position judiciaire de Gaillard, mais ne pouvant la divulguer, je m'étais décidé à cette réponse évasive, afin d'offrir immédiatement une planche de salut à cette malheureuse femme. La veuve T*** me répliqua avec une grande animation que, bien qu'elle ne pût rien obtenir de la police, elle était résolue d'avoir, à quelque prix que ce fût, les renseignements positifs qu'elle désirait, et qu'elle n'aurait point de repos jusque-là. « Car, ajouta-t-elle, je jure devant Dieu que si Gaillard est sous la surveillance, je cesserai toutes relations avec lui et que je ne le reverrai de ma vie ! »

En sortant de mon cabinet, elle se dirigea vers le Palais de justice, et, arrivée dans la salle des pas perdus, elle y avisa un des vieux écrivains publics, et lui mettant vingt francs dans la main, le chargea de faire les recherches nécessaires, lui promettant une forte récompense si, sous deux jours, il lui donnait la preuve de ce qu'elle avait tant d'intérêt à connaître. Le vieux scribe, au courant de toutes les affaires de cour d'assises, ne tarda pas à être en mesure de mettre sous les yeux de sa généreuse cliente le journal contenant la condamnation de Gaillard.

J'ignorais ces particularités, lorsque, quinze jours après la visite que m'avait faite la veuve T***, cette femme se présenta de nouveau devant moi, me fit part du moyen qu'elle avait employé pour s'éclairer et conclut en me priant de la protéger contre les fureurs de son ancien amant. La scène de séparation avait été terrible ; Gaillard était parti, vomissant des imprécations et des menaces contre sa maîtresse ; mais il n'avait d'abord donné aucune suite à l'expression de sa colère, lorsque après un certain temps, il avait appris que pour se créer un appui et un défenseur, la veuve T*** projetait de se marier avec un sieur C***. A cette nouvelle, Gaillard, furieux, s'était présenté chez la veuve et lui avait juré de la tuer si elle ne rompait pas ses projets d'union et si elle ne se décidait pas à se marier avec lui.

Je fis venir Gaillard à mon cabinet, je l'engageai sévèrement à laisser tranquille la veuve T***, le menaçant, en cas contraire, de le faire expulser de la capitale, et Gaillard m'avait formellement promis d'obéir à mes injonctions. Pendant plusieurs mois je n'entendis plus parler ni de l'un ni de l'autre.

Au mois de janvier suivant, la femme T*** vint de nouveau me prier de la protéger contre Gaillard, qui l'avait encore, et à plusieurs reprises, menacée de l'assassiner. Je chargeai l'inspecteur principal Fraudin, qui connaissait très-bien Gaillard et la veuve T***, à laquelle il avait précédemment rendu quelques services, d'établir, au moyen de deux agents, une surveillance protectrice auprès de cette femme. Je fis rechercher Gaillard, mais inutilement, parce qu'il se cachait sous un faux nom. Cette affaire en était restée là, lorsque, vers le milieu de février 1851, la veuve T*** revint à mon cabinet, mais cette fois pour me remercier de mes bons offices et me dire que, n'entendant plus parler de Gaillard, elle me priait de discontinuer la surveillance qui la protégeait. J'acquiesçai à sa demande, tout en gardant en moi-même une certaine appréhension de voir se réaliser les menaces dont elle avait été l'objet, et, tout en faisant rentrer mes agents, je dis à Fraudin de passer de temps en temps chez cette femme pour s'assurer si sa quiétude continuait.

Malheureusement, ce que je prévoyais arriva. Gaillard, qui, dans la crainte d'être arrêté, s'était tenu prudemment caché tant que la surveillance avait duré, apparut tout à coup quand elle fut levée; et, apprenant que son ancienne maîtresse était à la veille de se marier avec son nouvel amant, il résolut de la tuer avant que ce mariage ne s'accomplît. Le 27 février, il se présenta au domicile de la veuve T***, rue Phélippeaux, et là, sans lui faire le plus léger reproche, sans proférer la moindre menace, sans lui adresser une seule parole, il lui tira à bout portant deux coups de pistolet et chercha à s'enfuir. Mais, au moment où sa victime expirait, les voisins, effrayés de cette double détonation, fermaient la porte de l'allée, et le meurtrier, pris comme dans une souricière, était bientôt livré à la justice. Interrogé par le juge d'instruction, Gaillard déclara avoir commis ce meurtre avec préméditation; mais, malgré ses aveux positifs et circonstanciés, le jury, avec une indulgence que d'autres moins coupables n'ont pas toujours rencontrée, écarta du chef de l'accusation la circonstance aggravante de préméditation, et Gaillard fut condamné aux travaux forcés à perpétuité.

Poussé à commettre ce crime par la passion désordonnée que lui avait inspirée une femme qui par elle-même n'avait rien de séduisant, Gaillard était devenu assassin par amour. Avant de commettre son crime, il avait cherché plusieurs fois à rencontrer Fraudin pour lui brûler la cervelle, parce qu'il était persuadé que c'était aux insinuations de mon inspecteur principal qu'il devait l'abandon de sa maîtresse et la résolution qu'elle avait prise de se marier avec un autre. Aussi, en quittant la prison de la Roquette pour être conduit à Brest, jura-t-il qu'il s'évaderait du bagne pour venir à Paris assassiner Fraudin, auteur présumé de tous ses maux. Pendant sa prévention à Mazas, cet homme, qui ne rêvait cependant que sang et vengeance, employait ses journées à confectionner des couronnes qu'il envoyait par des commissionnaires au Père-Lachaise sur la tombe de sa victime.

Deux ans se sont écoulés depuis ces événements. Fraudin, après avoir ri des menaces de Gaillard, a fini même par les oublier complétement, lorsque l'on apprend que le meurtrier de la veuve T*** s'est échappé du bagne, ainsi qu'il l'avait annoncé; on ne sait ce qu'il est devenu, mais il doit être en route pour Paris, car il a juré d'assassiner Fraudin et il l'assassinera. Chez cet homme, la vengeance est tout : on l'a vu à l'œuvre. Effectivement, il marche vers la capitale, et ce n'est que le vingtième jour après son évasion qu'il arrive au but de son voyage. Il touche du doigt à la réalisation de son désir; il est dans la même ville que celui qu'il poursuit de sa haine implacable, chaque pas peut les rapprocher l'un de l'autre, chaque instant peut les mettre face à face, et alors l'un des deux mourra, on sait lequel; car dans la lutte entre un assassin armé et un honnête homme sans défense, le résultat ne peut être douteux !

Mais le doïgt de Dieu conduit Gaillard rue Saint-Lazare. Assez de sang a été versé par ce misérable, ses crimes sont comptés. Là il rencontre un camarade et tous deux entrent chez un marchand de vins, où ils s'abandonnent à de copieuses libations; les têtes s'échauffent; Gaillard raconte à son ami toutes les particularités de son évasion; mais le maître de la maison a entendu cette conversation tout entière. Minuit arrive; le marchand de vins, en renvoyant ses consommateurs, laisse à son garçon le soin de fermer la boutique et suit prudemment Gaillard de loin pour savoir où il va coucher.

Le lendemain matin, à cinq heures, le commissaire de police du quartier, prévenu par l'honnête commerçant, se rendait au domicile indiqué, et le forçat évadé, pris au gîte, était renvoyé au bagne sous bonne escorte. Fraudin ne dut la vie qu'à cette circonstance providentielle.

Je ne terminerai pas ce chapitre sans présenter quelques considérations personnelles à propos du juste motif qui avait déterminé la veuve T*** à rompre toutes relations avec Gaillard.

J'ai vu de trop près un grand nombre de criminels endurcis pour approuver la pratique de cette philanthropie exagérée qui permet à tous les coupables indistinctement de rentrer dans la société après l'expiration de leur peine. A mon avis, la société est toujours imprudente d'être généreuse à ce point envers ceux qui se sont déclarés ses ennemis à tout jamais. L'expérience a surabondamment démontré que l'on ne peut rien attendre de bon de certains malfaiteurs; l'être dégradé qui par ses actes a prouvé qu'il ne voulait demander qu'au crime ses moyens d'existence, commet toujours de nouveaux forfaits quand il est rendu à la liberté, car il peut alors mettre à exécution ses mauvais desseins, attendu que la police ne fait pas connaître les antécédents des repris de justice.

De cette situation, toute à l'avantage du criminel, a failli découler pour Gaillard la possibilité de donner légitimement son nom à la veuve T***.

A ce point de vue, j'ai toujours amèrement regretté que, lorsqu'il s'agit de mariage, la police, consultée par la partie intéressée, ne soit pas tenue de démasquer le forçat libéré assez adroit pour avoir réussi à cacher son ignominie à une honnête famille prête à l'accueillir, et qui l'eût repoussé si elle avait connu son passé.

XLV

LE PORTIER PICARD ET LE COUP DU SAC

M. B***, ami intime de M. Carlier, préfet de police, vint lui annoncer que le sieur K***, négociant, dont il était créancier pour une somme de soixante-dix mille francs, avait déposé son bilan, mais un bilan frauduleux.

— Le coquin se cache, disait M. B***, mais si on pouvait mettre la main sur lui, je me chargerais bien de lui faire rendre gorge !

M. Carlier m'envoya le plaignant avec un de ses huissiers chargé de me recommander de mettre tout en œuvre pour retrouver cet honnête banqueroutier. M. B*** m'apprit que son débiteur demeurait, avant sa disparition, au boulevard Saint-Martin. Ce fut là le seul renseignement précis qu'il put me donner.

J'allai moi-même prendre des informations dans la maison indiquée ; j'appris que le sieur K*** y avait son appartement encore occupé par sa femme, mais que pour le moment il était en voyage. La vérité était que, depuis le jour de sa fuite, il n'avait pas reparu chez lui. Je crus que pousser par là mes investigations serait peut-être compromettre le salut de l'affaire, et je me retirai. D'un autre côté, j'avais appris par un commissionnaire que plusieurs fois M. K*** lui avait donné des lettres à porter à une femme, sa maîtresse, demeurant rue du Faubourg-Montmartre. J'établis une surveillance au domicile de cette femme, ainsi qu'à celui de la femme légitime. Les agents avaient pour mission d'arrêter K*** s'il se présentait dans l'une ou l'autre maison, et de suivre les deux femmes partout où elles iraient; mais comme elles sortaient fort souvent en voiture, je mis à la disposition de chaque surveillant un cabriolet à la journée. Toutes ces mesures n'amenèrent aucun résultat, et pendant huit jours que mes agents restèrent en observation depuis six heures du matin jusqu'à minuit, rien ne vint révéler ce que nous voulions connaître, la résidence du banqueroutier.

Tout le monde sait que les facteurs de la poste ont l'habitude de prononcer à haute voix, sur le seuil de la porte du concierge, les noms des locataires à qui des lettres sont adressées. Vu cette habitude, j'imaginai de faire suivre le facteur par un agent et cela d'assez près pour que celui-ci pût entendre les noms prononcés, et, dans le cas où il y aurait eu une lettre pour l'une des deux femmes surveillées, l'agent devait entrer immédiatement chez le concierge, lier conversation avec lui sous un prétexte quelconque et chercher à lire, pendant cet entretien, le timbre de la ville où la lettre avait été mise à la poste. Cette combinaison échoua comme les autres, et quelques jours après, l'inspecteur chargé de suivre le facteur chez le concierge de madame K***, ne put s'empêcher de me dire, en me rendant compte de sa mission : « Ce vieux cancre de pipelet est entêté comme un vrai Picard qu'il est! Il paraît que son locataire l'a bien *recordé*. »

Le fait est que jusque-là nous avions eu affaire à forte partie : tout avait été prévu, et quelles qu'eussent été les ruses mises en œuvre, elles étaient restées sans succès.

Un mot m'avait frappé.

— Il est Picard, dites-vous?

— Oui, monsieur.

— Qui vous le fait croire?

— Oh! cela n'est pas difficile à reconnaître à son langage, à son accent.

— Fort bien, repris-je. Eh! parbleu, s'il en est ainsi, nous tenons peut-être notre homme.

J'envoyai chercher aussitôt un de mes cosaques irréguliers, qui, ayant travaillé fort longtemps dans les différentes villes de la Picardie, connaissait parfaitement le patois du pays et pouvait très-facilement se faire passer pour Picard pur sang. Je lui expliquai clairement la position, et je conclus ainsi : — Vous allez vous rendre chez le concierge de madame K***, et, pour entrer en conversation avec lui, vous lui demanderez le premier nom venu; il vous répondra qu'il ne le connaît pas; de là résultera une petite explication que vous ferez cesser en vous écriant tout à coup : Ah! ça, est-ce que vous êtes Picard? Le bonhomme répondra affirmativement, et, en qualité de compatriote, vous lui offrirez un canon sur le comptoir. Mais ensuite vous aurez soin de vous installer dans un cabinet en compagnie d'une bouteille de bon vin : à celle-ci, vous en ferez succéder une autre, jusqu'à ce que vous voyiez votre cerbère assez pris de vin pour être confiant et bavard. Alors vous lui conterez, sous le sceau du secret, que vous avez été dans le commerce, que vous avez fait de mauvaises affaires, que vous êtes recherché par la police, mais que vous avez su lui échapper en déjouant toutes ses démarches. Cette confidence, faite en qualité de compatriote, provoquera sûrement celle de votre partner, et, votre position étant identique à celle de K***, il est présumable que votre Picard vous contera à son tour l'histoire de son locataire, peut-être sans le nommer, mais à coup sûr assez explicitement pour que nous puissions le trouver. Mon cosaque était un homme d'intelligence, il joua son rôle à merveille, et, les choses s'étant passées comme je l'avais prévu, nous sûmes que notre failli se cachait à Montmartre sous le nom insignifiant de M. André; seulement une nouvelle difficulté se présentait : K*** habitait un logement dont les fenêtres donnaient sur un jardin qui avait une porte de sortie sur une petite ruelle. Au moindre éveil, il pouvait donc prendre la fuite, et d'ailleurs, il découchait souvent.

Le lendemain, j'envoyai à Montmartre trois agents, dont un seul devait pénétrer dans la maison indiquée; il était déguisé en conducteur des messageries et porteur d'un registre et d'un sac contenant huit cents francs en argent. D'après mes instructions, il se présenta au concierge.

— Monsieur André? est-ce ici?
— Oui, mais il est absent.
— Diable! c'est ennuyeux! je lui apporte une somme de huit cents francs qu'on lui envoie de Bordeaux (et en disant ces mots il faisait sonner ses écus); ma foi, je ne peux pas mieux faire, j'en suis bien fâché pour lui, mais je ne reviendrai pas de si loin.
— Mon Dieu! murmura le portier, je ne sais vraiment pas comment faire; M. André m'a bien défendu de dire à n'importe qui, et pour quoi que ce fût, à quel endroit il est.
— C'est possible, mon vieux, lui répond l'agent; votre M. André, d'après ce que je peux voir, a peut-être des créanciers, et il ne veut pas qu'on sache où il est, c'est très-bien; mais si l'on se cache de ceux qui vous demandent de l'argent, ce n'est pas une raison pour qu'on s'éclipse aussi pour ceux qui vous en apportent. Cependant...
— C'est ma foi vrai! reprend le pipelet, flatté de la justesse de ce raisonnement à sa portée, on ne repousse jamais ceux qui vous apportent des écus. Eh bien! monsieur, puisqu'il en est ainsi, M. André va tous les matins dans les bureaux de M. Z***, négociant, rue Saint-Denis : c'est là que vous le trouverez.

L'agent partit immédiatement, mais il se dit à part lui : K*** est une fine mouche qui se méfie de tout et qui semble deviner ce qu'on veut faire contre lui : si je vais chez le négociant demander bêtement : M. André? il est capable de faire répondre quelqu'un pour lui et de nous filer entre les mains en s'apercevant que ce n'est qu'un semblant pour le *pincer*. Lesté de ces réflexions mûries pendant le trajet, le prétendu conducteur, escorté à distance par les deux autres agents, arriva rue Saint-

Denis, et demanda au concierge de la maison de vouloir bien le conduire lui-même auprès de M. André pour qu'il pût lui remettre un sac de huit cents francs qu'il avait à son adresse.

Le concierge s'empressa d'introduire mon agent dans un des bureaux du sieur Z***, et, s'adressant à la personne qui s'y trouvait : M. André, lui dit-il, voici un facteur des messageries qui veut vous remettre un sac d'argent. Mais au grand ébahissement du cerbère, à la non moins grande stupéfaction du sieur K***, le faux conducteur avait déjà posé sa main sur l'épaule du banqueroutier, en lui disant :

« M. K***, vous êtes mon prisonnier, en vertu d'un mandat judiciaire ! »

K***, échappant à l'étreinte de l'agent comme si c'eût été un fer rouge qui l'eût touché, prenait son chapeau, et, tout en faisant quelques observations, se disposait à tenter une nouvelle fuite ; mais, à ce moment, les deux autres agents entraient dans le bureau, et le failli, jugeant toute résistance inutile, se laissait tranquillement emmener à la préfecture.

Quant à M. B***, l'ami du préfet, je ne sais si, grâce à cette arrestation, il put, ainsi qu'il l'avait annoncé, recouvrer ses soixante-dix mille francs.

XLVI

LÉON LAMBEL ET LESPINASSE

Dans le courant d'une soirée du mois d'août 1849, un vol important était commis au préjudice de mademoiselle H***, artiste au Théâtre-Historique. D'audacieux voleurs, profitant de sa présence obligée au théâtre, pénétraient, à l'aide de fausses clefs, dans son appartement situé au quatrième étage de la maison du café Allez, au coin de la rue Saintonge et du boulevard du Temple; puis, fracturant les meubles, vidant les armoires, se retiraient en emportant les objets les plus précieux.

Informé de ce vol, je me transportai sur les lieux, où je me fis expliquer les circonstances qui l'avaient accompagné. J'appris que dans une pièce de l'appartement on avait trouvé un petit cheval en argent oxydé auquel il manquait la moitié d'une jambe, et qui semblait s'être détaché des breloques d'un larron fashionable. J'examinai avec soin les traces d'effraction, et je n'hésitai pas un seul instant à déclarer aux personnes présentes que, dans ma pensée, il n'y avait à Paris que deux hommes, Léon Lambel et Lespinasse, tous deux forçats libérés, capables d'accomplir un vol dans des conditions semblables et avec autant d'audace que d'habileté.

Un homme de lettres qui, poussé par la curiosité, était venu avec les artistes du théâtre pour s'informer des particularités de ce vol, me regardait avec le plus grand étonnement.

— Comment, me dit-il, rien qu'en voyant de quelle manière un vol a été commis, vous en devinez les auteurs? C'est vraiment merveilleux. Et si vous pouvez me donner des preuves que ce sont ces deux hommes qui ont volé mademoiselle H***, je vous promets de faire dans un journal une belle page sur votre habileté.

— Oh! lui répondis-je, cela n'en vaut pas la peine et je vous en remercie. Toutefois, je tiens à vous prouver que je connais mon personnel de voleurs, et, avant peu, j'ose espérer qu'on ne pourra douter de la culpabilité de mes deux forçats.

Dès ce jour, Léon Lambel et Lespinasse devinrent l'objet des plus actives, des plus persévérantes recherches. Malheureusement je devais éprouver les plus grandes difficultés pour les découvrir, car un seul de mes agents, nommé Sallier, et moi connaissions Lambel pour l'avoir arrêté sur le boulevard lorsque j'étais officier de paix. D'un autre côté, je n'avais jusque-là, contre ces deux individus, aucune preuve, aucun indice positif; je n'avais absolument que ma conviction, et cela ne suffisait certainement pas pour la faire partager aux autres. Il me fallait donc d'autres arguments pour justifier mon accusation, confirmer mon dire et me permettre de marcher droit au but que je me proposais.

A cet effet, je fis venir dans mon cabinet mes cosaques irréguliers.

— Quels sont ceux d'entre vous, leur dis-je, qui ont été au bagne de Brest et qui ont connu Léon Lambel et Lespinasse, mais surtout le premier?

— Moi... moi... moi... monsieur !

— Y a-t-il longtemps que tu l'as vu? demandai-je au premier.

— Au moins une année.

— Et toi?

— Oh ! il y a bien six mois.

— Eh bien ! et toi? dis-je au troisième.

— Moi, je l'ai vu il y a deux mois environ ; je l'ai rencontré dans le faubourg du Temple, à preuve que nous avons pris un canon de vin chez le *mannezingue* (marchand de vin) qui fait le coin des rues Fontaine-au-Roi et Méricourt.

— Était-il avec quelqu'un?

— Non, il était seul.

— Comment était-il mis?

— Oh ! toujours *rupin* (bien mis) ! redingote et pantalon noirs, bottes vernies, crânement ficelé, là !

— Mais portait-il des bijoux, des diamants, une montre?

— Oui, une montre ! A preuve que ma femme, *la Pucelle*, lui a dit : — Tu d'vrais bien m' donner ton petit dada qu' t'as au bout de la *canelle de ton bogue* (la chaîne de ta montre). — T'en voudrais pas, qu'y a fait. — Voyez-vous c't' esbrouffeur (faiseur d'embarras) ! qu'y a répondu *la Pucelle* à son tour ; avec ça qu'il est *chouette* (beau) ton *cagne* (cheval), il a une *guibolle* (jambe) cassée !

— Comment, il a une jambe cassée?

— Oh ! cassée ! J'vais vous dire, y en manquait la moitié.

— Tu l'as donc bien remarqué, cette breloque?

— Pardié ! certainement.

— Où est *la Pucelle* en ce moment?

— Elle *tire six marques* (fait six mois) à Saint-Lazare.

— Ah!... bien... merci!... Maintenant, ajoutai-je en m'adressant à tous, vous pouvez vous retirer; et si vous rencontrez Lambel et Espinasse, cherchez-leur une querelle d'Allemand; battez-vous avec eux de manière à vous faire arrêter ensemble et conduire ici comme forçats en rupture de ban. Je m'engage à vous faire sortir immédiatement et à vous donner cent francs de récompense. Allez... Et mes cosaques me quittèrent, bien décidés à se faire arracher en lambeaux plutôt que de manquer une si bonne aubaine.

Aussitôt après leur départ, je pris un cabriolet pour me rendre à la prison Saint-Lazare, où je fis venir devant moi la fille Robert, dite *la Pucelle*. Je lui adressai sans préambule les questions suivantes :

— Pour combien es-tu condamnée? lui dis-je.

— Six mois.

— Eh bien! si tu veux être franche et me dire toute l vérité sur ce que je vais te demander, demain je te ferai sortir d'ici.

— Parlez, parlez vite.

— Y a-t-il longtemps que tu as vu Léon Lambel?

— Deux mois environ. J'étais avec mon homme; nous l'avons rencontré dans le faubourg du Temple, même que nous avons pris un canon au coin de la rue Fontaine-au-Roi, et que c'est lui qu'a payé.

— Portait-il des bijoux quand tu l'as rencontré?

— Oui, il avait des bagues, une chaîne et une montre, même que parmi ses breloques il avait un petit cheval comme argenté, à qui y manquait une patte, et qu' j'ai voulu qu'il me l' donne, même qu'il m'a *envoyée à l'ours* (a refusé).

— Eh bien! connais-tu ceci?... Et en même temps je lui montrai la breloque trouvée chez mademoiselle H***.

— Tiens, c'te bêtise! c'est l' dada à Lambel; je le reconnais très-bien.

Mon interrogatoire en resta là; mais le lendemain, comme je l'avais promis à *la Pucelle*, elle était libre.

Je dois avouer que j'éprouvai la plus grande satisfaction en voyant ma conviction confirmée par ces deux témoignages, conviction qui jusqu'alors ne pouvait être regardée que comme une présomption.

Sur ces entrefaites, M. Péloile, marchand de vins traiteur, route et barrière d'Italie, n° 3, vint me prévenir que deux individus auxquels il avait servi à déjeuner, dans une salle située au premier étage de son établissement, avaient pénétré dans son logement particulier et s'étaient emparés d'une somme de 6,710 francs, dont 4,200 francs en billets de banque et 2,510 fr. en argent; plus une timbale, une montre et un pistolet. Je lui demandai le signalement de ces deux individus, et aussitôt je reconnus dans ces signalements Léon Lambel et Lespinasse. Je m'enquis alors de toutes les circonstances de ce coup de main, je renvoyai ensuite le marchand de vin en lui disant que je le ferais demander ainsi que son sommelier, pour les confronter avec les voleurs dès que ceux-ci seraient arrêtés. Toutefois je devais éprouver encore de nouveaux ennuis : depuis quelques jours, j'avais perdu complétement la trace de mes deux malfaiteurs, et, tel qu'un mineur dont la lampe s'éteint subitement au milieu d'une galerie souterraine, je n'avançais plus qu'à tâtons et avec hésitation; mais Lambel et son complice se chargèrent de poser eux-mêmes les jalons qui devaient servir à découvrir leur retraite. Un nouveau vol, commis par eux au préjudice d'un sieur Grégoire, marchand grainetier, rue Saint-Lazare, n° 111, me permit de diriger plus sûrement mes recherches.

Léon Lambel fut tout d'abord rencontré dans la plaine de Monceaux par une personne étrangère à la police; puis une active surveillance, habilement exercée par quatre agents employés à la voie publique, fit enfin découvrir que ces deux forçats et leurs maîtresses habitaient une petite maison isolée située à la grande butte de Pologne, près la barrière de Monceaux... Il était minuit, les quatre agents en question vinrent se poster près de la maison signalée. Je leur avais donné mission de surveiller les abords de cette habitation, et de ne pénétrer à l'intérieur qu'au point du jour, pour procéder à l'arrestation de ces voleurs émérites. Vers deux heures du matin, la porte de l'allée s'ouvre sans bruit : Léon Lambel et Lespinasse paraissent sur le seuil ; mais avant que les agents aient pu se précipiter sur eux, ils s'arment de pistolets à bayonnette, et, grâce à la profonde obscurité de la nuit, disparaissent en fuyant. Un agent, resté à l'extrémité de la rue, aperçoit les deux voleurs, court à leur rencontre et les somme de se rendre, mais ceux-ci lui présentent leurs pistolets en lui disant : « Oui, nous sommes bien ceux que tu cherches, mais voilà de quoi te répondre !... » Sans se laisser intimider par cette menace, l'agent s'arme à son tour et continue à les poursuivre. Malheureusement, dans ce quartier désert, la nuit prête son ombre aux deux malfaiteurs, qui ne tardent pas à disparaître complétement.

Pendant que cette scène se passait à l'extrémité de la rue, une femme sortait de la maison et était arrêtée par mes agents; c'était Maria F***, maîtresse de Lespinasse. Dans le cabas qu'elle portait, on trouva un paquet de vingt-quatre fausses clefs, un assortiment de limes, un petit étau et autres instruments de vol, puis trois creusets encore chauds, enfin un lingot d'or à peine refroidi, provenant de la fonte des bijoux volés à mademoiselle H*** et au grainetier Grégoire. La perquisition opérée dans leur logement amena la découverte d'objets provenant du vol commis chez l'artiste du Théâtre-Historique, tels que robes, dentelles, châles, boucles d'oreilles, bas dans le tissu desquels le nom de mademoiselle H*** avait été fait au métier, puis un sucrier garni en argent et diverses autres pièces de conviction, dérobées au sieur Grégoire.

Maria F*** passa devant la cour d'assises et fut condamnée à dix ans de travaux forcés.

Au mois de mai suivant, j'apppris que Lespinasse, recherché jusqu'alors sans succès, s'était réfugié dans le faubourg du Roule, rue de Courcelles. En conséquence, j'envoyai à la pointe du jour deux agents et un brigadier pour procéder à son arrestation. Selon les instructions que je leur avais données, ils montèrent directement à la chambre de Lespinasse et frappèrent à la porte ; mais ils n'obtinrent pas de réponse. Alors, l'un d'eux, s'étant baissé pour regarder par le trou de la serrure, aperçut notre voleur en train de fouiller dans les poches d'un paletot. En moins d'une seconde, la porte fut enfoncée par les agents, Lespinasse fut saisi, et le paletot arraché de ses mains; les poches de ce vêtement contenaient deux pistolets chargés jusqu'à la gueule. Interrogé sur l'emploi qu'il en voulait faire, le forçat répondit que si on lui en avait donné le temps, il aurait infailliblement cassé la tête au premier agent qui se serait présenté. On trouva dans sa chambre douze fausses clefs neuves pour ouvrir des portes cochères, et une somme d'argent assez considérable.

C'est ici, je crois, le moment de dire un mot sur l'association redoutable formée par Lespinasse et Léon Lambel. Lespinasse était grand, d'une force herculéenne et d'une sauvagerie de mœurs qui le rapprochait de l'état de nature. C'était le caractère féroce du sauvage, corrompu par les besoins que lui avait créés la civilisation. Ne sortant jamais qu'armé, il était toujours prêt à faciliter un vol, ou protéger sa retraite par l'assassinat. Autant Lespinasse présentait le type parfait de l'ignorance, jointe à la cupidité et à la plus froide cruauté, autant Léon Lambel, jeune, de figure douce et distinguée, de tournure élégante, de manières affables et prévenantes, d'expressions insinuantes, offrait le spécimen du voleur fashionable, ne *travaillant* qu'en gants jaunes et en bottes vernies. Avec ces avantages multiples, Lambel pénétrait facilement dans les meilleures maisons, dans les sociétés les plus choisies, et là, prenant minutieusement toutes les informations nécessaires avec un tact qui éloignait la plus légère ombre de soupçon, il lui était aisé de mûrir à loisir ses projets, et de ne tenter un coup que lorsqu'il en était parfaitement sûr. En un mot, dans cette union de deux êtres viciés et redoutables, Lambel était l'âme, la tête qui concevait, déterminait, préparait les affaires, et Lespinasse le bras fort et adroit qui les mettait à exécution.

Lespinasse fut amené à mon cabinet aussitôt après son arres-

tation. Je lui parlai du vol commis chez mademoiselle H***.

— Je ne puis nier, me répondit-il, puisque vous avez trouvé dans mon logement divers objets provenant de ce vol.

— Bien, mais vous avez encore une autre affaire?

— Laquelle?

— Mais les 6,710 francs que vous avez volés dans la chambre du traiteur de la barrière d'Italie.

— Je ne sais ce que vous voulez dire.

— Comment! vous prétendez ignorer ce vol?

— Complétement.

— Ah! c'est différent : nous verrons cela plus tard.

— Plus tard, comme aujourd'hui, je vous répondrai la même chose.

— Soit; n'en parlons plus! mais si vous voulez me dire ce que vous avez fait du châle cachemire de mademoiselle H***, et où je pourrai le retrouver, je vous promets de vous faire avoir des douceurs dans votre prison.

— Ah çà! est-ce que vous comptez sur moi pour vous dire quelque chose? Eh bien, merci, vous pourrez attendre longtemps, *je n'ai pas faim, je n'ai pas envie de manger* (dénoncer.)

Le lendemain, escomptant par avance le seul sentiment que Lespinasse eût peut-être au cœur, une amitié véritable pour ses deux sœurs, toutes deux fort estimables, je les fis venir à mon cabinet afin de les engager à déterminer leur frère à faire des révélations; puis j'envoyai extraire celui-ci du dépôt. Ainsi que je l'avais espéré, l'apparition de ces deux personnes produisit sur le forçat un attendrissement des plus vifs; pleurant comme un enfant, il se précipita dans leurs bras et les tint longtemps embrassées; mais au premier mot de révélations, qu'elles prononcèrent, sa férocité naturelle reprit le dessus, il redevint pour tous Lespinasse le forçat, défiant, brutal et insolent. Vainement ses sœurs et moi nous fîmes tout ce qu'il nous fut possible pour savoir où était le châle de l'artiste dramatique, il éventa toutes nos ruses, rejeta toutes nos prières, résista à toutes nos insinuations.

J'ai appris, depuis lors, qu'il n'avait agi ainsi que parce que ce cachemire était entre les mains de la maîtressse de Léon Lambel.

Poursuivant mes investigations, j'envoyai quérir M. Péloile, le marchand de vins de la route d'Italie et son sommelier. Je fis part au commerçant de l'arrestation de l'un des deux voleurs dont il avait été victime, et, lui montrant les deux pistolets saisis sur Lespinasse, il mit aussitôt la main sur l'un d'eux en s'écriant : Voici le mien !

Maintenant, lui-dis-je, il s'agit de vous confronter, vous et votre garçon, avec votre voleur. Lespinasse fut amené devant eux et reconnu sur-le-champ. En présence de l'attestation si positive du garçon qui lui avait servi à déjeuner, et de la déclaration formelle du sieur Péloile relativement au pistolet, devenu ainsi pièce de conviction, l'ex-forçat ne fit aucune difficulté d'avouer que le vol avait avait été commis par lui, de complicité avec Lambel.

Pendant l'instruction de cette affaire, on était enfin parvenu, après plusieurs mois de recherches, à arrêter une petite femme se donnant le nom de Noël, veuve Bernard, qui était inculpée d'un vol de 1,400 francs, commis à l'aide d'effraction au préjudice de M. Gœury-Duvivier, docteur-médecin, rue Richelieu, 41, chez lequel elle était domestique, et d'un autre vol rue de Trévise, 38, commis, chez une dame Saint-Albin, où elle servait sous un autre nom.

Cette voleuse fut amenée à mon cabinet; sa physionomie manifestait une assurance, une impassibilité qui pour moi dénotaient d'autant plus de perversité.

— C'est vous, lui dis-je, qui avez commis le vol de la rue de Trévise !

— Quel vol, monsieur ?

— Le vol dont votre ancienne maîtresse, madame Saint-Albin, a été victime.

— Je vous jure que je ne connais pas cette dame et que je ne sais ce que vous voulez dire.

— Vos protestations sont inutiles ! et vous n'en êtes pas à

votre coup d'essai, car vous avez l'air furieusement *endurcic* dans le crime.

— i, monsieur! vous êtes bien certainement dans l'erreur.

— Tenez! vous dites que vous vous nommez Noël, veuve Bernard : eh bien! je parierais tout ce que l'on voudra que ce ne sont point là vos noms.

— Comment voulez-vous donc que je m'appelle?

— Je l'ignore, mais cela ne me sera certes pas difficile à savoir. Je vais d'abord vous faire conduire à Saint-Lazare, et si vous n'êtes pas reconnue là, je vous enverrai à la prison de Clermont, où bien certainement on vous reconnaîtra.

— S'il en est ainsi, monsieur, je vais vous éviter cette peine; je vois que je ne gagnerais rien à me cacher plus longtemps. Je me nomme Pallery; j'ai subi plusieurs condamnations, et, notamment en 1839, j'ai été condamnée à dix ans de travaux forcés et à la surveillance. Du reste, c'est bien moi qui ai volé chez madame Saint-Albin et chez M. Gœury-Duvivier, mais je n'étais point seule, et voici en quelles circonstances ces vols ont été commis. Un soir, sortant du théâtre de l'Ambigu, je rencontrai Lambel, que je connaissais pour un forçat libéré, voleur de profession. Nous causâmes, et, ma foi, j'allai coucher avec lui. Je lui promis alors de lui faire commettre un vol considérable chez M. Gœury, le médecin dont j'étais la domestique, et, quelques jours après, profitant de l'absence de mon maître, je l'introduisis dans l'appartement. Son ami Lespinasse faisait le guet dans la rue, et, quand tout fut fini, je disparus avec Lambel. Quelque jours après cette affaire, j'allais trouver un placeur rue des Fossés-Montmartre, qui me fit entrer chez madame Saint-Albin. J'avertis Lambel, l'affaire se passa comme chez M. Gœury, et, après le vol commis, je partis encore avec mon amant. Voilà, monsieur, l'exacte vérité.

En conséquence de ces faits, le 21 novembre 1850, la cour d'assises condamnait Lespinasse et la fille Pallery, comme récidivistes, chacun à vingt ans de travaux forcés.

Mais pendant ce temps, que faisait Léon Lambel? Asssocié, après l'arrestation de Lespinasse, avec son jeune frère Jules, aussi forçat libéré, il quittait avec lui Paris pour se soustraire aux recherches de la police. Tous deux se rendaient à Nantes, s'introduisaient la nuit, par le soupirail d'une cave, chez un sieur Chauvel, bijoutier, dont ils dévalisèrent presque entièrement la boutique, et emportaient trente mille francs de bijoux. Puis, après ce coup de maître, nos deux voleurs de la haute pègre quittaient aussitôt la ville, se rendaient à Turin où ils commettaient un nouveau vol de quatre-vingt mille francs. On voit qu'ils n'y allaient pas de main morte.

Mais, au mois de mars 1854, le chef de la police de sûreté de Genève fut informé par un orfévre de cette ville que deux Français, se donnant comme commis-voyageurs, lui avaient commandé chacun un de ces étuis en argent, dits *bastringues*.

Ceci demande une courte explication.

Le bastringue est un étui en argent à l'usage de *messieurs* les voleurs. Cet instrument, de dimensions fort restreintes, renferme de petites scies faites de ressorts de montre, destinées à scier le fer; une paire de fausses moustaches et quelques autres objets très-utiles, soit pour faciliter, soit pour assurer le succès d'une évasion. Il se place dans certaine partie du corps que la bienséance m'empêche de nommer, et tire son nom du bruit qu'il ne manque pas de produire lorsque le voleur se met à courir.

Le chef de la police de Genève fit poster ses agents aux abords de la maison de l'orfévre, et lorsque les deux individus se présentèrent pour retirer leurs étuis, ils furent arrêtés, et l'on chercha dès lors à constater leur identité.

Informée de cette arrestation, et présumant que Léon Lambel pouvait fort bien être l'un de ces deux industriels, la police de France jugea utile d'envoyer un de ses agents pour s'en assurer. L'inspecteur Sallier, qui seul avec moi, comme je l'ai dit, connaissait l'ex-forçat, fut chargé de cette mission, qui eut pour résultat la translation à Paris de cet adroit voleur. Le 29 août de la même année, la cour d'assises condamnait à vingt ans de travaux forcés le principal auteur du vol commis au préjudice de mademoiselle H***.

Vers l'époque où cette artiste de mérite fut victime de ce vol audacieux, quatre de ces nullités qui n'ont de l'artiste que l'étiquette commirent une soustraction avec une adresse qui ne pouvait être égalée que par celle des voleurs à la carre de la famille israélite. Quoiqu'ils n'aient rien eu à démêler avec la justice pour ce fait, je crois n'en devoir pas moins raconter ici les particularités de cette coupable équipée, afin de prémunir les oisifs aisés et faciles à lier connaissance contre le danger de relations amicales avec un certain genre d'individus qui sont toujours prêts à se lier avec qui leur paraît dans une position de fortune bien établie.

Les époux R***, anciens commerçants, s'étaient retirés avec une assez belle fortune, et vivaient dans une jolie maison de campagne qu'ils avaient achetée aux portes de Paris. Ils avaient fait, je ne sais comment, la connaissance d'une actrice très-secondaire de l'un des théâtres des boulevards. Un jour, leur nouvelle amie les engagea à dîner en compagnie d'une autre actrice et de deux acteurs de sa force. Le repas fut gai et assaisonné de bons mots. Au dessert, la chanson grivoise, les propos lurons circulèrent tant et si bien, que la société enchantée, après avoir passé la nuit à table, ne pensa à se séparer que vers cinq heures du matin. L'habitation des époux R*** était non-seulement éloignée, mais isolée; les têtes étaient échauffées. L'un des acteurs proposa d'aller reconduire les rentiers jusque chez eux; et voilà nos gens, deux à deux, bras dessus bras dessous, entreprenant gaiement ce petit voyage. Arrivée chez elle, madame R*** fit les honneurs de sa maison en femme du monde; l'intérieur répondait parfaitement à l'extérieur, et respirait un comfortable, même un luxe des mieux entendus. Ces dames parlèrent toilette; la femme de l'ex-commerçant s'empressa, avec une vanité quelque peu féminine, de montrer une parure en diamants qu'elle possédait. Les actrices se récrièrent sur la beauté de la monture et la pureté de l'eau, les hommes supputèrent la valeur, puis, après s'être passé les diamants de main en main, on remit le tout sur une étagère qui se trouvait dans le salon. On but quelques verres de liqueur et chacun se retira pour aller goûter un peu de repos.

Les hôtes étant partis, madame R***, femme très-soigneuse avant tout, voulut ranger sa parure; elle prend l'écrin sur l'étagère, ouvre son armoire; mais, avant d'enfermer son petit trésor, elle veut y jeter un dernier coup d'œil de satisfaction... O malheur! un cri déchirant retentit dans toute la maison...

L'époux, qui s'apprêtait à se mettre au lit, arrive en toute hâte.

— Regarde! lui dit sa femme, avec l'accent du plus profond désespoir : trois mille francs de diamants qui ont disparu de l'écrin!!...

Il va sans dire qu'ils ne pensèrent point à dormir.

Lorsque j'arrivai à huit heures à mon cabinet, mon garçon de bureau m'apprit que depuis longtemps un monsieur et une dame m'attendaient, c'étaient les époux R***. La femme me raconta, les larmes aux yeux, la triste aventure dont je viens de faire connaître les détails, et conclut par ces mots : — Je ne vous demande qu'une seule chose : faites-moi rendre mes diamants!

— Ceci n'est pas aussi facile que vous voulez bien le croire, répondis-je? D'abord, il est presque certain que vos voleurs n'ont plus vos diamants entre les mains; car, dans la crainte d'une poursuite, ils les auront très-probablement déposés dans un endroit sûr et caché. D'ailleurs, je ne puis rien commencer dans cette affaire avant que vous n'ayez déposé chez votre commissaire de police une déclaration de ce vol.

Ces braves gens se regardèrent un moment tout interdits et semblèrent se consulter du regard; puis ils finirent par me dire qu'ils avaient pensé que je pourrais leur faire retrouver les objets dérobés, sans qu'ils eussent à paraître en justice. Sur ma réponse négative, ils déclarèrent qu'ils aimaient mieux perdre ce qu'on leur avait si indignement volé que d'avoir à comparaître devant les tribunaux, même comme plaignants; et toutes mes instances pour qu'ils déposassent leur plainte furent inutiles.

Et mes quatre individus furent ainsi assurés de l'impunité.

XLVII

RAPT D'UN ENFANT

En ce temps où l'on se pique d'une civilisation inconnue aux anciens, les fastes judiciaires enseignent que le culte du veau d'or des Israélites est encore aujourd'hui ce qu'il était jadis, et il me semble qu'un tel culte n'accuse pas, comme on se plaît à le dire, un grand progrès.

Notre époque, ce me semble encore, a tout exploité, tout avili, jusqu'à préconiser le succès au delà de toute limite. « La fin justifie les moyens » est une maxime à l'usage des petits et des gros. Pour le plus grand nombre, talent, gloire, vertu, mots vides, dont se servent les industriels pour rançonner la sensibilité, l'amour du prochain, l'amitié, comme ils mettent à contribution toutes les mauvaises passions ou la dépravation des mœurs. Un seul mouvement de l'âme paraît échapper en général aux calculs de la cupidité, et, parmi tous les sentiments que l'escroquerie sait exploiter, un seul est habituellement respecté : l'amour maternel, qui s'élève si fréquemment au sublime de l'abnégation. Depuis longues années, la justice n'avait pas eu à punir un exploiteur de cette espèce, lorsqu'un insulaire des bords de la Tamise vint en France prouver jusqu'à quel degré il prétendait pousser en ce genre les calculs de la spéculation.

Il se nommait Williams; jeune, bien fait, de manières agréables, il ne paraissait étranger nulle part, tant son éducation avait été cultivée; il ne fréquentait que la meilleure société, passait l'hiver dans les salons du faubourg Saint-Germain ou de la Chaussée-d'Antin, et l'été à Baden-Baden, Hombourg ou Spa; il courait continuellement de plaisirs en plaisirs, de fêtes en fêtes, et jouait dans le monde le rôle d'un gentleman opulent. Pourtant, il ne possédait ni terre, ni château, ni rente; son nom n'était joint à aucune raison sociale de commerce, il n'avait de capitaux dans aucune entreprise, aucune usine, aucune fabrique : c'était tout simplement un grec, mais un grec émérite, un grec de bon ton, qui, chaque année, grâce aux cartes bizeautées, recueillait dans les salons, pendant la saison des bains, une ample moisson de pièces d'or qui lui permettait d'afficher, pendant l'autre saison, un luxe princier et une prodigalité fabuleuse.

Dans la haute société où Williams était journellement reçu, il avait remarqué madame la comtesse L***, riche rentière, appartenant à une noble famille des Pays-Bas, et qui, peu de temps auparavant, avait perdu son mari. Cette dame avait une petite fille, gracieuse enfant de cinq ans, sur laquelle elle avait reporté tout l'amour d'une âme d'élite blessée par une perte douloureuse; son enfant était tout son bonheur.

Williams, spéculant sur cet amour immense, s'était dit : « Le jour où je pourrai séquestrer cette enfant, la mère fera tous les sacrifices possibles pour la ravoir, et ce jour-là ma fortune sera faite! » Dès ce moment, il mit tout en œuvre pour réaliser son projet.

Voulant se créer un auxiliaire dans la place et s'en servir pour connaître toutes les circonstances pouvant favoriser l'exécution de ses desseins, il commença par faire la cour à la femme de chambre de madame L***, et, grâce à ses avantages personnels, aux cadeaux qu'il prodigua, il ne tarda pas à surprendre la confiance entière de cette domestique. Il apprit que sa nouvelle conquête allait tous les lundis, à dix heures du matin, reconduire à la pension la fille de sa maîtresse en passant par telle et telle rue. Notre Anglais résolut de profiter de cette occasion pour s'emparer de l'enfant, et, le jour indiqué, il avait, dès neuf heures du matin, fait placer un fiacre en station dans un endroit propice pour le rapt qu'il méditait. A l'heure dite, il se croisa comme par hasard avec la sensible soubrette, et, feignant de vouloir profiter de cette rencontre fortuite, il offrit un fiacre pour continuer la route ; l'offre fut acceptée. Le voilà en voiture avec l'enfant et la bonne ; mais, à quelque cinquante pas plus loin, avisant la boutique d'un pâtissier, il donna plusieurs pièces de monnaie à la femme de chambre en la priant d'aller chercher quelques gâteaux pour la petite fille et pour elle-même. La domestique était entrée dans la boutique, et déjà le fiacre partait au grand trot de ses chevaux : au moyen de nombreux détours, il se trouvait bientôt hors de toute atteinte. En sortant de chez le pâtissier, la crédule femme de chambre chercha, mais en vain, le fiacre, son amant et l'enfant ; tout avait disparu. Stupéfaite d'abord et ne pouvant se rendre compte du motif qui avait pu déterminer l'Anglais à s'éloigner si subitement, elle revint tout en larmes raconter à sa maîtresse comment elle avait été si inopinément séparée de l'enfant. A cette nouvelle si imprévue, la mère se rendit en toute hâte à la pension ; et, n'y trouvant pas sa fille, elle eut aussitôt le cruel pressentiment qu'elle lui avait été enlevée dans des intentions coupables. Alors, en proie à la plus grande perplexité, elle accourut à mon cabinet pour me prier de lui faire retrouver sa chère enfant. Je mis immédiatement quelques agents en campagne, mais les démarches n'eurent aucun résultat, et, huit jours après cet événement, la malheureuse mère venait m'annoncer que son enfant était en Angleterre : elle avait reçu de Londres une lettre de Williams qui lui disait que sa fille se portait très-bien et qu'il était prê à la lui rendre moyennant une forte somme d'argent. Sa lettre se terminait ainsi :

« Adressez votre réponse à M. ***, avocat. »

Avec l'autorisation de M. le préfet, je fis partir pour Londres un agent intelligent qui, avec l'aide des policemen anglais, devait rechercher l'adresse de Williams ; mais ni l'inspecteur de police français, ni ses collègues anglais n'eurent la chance de la trouver, et ce fut encore la malheureuse mère qui vint m'avertir que sa femme de chambre avait reçu une lettre de Londres, et très-probablement de Williams ; mais que, l'ayant interrogée, elle n'avait pu en tirer aucune réponse satisfaisante.

Je priai madame L*** de vouloir bien attendre un instant dans une autre pièce et je fis immédiatement venir à mon cabinet la sentimentale domestique, à laquelle j'adressai brusquement ces paroles :

— Vous avez reçu une lettre de Williams, ne le niez pas, je le sais ! J'ai pris des renseignements à la poste.

— Eh bien, monsieur, puisque je ne puis dire le contraire, voici cette lettre et qu'il en soit ce qu'il pourra !

Entre autre choses, l'audacieux larron la priait de l'instruire des démarches que pourrait faire sa maîtresse, et de lui écrire à l'adresse qu'il lui indiquait, bien résolu, disait-il, à ne rendre l'enfant que contre une forte rançon.

— Savez-vous bien, repris-je après la lecture de cette lettre, que je pourrais vous considérer comme complice dans cette infamie et vous faire arrêter immédiatement ! Tout vous accuse : vos relations antérieures avec le ravisseur, la circonstance que l'enfant était tout particulièrement sous votre garde au moment du rapt, cette lettre dans laquelle le coupable vous traite en alliée, vous confie ses projets, ses désirs et vous demande des renseignements. Rien ici ne peut vous justifier, qu'une prompte et passive obéissance à ce que je vais vous demander.

— Ah ! dites, monsieur, dites ! exclama la malheureuse, qui, depuis le commencement de mon rapide réquisitoire, fondait en larmes.

— Vous allez écrire là, sous mes yeux, à votre amant que votre dame est désolée de la disparition de son enfant et qu'elle est prête à faire tous les sacrifices qu'on lui demandera pour la ravoir ; puis vous l'engagerez à persévérer dans son projet, en ajoutant que vous le tiendrez régulièrement au courant de tout ce qui se passera autour de vous.

Lorsque la lettre fut terminée et l'adresse mise, je la fis aussitôt jeter à la poste, puis je renvoyai la bonne et congédiai sa maîtresse en recommandant à celle-ci de surveiller la première ; et, aussitôt que je fus seul, j'écrivis à mon agent pour l'informer de l'adresse de Williams.

Au reçu de ma lettre, mon inspecteur, accompagné d'agents

anglais, se rendit à la demeure du ravisseur. Celui-ci était absent; la porte fut forcée, l'enfant emportée par l'agent, qui reprit tout de suite la route de Paris, où il arriva le lendemain à dix heures du soir.

Certain du bonheur qu'éprouverait la mère en revoyant son enfant, je me rendis, malgré l'heure avancée, chez madame L***, qui venait de se mettre au lit. Sa domestique pénétra dans sa chambre à coucher et lui annonça que le chef du service de sûreté était dans le salon avec sa fille.

« Ma fille! ma fille! s'écria-t-elle. Ah! faites entrer, tout de suite! » Et, sans faire attention à ma présence, sans s'apercevoir du déshabillé léger dans lequel elle se trouve, elle saute en bas de son lit, saisit, ou pour mieux dire, m'arrache son enfant et s'évanouit en la couvrant de baisers et de larmes.

Quinze jours plus tard, madame L... se présentait de nouveau à mon cabinet, mais cette fois elle venait réclamer pour elle-même aide et protection.

— Hier, me dit-elle, j'ai cru apercevoir à travers mes persiennes l'Anglais Williams se promenant devant ma maison : ce matin, je suis sûre de l'avoir reconnu, il était avec un autre individu. J'ai peur, monsieur, je tremble qu'il ne veuille encore m'enlever mon enfant!

— Rassurez-vous, madame; ce qui cause l'impudence de votre persécuteur, c'est l'absence d'un mari qui vous protége et l'espérance pour lui de l'impunité. Je vais vous donner un de mes inspecteurs qui, lorsque vous sortirez avec votre fille, vous accompagnera à la campagne, à la ville, en visite, et, la nuit, couchera dans votre antichambre. Soyez persuadée qu'avec ce protectorat efficace vous n'aurez rien à redouter de ce misérable, jusqu'à ce qu'il soit arrêté.

Mon Anglais, qui faisait épier toutes les démarches de la comtesse, apprit bientôt qu'un agent était constamment près d'elle et ne la quittait ni jour ni nuit. Malgré ces précautions, il n'en fit pas moins remettre à madame L... une lettre dans laquelle il la menaçait de lui enlever une seconde fois sa fille, si elle ne consentait à se rendre seule avec une somme d'argent, dans un endroit qu'il indiquait ; ajoutant qu'elle aurait tout à craindre de sa vengeance si elle mettait un tiers dans la confidence.

On se rendit à l'endroit qu'il avait désigné ; c'était une maison isolée, située dans une petite île, près Paris, dont notre chevalier d'industrie était l'unique locataire : les fenêtres donnaient sur la Seine qui coulait aux pieds de l'habitation. Un tel lieu, choisi par un tel homme, pouvait donner matière à suspecter ses intentions à l'égard de la comtesse L...

L'audacieux escroc fut arrêté, condamné à la prison et à être expulsé de France après l'expiration de sa peine.

XLVIII

MADAME Z***, ERNEST ET LÉON

Certaines femmes, privilégiées entre toutes, ni grandes ni petites, ni trop maigres ni trop grasses, ni trop brunes ni trop blondes, mais prenant une grâce à celle-ci, un charme à celle-là, les yeux expressifs de l'une, la bouche enfantine et agaçante de l'autre, forment un ensemble si gracieux, que l'on est disposé à leur pardonner beaucoup plus qu'à celles qui sont déshéritées de charmes pareils, tant la beauté a d'empire sur nous.

Un jour, une dame, que je n'hésiterai pas à placer dans cette catégorie exceptionnelle, se présenta à mon cabinet et me demanda un moment d'entretien. C'était une créature admirable ; c'était peut-être la plus jolie personne que j'aie jamais vue !

— En quoi puis-je vous être utile, madame?

A ces mots, ma charmante visiteuse éprouva un moment d'embarras ; mais, se remettant bientôt, elle me dit :

— Monsieur, la circonstance qui m'amène près de vous

nécessite une entière confiance. Je vous dirai donc toute la vérité.

Je m'appelle madame Z***. Mon mari, négociant honorable et honoré, possède une belle fortune, et, depuis deux ans que je porte son nom, je dois avouer qu'il m'a toujours entourée des soins les plus tendres et les plus assidus. Malheureusement, de son trop grand amour, de sa trop grande bonté, devrais-je dire, découlent tous mes ennuis, tous mes chagrins, tous mes malheurs, et aussi toutes mes fautes, je dois l'avouer. L'année dernière, voulant me donner la plus grande somme de plaisir possible, il m'envoya passer trois mois de la belle saison près de ma mère, qui possède une maison de campagne dans les environs de X***. Vous savez qu'à la campagne le voisinage est une raison suffisante d'intimité. Près de l'habitation de ma mère demeurait une respectable dame, fort riche, descendant d'une des meilleures maisons de France. Son fils unique, officier dans un régiment de cavalerie, était venu passer près d'elle un congé de deux mois. Jeune, beau, noble, adroit dans tous les exercices du corps, d'une conversation attrayante, fruit d'une éducation distinguée, Ernest (c'est le nom de ce jeune homme) avait toutes les qualités nécessaires pour être aimé, et, nos familles se voyant journellement, je ne tardai pas à remarquer ses attentions continues près de moi. Si sa bouche n'avait jamais murmuré un mot d'amour à mon oreille, ses yeux pleins de feu m'en avaient assez dit. Pourtant, je dois l'avouer, par une légèreté plus inconséquente que coupable, je me fis tout d'abord un jeu de cet amour. Flattée de la passion que je lui inspirais, et sans en redouter les suites, je me plus à stimuler cette passion; puis ma coquetterie me poussa, chaque fois que cela me fut possible, à lui inspirer de la jalousie. Une circonstance porta bientôt cette jalousie à son comble. A l'époque de la fête de ma mère, mon mari, laissant là négoce et opérations commerciales, quitta Paris et vint, comme un collégien en vacances, passer avec bonheur trois jours près de moi. Au moment de son arrivée, Ernest et sa mère étaient chez la mienne; les présentations eurent lieu. Mon mari les remercia de vouloir bien rendre, par leurs visites fréquentes, le séjour de la campagne agréable à sa femme.

Pendant ces quelques mots, j'avais attentivement regardé Ernest ; il avait changé de visage au point que sa mère, s'étant aussi bien que moi aperçue de sa pâleur, lui demanda s'il était malade. — Non, ma mère, répondit-il ; mais je viens d'être pris subitement d'une affreuse migraine ; je vais demander à monsieur et à ces dames la permission de me retirer.

La fête de ma mère se passa bien tristement. Ernest ne reparut pas chez nous, et lorsqu'on fit demander de ses nouvelles, on répondit qu'il se trouvait un peu mieux, mais qu'il lui était impossible de sortir de sa chambre. Cette maladie subite me parut peu naturelle, et j'en pressentis la cause. Ernest ne parut pas pendant les trois jours que mon mari resta à la campagne. M. Z***, que ses affaires rappelaient dans la capitale, nous quitta. Le soir même, Ernest et sa mère vinrent nous inviter à dîner pour le lendemain.

Après le dîner, on proposa de faire un tour dans un petit bois qui est à dix minutes de la maison ; et, ainsi qu'il en avait l'habitude, Ernest m'offrit son bras. Nos mères nous suivaient, mais lentement, comme on marche à leur âge, devisant ensemble de choses et d'autres. Bientôt nous fûmes considérablement en avance. Alors Ernest me parla pour la première fois de son amour ; il m'avoua que sa maladie n'était que la jalousie qu'il avait éprouvée à la vue de mon mari ; il me raconta longuement ses tourments, ses chagrins, ses insomnies. Je l'écoutai, non plus avec mon indifférence habituelle, mais avec plaisir. Il devint pressant ; je voulus répondre, mais j'étais sans raison, car je m'apercevais que j'éprouvais un entraînement imprévu. Effrayée, je me retournai comme pour appeler ma mère à mon aide, mais nous étions loin, bien loin. Alors je perdis la raison et la volonté. Lorsque je revins à moi, je ne m'appartenais plus.

Nos relations continuèrent. On a malheureusement trop bien dit : Il n'y a que le premier pas qui coûte ! Ernest rejoignit son régiment, et moi, je revins à Paris. Mais à une première faute j'en joignis une deuxième, en entretenant avec lui une correspondance suivie, grâce à une amie qui protégeait notre liaison.

Au commencement de cette année, Ernest obtint un congé d'un mois, et cette fois il vint le passer à Paris. Grâce à l'amie dont je viens de vous parler, nos rendez-vous recommencèrent; malheureusement il fit connaissance d'un jeune homme aux manières distinguées, et avec lequel il ne tarda pas à se lier intimement. Un jour, à la suite d'un dîner où tous deux avaient abusé du champagne, Ernest lui raconta non-seulement l'histoire de nos amours, mais encore certaines particularités qui auraient dû à tout jamais rester un secret pour tout le monde.

Ernest alla rejoindre son régiment. Après son départ, je m'aperçus qu'à quelque heure de la journée que je sortisse, accompagnée ou non de ma bonne, j'étais toujours suivie par un jeune homme. Un jour que mon mari était absent, un individu se présenta pour lui parler.

— Monsieur est absent, répondit le domestique.

— Cela est fâcheux vraiment; mais savez-vous s'il tardera à rentrer?

— Je doute fort que monsieur soit de retour avant dîner.

— C'est de plus en plus embarrassant. Si madame était visible, je pourrais tout au moins lui confier les choses importantes que je venais apprendre à son mari.

J'étais seule au salon, on l'introduisit. Quelle ne fut pas ma surprise en me voyant saluer par le jeune homme qui se trouvait constamment sur mes pas! Je me levai embarrassée.

— Que désirez-vous, monsieur?

— Madame, me dit-il sans préambule, le sujet de ma visite ne doit pas vous effrayer : je vous aime comme un fou, votre image adorée est présente nuit et jour à mon cœur, et je ne puis vivre sans vous posséder!

J'allais sonner pour faire jeter à la porte cet audacieux, lorsqu'il m'arrêta le bras en me disant d'une voix sourde : Oui, vous serez à moi comme vous avez été à Ernest!

A ce nom, tout mon sang reflua vers le cœur. Regardant avec

effroi cet homme, je sentis les forces me manquer, et tremblante, abattue, je tombai sur le canapé qui était placé derrière moi. Il me regardait en silence, un sourire diabolique errait sur ses lèvres, il voyait l'effet qu'un seul mot avait produit sur moi; bientôt il reprit :

— Je sais tout, madame, la promenade au petit bois, à la campagne de votre mère, vos rendez-vous de chaque jour chez une amie qui demeure dans telle rue, et certain signe caché que votre mari seul devrait connaître; mais rassurez-vous, vous n'avez rien à craindre si vous voulez me rendre heureux en répondant à mon amour.

— Son amour! il me faisait horreur! J'avais honte d'être aimée de ce misérable! Il surprit sans doute un geste de dégoût, car il continua :

— Ah! c'est la guerre que vous voulez? Eh bien! soit, vous l'aurez! Je vous fais horreur, n'est-ce pas? Vous trouvez probablement que je ne vaux pas votre Ernest? Eh bien! c'est aux yeux du monde, c'est près de votre mari que je vous ferai passer pour ma maîtresse. Je connais assez de particularités pour vous perdre, et ce bijou, dit-il en s'emparant lestement d'un bracelet de prix que mon mari m'avait donné pour ma fête et qui se trouvait sur un petit meuble, ce bijou sur lequel est votre portrait, me servant de gage d'amour, prouvera incontestablement ce que j'avancerai.

Puis il me salua profondément et sortit.

Voilà, monsieur, l'embarras dans lequel je me trouve. Si vous ne pouvez me tirer de ce mauvais pas, j'écrirai à mon mari une lettre détaillée lui faisant connaître mes fautes, et ensuite le charbon.....

— Oh! vous allez trop loin, madame, et la position n'est peut-être pas aussi désespérée que vous la faites; le jeune homme qui s'est présenté chez vous est l'ami de M. Ernest...

— Oui, monsieur.

— Et vous le nommez?

— Léon B***, du moins c'est le nom sous lequel Ernest le désignait.

— Fort bien, madame, tranquillisez-vous et revenez me voir dans deux jours; d'ici là, ce Léon n'aura encore rien tenté contre vous, et peut-être aurai-je eu le bonheur de faire quelque chose pour vous être agréable.

Quand cette dame fut partie, je rappelai mes souvenirs. Un jeune homme du nom de Léon B***, ne fréquentant que la haute société, m'avait été signalé comme un grec des plus audacieux, allant chaque année exploiter son industrie dans les villes d'Allemagne où la saison des eaux réunit les notabilités des différents pays de l'Europe. Je fis prendre des renseignements, et, ne doutant plus de l'identité de mon personnage, je lui envoyai une invitation à se rendre immédiatement à mon cabinet. Deux heures après, mon garçon de bureau l'annonçait.

— Comment, monsieur, lui dis-je à brûle-pourpoint, vous n'êtes pas satisfait de vivre aux dépens d'autrui, il faut encore que, par des moyens infâmes, vous cherchiez à perdre la réputation d'une femme et à la voler. Vous voyez que je sais tout : vous voulez donc que je vous dévoile à tout le monde et que je vous fasse surveiller continuellement? Vous allez vous rendre à l'instant même auprès de madame Z***, vous lui remettrez le bijou que vous avez volé, oui, monsieur, volé! et vous lui présenterez vos excuses pour la manière lâche et déshonorante dont vous vous êtes comporté avec elle. Allez, et si jamais il vous arrive d'ouvrir la bouche à qui que ce soit de tout ceci, je vous préviens que je vous démasquerai impitoyablement.

Le lendemain, madame Z*** venait me remercier avec effusion de ce que j'avais fait pour elle. Les terribles conséquences auxquelles elle avait heureusement échappé avaient produit une réaction complète sur cette nature impressionnable, et depuis ce moment, aussi pénétrée de sa faute que de ses devoirs, elle a, par une conduite exemplaire, effacé en quelque sorte tous ses torts.

XLIX

LES ASSASSINS LHUISSIER, VOISY, MILLER, LAFORCADE

Si, à la suite de certains assassinats, la police a dû déployer une adresse toute particulière, une perspicacité remarquable, une patience à toute épreuve, pour arriver à l'arrestation des meurtriers, il en est d'autres, au contraire, où le concours des circonstances lui a épargné bien des frais d'imagination, où un renseignement imprévu a suffi pour faire découvrir le criminel. Quelquefois aussi, l'assassin, comme marqué d'un sceau réprobateur, a laissé derrière lui et à chaque pas des indices que la police n'a eu qu'à recueillir, une voie tracée qu'elle n'a eu qu'à suivre. En voici quelques exemples :

Le 25 avril 1835, vers trois heures de l'après-midi, en aval du pont de la Concorde, des ouvriers occupés à débarder du bois sur le bord de la Seine aperçurent un gros paquet qui flottait sur l'eau, et qui, entraîné par le courant, allait bientôt disparaître sous un bateau. Présageant une aubaine, des bateliers s'empressèrent de repêcher le paquet, artistement ficelé en tout sens, et qui semblait contenir des marchandises. Mais, quel ne fut pas leur saisissement, lorsqu'en l'ouvrant ils virent deux cuisses de femme, dont les chairs au-dessous du ventre avaient été arrachées plutôt que coupées et les os habilement sciés. Ces membres mutilés étaient enveloppés dans un sac à graine, recouvert lui-même d'une nappe et autres linges sans marque; le tout était enfermé dans une épaisse couche de foin retenue par une toile à emballage attachée avec des cordes. En somme, ce ballot prouvait, par sa confection et sa forme, qu'il avait été établi par une main habituée à ces sortes de travaux. Deux heures plus tard des mariniers repêchaient de la même manière, un peu au-dessus de l'Entrepôt, un paquet semblable au premier, et dans lequel on trouvait, cloué sur un porte de buffet, un corps de femme, c'est-dire l'autre partie du cadavre. L'auteur du crime avait poussé la dérision jusqu'à placer sur la poitrine de sa victime une feuille de papier portant cette inscription : *Journal de Carnaval*.

Ces débris humains, recueillis à la Morgue, formèrent un cadavre que la dame Bijon, tenant l'estaminet de *la Grosse Pipe* à la halle aux blés, reconnut pour être celui de la dame Renaudin, dite dame Ferrand.

Les renseignements qu'on ne tarda pas à obtenir firent savoir que cette malheureuse avait demeuré rue des Égouts-Saint-Martin, 6. Le chef du service, le brigadier Fraudin, des agents et moi, nous nous transportâmes dans cette maison, où nous apprîmes des locataires que la femme Ferrand, en compagnie d'un certain Lhuissier, ouvrier tapissier, était déménagée depuis peu sans avoir donné sa nouvelle adresse, et les commérages, en brodant sur cette disparition, ne faisaient qu'embrouiller les différents fils qui pouvaient conduire à révéler les circonstances du crime et son auteur.

Nous en étions là lorsque arriva une dame Provost, demeurant au quatrième étage de la maison déjà indiquée. Bientôt mise au courant de l'histoire par les voisines, elle vint nous accoster avec empressement pour nous dire avec volubilité :

— Messieurs, vous désirez l'adresse de m'ame Ferrand ? Eh ben, je vais vous l'apprendre, moi ! Quand elle est partie d'ici, elle n'a voulu la donner à personne. Elle en était bien libre, la chère femme ; mais c'est égal, ça me semblait louche, parce qu'enfin, quand quelqu'un cache son adresse, c'est qu'il y a quéque mystère là-dessous. Donc je me suis dit : Quand la voiture de déménagement partira, je la suivrai de loin ! Et j'ai suivi la voiture jusque dans la rue Richelieu, au 92, où Lhuissier a fait décharger les meubles.

Ce renseignement mit fin à nos incertitudes, et nous nous hâtâmes de nous rendre au domicile indiqué. Le concierge, interpellé, nous dit que le logement de Lhuissier était situé au quatrième étage ; mais, à peine étions-nous à la moitié de notre ascension, que nous rencontrâmes sa maîtresse, la fille Lecomte, qui montait un seau d'eau.

— Monsieur Lhuissier est-il chez lui? lui demandâmes-nous.

— Non, messieurs, il est sorti pour le moment et ne m'a pas dit quand il rentrerait.

Nonobstant cette réponse négative, le brigadier Fraudin suivit de près la fille Lecomte, et, lorsqu'elle ouvrit sa porte, il la poussa et entra après elle. Lhuissier était couché, il fut arrêté ainsi que sa maîtresse.

Voici ce qui s'était précédemment passé : Lhuissier, à l'insu de la fille Lecomte, avec laquelle il vivait en concubinage, avait fait la connaissance de la femme Ferrand. Il conçut bientôt le projet de s'approprier le mobilier comfortable qu'elle possédait, et, pour arriver à ses fins, il la décida à déménager, en lui offrant un pavillon qu'il loua à cet effet au fond de la cour de la maison qu'il habitait lui-même. Lorsque tout le mobilier eut été déposé dans le nouveau domicile et que Lhuissier se vit seul avec la femme Ferrand, il l'assassina en toute liberté, puis, à l'aide d'une scie, il lui sépara les jambes du tronc. Cette opération terminée, il fit deux paquets, alla louer une voiture à bras, et, à neuf heures du soir, il traîna son sanglant fardeau jusqu'aux environs du pont de la Concorde. Arrivé là, le commissionnaire qui l'avait aidé devenant embarrassant, il l'éloigna sous le prétexte qu'une voiture devait venir prendre ses deux paquets qu'il précipita ensuite à la rivière.

Pendant son procès, il montra un rude aplomb; malgré les preuves accablantes qui s'élevaient contre lui, il nia constamment être l'auteur de ce crime. Condamné à mort, il monta sur l'échafaud avec la même affectation de sang-froid qu'il avait montrée devant la cour d'assises. La fille Lecomte fut acquittée, et c'était justice, car son amant avait machiné et mis à exécution son affreux projet à l'insu de cette malheureuse.

Le 25 janvier 1851, l'un des gardes du château de Neuilly, en faisant dans le parc sa tournée habituelle du matin, remarqua que son chien se tenait en arrêt vers une haie de clôture donnant sur la route de Villiers. Poussé par une curiosité bien naturelle, le garde s'approcha et vit alors une masse informe, gisant au fond du fossé, sur un terrain rougi de sang. Ne pouvant distinguer parfaitement ce que c'était, il se décide à sortir du parc pour aller s'assurer de ce qu'il a entrevu. Arrivé là, il trouve un cadavre n'ayant plus figure humaine, tant la tête avait subi de lésions. A ce moment, d'autres personnes arrivèrent et ramassèrent çà et là, l'une un fragment de mâchoire avec trois dents, l'autre une boucle d'oreille ensanglantée à côté d'un pavé tout maculé de sang. Dans les poches de la victime, il n'y avait aucune indice, aucun papier.

Aussitôt informé de cette triste découverte, j'envoyai plusieurs agents à Neuilly pour y prendre des renseignements.

Mes inspecteurs venaient de partir lorsque M. Cazaux, docteur-médecin, vint m'avertir que le nommé Chaillou, son domestique, avait quitté la veille au soir son domicile pour aller à Neuilly; qu'en partant, il avait averti le concierge qu'il rentrerait tard, mais que, contrairement à cette annonce, il n'était pas rentré.

Les agents, à leur retour de Neuilly, m'apprirent que la veille au soir deux individus venant de Paris avaient visité les époux F***, employés au château de Neuilly; que l'un était le sieur Édouard Voisy, frère de la dame F*** et appartenant au corps des pompiers de la capitale, et l'autre, le jeune Chaillou, ami intime de Voisy et de sa famille, domestique chez le docteur Cazaux, rue des Saints-Pères, 12.

Dès lors, mes doutes ne pouvaient plus exister, l'assassin était Voisy et la victime Chaillou. Restait à s'emparer du premier. Ce jour là était un dimanche, jour de repos pour les juges d'instruction et tout le personnel du palais; il n'y avait donc personne au parquet. Je fis un rapport détaillé sur cette affaire, et je l'envoyai au domicile d'un juge qui décerna immédiatement des mandats d'amener contre Voisy et les époux F***; mais ces derniers furent mis en liberté quelques jours après leur arrestation.

Le cadavre de l'infortuné Chaillou fut transporté à la Morgue et reconnu par le docteur Cazaux. Voisy fut arrêté lorsqu'il se présenta à la caserne : il passa devant le conseil de guerre qui le condamna aux travaux forcés à perpétuité.

Le nommé Miller, ouvrier mécanicien, natif de la Savoie, fort, court et replet, comme le sont généralement les enfants du pays des marmottes, avait eu des relations intimes avec une fille Annette Legeard ; mais tout passe en ce monde à commencer par l'amour, et, un beau jour, nos deux amoureux, lassés l'un de l'autre, ennuyés des disputes perpétuelles qui s'élevaient entre eux, avaient rompu la paille et s'étaient envolés chacun de son côté. Cependant le 20 septembre 1851, vers huit heures du soir, Miller se trouvait, rue Saint-Louis au Marais, nez à nez avec son ancienne maîtresse. Le volage Savoyard avait une prétention fort exagérée, il voulait qu'on le regrettât éternellement ; la demoiselle Annette, au contraire, trouvait qu'un amant perdu devait être remplacé immédiatement. De ces deux opinions si disparates, il résulta une altercation fort vive à la suite de laquelle le jaloux, devenu furieux, plongea son couteau dans le bas ventre de la pauvre fille. La lame tout entière pénétra au-dessous de l'ombilic ; l'assassin prit la fuite, et la victime, qui était tombée baignée dans son sang, fut transportée à l'hospice Saint-Louis où elle ne tarda pas à rendre le dernier soupir.

Miller demeurait rue de l'Homme-Armé, où il n'avait pas reparu depuis son crime ; son linge et ses effets étaient encore dans sa chambre. J'étais persuadé qu'un jour ou l'autre il se présenterait ou enverrait un commissionnaire pour les enlever. Il me suffisait donc d'établir une surveillance aux alentours de son domicile, pour opérer son arrestation ; mais ce moyen, si simple en apparence, présentait cependant une très-grande difficulté. La rue de l'Homme-Armé est extrêmement étroite, aucune voiture n'y passe et elle ne possède pas de boutique ; une pareille rue n'est pas propice pour y exercer une surveillance, car les agents y seraient trop facilement remarqués. Je m'abouchai alors avec le portier de la maison, qui me promit de prévenir son commissaire de police, à quelque heure que ce fût, de jour ou de nuit, si Miller se présentait ou toute autre personne en son nom.

En effet, le lendemain lundi, à neuf heures du soir, le meurtrier, n'ayant remarqué personne dans sa rue, entra dans la maison et monta directement à sa chambre. Le concierge ne lui adressa pas la parole, mais il alla aussitôt avertir le commissaire de police.

Miller fut arrêté et condamné aux travaux forcés à perpétuité.

La demoiselle Ribault, artiste en dessins, âgée de soixante et un ans, attachée au journal de modes le *Petit Courrier des Dames*, dirigé par M. Thierry, habitait avec sa dame de compagnie, la demoiselle Lebel, âgée de soixante-douze ans, un modeste appartement dans une maison sise rue Bourbon-le-Château, n° 1. Leur existence paisible, comme peut l'être celle de deux femmes de cet âge jouissant d'un honnête comfortable, semblait devoir se prolonger dans une quiétude parfaite, mais contre toute prévoyance humaine elle devait avoir une déplorable fin.

Le 31 décembre 1850, elles étaient victimes d'un double assassinat commis vers deux heures de l'après-midi, et l'assassin, avant de prendre la fuite, s'emparait d'une somme de 550 francs en or.

Voici les circonstances de ce double assassinat.

Le dernier jour de chaque mois, un commis du journal venait apporter à mademoiselle Ribault une somme de deux cents francs qui lui était allouée pour ses travaux. Après la visite mensuelle du commis, personne n'avait donné signe de vie dans l'appartement des deux vieilles filles. La propriétaire de la maison allait sonner à plusieurs reprises, mais sans obtenir de réponse. Alarmée de ce silence inaccoutumé, elle se décida, vers onze heures du soir, à faire ouvrir la porte par un serrurier. Alors un spectacle affreux s'offrit à ses yeux : aux deux extrémités du salon, les deux victimes étaient étendues par terre et baignées dans leurs sang. La demoiselle Lebel avait rendu le dernier soupir depuis plusieurs heures, mais sa maîtresse donnait encore signe de vie. Cette infortunée s'était évanouie à la suite de la perte considérable de sang occasionnée par les blessures dont elle était couverte. Les membres, déjà affaiblis par l'âge, se trouvaient en quelque sorte paralysés. En reprenant connaissance, elle s'était traînée jusqu'à la cheminée, et, par un dernier et sublime effort, elle avait tracé sur le paravent, d'une main défaillante, avec son doigt trempé dans son sang, ces quelques mots révélateurs qui devaient lui survivre et assurer la punition du coupable : « *L'assassin, c'est le commis de M. Thierry.* »

La police, informée de ces circonstances, se rendit aussitôt à Montmartre, au domicile du meurtrier, nommé Laforcade ; il était absent. Une surveillance fut alors organisée à sa demeure et au bureau du *Courrier des Dames*, où le criminel, s'étant présenté dans la journée, fut arrêté et conduit à la préfecture de police. On le plaça dans une cellule. Là, sa première pensée fut de se suicider pour se soustraire à l'échafaud. Un morceau de verre cassé qu'il trouva sous son lit lui servit d'instrument, il s'ouvrit les veines ; mais les gardiens arrivèrent assez à temps pour lui porter secours et l'empêcher de se donner la mort. Laforcade fut condamné à la peine capitale et exécuté.

L

ASSASSINAT DE JULIETTE FLAMME

Le 23 juillet 1851, un jeune homme et une jeune fille proprement vêtue et paraissant appartenir à la classe ouvrière se présentaient vers neuf heures du soir chez un logeur, marchand de vins, rue du Cherche-Midi, 119, et demandaient une chambre et une bouteille de vin. Une demi-heure s'était à peine écoulée que le jeune homme descendait et sortait tranquillement de la maison. Après un certain laps de temps, les gens de l'hôtel ne le voyant pas rentrer, et n'entendant aucun bruit dans la chambre louée, conçurent quelques soupçons et voulurent s'assurer que la jeune fille n'était pas sortie à son tour sans qu'ils s'en aperçussent; mais, en ouvrant la porte de cette chambre, ils reculèrent épouvantés. Le lit était inondé de sang, la jeune fille s'y trouvait étendue inanimée; une blessure au cou, profonde et béante, indiquait assez la nature du crime; la mort avait dû être instantanée, car la carotide avait été tranchée. Le commissaire de police du quartier fut appelé aussitôt; il constata le crime, et la victime, étant inconnue, fut transportée à la Morgue, où je me hâtai de placer deux agents en surveillance pour s'assurer de toute personne qui reconnaîtrait la malheureuse victime. Hélas! c'était sa mère elle-même qui devait avoir la douleur de venir me renseigner, et voici quels étaient les événements antérieurs au crime.

Juliette Flamme était âgée de dix-sept ans, ouvrière blanchisseuse de fin. Elle avait été mise fort jeune en apprentissage, et son intelligence, trop faible peut-être pour séparer le bien du mal, s'était imbue des principes désolants de certains ateliers. En un mot, démoralisée par les pires exemples, Juliette, légère et gentille, menait une conduite peu régulière.

Le jour du crime, l'infortunée était allée, selon son habitude, travailler à sa boutique, rue d'Angevilliers; mais vers midi, le nommé Humblot, âgé de dix-neuf ans, garçon limonadier, rue Saint-Lazare, avec lequel elle avait des relations intimes depuis longtemps, était venu la chercher, et, à partir de ce moment, on ne savait ce qu'ils étaient devenus.

Cette particularité me fit penser que ce garçon pouvait être l'assassin. Après avoir obtenu de la veuve Flamme le signalement du meurtrier présumé et l'adresse de sa mère, j'allai prendre des renseignements chez le limonadier de la rue Saint-Lazare. Humblot y avait été employé, mais depuis plusieurs jours il n'avait point paru; je mis alors son nom en recherche aux hôtels et maisons garnis; il y était inconnu. Persuadé, d'après les renseignements obtenus, que je n'avais pas affaire à un assassin ordinaire, je pensai que, pour rechercher le coupable, je ne devais mettre en œuvre ni les finesses ni les rouerics du métier. Je changeai donc complétement mes premières dispositions, et certain qu'il ne quitterait pas Paris sans embrasser sa mère, pour laquelle il avait une grande affection, j'établis au domicile de cette dernière deux agents en surveillance avec ordre de suivre non-seulement cette femme partout où elle irait, mais encore les personnes qui viendraient chez elle et surtout à la nuit close. J'avais la conviction que Humblot enverrait à sa mère quelque commissionnaire ou quelque personne de connaissance pour la prier de se rendre à l'endroit où il se trouvait; je fis également surveiller la maison de Juliette, pensant que son amant pourrait s'y présenter pour éloigner les soupçons. Enfin une troisième surveillance fut exercée à la Morgue pour appréhender Humblot s'il lui prenait fantaisie de venir contempler sa victime sur la dalle funèbre; et, comme en pareille circonstance on ne doit négliger aucune chance de réussite, je donnai son signalement à tous les agents de la voie publique, pour qu'ils eussent à l'arrêter s'ils l'apercevaient dans la rue. Le surlendemain du crime, vers neuf heures du soir, une femme se présenta chez la mère Humblot. A sa sortie, un agent la suivit, et, rue Saint-Honoré, à la hauteur du n° 80, il la vit s'arrêter auprès d'un jeune homme qui l'attendait sur le trottoir. Après avoir échangé quelques paroles, il se séparèrent; la femme entra dans la maison n° 112, le jeune homme continua sa route du côté du Palais-Royal. A ce moment, l'agent qui le suivait, croyant l'avoir reconnu pour être l'assassin, passe sur le trottoir opposé afin de le mieux examiner et de s'assurer de l'identité du signalement qui lui a été remis; mais alors, par une aberration inexplicable, au lieu de l'arrêter à l'instant même, il préfère continuer à le suivre pour savoir où il va. Au détour d'une rue, deux voitures se croisent, les cochers jurent, les piétons se sauvent, et Humblot disparaît, laissant de l'autre côté de la rue l'agent dans l'impossibilité de le rejoindre. Quand celui-ci s'aperçoit qu'il a perdu la piste de son homme, il va, vient, revient sur ses pas, court à droite, vole à gauche, croyant toujours saisir l'objet de sa poursuite. Tout à coup, dans ce dédale inextricable, il croit enfin reconnaître son fugitif; hors d'haleine, l'œil fixe, il le suit et le voit entrer dans une maison voisine des messageries Laffitte et Caillard. Alors sa présence d'esprit l'abandonne, et, ne sachant que faire, il s'empresse de venir me raconter ces circonstances. Je me fais immédiatement conduire par mon maladroit à la maison signalée, où j'opère une perquisition de la cave au grenier, mais inutilement. Un jeune homme y était bien entré à l'heure indiquée, l'âge et la taille étaient les seuls points de similitude qui existaient entre lui et Humblot. Après cette visite, je me rendis au n° 112 de la même rue, où mon agent reconnut dans la concierge de la maison la personne qu'il avait suivie. Je demandai à cette femme le motif de sa démarche chez la dame Humblot et quel était l'individu qui lui avait parlé dans la rue Saint-Honoré? Elle m'avoua que le fils Humblot était venu la prier, comme étant amie de la famille, d'aller dire à sa mère qu'il désirait la voir et qu'il l'attendait rue Saint-Honoré, que cette dame n'avait pas voulu venir, parce qu'elle présumait que la police surveillait toutes ses démarches. Cette dernière circonstance prouvait suffisamment la culpabilité du fils. Je compris doublement la maladresse de l'agent qui, le tenant sous la main, l'avait laissé fuir en suivant un autre individu à sa place; mais toujours convaincu que Humblot, d'après son caractère, ne prendrait une résolution quelconque qu'après avoir vu sa mère, et que pour cela il s'adresserait encore à la concierge, je plaçai une surveillance dans la loge de celle-ci; et, après avoir désigné d'autres agents pour remplacer le lendemain à cinq heures du matin ceux qui auraient passé la nuit, j'allai me coucher, après toutefois m'être assuré par moi-même que tout le monde était à son poste. Je déplorais tellement l'entêtement et le faux raisonnement de mon agent, que je passai la nuit en proie à une insomnie complète. Une nouvelle contrariété m'attendait le lendemain, mais celle-là ne devait pas avoir de conséquences fâcheuses. L'agent qui se trouvait dans la loge de la concierge s'absenta pendant le cours de la matinée pour aller avec ses camarades chez le marchand de vins voisin manger un morceau sur le pouce. Pendant cette absence, qui n'avait duré que cinq minutes, le fils Humblot s'était présenté de nouveau chez la concierge pour la prier de se rendre chez sa mère. Quelques minutes de plus, l'affaire était encore une fois manquée, mais fort heureusement l'agent revint à temps, et l'assassin de Juliette Flamme fut arrêté et conduit à la préfecture de police, où je procédai aussitôt à son interrogatoire.

— Comment vous appelez-vous?
— Joseph Humblot.
— Quel âge avez-vous?
— Dix-neuf ans.
— Vous êtes né?
— A Nancy.
— Quel est votre état?
— Garçon limonadier, rue Saint-Lazare.
— C'est vous qui êtes l'assassin de Juliette Flamme?
— Oui, monsieur.

Et à ces mots, ses traits, qui étaient empreints de la plus vive émotion, prirent une expression d'angoisse indéfinissable; il leva les yeux au ciel et me fit, avec l'accent de la plus entière vérité, le récit de ce drame épouvantable.

— J'aimais Juliette de l'amour le plus vif, le plus ardent qu'on puisse imaginer; pour moi, c'était la vie! le bonheur! Mais, hélas! la malheureuse ne comprenait pas combien mon amour était impétueux et profond; aussi, par sa coquetterie et sa conduite inconséquente, me causait-elle souvent des accès de jalousie dont je n'étais pas le maître et qui me mettaient hors de moi. Il y a quinze jours, je rencontrai une de ses camarades :

— Monsieur Joseph, me dit-elle, Juliette vous trompe.
— Allons donc! vous plaisantez!
— Non, là! vrai! comme je suis une brave fille, je vous jure que Juliette a un amant...
— Mais...
— Il n'y a pas de mais! puisque c'est un marchand de vins,

un vieux qui demeure telle rue, tel numéro, qui doit l'entretenir; à preuve qu'il va lui meubler une chambre. Pauvre garçon, va! vous ne méritiez pas ça! C'est pas moi qui...

Mais je ne l'entendais déjà plus, j'étais parti, je courais comme un fou, ne sachant où aller cacher ma rage et ma jalousie, j'étais à chaque pas tenté de me jeter la tête sous la roue d'une voiture; toutes mes pensées étaient bouleversées!... Lorsque j'eus recueilli un peu de tranquillité, je pris la détermination de surveiller moi-même mon infidèle et de m'assurer d'une manière positive du malheur dont je me trouvais menacé. Je quittai ma place, sans rien dire à personne, pour aller me mettre en embuscade; je ne tardai pas à voir entrer Juliette chez le marchand de vins qu'on m'avait désigné. Elle y resta environ un quart d'heure, et lorsqu'elle en sortit, je l'accostai en lui adressant les plus vifs reproches. Elle éclata bientôt en sanglots et me jura que jamais elle ne retournerait chez ce misérable. Malgré cette promesse, une idée sinistre vint subitement m'assaillir, je pensai à la vengeance, et préférant voir ma maîtresse morte plutôt que dans les bras d'un autre, je résolus de la tuer si sa conduite me donnait encore un motif de soupçonner une trahison de sa part. Je continuai donc à l'épier; quelques jours après, je la vis monter dans un omnibus, que je suivis à la course pour savoir où elle se rendait; mais bientôt à bout d'haleine et craignant de la perdre de vue, je montai dans la voiture et m'asseyant auprès d'elle, je lui demandai où elle allait.

— Je vais voir une de mes amies, me dit-elle avec un trouble et une hésitation qui prouvaient clairement qu'elle mentait. Je la reconduisis jusque chez sa mère, mais dès lors cette pensée : il faut que cela finisse! il faut que je la tue! ne sortit plus de mon cerveau.

Avant-hier, j'allai la chercher chez sa patronne, rue d'Angevilliers, sous le prétexte de la promener; il était environ midi. Nous nous promenâmes jusqu'à neuf heures du soir; nous trouvant alors rue du Cherche-Midi, nous entrâmes chez un marchand de vins logeur; je demandai une chambre et une bouteille de vin. Arrivés dans la chambre, nous nous couchâmes tout habillés sur le lit, je lui passai aussitôt la main sur le cou en lui demandant si elle m'aimait bien ?

— Oui, me dit-elle, mais d'un ton si froid, si indifférent, que je ne saurais vous dire ce qui se passa en moi; le sang me couvrait les yeux. Je fouillai dans la poche de mon paletot, j'y pris un rasoir que j'y avais placé tout exprès, et, l'ouvrant sans qu'elle s'en aperçût, je coupai le cou à ma bien-aimée Juliette, qui expira en prononçant ces seuls mots : Maman ! ma... man !

Ici les larmes le suffoquèrent, et il fut obligé d'interrompre son récit.

Tout habitué que je fusse à de pareils événements, quelque sang-froid que réclament les fonctions si longtemps pratiquées par moi, j'éprouvai moi-même un sentiment de commisération si vif pour la victime, et pour le coupable lui-même, que les larmes me vinrent aux yeux. Je ne m'en loue point, mais je ne le regrette pas.

Bientôt Humblot reprit :

« Lorsque j'eus commis mon crime, je lavai mes mains toutes sanglantes; je boutonnai mon paletot pour cacher le sang qui avait jailli sur moi, et, embrassant une dernière fois ma pauvre victime, je sortis de la maison pour aller à la rivière laver le sang dont mes vêtements étaient couverts, puis je me rendis chez ma mère, que je quittai bientôt en lui disant : « Embrassez-moi pour la dernière fois, je suis perdu ! Je suis un misérable ! tout est fini ! l'échafaud m'attend !... » J'errai à l'aventure, de rue en rue, ne sachant où je dirigeais mes pas, et, après une course assez longue, je fus tout étonné de me trouver hors barrière. J'entrai alors dans une maison garnie pour y passer la nuit. Hier matin, je me rendis à la Morgue, croyant pouvoir y contempler encore une fois les traits chéris de celle que j'adorais, mais hélas ! je n'eus pas même ce bonheur, car son corps n'était déjà plus exposé. Je m'en allai bien triste, allez ! je l'aimais tant !... Alors l'idée me vint de me détruire afin de me débarrasser d'une existence désormais insupportable; mais, avant de mettre mon projet à exécution, je voulais me confesser. Je parcourus plusieurs églises dans l'espérance d'y trouver un prêtre, je n'eus pas la consolation d'en rencontrer, et, le cœur gonflé par le remords, je retournai passer la nuit dans un garni de la banlieue. Aujourd'hui, je vois bien que tout est fini, et j'en remercie Dieu, car il m'eût été trop pénible de vivre avec la pensée que j'avais tué celle qui était tout pour moi. »

Pendant ce récit, Humblot avait versé d'abondantes larmes et tenu constamment les yeux levés vers le plafond, avec une expression souvent suppliante. Jamais je n'avais interrogé un tel meurtrier; c'était un genre à part, une anomalie dans le crime, un assassin chérissant sa victime, la regrettant, et pourtant, par un sentiment déplorable, s'applaudissant au fond du cœur de ce qu'il avait fait.

J'allais lui adresser la parole quand je m'aperçus qu'il tombait en faiblesse. Je crus au premier moment que cette défaillance était le résultat de la profonde émotion que lui avait occasionnée la confession qu'il venait de me faire; mais quand des sels l'eurent ranimé, il m'avoua que, depuis la veille, il s'était abstenu de nourriture, dans l'intention de se laisser mourir de faim. Je lui fis reproche d'avoir pris cette détermination, en ajoutant que je ne pouvais l'y croire décidé, puisqu'il paraissait espérer que Dieu lui pardonnerait son crime.

— Ah! oui, me répondit-il, j'ai tort d'avoir eu cette pensée, car j'ai mis tout mon espoir en Dieu, j'espère que, dans sa bonté, il prendra pitié de moi, et permettra que dans l'autre monde je sois réuni à ma Juliette bien-aimée.

Je me hâtai de lui faire apporter un potage et un verre de vin qu'il prit avec avidité, et qui le ranimèrent complétement. A partir de ce moment, il ne manifesta plus la moindre idée de suicide.

Devant la justice, il renouvela tous les aveux qu'il m'avait faits, et chaque fois que j'allai le voir dans sa prison, ce fut toujours le même langage, les mêmes pensées, le même espoir dans la miséricorde divine, le même amour pour cette Juliette qu'il avait immolée à sa jalousie. Quand je lui parlais de son procès : « Je voudrais, me disait-il, que tout cela finisse, afin que je puisse aller rejoindre là-haut ma Juliette qui m'attend ! »

Quelques jours après sa condamnation à mort, j'eus avec lui une dernière entrevue :

« Tout sera donc bientôt fini pour moi en ce monde ! me dit-il avec un air de satisfaction indicible. Je ne désire qu'une seule chose, c'est de vous voir au moment suprême pour vous remercier de vos bontés. » Il me tendit la main, que je pressai légèrement dans la mienne; il m'en remercia par un regard si plein de reconnaissance, que je lui promis d'assister à son grand acte expiatoire. Mais le jour de son exécution, le 16 décembre, je n'étais plus chef de la police de sûreté, ayant été mis à la retraite le 15 novembre, et j'ai toujours regretté de n'avoir pu tenir ma promesse à cet infortuné.

Voici en quels termes le *Journal des Débats* rendit compte de son exécution :

« Ce matin, vers six heures et demie, le greffier de la prison de la Roquette est entré dans la cellule d'Humblot et lui a annoncé que son pourvoi était rejeté. Presque aussitôt, l'aumônier des prisons est entré et lui a offert les consolations de la religion; le condamné les a acceptées avec empressement, et il est resté pendant près d'une heure en conférence avec son confesseur qui l'a préparé dignement à la mort.

» A huit heures moins un quart, l'exécuteur des hautes-œuvres, qui attendait dans une pièce voisine, l'a réclamé, et l'aumônier le lui a remis pour le laisser procéder à la toilette. En entrant dans cette pièce, Humblot, apercevant le directeur de la prison, l'a salué et lui a dit d'une voix calme : « Adieu, M. le directeur, je vous remercie pour tous les bons soins que vous n'avez cessé de me faire prodiguer pendant ma captivité ici. » Ce dernier, l'ayant engagé à avoir du courage, l'aumônier a répondu aussitôt : Il en aura, je vous en réponds, il en a puisé dans la religion. L'un des gardiens ayant demandé en ce moment au condamné s'il voulait prendre quelque aliment, il a répondu qu'il n'avait besoin de rien; mais, sur les instances de son confesseur, il a consenti à boire un verre de vin; on a procédé ensuite à la toilette : il a subi ces apprêts, qui ne durent que quelques minutes, sans proférer un seul mot, mais avec calme et sans aucune altération dans les traits; après cette opération, il a demandé un second verre de vin qu'il a bu, et le funèbre convoi s'est mis en marche à pied, le patient entre les deux aides avec son confesseur et l'exécuteur en avant.

» Conformément à l'arrêté préfectoral du mois de novembre dernier, qui décide qu'à l'avenir les condamnations criminelles à la peine capitale seront exécutées à Paris, sur la place de la Roquette, devant la prison de ce nom, c'est sur cette place qu'avait été dressé l'échafaud, dans la matinée.

» Humblot, en quittant sa cellule, avait prié l'aumônier d'écrire à son père et à sa mère pour les instruire de ses sentiments dans ses derniers moments et de sa fin, en ajoutant qu'il lui serait obligé de retarder le plus possible l'annonce de sa mort à sa mère. Il a ensuite traversé la cour d'un pas ferme, en écoutant avec beaucoup de recueillement les exhortations de son confesseur, et en récitant avec ferveur les prières qu'il lui indiquait. En arrivant à la porte de la rue, croyant qu'il allait à la barrière Saint-Jacques, il a été saisi d'un léger mouvement d'effroi en apercevant l'échafaud dressé devant lui; il a prié les aides de le soutenir jusqu'au bas des degrés, et il s'est agenouillé pour réciter une dernière prière. Puis, après avoir approché avec effusion ses lèvres du crucifix et avoir embrassé l'aumônier, il a franchi les degrés sans prononcer un seul mot, soutenu sur sa demande par l'exécuteur; quelques secondes plus tard, la justice humaine était satisfaite. »

LI

ATTENTAT DU 14 JANVIER 1858

Je ne crois pouvoir mieux terminer mes mémoires qu'en faisant connaître, au point de vue de l'intervention de la police, les observations nées de l'attentat du 14 janvier.

Cet attentat jeta la consternation parmi les habitants de la capitale et dans toute la France. L'opinion publique accusa aussitôt la police d'imprévoyance et d'incapacité, pour n'avoir pas su prévenir ce crime en arrêtant les auteurs avant qu'il ne fût consommé. Quelques jours après cet événement, M. le préfet de police, en résignant ses fonctions, vint en quelque sorte donner à cette opinion une certaine autorité.

Je vais examiner le plus brièvement possible si la police pouvait prévenir cet attentat et si les fonctionnaires chargés d'une si grande responsabilité peuvent avoir eu conscience d'avoir entièrement accompli leur devoir.

Le 7 janvier, une dépêche télégraphique annonçait au ministre de l'intérieur que le nommé Pieri se rendait à Paris en compagnie d'un autre individu *dans l'intention de tuer l'empereur* (ainsi dit l'acte d'accusation établissant les charges contre les auteurs de l'attentat).

Partis de Londres le 6 janvier, Pieri et Gomez arrivèrent à Calais à une heure quarante-cinq minutes du matin; ils quittèrent immédiatement cette ville pour se rendre à Lille; là, Gomez attendit Pieri, qui alla à Bruxelles; et enfin, le 8, ils arrivèrent à Paris. D'un côté, le *Moniteur* dit qu'on était informé, depuis le mois de juin précédent, que l'on fabriquait en Angleterre des bombes destinées à être jetées sous la voiture de l'empereur, et que ces bombes devaient produire un terrible effet, vu l'ingénieuse disposition de ces engins de destruction.

D'un autre côté, M. le comte de Morny annonçait, dans le discours d'ouverture de la chambre législative, que l'on était instruit que les sociétés secrètes de province s'attendaient pour la mi-janvier à une catastrophe suivie d'un mouvement.

On devait croire que, d'après des données ausssi sérieuses, des indices aussi precis, et surtout après la dépêche de M. le ministre de France à Bruxelles, la police avait dû prendre des mesures efficaces pour arrêter tout d'abord Pieri à son arrivée à Paris; et pourtant voici comment les choses se passèrent :

Pieri descendit rue Montmartre, 132, hôtel de France et de

Champagne, dans un des quartiers les plus fréquentés de la capitale. Peut-être s'est-on figuré que, changeant de nom, restant enfermé dans sa chambre, fuyant tout espèce de compagnie, Pieri méditait en silence et dans l'ombre son projet diabolique, ou qu'attendant le moment de l'exécution il se tenait prudemment caché, déjouant ainsi les recherches de la police. Il n'en est rien : Pieri était descendu à l'hôtel avec un passe-port portant les noms de Joseph-Andréas Pierey, falsification bien légère pour arriver à cacher entièrement un homme signalé comme il l'était. Puis, au dire même des témoins veuve Briand, maîtresse de l'hôtel, et Doerch, garçon de l'établissement, Pieri dînait à table d'hôte avec tous les autres voyageurs ; il restait dans la salle à manger pour y lire le journal, ou, s'il sortait, il fréquentait les cafés, les endroits publics, se promenait en voiture, allait voir sa femme les 8, 11 et 14 janvier, à Montrouge, rue du Champ-d'Asile, et prenait à cet effet l'omnibus de la barrière d'Enfer, descendait ensuite à la place du Châtelet pour aller dîner au passage du Saumon, et tout cela sans que cette préfecture de police, dont il semblait, en passant si près d'elle, braver la vigilance, eût le moindre indice sur sa présence dans la capitale. Il est donc établi que Pieri ne se cachait pas, que la police était avertie que ce misérable était arrivé à Paris pour assassiner l'empereur, qu'il était allé voir sa femme trois fois, qu'il s'était promené dans les rues les plus fréquentées.

Que faisait la police pour mettre la main sur Pieri? Rien, malgré la simplicité des moyens qu'il lui eût suffi de mettre en usage. C'est l'alphabet vulgaire du métier, et je le prouve.

L'officier de paix, celui-là même qui, le 14 au soir, arrêta Pieri rue le Peletier, au coin de la rue Rossini, était spécialement chargé des garnis et des réfugiés politiques, et il avait pour mission expresse de découvrir Pieri parmi les personnes arrivées depuis le 8 de Londres ou de Belgique et descendues dans les hôtels. S'est-il sérieusement occupé des recherches qui étaient prescrites? Non, je ne puis le croire ; car s'il s'était donné la peine d'aller dans les hôtels examiner tous les voyageurs arrivés de Belgique, lui, qui connaissait particulièrement Pieri, il l'eût alors reconnu, comme il l'a reconnu plus tard rue le Peletier. En outre, chaque matin, il recevait la liste des noms, prénoms, âge, lieu de naissance, ainsi que l'indication de la ville d'où venait chaque voyageur descendu dans quelque hôtel garni que ce fût. S'il en eût pris connaissance, certes, il eût trouvé aussitôt celui qu'il devait rechercher. En effet, Pieri était porteur d'un passe-port sous les noms de Pierey Joseph-Andréas, au lieu de ses vrais noms, Pieri Joseph-André. La falsification était trop légère, l'altération était trop peu sensible pour que l'officier de paix dont je viens de parler ne fût pas frappé de cette désignation nominative.

D'un autre côté, ce même fonctionnaire connaissait la demeure de la femme de Pieri ; et, en admettant qu'il ne la connût pas, il n'était certainement pas difficile de se la procurer pour y faire établir une surveillance afin d'y arrêter le mari, s'il s'y présentait pour voir sa femme, ce qui était probable. L'arrestation de Pieri était encore assurée par là. Une autre surveillance aurait dû être également exercée place Dauphine, où le fils de Pieri était en apprentissage, dans la prévision toute naturelle où le père viendrait embrasser son enfant. Et, en face de ces probabilités, les surveillances offraient d'autant plus de chances de réussite, qu'elles pouvaient être exercées par des agents qui connaissaient parfaitement Pieri.

En se plaçant à un autre point de vue, si l'on se rend compte de l'organisation du service établi pour la sûreté de l'empereur, on est également frappé de la négligence du chef de la police municipale dans la direction de ce service. Lorsque l'empereur doit se rendre au spectacle, on donne à quatre brigades d'agents de la politique, à celle du service de sûreté, à celle des garnis et à celle du château, l'ordre de se trouver présentes pour l'arrivée de Sa Majesté. Mais quelles sont les prévoyantes mesures prescrites dans cet ordre? Le chef de la police municipale se contente d'envoyer un simple carré de papier sur lequel sont inscrits l'heure et l'endroit où les brigades doivent se trouver, sans autres d'étails, sans *aucune instruction*, sans la moindre désignation particulière. Les chefs de brigade signent ces papiers pour constater qu'ils en ont pris connaissance, et partent chacun de leur côté pour le lieu indiqué. Or les sept brigades agissent séparément, sans solidarité, sans entente, se placent où et comme bon leur semble, mais toujours en première ligne et devant la foule, au lieu d'être au milieu et derrière celle-ci pour la surveiller. Et voilà comment Orsini et ses complices ont pu lancer leurs bombes sans être aperçus, et s'échapper ensuite sans que personne pût se douter alors qu'ils étaient les auteurs de l'attentat.

Pendant ce temps, où était le chef de la police municipale, qu'on n'a pu découvrir que vers onze heures du soir?...

Passons à un autre ordre d'appréciations. Admettons que des circonstances ignorées, des particularités que nous n'avons pas prévues, parce qu'elles n'ont pas dû exister, aient empêché la police de connaître, le jour même, l'arrivée de Pieri dans la capitale. Malgré ce retard, lors même que la police n'eût été prévenue de son départ de Bruxelles pour Paris que la veille ou le jour même du crime, l'officier de paix des garnis avait encore le temps, par les moyens que j'ai indiqués, d'arrêter Pieri, soit chez sa femme, qu'il est encore allé voir le 14, soit dans l'hôtel où il était descendu.

D'un autre côté, quel est le raisonnement à tirer de quelques phrases d'une réponse faite par Orsini dans un de ses interrogatoires?

« J'ai remarqué, dit-il, que, pendant la route de la rue Monthabor à l'Opéra, Pieri se tenait en arrière; j'ai même dit à Rudio qu'il me faisait l'effet d'un homme qui voulait déserter. En arrivant à la rue le Peletier, au contraire, il est passé devant nous; nous sommes restés peut-être deux minutes au coin de cette rue et du boulevard, et ensuite nous sommes entrés dans la rue. A peine y avions-nous fait une vingtaine de pas, que j'ai rencontré Pieri qui revenait vers nous, accompagné d'un monsieur que je ne connaissais pas. Il a cligné de l'œil en passant à côté de moi; mais je n'ai pas compris qu'il voulût me dire qu'il était arrêté; j'ai pensé, au contraire, qu'il avait rencontré quelqu'un de connaissance, et qu'il profitait de cela pour nous abandonner. »

C'est Orsini qui parle, il y a donc là une vérité incontestable, puisqu'elle sort de la bouche du principal accusé, sur le point de périr : je déduirai de ceci une simple conséquence, c'est que Pieri, ayant cligné de l'œil en passant près d'Orsini, celui-ci n'a pas compris que Pieri était arrêté. Or, s'il avait compris, que serait-il arrivé ? Voyant leur complice entre les mains de la police, Orsini et Rudio se seraient retirés avec Gomez, et l'on n'aurait eu ni l'un ni l'autre. Partant, il est vrai, pas d'attentat, mais aussi, contre Pieri, aucune preuve réelle de culpabilité, car il aurait soutenu jusqu'au bout la fable qu'il a avancée.

Aussitôt arrêté, Pieri fut fouillé ; on trouva sur lui un poignard, un revolver et une bombe, puis le chef du service actif des maisons garnies revint tranquillement à son poste où il attendit que Leurs Majestés arrivassent, et fut blessé lui-même par la bombe qui éclata sous la voiture impériale..

N'est-il pas incroyable qu'un homme chargé de veiller à la sûreté du souverain ait fait preuve de si peu de prévoyance ? Sachant que Pieri était venu à Paris pour assassiner l'empereur et le voyant aussi terriblement armé, ce fonctionnaire ne devait-il pas penser que le misérable pouvait avoir des complices, que, dans cette foule qui stationnait aux abords de l'Opéra, il y avait peut-être non pas un, mais dix autres individus venus dans le même dessein et porteurs des mêmes instruments de destruction ! Ne tombe-t-il pas sous le bon sens qu'il fallait, immédiatement et avant que la voiture impériale arrivât, faire évacuer entièrement la place, repousser la foule dans les rues adjacentes, et ôter par ce moyen, si simple en apparence, toute chance de succès aux auteurs de l'attentat ? N'est-il pas incompréhensible qu'un homme qui doit avoir une expérience parfaite de ces sortes de choses, un homme qui doit être rompu à toutes les finesses, à toutes les rouéries de son métier, n'ait trouvé rien de mieux à faire que de laisser aller les choses, sans prendre aucune mesure, aucune précaution pour éviter un semblable désastre? Et cependant le temps n'avait pas manqué à ce fonctionnaire pour prendre des mesures, car il est établi par des témoins oculaires que l'arrestation de Pieri a été opérée une demi-heure, ou du moins de vingt à vingt-cinq minutes avant l'arrivée de Leurs Majestés. Mais en admettant même, ce qui n'est pas, que Pieri n'ait été appréhendé au corps que cinq minutes avant l'explosion, ce laps de temps était encore suffisant pour empêcher un tel malheur.

Puis, après l'attentat, quelle fut la conduite de la police? De quelle sagacité a-t-elle fait preuve dans les recherches qu'elle a exercées? Comment a-t-elle pu découvrir des individus qu'elle ne connaissait nullement, puisqu'elle n'avait pas su mettre la main sur Pieri, signalé dès son départ de Londres, et qu'elle connaissait si bien?

Certes, ce n'est pas à sa sagacité, à sa pénétration, que l'on est redevable de l'arrestation des coupables. En effet, après l'attentat, la police, s'étant rendue à l'hôtel de France et Champagne, y avait trouvé de Rudio couché, l'avait interrogé et n'avait pas cru devoir l'arrêter. Si elle est revenue sur cette première décision, ce n'a été qu'après les déclarations de Gomez. Et ce dernier lui-même, comment est-il tombé au pouvoir de la police?

Gomez, l'homme qui déjà une fois avait été soupçonné par ses complices d'avoir des velléités de trahison, Gomez perdit entièrement la tête après l'attentat; il entra au restaurant Broggi, rue le Peletier, 19. Là, pendant une heure et demie environ, il ne fit que se lamenter; aussi, le témoin Diot, garçon de salle, frappé de la singularité d'une pareille douleur, alla avertir un sergent de ville qui vint arrêter Gomez. Comme on le voit, ce n'est pas même un employé de la police qui a eu l'idée de cette arrestation, et Orsini, ainsi que de Rudio, ne furent arrêtés que grâce aux dénonciations de Gomez.

En résumé, quelle fut la conduite de la police en cette circonstance?

Elle pouvait prévenir le crime, elle n'a rien prévenu. Après l'arrestation de Pieri, elle pouvait empêcher l'exécution de l'attentat, elle n'en a rien fait; et si le hasard, ce dieu protecteur des êtres irréfléchis, ne lui était venu en aide, les auteurs de la catastrophe du 14 janvier seraient peut-être retournés à l'étranger mûrir l'idée d'un nouveau crime, en raillant l'impuissance de ces hommes auxquels sont confiés de si hauts et si graves intérêts.

Après avoir analysé ce qui a été fait et ce qui devait se faire, je ne puis passer sous silence mes impressions sur l'étrange résultat de cette tentative de régicide, quant au personnel de la police.

Le préfet de police avait, suivant moi, rempli toutes les obligations que lui imposaient ses fonctions, en prescrivant impérieusement au chef de la police municipale de faire faire des recherches actives, incessantes, de mettre tous les moyens en œuvre pour opérer l'arrestation de Pieri. Il ne pouvait personnellement faire plus, ses subordonnés devaient agir, chercher sans relâche et découvrir! Il est assez prouvé qu'ils n'ont pas satisfait à leur mission, et que les faits accusent leur négligence ou leur incapacité.

Pourtant, quelle a été la conclusion de cette regrettable affaire? La voici. Le préfet de police donna sa démission, le chef de la police municipale conserva ses attributions, le chef du service des maisons garnies fut nommé chevalier de la Légion d'honneur, et plus tard obtint une augmentation d'appointements, plus une pension!

Comment expliquer un pareil dénoûment?

FIN

TABLE DES MATIÈRES

	Pages
AVANT-PROPOS. — Pourquoi je publie mes mémoires	1
I. — Mon enfance et ma jeunesse	5
II. — Mon entrée à la police	22
III. — La congrégation à la préfecture de police	28
IV. — Les agents provocateurs	37
V. — Deux pétards aux Tuileries	40
Les chansons de Béranger	43
Les bretelles tricolores	45
Projet d'attentat sur S. M. le roi	47
Une machine infernale	49
VI. — Conspiration du 19 août 1820	51
VII. — Un baril de poudre dans le château des Tuileries	54
VIII. — Mathéo et la danseuse	57
IX. — Un flagrant délit	62
X. — Évasion de Sainte-Pélagie et la maison de santé	67
XI. — Avénement de Charles X. — Les fusillades de la rue Saint-Denis	70
XII. — M. de Belleyme, préfet de police	75
XIII. — M. Mangin, préfet de police	77
XIV. — Épisode de l'enterrement du général Lamarque	79
XV. — Origine de la police de sûreté	84
XVI. — Lacenaire. — François. — Avril	95
XVII. — Un enlèvement	116
XVIII. — Les voleurs par catégories, les auxiliaires, la police de sûreté	121
XIX. — Assassinat de la veuve Houet	169
XX. — Fieschi, Pepin, Morey et Nina Lassave	176
XXI. — Assassinat Cazes	187
XXII. — Les coqueurs ou dénonciateurs	192
XXIII. — Le colonel Labédoyère	203
XXIV. — Assassinat d'Hermance Decreus	206
XXV. — Le poisson d'avril	218

	Pages
XXVI. — Assassinat Séchepine.	221
XXVII. — Les recruteurs à Paris.	229
XXVIII. — Assassinat de la veuve Sénépart	235
XXIX. — L'horloger dévalisé la nuit.	241
XXX. — Une évasion de la Force	245
XXXI. — Assassinat Cataigne.	249
XXXII. — Ma nomination aux fonctions d'officier de paix et mes moyens de police	255
XXXIII. — Les antiphysitiques et les chanteurs	264
XXXIV. — Les poissons et les macques	295
XXXV. — Les entremetteuses..	298
XXXVI. — La préfecture de police en 1848.	304
XXXVII. — Mes premières opérations en qualité de chef du service de sûreté.	317
XXXVIII. — M. Carlier, préfet de police.	340
XXXIX. — Assassinat de Poirier-Desfontaines	351
XL. — Les monomanes	359
XLI. — Vol à main armée, la nuit, chez une septuagénaire.	365
XLII. — La femme d'un officier	371
XLIII. — Le somnambulisme.	379
XLIV. — Empoisonnement de T*** et assassinat de sa veuve.	386
XLV. — Le portier picard et le coup du sac	394
XLVI. — Léon Lambel et Lespinasse.	398
XLVII. — Rapt d'un enfant.	411
XLVIII. — Madame Z***, Ernest et Léon.	416
XLIX. — Les assassins Lhuissier, Voisy, Miller, Laforcade.	422
L. — Assassinat de Juliette Flamme.	428
LI. — Attentat du 14 janvier 1858	437

FIN DE LA TABLE DES MATIÈRES

CATALOGUE

COLLECTION HETZEL

BIBLIOTHÈQUE ILLUSTRÉE DES FAMILLES
LIVRES D'ENFANTS ET LIVRES D'AMATEURS IN-8º ET IN-FOLIO
(ÉDITIONS DE LUXE)
COLLECTIONS IN-18 ET IN-32 : ROMANS, CONTES
ET NOUVELLES, VOYAGES, POÉSIES, HISTOIRE
PHILOSOPHIE, SCIENCES ET ARTS

PARIS

J. HETZEL — LIBRAIRIE CLAYE

18, RUE JACOB, 18

1862

www.ingramcontent.com/pod-product-compliance
Lightning Source LLC
Chambersburg PA
CBHW060933230426
43665CB00015B/1933